Annemarie Singer

KOPFSTAND

Wenn du keinen Boden mehr unter den Füßen spürst

ROMAN

Die Wahrheit hat viele Gesichter. Das, was gestern Gültigkeit hatte, kann heute schon nicht mehr stimmen. Sie verändert sich in dem Maß, in dem wir bereit sind, dies anzuerkennen. Sie wächst mit den Möglichkeiten, die wir in Betracht ziehen und sie gewinnt an Leichtigkeit, wenn wir akzeptieren, dass sie auch vollkommen falsch sein könnte.

Impressum

Verlag: Annemarie Singer
Innthal 1
83139 Söchtenau
annemarie.singer@web.de
Druck: epubli, ein Service der
neopubli GmbH, Berlin
Printed in German

Inhaltsverzeichnis

Vorwort 7
Mutter - tot 16
Johanna - Neuer Job 17
Johanna und Luca - bereit für die große Katastrophe.. 24
Mutter - weise 35
Johanna - egoistisch? 35
Johanna - Aus-Zeit! 38
Mutter - Erkenntnis 41
Johanna - Rückschau 42
Johanna - unbeschwerte Reise 45
Mutter - nachdenklich 47
Johanna - Bestandsaufnahme 50
Mutter - machtlos 55
Johanna - peinlich 56
Mutter - Schuld 59
Johanna - Suche nach neuen Erfahrungen 60
Johanna - traurig 65
Johanna - Hilfe oder Wahnsinn 71
Johanna - Erinnerungen 75
Johanna - Erklärung? 78
Mutter - Bekenntnis 81
Johanna - der neue Alltag 86
Johanna - crazy life 88
Johanna - on fire 96
Johanna - wieder einmal stumm 101
Johanna - Status Quo 106
Johanna - WG gesucht? 108

Mutter - Verlust ... 109
Johanna - vom Schicksal betrogen ... 112
Johanna - zieht in die Schlacht ... 118
Johanna - wieder einmal ohne Worte ... 125
Johanna - mutig genug? ... 130
Mutter - das gute Leben ... 132
Johanna - ist am Drücker ... 134
Johanna - auf dem Weg in eine andere Dimension? ... 137
Mutter - und die Reiselust ... 152
Johanna - Jetzt wird's ernst ... 154
Johanna - zu Besuch bei Maria ... 160
Mutter - nichts als Fragezeichen ... 162
Johanna - und die Wiedergeburt ... 163
Mutter - beschämt ... 169
Johanna - wird beschenkt ... 169
Johanna - wieder nicht gewollt ... 172
Mutter - Übergang ... 174
Johanna - vom Fliegen und Fallen ... 176
Mutter - neidisch ... 188
Johanna - immer weiter, nur nicht stehen bleiben ... 190
Johanna - Abschiede ... 193
Johanna - Outing ... 196
Mutter - erfreut ... 198
Johanna - Entscheidung ... 198
Mutter - Erlaubnis ... 204
Johanna - Veränderung braucht Zeit ... 205
Johanna - Alles Humbug? ... 207
Johanna - Sie fehlt mir ... 208
Mutter - Liebesgeständnis ... 209
Johanna - ungebunden ... 210
Johanna - Alles läuft nach Plan ... 211

Johanna - im Taumel der Gefühle 213
Mutter - und die Fähigkeit der universellen Sprache .. 216
Johanna - und die geistige Welt 217
Johanna - konkrete Pläne 219
Johanna - die Absolution 226
Mutter - Abschied 228
Johanna - Finale grande 229
Johanna - so fühlt sich Freiheit an 238
Johanna - Goodbye Deutschland 240
2. Teil: Die Reise 244
Indien - Rundreise 244
Indien - Ayurveda „Wissen vom Leben“ 287
Indien - Sivananda Ashram 292
Indien - zurück in Delhi 327
Indien - Zehn Erkenntnisse einer Reisenden 330
Neuseeland - Auckland 332
Neuseeland - Nordinsel 336
Neuseeland - Südinsel 352
Neuseeland - Neun bleibende Erinnerungen 361
Hawaii - Waikiki 363
Hawaii - Kaua'i 365
Hawaii - Oahu/North Shore 389
Hawaii - Was man im Paradies lernen kann 396
Vancouver 398
Vancouver - Danksagung einer Reisenden 423
Peru 424
Peru - Die kleinen Freuden einer Reisenden 434
Spanien Jakobsweg 435
Spanien - Johannas Weg 446
Jersey 452

Über dieses Buch

Es erzählt eine Geschichte über eine Frau, die auf der Suche ist. Ich habe im Laufe meines Lebens viele von ihnen getroffen und gehöre selbst auch zu diesem Kreis. Eine Mischung aus Unzufriedenheit und Neugier treibt uns an, immer weiter zu gehen. Niemals stehen zu bleiben. Dabei wissen wir gar nicht genau, was wir eigentlich finden möchten. Uns selbst? Das große Glück? Den Sinn des Lebens? Von allem etwas, nehme ich an.

Meine Suche fand über viele Jahre im Außen statt. Doch kein Mann, keine Karriere, auch nicht Geld und Besitztümer, nichtmal Freundschaft oder Liebesglück konnten mich so füllen, dass ich dauerhaft Frieden fand.
Es bedurfte eines gewissen Alters, dass ich bereit war für die Innenschau und ich wählte dafür eine sehr abenteuerliche, unsanfte Variante, um auf dem Grund meiner eigenen Gefühlswelt anzukommen. Ich trennte mich von allem, was mir Halt und Sicherheit gab, schlug wild um mich und fand mich am Ende mit mir allein wieder. Ich hatte unwissentlich eine Reise angetreten, um endlich Heimat in mir zu finden.

Mein eigener Weg wurde zur Vorlage für dieses Buch. Nichtsdestotrotz möchte ich betonen, dass es ein Roman ist, mit frei erfundenen Figuren und Charakteren und eventuell auftauchende Ähnlichkeiten mit lebenden Personen, der Interpretation des Lesenden entspringen.

Vorwort

Es war einer dieser Momente, die sich tief einprägen. Man erinnert sich nicht nur an die Geschichte selbst, sondern man kann jederzeit abrufen, welchen Geruch man in der Nase hatte, welche Lichtverhältnisse herrschten, ob es kalt oder warm war und sogar welchen Geschmack man im Mund hatte. Es dauerte nur ein paar Minuten und passierte in jener Art von stiller Präsenz, die alles, was nicht zu diesem Augenblick gehört, verschwinden lässt. Die Welt bleibt einfach stehen, hört auf sich zu drehen. Da gibt es keinen Platz und keine Zeit mehr für Gedanken. Ich hatte bisher nicht viele Erlebnisse, an die ich mich in einer solchen Intensität erinnern konnte. Und auch wenn es hier keine Momente des Glücks zu erleben gab, so bin ich doch sehr dankbar, dass ich dabei war und möchte es bis heute nicht missen.

Meine Schwester und ich blieben die Nacht über im Krankenhaus, weil der Arzt bereits am Vortag sagte, dass sie nur noch wenige Stunden leben würde. Meine Mutter war 90 Jahre alt und nach einem Schlaganfall ohne Bewusstsein. Bei Außenstehenden sagt man in solchen Fällen, dass es in diesem Alter Zeit ist, zu gehen, und dass der Tod zum Leben gehört. Wir wissen alle, dass das so ist und es war nicht meine erste Berührung mit dem Tod. Doch in Verbindung mit meiner

Mutter warf er mich total aus dem Gleichgewicht. Sie hatte sich die letzten Wochen verändert und auch wenn die Nachricht, dass sie sterben würde, nicht vollkommen überraschend kam, war meine erste Reaktion Panik. Dass sie diese eine Nacht noch durchhielt, war wie ein Geschenk für mich. Sie war nicht mehr ansprechbar und doch gab es mir Zeit, mich in der Situation zurechtzufinden. Zu sagen, ich hätte begriffen, was da gerade passierte, wäre wahrscheinlich übertrieben. Ein Schwebezustand, der so irrational erscheint, so weit weg von dem, was wir mit dem Verstand erfassen können. Der Tod hat etwas Dramatisches, Unfassbares und unausweichlich Endgültiges. Natürlich konnte ich mich mit dem Gedanken trösten, dass meine Mutter in meinem Herzen weiterlebte, nur dass sie eben nicht mehr aktiv auf mich und meine Entscheidungen Einfluss nehmen konnte, sondern ihre Rolle in meinem Leben zukünftig aus dem bestehen würde, was ich in meinen Erinnerungen an sie zulasse. Doch hatte ich das in gewisser Weise nicht immer schon gemacht? Ich meine, jemand sagt oder tut etwas, und wie viel unserer Wahrnehmung ist dann tatsächlich im Sinn unseres Gegenübers und wie hoch ist der Anteil, der durch unsere vorgefertigte Meinung oder Denkweise festgelegt wird? Ich fragte mich, wie groß der Einfluss meiner Mutter auf mich tatsächlich war und wie sehr sie mein Leben mit ihrer Persönlichkeit, mit all dem, was sie ausmachte, prägte. Was gab sie mir mit auf meinen Weg, mit welchen Worten hat sie mich berührt und was bewirkten ihre Taten in mir?

In meinem Fall sollte ich wohl auch fragen: Was machten all ihre Geheimnisse und unausgesprochenen Worte mit mir? Ich habe nur sehr wenige Erinnerungen an meine ersten Lebensjahre und trage das Bild eines sehr traurigen Kindes in mir. Woher das kommt und warum es mich so beschäftigt, werde ich jetzt wohl nicht mehr klären können. Vielleicht hätte sie mir auch nicht weiterhelfen können, doch dass ich nicht irgendwann versucht hatte, mit ihr darüber zu sprechen, bereue ich sehr.
Welche der Geschichten und Wahrheiten, die ich in mir trage, entsprechen den Tatsachen und welche habe ich mir ausgedacht? Es gibt so wenige Antworten in meinem Leben und das Nichtwissen verunsicherte mich sehr. Was ich aber ganz sicher weiß, ist, dass der Geist meiner Mutter auch nach ihrem Tod noch eine ganze Weile in mir nachhallte und sich sehr lebendig anfühlte.

Wer war sie also, diese Frau, die mich geboren hat? Ich kenne natürlich die Eckdaten ihres Lebens und die großen Ereignisse. Doch die Kleinigkeiten und Feinheiten dazwischen, das, was eine Geschichte zum Leben erweckt und erzählt, wer sie wirklich war, das liegt für mich im Verborgenen. Sie war mir sehr wichtig und wir haben die letzten Jahre vor ihrem Tod viel Zeit miteinander verbracht. Trotzdem sprachen wir nie über ihr Leben, über ihre Träume und Emotionen. Warum nicht? Ich weiß es nicht. In unserer Familie wurden keine Gefühle gezeigt. Nicht im Positiven und auch nicht im Negativen. Es wurde laut geschrien und eine

Türe zugeknallt, aber zu sagen, ich sei traurig oder verletzt – vollkommen undenkbar. Wir sagten uns auch nicht, dass wir uns gerne haben. Wirklich Persönliches wurde nicht besprochen und deshalb kam es mir nicht in den Sinn, meine Mutter nach dem zu fragen, was unter der Oberfläche steckte, nach ihren Ängsten und Wünschen, ihrer Leidenschaft und Freude. Vielleicht hat es mich in jüngeren Jahren nicht interessiert oder ich hielt es nicht für möglich, dass sie neben ihrem Muttersein auch eine Frau aus Fleisch und Blut war mit dem Anspruch auf ein eigenes Leben. Als ich älter wurde und all die Fragen in mir hatte, fand ich die Worte nicht. Ich hatte Hemmungen, es anzusprechen und ein wirkliches Gespräch wäre mir mehr als unangenehm gewesen.
Diese Art des „Nicht-Sprechens" in meiner Familie sorgte dafür, dass ich einen Teil meines Selbst unterdrückte, und das verursachte eine große Einsamkeit in mir. Ich war traurig und konnte mich niemandem anvertrauen, zumal ich den Grund für die Traurigkeit ja gar nicht benennen hätte können. Die Möglichkeit, über ein Gefühl, das über das körperliche Maß hinausgeht, zu sprechen, war für mich schlichtweg nicht vorhanden. Ich entwickelte einen Mechanismus, der mich vor bestimmten Gefühlen und Ereignissen die Augen verschließen ließ. Nur nicht hinschauen oder, gar noch schlimmer, etwas aussprechen und einen Konflikt erzeugen. Der einzige Weg, den mein System zuließ, hieß „Schotten dicht und durch". Das war für mein Umfeld ein Freifahrtschein, weil es mich vollkommen wehrlos machte. Ich ließ Dinge einfach geschehen und fand in meinem Kopf immer die entsprechenden Erklärungen

oder Entschuldigungen dafür. Ich habe diese Strategie so viele Jahre lang geübt, dass sie mir in Fleisch und Blut überging. Alles, was mir widerfuhr, egal, ob gut oder schlecht, wurde von mir hingenommen.

Ich konnte sprechen, aber eine Stimme hatte ich nicht. Noch heute fällt es mir schwer, für mich einzustehen und einfach „Nein“ zu sagen. Als ich etwa achtzehn Jahre alt war - ich hatte gerade meine Lehrzeit begonnen - stellte mich ein damaliger Kollege jemandem mit den Worten vor: „Das ist Johanna, die junge Frau, die sich vor nichts fürchtet.“ Ich war damals sehr stolz darauf, nahm es als tolles Kompliment und hatte gleichzeitig keine Ahnung, wie er auf diese Idee kam. Im Grunde war genau das Gegenteil der Fall: Ich bestand eigentlich nur aus Angst. Und die Furchtlosigkeit, die dieser Kollege in mich hineininterpretierte, war lediglich der äußere Ausdruck nicht vorhandener Grenzen. Ich machte einfach alles mit, ohne darüber nachzudenken, ob ich das wirklich wollte oder nicht. Und ich lachte dazu, weil das mein Weg war, meine Unsicherheit nicht zu zeigen.

Woher kam diese grenzenlose Anpassungsfähigkeit, die bei genauerer Betrachtung fast unterwürfig wirkt? Wurde ich schon so geboren oder wurde dieses Verhaltensmuster durch bestimmte Erfahrungen und Lebensumstände hervorgerufen? Natürlich erkannte ich im Laufe fortschreitenden Alters, dass da etwas falsch lief und läuft. Es gab auch das ein oder andere Vorkommnis, das Erinnerungen aus der Kindheit zurückholte, aber über vielem liegt noch immer ein grauer Schleier. Vielleicht ist es gut so. Es könnte mehr sein, als ich zu sehen bereit bin.

Von diesen inneren Kämpfen und meiner Sehnsucht nach einem anderen Leben war für mein Umfeld so gut wie nichts sichtbar. Ich bin mir sicher, dass Familie, Freunde und Bekannte mich als eine sehr freundliche, positive Frau beschrieben hätten. Doch seit mehr als 30 Jahren hatte ich mir unterdrückten Kummer und Traurigkeit auf meine Schultern geladen. Und immer mal wieder wollten die beiden ausbrechen. Dann krochen sie über den Nacken nach oben, bis mir schier der Kopf zerplatzte und mein Magen rebellierte. In der Schulmedizin werden diese Symptome als Migräne diagnostiziert. Die vielen Schmerztabletten trugen dazu bei, noch mehr zu unterdrücken, was sich mit so viel Kraft zeigen wollte.

Es kam mir nicht in den Sinn, dass das, was ich wollte, in irgendeiner Form relevant sein könnte oder die Verwirklichung für mich im Bereich des Möglichen stünde. Ich lebte wie ein Fähnlein im Wind in verschiedenen Parallelwelten. Und neben diesen gab es auch noch ein Leben, das in erster Linie in meinen Träumen stattfand. Ich wäre gerne eine wilde Rebellin gewesen, eine Abenteurerin und Räuberbraut. Doch leider existierte diese Welt für mich nur in meiner Fantasie.
Mit wenigen Ausnahmen war ich eine brave Tochter und folgte dem vorgezeichneten Weg. Richtig sein bedeutete, einen soliden Beruf zu erlernen, ein Haus zu

bauen, zu heiraten und Kinder zu bekommen. Und die Steigerung von richtig war dann noch, ein großes Haus zu bauen, einen Mann mit viel Geld zu heiraten und funktionierende Kinder zu haben. Auch wenn ich mir oft vorstellte, auszubrechen, besaß ich doch nicht den Mut, es wirklich zu tun. In der von mir geschaffenen Realität war ich abhängig vom Wohlwollen und der Anerkennung meiner Umgebung. Wer wäre ich denn ohne sie gewesen? Nichts, einfach gar nichts.

Dann starb meine Mutter und mit ihr ein Teil von mir. Die Dinge fingen an, sich zu verändern. Ich begann mich zu verändern. Anfangs schleichend und unbewusst, später dann sehr deutlich und auch nach außen hin für jedermann sichtbar. Mein Körper warf Ballast ab. Die Menschen in meiner Umgebung wollten wissen, was für eine Diät ich mache, da ich richtiggehend aufblühte.

Vielleicht erscheint es weit hergeholt, meine Veränderung mit dem Tod meiner Mutter in Verbindung zu bringen und doch fühlt es sich sehr wahr an. Obwohl ich sie vermisste und sehr um sie trauerte, gab es tief in mir etwas, das sich unweigerlich befreit fühlte. So zu denken und zu reagieren beschämte mich sehr. Dieser kleine, befreite, radikale Teil arbeitete in mir. Er flüsterte: „Ganz egal, was du jetzt tust, sie wird es nicht mehr wissen und du musst es nicht mehr rechtfertigen." Gleichzeitig war es eine Verpflichtung. Es gab keine Ausrede mehr, warum ich Dinge nicht tun konnte oder

durfte. Ich musste die Verantwortung für mein Leben selbst übernehmen. Das hört sich verrückt an, doch das ist Teil der neu gewonnenen Freiheit.
Ich bin 45 Jahre alt, Mutter von zwei erwachsenen Kindern, in zweiter Ehe verheiratet, habe diverse Ausbildungen durchlaufen und Abschlüsse gemacht. Ein erwachsenes Leben möchte man meinen. Und doch ist jetzt erst die Zeit gekommen, aufzustehen und meine eigene Stimme zu finden.

Ich saß an ihrem Sterbebett und verrichtete immer wieder die kleinen Dinge, die mir die Krankenschwester gezeigt hatte. Die Lippen mit einem Wattestäbchen befeuchten und etwas Creme auftragen, damit die Schleimhäute nicht austrockneten. Ganz sanft und voller Liebe streichelte ich ihr die Wange. Mit dem Alter war alles an meiner Mutter weich und rund geworden. Nicht nur ihre Haut und ihr Äußeres, auch ihr ganzes Wesen. Doch ich erinnere mich noch sehr gut an eine andere Seite. Als ich ihr vor vielen Jahren beichtete, dass ich mich von meinem ersten Ehemann trennen wollte, hat sie den Kontakt zu mir abgebrochen. Es passte nicht in ihr Bild und ihre Antwort darauf war erst unmissverständliche Ablehnung und dann Schweigen. Sie gewöhnte sich irgendwann daran, aber wie so oft musste der Lauf der Zeit das Problem lösen. Wir waren beide nicht fähig auszusprechen, was uns bewegte und enttäuschte. Und so fügten wir durch unser Schweigen unserer Enttäuschung noch eine weitere Wunde hinzu: Ich wurde wieder Kind, ich wollte geliebt werden und sie kehrte mir den Rücken zu, weil ich nicht war, wie ich sein sollte. Heute ist mir klar, dass ich ihre Liebe und Anerkennung wollte. Damals wusste ich weder von meiner Sehnsucht, noch wie ich sie hätte stillen können. Für eine wirkliche Selbsterkenntnis war die Zeit noch nicht gekommen. Und so landete ich bald wieder in einer festen Beziehung, die mein Leben bestimmte. Ich hatte einen Mann mit dem anderen ausgetauscht und war in Sicherheit. Alles verlief wieder in geregelten Bahnen und ich konnte in den Schoß eines geordneten Familienlebens zurückkehren. Im Nachhinein könnte man meinen ersten Versuch auszubrechen als gescheitert ansehen. Aber letztendlich war es ein Schritt meiner Entwicklung.

Und wieder frage ich mich, welchen Einfluss die Geschichte meiner Mutter auf mein Leben hatte. Sie sagte mir in ihren letzten Lebensjahren oft, wie unglücklich sie war, als sie erfahren hatte, dass sie mit mir schwanger war, dass sie jetzt aber so froh sei, mich zu haben. Ein ungewolltes Kind, das war exakt die Beschreibung, die auf mein Lebensgefühl zutraf. Ob dieses späte Bekenntnis ihre Art war, mir zu sagen, dass sie mich liebte, oder ob es noch eine tiefere Geschichte hinter der unglücklichen Empfängnis gab, weiß ich nicht. Ich habe nicht danach gefragt, und sie hat es mir nicht von sich aus erzählt. Doch ich habe sehr wohl die Überschrift ihrer Aussage gehört und die hieß ganz klar „nicht gewollt". Vernommen, abgespeichert und ausgeblendet. Und damit ging sie los, die Geschichte des Erwachens. Die Reise, die ich nichts ahnend antrat und mit der ich mich zwang, mich endlich selbst zu sehen, zu hören und zu erkennen.

Mutter - tot

Ich sehe sie dasitzen, alleine, energielos, unmotiviert, traurig und total überfordert. Meine freundliche, allseits beliebte Tochter. Gerne würde ich ihr helfen, doch sie kann mich weder sehen, noch würde sie die Botschaften als die meinen erkennen. Die Menschen sind in ihren Nöten so verhaftet, sie lieben es, sich in ihrem Unglück hin und her zu wälzen, und dabei wäre es so einfach. Nur ein kleiner Blick aus meiner Perspektive und sie müssten allesamt hell auflachen über die seltsamen Dinge, die sie sich ausdenken, um in ihrem unglücklichen, aber immerhin bekannten Zustand zu verweilen. Ich war ihr keine gute Mutter. Es tut mir leid, aber ich konnte es nicht besser. Sie hat mir weit mehr gegeben, als ich in der Lage war, für sie zu tun. Ich ließ sie mehr als einmal im Stich, war gefangen in meiner Geschichte und sie war bei Gott kein Wunschkind. Ich hatte schon genug eigene Sorgen. Ein weiteres Kind war bestimmt nicht das, was ich wollte. Ich hatte die 40 weit überschritten und war bereits Mutter von vier Kindern. Meine Ehe hatte sich wieder etwas stabilisiert, wir funktionierten, aber es gab viele unausgesprochene Enttäuschungen und zerplatzte Hoffnungen. Wie das eben so war auf einem Bauernhof in einem kleinen Dorf Ende der 60er Jahre. Das waren die Umstände, in die meine Tochter Johanna hineingeboren wurde. Eine unglückliche Mutter, vier ältere Geschwister und ein Vater, der zwar kein Interesse an der schwangeren Frau hatte, aber sich nichtsdestotrotz mit stolz geschwellter Brust seiner Manneskraft rühmte. Dieses kleine Mädchen war von der ersten Minute an auf sich gestellt. Sie musste schon lernen, tapfer zu sein und zu kämpfen, als sie noch in mir war. Nur: Die Strategie, die sie entwickelte, um zu überleben, entfernte sie weit von sich selbst. Es wird Zeit, mein liebes Kind, etwas zu verändern und endlich als die mutige Frau zu leben, die du bist.

Johanna - Neuer Job

Mein Gott, es war kaum zu glauben, was in dieser Firma alles möglich war. Vor eineinhalb Jahren, kurz nach dem Tod meiner Mutter, suchte ich mir eine neue Arbeitsstelle. Das Unternehmen hatte seinen Sitz in Italien und sie suchten jemanden für das Büro der Tochtergesellschaft in Deutschland. Ich fand es spannend, für eine international agierende Firma zu arbeiten. Nachdem meine Kinder beide zu Hause ausgezogen waren und ich mein Abendstudium erfolgreich abgeschlossen hatte, war diese Stelle genau die Herausforderung, nach der ich suchte. Regelmäßige Geschäftsreisen nach Italien, megacool. Eine Position, in der Selbstständigkeit und Eigenverantwortung gefragt waren, endlich eine Gelegenheit zu zeigen, was alles in mir steckte. Wir hatten festgelegt, dass ich Anfang Januar anfangen sollte. Zur Einarbeitung und um die Firma und die Arbeitsabläufe kennenzulernen, war geplant, dass ich die ersten Wochen im Haupthaus in Italien arbeiten sollte. Alles klang wunderbar, und ich freute mich wirklich riesig, dass ich diesen Job an Land gezogen hatte.

Bei Vertragsunterzeichnung fragte mein zukünftiger Chef ganz spontan, ob ich nicht Lust hätte, schon zur Weihnachtsfeier zu kommen, um meine neuen Kollegen in ungezwungener Atmosphäre vorab kennenzulernen. Na klar hatte ich Lust! Ich konnte es kaum erwarten, dass meine neue Karriere losging, und war total aufgeregt.

Am letzten Wochenende vor Weihnachten fuhr ich nach Italien, um meine neuen Kollegen kennenzulernen. Alles war vorbereitet und gut organisiert. Man hatte mir ein Hotelzimmer gebucht und eine Einladungskarte mit den Informationen geschickt, wo die Feier stattfinden sollte. Ein neuer Arbeitgeber und etwa hundert fremde Menschen! Selbstverständlich war ich pünktlich um halb acht in dem genannten Restaurant. Was ich bisher an Firmenfeiern erlebt hatte, waren ausnahmslos sehr förmliche Angelegenheiten gewesen: Abendessen, eine Ansprache und auf keinen Fall daneben benehmen. Doch hier schien das alles anders zu sein. Ich stand in dem Lokal, in dem die Weihnachtsfeier meines neuen Arbeitgebers hätte stattfinden sollen, aber da war niemand. Also zumindest niemand, der nach Weihnachtsfeier aussah. Ein großer Saal, in dem noch gedeckt wurde, und eine Bar, an der sich mehrere Leute lautstark unterhielten. Ich kam mir dämlich vor, vollkommen deplatziert und verunsichert. Zudem war ich für dieses Umfeld völlig overdressed, dabei wollte ich doch um jeden Preis einen guten Eindruck machen. Souverän und selbstbewusst, genau das, was ich in dem Moment überhaupt nicht war. Was war denn so schwierig daran, einfach zu fragen, ob hier die Weihnachtsfeier meiner neuen Firma stattfinden würde? Ich stand noch ein bisschen verloren herum, habe mich dann schließlich doch aufgerafft einen Kellner zu fragen. „Ich bin zu einer Firmenfeier eingeladen. Können Sie mir bitte sagen, wo die stattfindet? Ich bin eine neue Mitarbeiterin aus Deutschland." „Si, Signora, da sind Sie schon richtig. Ihre Kollegen werden bald kommen. Möchten Sie schon etwas trinken?" Wie bestellt und nicht abgeholt stand ich da im kleinen Schwarzen, inmitten laut lamentierender Italiener, die völlig unbeeindruckt über mich hinweg diskutierten. Ich stellte mich an die Theke und bestellte ein Glas Wein, damit ich etwas hatte, an dem ich mich festhalten konnte. Ganz allmählich kamen mehr und mehr Leute. Der Geräuschpegel war enorm und die bereits konsumierten Alkoholmengen auch. Es war seit meiner Ankunft bestimmt schon eine Stunde vergangen, bis sich der Festsaal so nach und nach füllte. Irgendwann entdeckte ich dann endlich die zwei Geschäftsführer, die ich vom Vorstellungsgespräch kannte. Es herrschte ein Durcheinander, wie auf einem Volksfest. Die einen standen nach wie vor an der Bar, andere hatten sich bereits gesetzt und schmetterten aus voller Kehle italienische Lieder. Die Tischnachbarn sahen sich dadurch veranlasst noch lauter zu grölen, um die singenden Kollegen zu übertönen. Manche standen in kleinen Gruppen zusammen, um sich zu unterhalten, andere setzten sich an die Tische, an denen bereits der erste Gang serviert wurde. Ich war von dem Bild, das sich mir bot, so überfordert, dass die Komik dieser Situation nicht bis zu mir durchdrang. Einer meiner Chefs stellte mir ein paar der deutschen Kollegen vor und ich war froh mich nicht mehr ganz so außenstehend zu fühlen. Aber ehrlich gesagt, hielt sich das Interesse an mir in Grenzen. Meine neuen Kollegen wollten einfach nur trinken und feiern, genau in dieser Reihenfolge. Zu guter Letzt stand ein mir unbekannter Herr auf, ich schätzte ihn auf gut dreißig Jahre, klopfte an sein Glas, räusperte sich und startete eine Art Weihnachtsansprache. Wie hätte es anders sein sollen? Niemand interessierte sich sonderlich dafür und die Mitarbeiter ließen sich keinesfalls in ihrer Feierlaune stören. Auf Nachfrage sagte man mir mit einem Augenzwinkern, dass der junge Mann hier der Herr Generaldirektor ist. Jetzt konnte selbst ich mir, in meiner angespannten Stimmung, ein Lachen nicht mehr verkneifen. Es platze förmlich aus mir heraus. Das war also mein neuer Arbeitgeber!

Man möchte meinen, dieses Fest hätte mich gewarnt oder mich in irgendeiner Form abgeschreckt. Aber dem war nicht so! Ich war total fasziniert. Es war eine Herausforderung. Ich war nicht nur auf fachlicher Ebene gefordert, sondern das Ganze versprach, ein großes Abenteuer zu werden. Das Umfeld, in dem ich mich bisher bewegt hatte, waren meine Familie und gleichaltrige Freunde. Die Firma, in der ich die letzten 13 Jahre gearbeitet hatte, bestand aus meinem Chef, einem Herrn im fortgeschrittenen Alter, und seiner Ehefrau. Jetzt hatte ich ungefähr hundert Kollegen mit einem Durchschnittsalter von dreißig Jahren. Über was sollte ich mich um Himmels Willen mit diesen jungen Leuten unterhalten? Doch eines war absolut klar für mich. Ich wollte unbedingt dazu gehören und ich wollte wichtig und gebraucht sein in dieser Firma.

Hochmotiviert und voller Erwartungen trat ich Anfang Januar meine neue Stelle an. Die Kollegin, die mich unter ihre Fittiche nahm, war ausgesprochen nett und erklärte mir die internen Strukturen, das Computersystem, mit dem die Firma arbeitete, und nach und nach viele der Aufgaben, die ich zu übernehmen hatte. Sie und auch andere Kollegen waren heilfroh, dass es endlich jemanden gab, der für alle anfallenden Arbeiten verantwortlich war, die Deutschland betrafen. Und so wurde ich in allen Abteilungen mit offenen Armen empfangen. Es gab viel zu tun, aber im Großen und Ganzen fühlte ich mich den Anforderungen durchaus gewachsen. Ein größeres Problem war die sprachliche Hürde, wenn es um kollegiale Gespräche ging. Es herrschte ein lockerer Umgangston und es wurde viel gelacht. Leider konnte ich mich nicht so oft am Gespräch beteiligen, wie ich wollte, weil jeder einen anderen Dialekt sprach und ich zwar dem Grundgespräch folgen konnte, die Pointen aber meist verpasste. Doch ich lachte offenbar an den richtigen Stellen und so dachten wahrscheinlich alle, die neue Kollegin ist nett, aber ein bisschen zurückhaltend oder schüchtern. Nach drei Wochen Einarbeitung übernahm ich mein Büro in Deutschland.

Die anfängliche Euphorie dauerte in etwa neun Monate, dann setzte allmählich der Verstand wieder ein. Man sagt ja, der erste Eindruck täusche nicht. Hätte ich dem mehr Gewicht geben sollen? Ich konnte mich des Gefühls nicht erwehren, dass ich in einem Irrenhaus gelandet war, umgeben von lauter Verrückten - oder war am Ende ich die Verrückte, weil ich hier mitspielte? Eine Anstalt mit eigenen Regeln und Gesetzen. Meine Vorgesetzten waren sich noch nicht ganz sicher, ob sie den Größenwahn oder das Chaos bevorzugen sollten oder vielmehr, sie teilten die Rollen geschickt auf.

Sie waren alle absolut liebenswürdige Persönlichkeiten, die ich sehr mochte. Mit ihnen zu arbeiten, war eine Katastrophe, sie tiefenpsychologisch zu analysieren hingegen, die helle Freude. Stellt euch einen Zirkus vor: Da gibt es den Direktor, der die Zügel in der Hand hält und die Pferdchen traben lässt, ganz wie es ihm gefällt. Er lebt in seiner eigenen Welt der Träume und Visionen. Für die Arbeit im herkömmlichen Sinne hat er die Geschäftsführer, die er mal in die eine und dann wieder in die andere Richtung dirigiert. Was außerhalb der Manege, außerhalb seiner Bühne passiert, interessiert ihn herzlich wenig. Na ja, die Zuschauerzahlen müssen natürlich stimmen und damit auch die Kasse. Zugleich gibt es jede Menge Artisten, die auf der Bühne tanzen und jonglieren, und sich im Glanz der großen Show sonnen. Wer mitspielen will, sucht sich einfach seine Lieblingsnummer aus und gibt sein Bestes. Wer keine Lust hat, macht nichts und setzt sich auf die Zuschauerbank, klatscht ein bisschen Applaus oder schläft eine Runde. Ich musste mir unweigerlich die Frage stellen, was hier meine Rolle war. Ich passte gut dazu, keine Frage! Ich habe mein Leben immer schon lieber in meiner Fantasie gelebt als in der Wirklichkeit. Eine Weile hatte ich großen Spaß an meiner deutschen Spezialeinlage und habe eifrig geübt, gestaltet, getan und gemacht. Dann kam die Zeit, in der ich feststellen musste, dass mein Programm sich mit dem von anderen Artisten überschnitt, diese aber nur bedingt bei mir mitspielen wollten. Es fing an, anstrengend zu werden. Doch wie auch immer, noch war es einfach aufregend, Teil dieser vollkommen verrückten Welt zu sein.

Ich arbeitete in der Verwaltung und man möchte meinen, das wäre eher langweilig, aber in Anbetracht des Zirkuslebens gab es hier immer etwas zu staunen und zu belachen. In dieser Firma war nichts so gewiss wie die Unbeständigkeit und man konnte immer mit einer Überraschung rechnen. So gab mir meine Arbeit, bei der es ja in erster Linie um Zahlen und die klaren Gesetzmäßigkeiten der Buchhaltung ging, das Gefühl, wenigstens etwas unter Kontrolle zu haben. Zudem erlaubte mir meine Position, mich mächtig wichtig zu fühlen, da ich verantwortlich war, dass die Geschäfte ordentlich abgewickelt wurden. Doch nach und nach musste ich erkennen, dass ich auf verlorenem Posten kämpfte.

Vollkommene Misswirtschaft entgegen der Regeln der Betriebswirtschaft und bar jeglichen gesunden Menschenverstandes kann man auch mit einer korrekten Buchhaltung nicht wettmachen. Es war also alles nur eine Frage der Zeit, bis sich hier etwas Grundlegendes ändern oder die Bombe platzen würde. An dieser Stelle sollte ich wohl erwähnen, dass ich durchaus alles dafür tat, meine persönliche Lage dem Firmenchaos anzupassen.

Johanna und Luca - bereit für die große Katastrophe

Mutter - Beobachterin

Da ist Luca, 31 Jahre alt. Er hat vor ein paar Monaten seine Freundin quasi vor dem Traualtar stehen lassen und plagt sich mit Schuldgefühlen. Gleichzeitig wird er von der Gier getrieben, Abenteuer zu erleben. Er will das Leben spüren, sich spüren, und kennt dabei keine Grenzen. Er trinkt viel, schläft kaum, arbeitet mit vollem Einsatz, lernt nachts und treibt dabei noch exzessiv Sport.
Und da ist meine Tochter Johanna, 46 Jahre alt, verheiratet und Mutter von zwei erwachsenen Kindern. In geordneten Verhältnissen lebend, Familie, Haus, Karriere. Brav, lieb und nett. Es ist ihr noch nicht bewusst, aber für sie hat ein neuer Lebensabschnitt begonnen. Sie wird aussteigen aus ihrem Leben. Neue unbekannte Wege gehen.

Diese zwei Menschen, so unterschiedlich ihre Lebenssituationen auch sein mögen, brauchen einander, um bestimmte Erfahrungen zu machen und voneinander zu lernen. Sie steuern zielgerichtet aufeinander zu. Der erste Schritt wurde schon getan, als Johanna die Stelle in der Firma annahm, in der auch Luca arbeitet. Es hat etwas gedauert, aber heute Abend ist es Zeit für den zweiten Schritt.

Eine klassische Situation, Firmenfeier und viel Alkohol. Sie sitzen noch an getrennten Tischen, aber im Laufe des Abends werden sie sich annähern, den ersten wirklichen Kontakt aufnehmen. Johanna kommt zu später Stunde an seinen Tisch. Es dauert nicht lange, da sitzt sie neben ihm und er legt seinen vom Alkohol bleischweren Arm um sie. Es macht ihr nichts aus, dass er sie mit seinem Gewicht schier zu erdrücken droht. Sie genießt seine Berührung und seine Aufmerksamkeit genauso, wie seine Unbekümmertheit, seine schönen Augen und seine Jugend.
Er ist fasziniert von seiner Wirkung auf diese reife Frau. Es eröffnet ihm die Möglichkeit, eine andere Welt kennenzulernen und das Alte, Bekannte, das er nicht mehr wollte, hinter sich zu lassen.

Luca - Kontrolle

Ich war wieder einmal betrunken. Wie so oft in den letzten Monaten. Amüsierte mich mit ein paar Kolleginnen und dabei trafen meine Augen auf die der Deutschen. Eine interessante Frau, Johanna. Sie war älter als ich und hatte etwas, das mich reizte. Sie war anders als die Mädchen, die ich kannte. Reifer, weiblicher, eine Frau mit Erfahrung. Und in ihrem Blick lag etwas, das Ja zu mir sagte. Eine unausgesprochene Übereinkunft, dass wir beide dieses Abenteuer wollten. Ich hielt mich nicht zurück, konnte mich allein schon wegen des Alkohols nicht kontrollieren, auch wenn ich gewollt hätte. Blicke, Berührungen, ein paar zugeflüsterte Worte. Sie provozierte mich, um sich dann gleich wieder zurückzuziehen. Ich sagte ihr, dass ich Liebe mit ihr machen wollte und sie lachte dazu.

Johanna - Faszination

Ich war vollkommen fasziniert davon, im Zentrum seiner Aufmerksamkeit zu stehen und keines klaren Gedankens mehr fähig. Etwas hatte von mir Besitz ergriffen, das mich mit aller Macht in diese Geschichte drängte, es gab kein Zurück mehr. Was auch immer hier auf mich zukam, ich wollte es erleben.

Dabei sollte ich gar nicht auf diesem Fest sein. Ich hatte bereits mitgeteilt, dass ich nicht kommen würde, weil wir, mein Mann und ich, zu diesem Termin eine Wochenendreise geplant hatten. Doch wie so oft hatte mein Mann kurzfristig abgesagt, weil er lieber einen Geschäftstermin wahrnehmen wollte. Es passte mir ganz gut, weil ich immer gerne nach Italien fuhr. Ich war dort eine andere als zu Hause. Die letzten Monate hatte ich einiges an Gewicht verloren und das viele Yoga straffte meinen Körper, dazu kamen die ganzen Umstände mit meinem neuen Job. Das alles gab mir ein neues Selbstbewusstsein.

An diesem Abend wurden durch ein paar Komplimente und tiefe Blicke in die blauesten Augen, die ich je gesehen hatte, etwas in mir ausgelöst, das mein ganzes Leben auf den Kopf stellte. Luca fragte in seiner Alkohollaune: „Wann darf ich dich lieben?“ Ich lachte nur, war geschmeichelt und verunsichert gleichermaßen. Doch wenn ich es mir heute recht überlege, wollte ich, dass er es ernst meint. Vor kurzem hörte ich einen Mann sagen: „Für eine jüngere Frau bin ich noch nicht alt genug.“ Konnte es sein, dass ich genau im richtigen Alter für einen jüngeren Mann war?

Wir waren uns vorher schon einige Male im Büro begegnet und hatten dabei ein paar Worte gewechselt, aber wirklich unterhalten hatten wir uns bei diesen Gelegenheiten nicht. Dabei war ich vom ersten Moment an fasziniert und zugleich irritiert von seinen unglaublichen Augen, was mich prompt in eine ziemlich peinliche Situation brachte. Ganz zu Anfang, als ich zur Einarbeitung in Italien war, wurden wir einander vorgestellt und ich fragte ihn, was er denn so mache und wollte natürlich wissen, was seine Aufgabe in der Firma sei. Er hat meine unglückliche Formulierung so ausgelegt, als ob ich ihn gefragt hätte, was er am Abend vorhätte. Er reagierte vollkommen gelassen und sagte: „Heute

Abend habe ich leider keine Zeit, aber morgen könnten wir ja eine Pizza essen." Na ja, ich bin natürlich knallrot angelaufen, habe das Missverständnis aufgeklärt und bin leider nicht mit ihm essen gegangen. Es war eine lustige Geschichte. Andere lachen darüber und vergessen es im gleichen Augenblick. Mir hingegen prägen sich solche Begegnungen tief ins Gedächtnis ein. Ist mein Leben so langweilig und ereignislos, dass ich alles Nebensächliche so wichtig nehmen muss? Wie auch immer, in diesem Fall beschreibt die Szene noch viel mehr. Luca wollte spielen, ich machte für mich eine Riesensache daraus.

Es dauerte ein knappes Jahr, bis ich von der allgemein italienischen Frohnatur gelernt hatte, wie man Feste feiert und sich mein Körper an wenig Schlaf und viel Alkohol gewöhnt hatte. Und dann kam dieses besagte Firmenfest. Wir haben uns da nicht wirklich unterhalten und doch war ich ihm schon in dieser Nacht widerstandslos verfallen.

Luca - Jagdinstinkt

Ich hatte keine große Erinnerung an diese durchzechte Nacht. Doch meine Kollegen lieben es, nach solchen Festen über die Vorkommnisse zu tratschen und das alkoholisierte Benehmen des ein oder anderen in tausend Einzelteile zu zerlegen. So wurde an mich herangetragen, dass ich unsere deutsche Mitarbeiterin ziemlich angebaggert hatte. Zwei Wochen später traf ich sie bei einer offiziellen Firmenveranstaltung wieder. Ich war echt angetan: Was für eine heiße Frau. Sie trug ein enges

Kleid und hochhackige Stiefel. Es war nicht nur der Alkohol, ich war scharf auf sie.

Johanna - Hitzeperiode

Nach der Party passierte zunächst gar nichts, doch nach dem „Tag der offenen Tür“ ging es richtig los. Wir hatten angefangen, uns zu schreiben. Nutzten dafür jede Form der modernen Kommunikation und waren nach kurzer Zeit praktisch zu jeder Tages- und Nachtzeit in Verbindung. Er schickte mir Links von Videos, die ihm gefielen. Wir mochten die gleiche Musik und sprachen über die Bücher, die wir lasen, über Kunst und Philosophie. Ich, die Facebook bis dahin nur von meinen Kindern kannte, entdeckte plötzlich die positiven Aspekte von Social Media und eröffnete einen Account, damit ich mir seine Bilder anschauen konnte. Es gab kein Thema, vor dem wir halt machten, und wir tauschten uns intensiv über Gott und die Welt aus. Irgendwann schlichen sich zweideutige Bemerkungen ein, aus Komplimenten wurden Absichtserklärungen. Wir wurden immer mutiger und die Erinnerung an die ungenierte Lust, mit der wir unsere erotischen Wünsche teilten, lässt mir immer noch die Schamröte ins Gesicht steigen. Aber ich erinnere mich auch an das Feuer, das in mir brannte, und die Kraft, die dahinter steckte. Habt ihr den Hauch einer Ahnung, was mit mir los war?

Nach etwa zwei Monaten kam uns ein „Ruf“ aus der Geschäftsleitung mehr als recht. Ich wurde gebeten, für mehrere Tage in die Hauptstelle zu kommen, um an einem Projekt mitzuarbeiten. Wir verabredeten uns in dem Hotel, in dem ich untergebracht war. Er kam auf mein Zimmer und wir verloren keine Zeit mit langen Begrüßungsformeln oder einem verlegenen „Wie geht es dir?“. Er sagte „Hallo“, küsste mich und begann mich auszuziehen. Es ging hier nicht um den Austausch von Zärtlichkeiten. Er wirkte fast animalisch auf mich, nicht grob, einfach nur geradlinig, echt, ohne Schnörkel. Mir fehlt das richtige Wort für ihn. Ein Tier, das die Beute vor Augen hat und zum Sprung ansetzt. Mit Augen, tiefer als das Meer. Sehr männlich. Hat mir das gefallen? Ja und Nein. Dieser atemberaubende Mann, jung und wild, begehrte mich. Dass die Art, wie er mich liebte, nichts mit tantrischer Liebeskunst zu tun hatte, spielte dabei keine Rolle.

Als er spät in der Nacht ging, heulte ich Rotz und Wasser. Meine Tränen schienen kein Ende zu haben. Noch vor kurzem hätte ich mir nicht vorstellen können, meinen Mann zu betrügen und doch hatte ich es gerade getan. Und keine Frage, wenn sich mir die Gelegenheit böte, würde ich es wieder tun!

Luca - verunsichert

Wir haben uns wieder getroffen. Dieses Mal hatte ich das Hotel ausgesucht und plante die Inszenierung einer Liebesnacht. Ich war berauscht von meinen eigenen Fantasien. Meinen Bildern von ungehemmter Leidenschaft und Lebenslust. Wenn alle Hemmungen fallen, man keine Gedanken mehr hat und nur noch ist. Mit Johanna war das möglich. Sie hatte den gleichen Hunger wie ich. Etwas in ihrem Blick spiegelte mir meine tiefsten Sehnsüchte: „Mehr, mehr, ich will mehr.“

Am Morgen verabschiedeten wir uns im Hotel und fuhren getrennt in die Firma. Spätestens am Abend würden wir uns bei einer Firmenfeier wiedersehen. Und dann passierte etwas, mit dem ich nicht gerechnet hatte: Ich war eifersüchtig. Sie unterhielt sich mit einem Kollegen, hing förmlich an seinen Lippen und folgte seinen Geschichten. Lachte laut über seine Pointen. Als die Kollegen meiner Abteilung mich an die Bar riefen, war mir das nur Recht. Das war so nicht geplant!

Johanna - verloren

Wir standen in einer kleinen Gruppe und unser Kollege Michele erzählte Geschichten von seinem letzten Urlaub. Es fiel mir schwer, mich auf irgendetwas anderes zu konzentrieren als auf Luca. Wie gerne hätte ich ihn berührt. Doch plötzlich war er weg. Ging ohne ein Wort. Erst Stunden später sah ich ihn wieder, als er an der Bar Getränke holte. Er ignorierte mich und versuchte offensichtlich, mir aus dem Weg zu gehen. Ich rief ihn zweimal und dann trafen mich seine Augen mit solch einer Wucht, dass es mir die Sprache verschlug. Er zischte mich an, ob ich mit Michele Spaß hätte. Es war furchteinflößend und gleichzeitig faszinierte es mich, dass ich diese heftige Reaktion auslösen konnte. Ein

Gewitter entlud sich über mir und seine Worte trafen mich wie Blitzschläge. Er beschimpfte mich und dann, vollkommen unerwartet, kam der Stimmungswechsel. Er berührte mich. Ganz langsam und zart strich er mit dem Finger über meinen Wangenknochen, seine Augen wurden weich und es war keine Frage, als er sagte: „Gehen wir aufs Zimmer."

Ich hatte mich verloren. Ich hätte alles getan, um im Spiel zu bleiben. Ich hätte geschworen, dieser Sex war der beste, den ich bis dahin je erlebt hatte, vollkommen ungeachtet der Tatsache, dass es nicht stimmte und auch nicht das war, wonach ich mich wirklich sehnte. Ich war gefangen in der Geschichte, die ich mir in meiner Fantasie um diesen Mann ausgemalt hatte, und wie besessen davon. Alle meine Gedanken drehten sich darum und jeder Zweifel, der aufkommen wollte, wurde sofort unterdrückt. Luca hingegen erkannte relativ schnell, dass diese Affäre in eine Richtung ging, die er nicht wollte. Ich berührte ihn nicht nur körperlich, sondern auch emotional an Stellen, die zu fühlen er nicht bereit war. Ich denke, dass er in Momenten, in denen er in seinen Alltag zurückkehrte, ziemlich erschrocken gewesen sein musste über sich selbst und das, was er da tat. Seine Nachrichten wurden halbherzig und waren bald nur noch einsilbig. Die Zeitabstände verlängerten sich von stündlich auf täglich und schließlich kamen die Nachrichten nur noch alle paar Tage. Er schob es auf viel Arbeit.

Wir hatten uns schon vor einigen Wochen für einen Abend verabredet. Ich sollte zu einer Besprechung nach Italien kommen, für die der Termin lange im Voraus festgelegt worden war. Das war zu einer Zeit, als Lucas Feuer noch hell loderte. Er wollte sich wieder um das Hotel kümmern, in dem wir die Nacht verbringen konnten. Doch er meldete sich einfach nicht mehr. Ich hing total in der Luft und natürlich roch ich den Braten. Doch ich wollte nicht wissen, was im Grunde klar auf der Hand lag. Deshalb erkundigte ich mich auch vor dem Termin nicht bei ihm nach unserer Verabredung und buchte mein Hotel selbst. Als ich dann vor Ort war, konnte ich es wider besseren Wissens nicht lassen. Ich empfand mich als würdelos und klein und trotzdem ging ich in sein Büro und fragte ihn, ob wir uns später noch wie abgesprochen sehen würden. Die Antwort war: „Nein, ich habe keine Zeit. Ich muss mich um einen Freund kümmern.“ Er schaute mich dabei nicht mal an, hatte mich fallen lassen, ohne ein Wort darüber zu verlieren. Ich habe es wortlos hingenommen, bin gegangen und war zutiefst verletzt. Ein erbärmliches Häuflein Elend mit Liebeskummer. Und es war erst der Anfang von vielen tränenreichen Nächten.

Wie konnte ich nur in diese Situation geraten? Mich in einen viel jüngeren Kollegen zu verlieben, empfand ich nicht unbedingt als Glanzleistung und doch stürzte ich mich mit meiner ganzen Sehnsucht nach Aufregung in dieses Abenteuer. Ich hatte jeden Bezug zur Realität verloren. Mein ganzes Leben bestand nur noch aus Warten. Warten auf Nachrichten aus Italien und warten auf das nächste heimliche Treffen. Nachdem er mich versetzt hatte, war erst mal Funkstille, doch ich gab nicht auf und irgendwann nahmen wir unsere Unterhaltungen wieder auf. Es war erniedrigend. Ich machte mich klein, und wenn auch nicht in dieser Konstellation, so hatte ich doch das Gefühl, das alles schon einmal erlebt zu haben. Die Tragik war: Es war mir bewusst und ich konnte mich trotzdem nicht dagegen wehren. Obwohl ich alle Parallelen zur Vergangenheit sah, konnte ich nicht anders, als mein altes Muster zu wiederholen. Ich hatte mich in eine Fantasie verliebt. Ich bildete mir ein, eine intelligente Frau zu sein. Meine Gehirnwindungen funktionieren ganz passabel und ich kann auch sehr praktisch und klar denken, wenn es um Organisation und Planung geht. Doch in diesem Fall war ich vollkommen hilflos. Was war nur mit mir los? Dieses ständige Auf und Ab zwischen Hoffen und Bangen. Warum durfte es nicht nur ein Abenteuer sein? Warum musste ich mich komplett verlieren? Ich malte mir einen Hollywoodfilm aus mit dem ganzen Kitsch wilder Leidenschaft. Gleichzeitig rief ich ein Geschwader von Minderwertigkeitskomplexen ab, die mir erklärten, dass meine Träume nicht wahr werden könnten. Ihr wisst schon, zu alt, zu dick, nicht schön genug, nicht gescheit genug. Warum sollte sich jemand so Tolles dauerhaft für mich interessieren. Wie sollte ich nur dieser Endlosschleife entkommen?

Mutter - weise

Was macht sie nur? Sie kommt von der Arbeit nach Hause, setzt sich an den Computer und wartet auf Nachrichten. Wie deutlich ist ihre Abhängigkeit und doch kann sie es nicht sehen. Da rennt sie dauernd zum Yoga und zur Meditation und redet von Bewusstsein und vom Leben im Hier und Jetzt, und das alles nur, um sich nicht der Wahrheit stellen zu müssen! Die Diskrepanz zwischen Wollen und Tun ist offensichtlich. Andererseits muss ich sagen, dass sie sich intuitiv eine Situation schafft, mit der sie sich selbst und die Menschen in ihrem Umfeld zwingt, etwas zu verändern. Sie will die Katastrophe. Steuert geradewegs darauf zu. Und das ist gut so: Wenn sie nicht den Mut und die Kraft hat, aktiv ihr Leben nach ihren Wünschen zu gestalten, dann ist es umso besser, dass hier eine höhere Macht die Kontrolle übernimmt. Dieser junge Mann verdient ihre Liebe nicht, trotzdem kann sie ihm sehr dankbar sein. Durch diese Liebelei benimmt sie sich zu Hause so unmöglich, dass ihr Mann sie verlassen wird. Zeit meines Lebens wollte ich glauben, dass er der richtige für sie sei. Doch jetzt muss ich erkennen, dass er nur passt, solange sie nicht bereit ist, ihr Leben selbst in die Hand zu nehmen. Und es scheint so, als wäre genau das der größere Plan hinter diesem menschlichen Drama.

Johanna - egoistisch?

Ich benahm mich meinem Ehemann gegenüber unfair. Ich fühlte mich schlecht und trotzdem konnte ich einfach nicht anders. Ja, ich weiß, wenn man will, dann kann man auch. Zu sagen ich konnte nicht anders, ist eine Ausrede, um die Verantwortung für mein Handeln nicht übernehmen zu müssen. Wenn ich nach Büroschluss nach Hause fuhr, aus meinem Auto stieg und die Haustüre aufschloss, baute ich eine Art Panzer um mich herum auf. Ich wollte nicht sprechen und am liebsten wollte ich, dass er sich in Luft auflöst. Das wäre natürlich furchtbar gewesen, aber in meinem Verdrängungsmodus war das der einfachste Weg. Ich versuchte, ihm aus dem Weg zu gehen. Je mehr ich mich zurückzog, umso mehr bemühte er sich um Gemeinsamkeit, um eine Kommunikation in irgendeiner Form. Tausend Fragen auf seiner Seite erhielten keine Antwort, nur mein Schweigen. Das ist letztendlich auch eine Form der Antwort. Allerdings eine, die für den Fragesteller nicht sehr befriedigend ist. Ich zog mich in eine Kapsel zurück, verbarrikadierte mich, so dass mich nichts erreichen konnte. Ich wollte zu Hause den Schmerz nicht fühlen, den ich verursachte, und auch nicht die Schuldgefühle, die mich plagten. Ich war alleine, Luca würde mir nicht helfen, mein Problem zu lösen. Ich wusste nicht mehr aus noch ein und war vollkommen handlungsunfähig, gelähmt von der Angst, etwas auszusprechen, was mir selbst so ungeheuerlich vorkam.

Die Situation wurde schier unerträglich. Wir versuchten es mit einer Eheberatung, doch die Würfel waren längst gefallen. Mein Mann sagte einmal in einer Sitzung zur

Therapeutin: „Kann es sein, dass meine Frau depressiv ist?“ Und ihre Antwort lautete: „Ich habe eher das Gefühl, da sitzt ein Vulkan vor mir, der kurz vorm Ausbruch steht.“ Es gab kein Zurück mehr für mich. Ich war irgendwo zwischen Leiden und der leisen Ahnung und Hoffnung nach mehr Leben. Was auch immer das heißen mag, ich wusste, dass ich mehr wollte. Auch wenn das „Mehr“ die negativen Seiten mit einschloss. Ich machte noch ein paar Vorschläge für alternative Beziehungsformen, doch davon wollte mein Mann nichts wissen. Ehrlicherweise muss ich sagen, dass das nach meiner damaligen Gemütsverfassung auch nicht erfolgreich gewesen wäre.

Ich erinnere mich an einen Sonntagnachmittag, an dem er sich zu einer Bergtour bereit erklärt hatte. Er war wirklich bemüht, denn im Normalfall fand er Wandern einfach furchtbar. Ich fragte ihn unterwegs: „Was sind denn deine Träume? Was möchtest du in deinem Leben noch machen? Und was ist aus unseren gemeinsamen Plänen geworden?“ Als wir uns kennenlernten, hatten wir oft darüber gesprochen, dass wir, sobald meine Kinder aus dem Haus sind, an einem anderen Ort leben möchten. „Wenn du mich so fragst“, sagte er, „dann würde ich gerne mit dem Motorrad die Pan Americana entlangfahren.“ Ein kurzer Hoffnungsschimmer glomm in mir auf und ich wollte wissen, wann wir aufbrechen. Doch der Strohhalm war so schnell weg, wie er aufgetaucht war. „Es ist beruflich im Moment einfach nicht möglich. Danach ist mein Job weg“, war seine Antwort.

Hätten wir etwas in der Art gewagt, einen wirklich radikalen Schnitt durch unseren Alltag, wäre unsere Ehe vielleicht noch zu retten gewesen. Oder machte ich mir damit etwas vor? Hatte ich den Entschluss, alleine weiterzugehen, längst gefasst? Lange vor diesem Gespräch? Vielleicht sogar lange vor Luca? War es nur eine bequeme Ausrede für mich, dass wir keine gemeinsamen Ziele mehr hatten und die Dinge, die uns wichtig waren, meilenweit voneinander entfernt lagen?

Johanna - Aus-Zeit!

Mein Mann machte den Vorschlag einer kleinen Auszeit. Er wollte für einige Wochen auf Geschäftsreise gehen. Das verschaffte mir Luft, ich konnte wieder atmen und gleichzeitig wusste ich, dass es nur ein Aufschub war. Ich habe diese Wochen alleine sehr genossen. Abends heimzukommen ohne mich verstecken zu müssen, war Entspannung pur. Trotzdem nagte in mir das Gefühl des Versagens. Ich war dabei, meine zweite Ehe in den Sand zu setzen und fühlte mich schuldig. Nicht nur, dass ich Schuldgefühle meinem Mann gegenüber hatte, da war noch mehr. Eine Stimme, die mir zuflüsterte, ich dürfe mir nicht einfach alles nehmen, was ich möchte, jemand der mir sagte, dass ich mich für diese Ehe entschieden hätte und es mir jetzt nicht einfach anders überlegen könne. Ich dürfe nicht mein Glück über das eines anderen stellen. Diese Stimme in mir hatte auch eine Adresse. Ich projizierte diese Gedanken und Ängste in mir auf meine Familie, die Wertvorstellungen meiner verstorbenen Eltern und meiner Geschwister. Stellvertretend sah ich dabei vordergründig meine älteste Schwester. Was hatte ich für einen Heidenbammel, mich ihr und damit letztendlich meinen eigenen Ängsten zu stellen. Dabei musste sie längst bemerkt haben, dass in meiner Ehe etwas nicht stimmte. Sie hatte meinen Mann und mich an Silvester sprachlos nebeneinander erlebt.

Ich musste meinen ganzen Mut zusammen nehmen und nutzte die Abwesenheit meines Mannes, um sie für ein Wochenende einzuladen. Es brauchte ein paar Anläufe, bis ich das Thema wirklich zur Sprache brachte. Anfangs sehr ungelenk. All die Worte, die ich mir zurechtgelegt hatte, kamen total verquer daher. Aber ich habe es geschafft. Ich habe ihr von meinen Ängsten erzählt, die ich bei dem Gedanken hatte, ihr zu erzählen, dass ich mich von meinem Mann trennen wolle. Von meiner Sorge, wie es dann finanziell weiter gehen sollte und überhaupt, wie es um mich stand. Nur Luca ließ ich aus. Letztendlich spielte er auch keine tragende Rolle, was die Trennung selbst betraf. Ihr Kommentar war schlichtweg: „Na und?“. Das war für mich mehr als Absolution, das war nach vorne schauen, als hätte sie das Licht am Ende des Tunnels eingeschaltet. Warum fällt es mir so schwer, ich zu sein und ehrlich auszusprechen, was mich bewegt. Dabei sollte es doch das Normalste auf der Welt sein. Mit diesem Gespräch hatte sich eine Türe für mich geöffnet und es war ein wichtiger Schritt für mich und das, was ich vorhatte. Es zeigte mir auch, wie befreiend es ist, sich seinen Dämonen zu stellen. Sie lösen sich in Luft auf und verwandeln sich in Chancen.

Noch eine Nacht und ein Tag dann ist meine Auszeit vorbei und ich würde Farbe bekennen müssen. Um mir Unterstützung und Kraft zu holen, wollte ich am Abend zu einem Satsang gehen. Einer meiner Yogalehrer war der Veranstalter. Ihr müsst euch das so vorstellen: Die Teilnehmer sitzen in Stuhlreihen wie bei einem Konzert oder einem Vortrag. Der Sprecher sitzt vor den Zuhörern und neben sich hat er einen freien Stuhl. Anfangs spricht er über ein frei gewähltes Thema, über Wahrheit, das Hier und Jetzt und den Augenblick. Irgendwann kommt der Punkt, an dem er das Publikum auffordert, Fragen zu stellen. Der Haken ist, dass man dabei nicht sitzen bleiben kann, sondern man aufstehen und nach vorne auf den freien Stuhl kommen muss, um sein Anliegen los zu werden. Ich hätte sehr gerne meine persönliche Situation vorgebracht, aber ich war nicht mutig genug. Das Gute war, ich musste mich gar nicht trauen, weil eine andere Frau das für mich übernahm. Ihr Anliegen war nicht eins zu eins identisch mit dem meinen, aber es ging auch bei ihr um eine langjährige Beziehung und die Frage, ob sie sich trennen oder der Partnerschaft noch eine Chance geben soll. Ich weiß gar nicht mehr genau, um was es dann im Detail ging, doch plötzlich stand folgender Satz im Raum: „und dann tauschst du einen Mann mit dem anderen aus, doch was hat sich dadurch tatsächlich verändert?“ Autsch - damit hatte ich nicht gerechnet. Eine böse Frage, über die ich zweifelsohne einmal genauer nachdenken sollte. In Bezug auf meine Ehe konnte sie aber nichts mehr bewirken.

Mein Mann kehrte von seiner Reise zurück und wollte wissen, ob es meinerseits neue Erkenntnisse gäbe. Sein Gepäck stand noch im Flur und der Zeitpunkt erschien mir ziemlich unpassend. Ich fühlte mich kaltherzig. Doch lügen wollte ich auch nicht. So kam es, dass ich ihm zehn Minuten nach seiner Heimkehr sagte, dass ich nicht mehr mit ihm leben wolle.

Mutter - Erkenntnis

Nie hätte ich gedacht, dass sie unglücklich sein könnte oder sich ein anderes Leben wünschte. Sie strahlte so viel Freundlichkeit aus. Sie hatte einen fürsorglichen Ehemann, zwei gescheite, gesunde Kinder, eine gut bezahlte Arbeit, ein schönes Haus, alle mochten sie. Und allem voran, sie brachte Abwechslung in mein Leben. Sie kam oft sonntags zum Kaffee oder sie und ihr Mann holten mich ab und wir gingen zum Essen aus oder saßen in ihrem wilden Garten am Teich. Sie hatte ein perfektes Leben und hätte sie mir etwas anderes erzählt, ich hätte es nicht verstanden und das wusste sie. Nach all den Schmerzen, die ich in meinem Leben hatte überstehen müssen, wollte ich nur Frieden und meine kleinen Freuden des Lebens genießen. Sie machte einen Großteil davon aus. Es schmerzt mich im Nachhinein zu erkennen, dass mir nicht bewusst war, welchen Preis sie dafür bezahlte. Und doch muss jeder seinen eigenen Weg finden und die Verantwortung für das, was man tut und lässt, liegt immer in einem selbst.

Johanna - Rückschau

Durch das Eintauchen in meine Erinnerungen, erwachten längst vergessen geglaubte Ereignisse zum Leben. Scheinbar vollkommen banale Kleinigkeiten wurden plötzlich zum Symbol für einen ganzen Lebensabschnitt. Es ist schon einige Jahre her und wir hatten zu einem Osterbrunch Gäste eingeladen. Ich hatte gekocht und gebacken, so dass der Tisch prall gefüllt war mit tollen Leckereien. Die ersten warmen Sonnenstrahlen des Frühlings waren schon zu spüren und es hätte ein schöner Tag sein können. Eines meiner Kinder hatte etwas getan oder gesagt, das seinem Stiefvater nicht passte. Es kann nichts furchtbar Schlimmes gewesen sein, sonst würde ich mich daran erinnern. Aber er hat den ganzen Tag ein beleidigtes Gesicht aufgesetzt. Wenn er etwas sagte, dann nur, um einen blöden Spruch oder etwas Beleidigendes loszuwerden. So lange er sich so benahm, wenn wir alleine waren, konnte ich es verdrängen, mich ablenken oder weggehen. Doch im Beisein der Gäste wurde es wahr, ich sah es in und durch deren Augen. Ich war unglücklich und versteckte mich in der Abstellkammer zum Heulen.

Oder eine andere Situation: Ich unterhielt mich über den Gartenzaun mit einem Nachbarn. Er erzählte mir von seinem Wunsch, eine Frau zu finden und wir spannen Ideen, was für Möglichkeiten es denn gäbe, jemanden kennen zu lernen. Da kam mein Mann dazu, sagte „Hallo“ zum Nachbarn, nahm meine Hand, machte noch einen kleinen Scherz und zog mich dann mit sich ins Haus. Es war nicht die einzige Situation, in der er meine Gespräche auf diese oder ähnliche Weise beendete.

Ich bin immer noch traurig, wenn ich daran zurück denke, weil das Leben so nicht sein sollte. Wie viele Abendessen im Familienkreis habe ich erlebt, die nach dem folgenden Schema abliefen: ich koche, wir setzen uns an den Tisch, eins der Kinder benimmt sich nicht seinen Vorstellungen entsprechend oder sagt etwas, das er für falsch hält, und er reagiert lautstark, als würde man ihn persönlich beleidigen, obwohl es überhaupt nicht um ihn geht. Im besten Fall beenden wir das Essen unter drückendem Schweigen oder er verschwindet hinter der knallenden Tür in seinem Büro.

Wie bricht man aus solchen Mustern aus? Ich konnte mich dessen nicht erwehren und wusste beim besten Willen nicht, wie ich das ändern sollte. Es gab nur Aushalten für mich. An eine Trennung habe ich damals nie gedacht. Es wurde zum Alltag, dass er jederzeit explodieren konnte. Ich hatte jede Menge Erklärungen für seine Ausbrüche. Sein Leben war nicht einfach. Er war freischaffend tätig und hatte ständig Sorgen, genügend Aufträge zu bekommen. Die Beziehung zu seiner Familie, also seinem Elternhaus, war schwierig und belastend. Er war voller Schmerz. Und ich war in gewisser Weise abhängig von ihm. Ich hatte mich vollkommen auf meine Rolle als Ehefrau und Mutter eingelassen. Sie war mein Leben, meine Anerkennung, meine Identität. Was würde von mir übrig bleiben, wenn ich sie nicht mehr hätte?

Während der Trennungsphase hatte er mich oft nach dem „Warum“ gefragt. Er wollte Gründe von mir hören, weshalb ich nicht mehr mit ihm leben wollte. Er meinte, er hätte mir doch nie etwas Böses getan. Er hätte mich nie geschlagen, mich nie betrogen, wir hätten genug Geld und uns gehe es doch gut. Wie sollte ich ihm nur meinen Wunsch nach einem erfüllten, glücklichen Leben erklären, wenn ich doch selber gar nicht wusste, was ein solches ausmacht. Meine Tochter sagte mir, ich hätte eine „Midlife-Crisis“. Ja, die hatte ich. Ich habe in der Mitte meines Lebens Bilanz gezogen und festgestellt, dass es nur noch aus Grautönen bestand, dass sich alles in mir nach Leben sehnt, nach Singen, Tanzen und Leichtigkeit. Kennt ihr diese Sehnsucht, dieses Ziehen im Herzen?

Die Auszeit, die mein Mann uns gewährte, fand im März statt. Nachdem danach feststand, dass wir uns trennen würden, musste noch eine weitere Entscheidung gefällt werden. Wir hatten im letzten Jahr für Mitte April eine relativ teure Urlaubsreise gebucht und jetzt war die Frage, was damit passierte. Sollten wir zusammen fahren und das Ganze als Abschiedsreise zelebrieren? Ganz absagen? Zu guter Letzt und relativ kurzfristig habe ich mich entschlossen, alleine zu fahren.

Johanna - unbeschwerte Reise

Es war eine unglaublich schöne Rundreise durch Israel. Ich genoss es, auf niemanden Rücksicht nehmen zu müssen, zu essen, wann und wie ich wollte, so weit und so schnell oder langsam zu laufen, wie ich Lust hatte, zu sprechen, wenn es mir danach war - es fand sich immer jemand für ein Gespräch, wenn ich wollte - und zu schweigen, wenn ich nichts zu sagen hatte. Es machte mir Freude die biblischen Orte zu besuchen und die Geschichte sowohl von ihrer historischen als auch der mystischen Seite zu erleben. Stundenlange philosophische Betrachtungen über Bibelzitate und Sichtweisen von Glauben und Religion.

Nach einem erfüllten Tag saß ich abends noch irgendwo alleine und ließ meinen Gedanken freien Lauf. Immer mit diesem Hochgefühl der plötzlichen Freiheit. Ich weiß, dass Freiheit im eigenen Kopf anfängt und aufhört und ich noch viel an mir arbeiten muss. Es wäre ein Trugschluss, zu glauben, ich hätte schon irgendetwas von dem, das die Schieflage in meinem Leben verursachte, geklärt, nur weil ich mich gerade so gut fühlte. In dieser zu Hause so anstrengenden Zeit, war es einfach erholsam, mich von neuen Eindrücken und fremden Landschaften ablenken zu lassen. Raus aus der Waschmaschine in meinem Kopf, die seit Monaten auf Schleudergang gestellt war. Raus aus meinen Gedanken, die sich Tag und Nacht gebetsmühlenartig wiederholten. Ich machte ganz einfach Urlaub.

Das I-Tüpfelchen am Ende meiner herrlichen Reise war eine wundervolle Begegnung mit einem tollen Mann. Ich saß am Flughafen und mein Flug wurde zum Boarding aufgerufen. Ich hatte keine Lust, in der Schlange zu stehen und deshalb blieb ich noch sitzen und beobachtete die Menschen, wie sie alle ihre Bordkarten vorzeigten und durch die Türe hinter der Kontrolle verschwanden. Dabei fiel mir der große dunkelhäutige Mann auf. Sehr sympathisch, gut aussehend mit freundlichen Augen. Was soll ich lange herum reden, er saß im Flugzeug neben mir. Wir hatten eine Dreierreihe für uns zu zweit. Carlos war auf dem Heimflug nach Brasilien und hatte geschäftlich in Tel Aviv zu tun gehabt. Er erzählte mir, dass er die Geschäftsreise auch noch genutzt hatte, um sich von einem alten Freund zu verabschieden, der sehr krank war und im Sterben lag. Kein Smalltalk zwischen zwei Menschen, die sich gerade im Flugzeug zum ersten Mal gesehen haben. Es fühlte sich eher an, wie zwei Menschen, die sich schon sehr lange kannten. Wir brauchten nicht viele Worte und sprachen auch nur kurz über unsere jeweiligen aktuellen Lebensumstände. Es war nicht wichtig. Wir hörten über einen Kopfhörer mit jeweils einem Stöpsel im Ohr zusammen Musik und hatten furchtbar viel Spaß bei dem Versuch, Entspannungsübungen zu machen. Er fragte mich: „Was hast du noch vor in deinem Leben? Was sind die Dinge, die du noch ausprobieren oder sehen möchtest?". Er schrieb mir seine Email-Adresse in das Buch, das ich gerade las. Zum Abschied hielten wir uns lange in den Armen und dann habe ich nie wieder etwas von ihm gehört. Es war eine intensive und sehr berührende Begegnung, an die ich immer noch gerne zurück denke.

In dieser Stimmung kam ich nach Hause. Doch sie hielt nicht lange an, denn mein Leben holte mich schlagartig wieder ein. Mein Mann eröffnete mir, dass er eine Wohnung gefunden habe und in der kommenden Woche ausziehen würde. Das war eine harte Landung in der Wirklichkeit. Alles, was ich gewollt und mit meinen Gedanken und durch mein Handeln heraufbeschworen hatte, wurde jetzt wahr. Jetzt musste ich Neuland betreten und ich fürchtete mich sehr vor den Konsequenzen und all dem Unbekannten, das die Veränderung mit sich bringen würde.

Mutter - nachdenklich

Sie zieht es tatsächlich durch. So sehr drängt es sie in ein neues Leben, dass alle Ängste und Zweifel sie nicht zurück halten können. Wäre ich noch am Leben, ich hätte es nicht gut geheißen. Doch jetzt muss ich sagen: „Ich bin stolz auf dich mein Kind!" Ich wünschte, ich wäre dir ein besseres Vorbild gewesen oder hätte dich mehr unterstützt. Und ich frage mich: „Wie war denn das bei mir? Was hat mir meine Mutter weiter gegeben?"

Du hast deine Oma nie kennen gelernt. Sie war eine starke Frau, musste ihre Familie in zwei Kriegen zusammenhalten und hat auch sonst viel Leid erfahren. Hatte sie eine andere Wahl als es schweigend zu ertragen, wenn sie nicht zerbrechen wollte? Das war es, was sie mich gelehrt hat: den Schmerz verbergen und das Beste daraus machen.

In diesem Zusammenhang würde ich dir gerne eine Geschichte über deine Großeltern erzählen. Letztendlich eine Lügengeschichte, die einmal in die Welt gesetzt wurde, um die Ordnung aufrecht zu erhalten. Eine verlogene Ordnung von Anstand und Moral. Nach den vielen Jahren des Schweigens hatte ich selbst fast vergessen, dass sich dahinter eine andere Wahrheit verbirgt. Ich war noch ein Kind und trotzdem hatte ich dieses Wissen in mir, dass etwas daran nicht stimmte. Wobei, von Wissen zu sprechen setzt ein Bewusstsein voraus, das ich gar nicht hatte. Es war mehr eine Ahnung, die wie ein Windhauch, der kommt und geht, gleich wieder vergessen ist und doch tief in unserem Empfinden abgespeichert wird.

Auf dem Hof meiner Eltern gab es viele Dienstboten. Mein Vater war ein gerechter Dienstherr und kümmerte sich gut um seine Leute. Und doch kam es mir seltsam vor, dass ich ihn nachts manchmal die Treppe zu den Kammern hochsteigen hörte. Ich hörte auch die Mägde manchmal über Dinge tuscheln, die ich nicht verstand. Eine von ihnen war schwanger. Sie war am Hof bis kurz vor der Entbindung. Dann ist sie, ich weiß nicht wohin, verschwunden. Einige Wochen später war plötzlich ein Baby da und alle sprachen davon, dass eines Morgens ein Findelkind vor unserer Haustüre gelegen hatte. Und weil der Bauer ja ein rechtschaffener, wohl angesehener Mann war, nahm er sich des kleinen Buben an, sorgte für dessen Unterkunft und Verpflegung. Ich glaube nicht an den Zufall! Den rechtmäßigen Platz in der Familie oder als Sohn durfte er aber nie einnehmen. Ob dieses Arrangement von meinem Vater alleine beschlossen worden war oder er das Einverständnis seiner Frau hatte, weiß ich nicht. Ich glaube eher nicht. Die Lüge war geboren und alle Beteiligten, allen voran meine Mutter, lebten damit. Du hast meinen Halbbruder ein- oder zweimal gesehen und kennst sein Schicksal. Er war kein glücklicher Mann und hat nie seinen Platz in unserer Familie und auch nicht in seinem Leben gefunden.

Warum mir diese Geschichte gerade jetzt wieder einfällt? Alles ist miteinander verbunden und der Einfluss den das Verborgene, das wir zu verdrängen versuchen, auf uns hat, ist enorm. Was macht uns solche Angst, dass wir meinen, Dinge unter den Teppich kehren zu müssen. Lieber wegschauen vor der Realität als sie anzuerkennen? Und welche neuen Ängste schüren wir, wenn wir die alten verdrängen?
Du fängst an, dich deinen Aufgaben zu stellen. Schweigen und Ertragen ist ein Vermächtnis deiner Vorfahren und du durchbrichst das alte Muster. Ein heilvoller Weg für dich und vor allem auch für alle, die nach dir kommen.

Johanna - Bestandsaufnahme

Ich war von den Ereignissen in meinem Leben geschockt, durcheinander und aufgeregt zugleich. Meine Gefühle fuhren Achterbahn. Dem Himmel sei Dank, dass ich es nicht alleine durchstehen musste. Ich hatte meine Kinder und Freunde an meiner Seite. Es war nicht so, dass sie alles ungefragt einfach abgenickt haben. Im Gegenteil, sie haben mir Fragen gestellt und mir Antworten abverlangt. Ich wurde getröstet, bestärkt und wenn nötig, wieder auf die Füße gestellt. Zudem, und das betrachte ich als noch viel größeres Geschenk, wurde ich nicht gedrängt. Ich durfte dann sprechen, wenn ich soweit war. Ich konnte das, was mir widerfuhr, ja selbst kaum glauben und manchmal wollte ich es einfach nur vergessen. Von außen betrachtet dachte ich manchmal: „Was für ein Theater! Auf der Welt passiert wirkliches Unglück und du machst ein Drama daraus, nur weil du den bekannten Pfad verlässt." Ich bin ausgebrochen aus einer Ehe, in der es schon lange nicht mehr um Freude ging und ein gemeinsames Wachsen und Entwickeln. Wir waren beide versorgt. Ich hatte die mir so wichtige Sicherheit, nicht alleine zu sein. Über den Versorgungspart, den ich im Leben meines Mannes erfüllte, will ich mich hier gar nicht auslassen, aber es fühlte sich sehr nach Köchin und Putzfrau an. Die Frau, die hinter der Kochschürze steckte, hatte nicht nur er nicht mehr gesehen, ich habe sie selbst vollkommen vergessen. Wahrscheinlich habe ich niemals wirklich gewusst, dass es sie überhaupt gibt oder geben darf. Irgendwie fühlte es sich an, als würden wir das Leben meiner Schwiegereltern kopieren. Und an diesem Punkt war eindeutig Schluss mit lustig!

Was bereitete mir letztendlich diesen großen Kummer? Die Enttäuschung nicht erfüllter Erwartungen, das Gefühl des Versagens, Schuldgefühle, die Angst vor dem Ungewissen, vor dem Alleinsein, wieder mit leeren Händen am Anfang zu stehen, niemanden zu haben, der die Richtung vorgibt? Ich hatte die leise Ahnung, dass mein Leiden erst aufhören würde, wenn ich all diesen Punkten auf den Grund gegangen sein würde. Trauern ist so viel mehr, als nur einfach zu warten, dass der Schmerz nach einer gewissen Zeit nachlässt. In schlauen Büchern las ich, wenn es mir gelänge hinter die Trauer zu blicken, könnte es mich ein schönes Stück näher zu mir selbst bringen. Die Enttäuschung würde mir zeigen, was tatsächlich meine Erwartungen waren. Auch, dass ich etwas von jemand anderem erwartet hatte, was ich mir selbst gleichzeitig verwehrte. Mein Verstand und auch mein Bauch sagten: „Ja, genau so ist das." Mein Gefühl, mein Körper und jede Zelle schrie: „Bist du wahnsinnig? Da hinzuschauen wird scheißweh tun!"

Wie ging es weiter in meinem Leben? Zunächst mussten wir den Umzug hinter uns bringen. Es lief alles ganz zivilisiert ab. Die Aufteilung von Haushaltsgegenständen war relativ einfach, da wir alles im Überfluss hatten. Es gab Geschirr und Besteck für mindestens drei Haushalte. Mein Mann war damals zu mir in mein Haus gezogen, so dass ganz klar war, welche Möbel er mitgebracht hatte und welche mir gehörten. Es kam eine Schar von Freunden. Die einen packten im Haus ein und die anderen packten in der neuen Wohnung wieder aus. Zwischendurch wurde gemeinsam geweint, gelacht und Brotzeit gemacht. Wäre der Anlass nicht so traurig gewesen, hätte man sagen können: was für ein schöner Tag.

Jetzt war ich also allein. Allein in einem Haus, in dem ich mit zwei Ehemänner gelebt hatte und meine zwei Kinder groß geworden waren. Erinnerungen an allen Ecken und Enden. Durch den Auszug war es zwar nicht leer geworden, doch wesentlich luftiger. Und so fühlte ich mich auch. Leichter und befreit. Schon seit Monaten schlief ich im Kinderzimmer meiner Tochter, das sie nach wie vor bewohnte, wenn sie auf Besuch heimkam. Ich fühlte mich wohl dort und bin deshalb nicht auf meine Seite des früheren Ehebettes zurückgekehrt.
Es war ein großes Haus und seit über zwanzig Jahren mein Zuhause. Als wir noch als Familie hier wohnten, hatte ich in den Nächten, in denen ich allein zu Hause war, öfter Angst vor Einbrechern. Dieses Gefühl war verschwunden, es hatte sich in Luft aufgelöst. Woher das wohl kam? Ich wusste es nicht, aber es fiel mir auf.

Eine Freundin kam mit Räucherwerk und wir reinigten alle Räume damit. Rissen mitten in der Nacht alle Fenster auf, um die alten Gespenster auszutreiben. Ich lernte mein Zuhause neu kennen und lieben und füllte nach und nach alle Zimmer mit meiner Energie. Es war wie ein Erobern und neu in Besitz nehmen. Es machte mir

Spaß, abwechselnd in allen Räumen zu schlafen, nur mein früheres Schlafzimmer sparte ich noch aus. Es war eine gute Zeit. Ich konnte mich an jeder winzigen Kleinigkeit des Alltags erfreuen. Ich genoss meine neue Freiheit, zu tun und zu lassen, was ich wollte. Ob ich von der Arbeit nach Hause fuhr oder noch einen Spaziergang machte, ins Yogastudio ging oder noch im Café saß, ich musste niemandem Rechenschaft ablegen. Es fühlte sich unglaublich leicht an. Es passierte mir anfangs sogar, dass ich, wenn ich spontan meine Pläne änderte, kurz den Impuls hatte, zu Hause nachzufragen, ob das in Ordnung wäre. Zwischendurch hatte ich Momente der Sorge, wie ich dieses große Haus weiterhin finanzieren sollte und wie ich mir generell meine Zukunft vorstellen sollte. Doch das hielt nicht lange an, ich war so erfüllt von meinem neuen Leben, dass ich Zweifeln und Ängsten nicht viel Platz einräumte.

Ich machte jede Menge Sport und liebte meine Yoga-Stunden und die Geschmeidigkeit meines Körpers, die ich in der Bewegung so intensiv wahrnehmen konnte. Meditierte, machte lange Bergwanderungen und war viel in der Natur unterwegs. Ich blühte im wahrsten Sinne des Wortes auf und erhielt viele Komplimente für mein strahlendes Aussehen. Die positiven Rückmeldungen in meinem Umfeld bestärkten mich in meinem Drang, Neues auszuprobieren. Die Frau von der Eheberatung war eine Malerin und sie hatte mich mit ihrem Slogan „Farbe ins Leben bringen“ inspiriert. Ich meldete mich zu einem Kurs für abstrakte Malerei an. Eine vollkommen neue Erfahrung für mich. Ich mochte Kunst und es gefiel mir, Bilder zu interpretieren, aber niemals hatte ich daran gedacht, selbst welche zu malen. Vollkommen neue Welten eröffneten sich mir. Rückwirkend erscheint es mir vollkommen verrückt, wie sehr ich mich selbst beschränkt hatte. Eines meiner ersten Bilder hatte einen gelb-orangenen Hintergrund und in der Mitte des Bildes einen großen schwarzen Fleck, den man als Insel oder als großes Loch interpretieren könnte. Ich war nicht sehr überzeugt vom Ergebnis meines künstlerischen Ausdrucks, eher etwas belustigt. Doch der Meister meines Kurses meinte, dass es eine sehr interessante Arbeit sei und für eine Anfängerin eine sehr mutige Aussage habe. Es war der Beginn einer großen Leidenschaft - für die Malerei nicht für den Meister!

Dies hört sich jetzt vielleicht so an, als wäre ich die glücklichste Frau auf Erden gewesen. Aber das ist nur die halbe Wahrheit. Es gab auch einsame Abende, an denen die Zweifel an mir nagten, ob das jetzt das Leben ist, das ich mir erträumt hatte. Neben diesen vielen neuen Erfahrungen und meinen zahlreichen Aktivitäten, war ich am Ende des Tages alleine. Das, was ich anfangs so genossen hatte, war irgendwann nicht mehr ganz so großartig. Ich schlief schlecht und wenn ich nachts wach lag, sehnte ich mich nach einem warmen Körper, der bei mir lag. Meine Gedanken wanderten dabei wieder des Öfteren nach Italien. Luca. Es ließ mich nicht los und ich hatte auch wieder Kontakt zu ihm aufgenommen. Wir schrieben uns manchmal und still und heimlich hatte ich angefangen, mir Hoffnungen zu machen, ihn auch außerhalb der Arbeit wieder zu sehen. Ich hatte mit der Trennung von meinem Mann zwei Schritte vorwärts gemacht und war jetzt dabei, wieder in das gleiche alte Muster zu verfallen. Insgeheim träumte ich von einem tollen Mann an meiner Seite, der mir mein Leben versüßen sollte. Meine Gedanken kreisten um die Frage, was ich tun musste, um genau den in mein Leben zu locken. Meine Tochter hatte leider Recht, als sie sagte, Frauen in der Midlifecrisis haben größere Aussetzer als 15-jährige Teenager. Bei denen erwartete man zumindest nicht, dass sie auch ihr Hirn zum Denken verwenden. Wenn ich zurückdenke, kann ich nur den Kopf schütteln über meine Naivität.

Mutter - machtlos

Was für ein Jammer. Es ist wohl wirklich so, dass der Mensch nur in der Krise zu lernen vermag.

Sie glaubt nicht an sich selbst und deshalb sucht sie einen Mann, den sie vergöttern kann. Einen, in dessen Schatten sie meint, erstrahlen zu können. Vielleicht auch einen, in dessen Schatten sie nicht strahlen muss. Und das wiederum hält sie nicht aus. Wie oft sie dieses Spiel noch wiederholen muss, bis sie endlich begreift, um was es geht, wird sich noch zeigen.

Ich könnte mir die Haare raufen, möchte sie schütteln und schubsen! Sie hört doch die Komplimente, die man ihr macht, sie sieht doch selbst ihre leuchtenden Augen im Spiegel. Doch wieder sind große unbewusste Kräfte am Werk. Verhaltensmuster, die tief verankert sind und bewirken, dass sie nicht zulässt, dass ihr eigenes Licht leuchtet. Sie betrachtet ihren Körper und denkt, eigentlich viel zu schade, um nicht von einem Mann geliebt zu werden, dabei traut sie sich gar nicht, sich ganz hinzugeben. Sie ist sich selbst nicht genug und sieht nur die Fähigkeiten und Talente anderer Menschen. Solange sie nicht merkt, dass sie in anderen Menschen nur erkennen kann, was sie selbst in sich trägt, wird sie immer wieder die gleichen Fehler machen und ihr Leiden wird nicht aufhören. Was ist dieser Frau widerfahren, dass sie gar kein Selbstvertrauen hat. Ich weiß, dass sie von mir nicht sehr viel Unterstützung erfahren hat, aber kann es sein, dass ich total versagt habe?

Johanna - peinlich

Er kroch wieder in all meine Gedanken. Bei jeder kleinen Handlung malte ich mir aus, wie ich ihm davon erzählen würde, welche Worte ich verwenden und wie toll er mich finden würde. Es fällt mir schwer, die folgende Episode zu erzählen. Doch diese Abgründe gehören dazu, sie sind Teil dieser Geschichte. Luca hatte ein Fest geplant und mich dazu eingeladen. Es sollte eine Grillparty im Grünen werden und er hatte vor, dort auch zu übernachten. Er meinte, ich sollte nur die Sachen mitbringen, die ich für die Nacht brauchte, für einen Schlafplatz würde er sorgen. Natürlich wollte ich hinfahren. Ich war verrückt genug, für ein Sommerfest mit ihm die weite Strecke nach Italien zu fahren, obwohl dort heftige Gewitter angesagt waren. Ich weiß sehr wohl, dass eine Stimme in mir sagte: „Fahr nicht! Du wirst nicht finden, was du dir erhoffst." Doch ich wollte nicht hören und fand mich super abenteuerlustig, als ich am späten Nachmittag ins Auto stieg und losfuhr.

Ich wurde freudig begrüßt, doch Luca schien irgendwie nervös zu sein. Ich war selber angespannt und versuchte, es mit Lachen zu überspielen. Es waren nur wenige Gäste gekommen, weil die Regenwolken schon am Himmel standen. Nichtsdestotrotz wurde der Grill angeheizt, gelacht und getrunken. Das liebte ich so sehr dort, dieses vollkommen Unkomplizierte. Es regnete, na und, wir lassen uns doch davon nicht abhalten, eine fröhliche Party im Freien zu feiern! So weit so gut. Ich lernte ein paar seiner Freunde kennen und unterhielt mich mit Kollegen. Und dann kam meine Befürchtung auf einem Rad angefahren. Eine italienische Sportskanone mit langen dunklen Haaren, noch dunkleren Augen und einem glockenhellen Lachen. Kein junges, unerfahrenes Mädchen, sondern eine schöne Frau mit Ausstrahlung. Sie passte ins Beuteschema und es war klar, dass sie nicht nur als gute Freundin von Luca da war. In mir zog sich alles zusammen. Eine vollkommen absurde Situation und ich wünschte mir, die Erde würde sich auftun und mich verschlingen. Er stellte uns vor, indem er unsere Vornamen nannte. Nichts weiter, keine Erklärung dazu. Ich war steif wie ein Stock und fühlte mich wie eine Verliererin, ohne dass ich in den Ring gestiegen war. Der einzige Kampf, der hier stattfand, war in mir und es ging darum, meine Haltung zu bewahren. Oh mein Gott, wie schämte ich mich vor mir selbst. Wie abgrundtief blöd konnte man eigentlich sein? Nicht blöd, sondern klein und ohne jeden Funken von Stolz, dies traf es wohl eher.

Luca mied den direkten Kontakt zu mir und verschwand irgendwann zu später Stunde mit La Bella im Zelt. Ich fand einen Schlafplatz bei zwei lustigen Jungs, die nach jeder Menge Alkohol schon bald in Tiefschlaf fielen. Ich machte kein Auge zu und schlich mich gleich nach Sonnenaufgang still und heimlich davon. Ich wollte, ich könnte sagen, ich habe doch nichts Unrechtes getan. Ich bin unter außergewöhnlichen Umständen auf eine Party gefahren zu fröhlichen Menschen, die im Schnitt ca. 15 Jahre jünger waren als ich. Was war dabei? Ich hatte in dieser Nacht schon genug Federn gelassen. Wenn ich nicht jeden Respekt vor mir selber verlieren wollte, musste ich mir wenigstens ehrlich eingestehen, dass diese Aktion, sorry, total Scheiße war. Luca schrieb nachmittags eine kurze Nachricht, dass sie mich vermisst hätten und ob ich gut heim gekommen sei. Als wir uns dann beruflich wieder gesehen haben, wurde die Grillparty nicht erwähnt, als wäre nichts geschehen. Ist denn überhaupt außerhalb meines Kopfes etwas geschehen? Es scheint nicht so, denn zwei Monate später, habe ich noch eins draufgesetzt.

Wir hatten eine ganztägige Firmenveranstaltung. Mir war klar, dass es ein geschäftliches Meeting war. Doch warum nicht zwei Fliegen mit einer Klappe schlagen? Wenn es um mein Unglück geht, kann ich ziemlich hartnäckig sein. Es ist nicht verboten, sich in der Geschäftswelt mit all seinen Vorteilen zu präsentieren. Kompetent, positiv, weiblich und vielleicht eine kleine Spur sexy. Ich zielte nicht darauf ab, Luca „rum zu kriegen". Ich wähnte ihn eigentlich verloren, aber ich spielte mit meinen Reizen und es machte mir Spaß. Und vor allem bot sich hier die Gelegenheit, mir nach meiner Erniedrigung etwas zu beweisen. Es war einer der Tage, an denen alles stimmt. Man steht am Morgen mit dem richtigen Fuß auf. In dieser Stimmung fühlte ich mich unwiderstehlich und genau das war ich dann auch. Am Ende des Tages landeten wir genau in dem Zelt, in dem er zwei Monate vorher mit einer anderen verschwunden war. Ging es mir danach besser? Nein. Ich hatte gesprüht vor Charme, aber anstelle mir selbst genug zu sein, habe ich mich wieder dem Löwen zum Fraß vorgeworfen. Letztendlich war ich diejenige, die alles gegeben hatte und es fühlte sich am Tag danach genauso an, nämlich einfach nur leer.

Mutter - Schuld

Sie war ein braves Kind. Ein stilles Mädchen, das sich über jede Aufmerksamkeit freute, die man ihr zu teil werden ließ. Ihre älteren Brüder hatten nicht viel Interesse an ihrer Schwester und der Altersunterschied zu meinen älteren Töchtern war zu groß, als dass sie als

Spielkameradinnen in Frage gekommen wären. Obwohl Johanna ständig von Menschen umgeben war, musste sie sich alleine beschäftigen. Sie war da, aber doch nie wirklich beachtet. Ich hatte mit dem Haushalt, meinen Söhnen oder auf dem Hof zu tun und versorgte meine Tochter mit allem, was sie brauchte. Essen, Trinken, Kleidung, Spielsachen. Mehr war mir einfach nicht möglich. Ich habe versucht, sie nicht sehen zu müssen und mit ihr meine eigene Schwäche und meine Schuld.

Johanna - Suche nach neuen Erfahrungen

Mein Mann war weg und die Geschichte mit dem Liebhaber lief auch nicht sonderlich gut. Das Thema Beziehung hatte ich erfolgreich vermasselt und so wendete ich mich fast gezwungenermaßen einem anderen Thema in meinem Leben zu. Da war unter anderem meine Wohnsituation, an der ich über kurz oder lang etwas ändern musste. Ich hatte ein großes Haus mit einem noch größeren Garten. Das alles kostete Geld und machte jede Menge Arbeit. Ich verdiente nicht schlecht, doch ich wollte nicht nur zur Arbeit gehen, um die Erhaltungskosten für ein Haus abzudecken. Da gab es allerlei Ideen in meinem Kopf. Von Wohngemeinschaft bis hin zum Umbau in ein Café ließ ich nichts aus.

Der Plan mit dem Café gefiel mir immer besser und ich sah mich schon strahlend die Eröffnungsrede halten. Es sollte ein Platz zum Wohlfühlen werden, mit Leseecke, gemütlicher Wohnraumatmosphäre und kleinen romantischen Tischchen zwischen den Blumenbeeten in meinem Garten. Und natürlich mit dem weltbesten Kuchen. Denn Backen kann ich und vor allem weiß ich, wie ein guter Kuchen zu schmecken hat. Ich fragte mich oft, ob die Cafébetreiber eigentlich gerne bei sich selbst zu Gast wären oder ob sie nicht lieber woanders hingingen, nachdem sie ihre eigene Ware gekostet hatten. Bei mir würde alles stimmen, das Ambiente, der Service und die Qualität. Bedenken in Bezug auf Vorschriften, Konzessionen, Kosten und alles, was sonst noch an Unannehmlichkeiten mit so einer Unternehmung verbunden ist, verschob ich auf später. Aber ich wollte auch keine naive Träumerin sein und auf alle Fälle etwas tun, um meinem Ziel einen Schritt näher zu kommen. Ich hatte keinerlei Erfahrung in der Gastronomie und deshalb beschloss ich, das jetzt nachzuholen.

Im letzten Jahr war ich auf eine Berghütte eingeladen worden, um dort Geburtstag zu feiern. Das könnte der perfekte Ort sein, um zwei Fliegen mit einer Klappe zu schlagen. Ich liebe es auf dem Berg zu sein und ich könnte gleichzeitig Erfahrungen im Gastgewerbe sammeln. Da gab es nichts mehr zu überlegen! Ich spazierte an einem Sonntagvormittag auf die Alm, um zu fragen, ob eine Aushilfe gebraucht würde. Ich bin immer wieder erstaunt, wie einfach die Dinge sind, wenn etwas stimmig und richtig ist. Es waren jede Menge Gäste da, die am Vortag hier eine Hochzeit gefeiert hatten und jetzt ihr spätes Frühstück genossen. Hier war eine ganz besondere Atmosphäre. Der Charme einer Alm gepaart mit gutem Essen und einem sensationellen Ausblick.

Das Konzept stimmte und das Geschäft brummte. Vor dem Haus gab es noch einen kurzen Moment des Zögerns, doch was hatte ich schon zu verlieren. Hinter der Schenke bediente eine Frau gerade die Kaffeemaschine. Mit wenigen Worten erklärte ich ihr mein Anliegen. Dass ich unglücklich mit meiner Lebenssituation sei, neue Erfahrungen machen möchte und deshalb fragen wollte, ob sie eine Aushilfe für die Wochenenden bräuchten. Wir hatten den richtigen Draht zueinander. Kurzum, ich sollte ihr Bescheid geben, wann ich Zeit hätte, dann könnten wir es beide ausprobieren. Sie könnte mir nicht viel zahlen und ja, sie kannte die Lebensphase der Neuorientierung. Sie selbst sei genauso hier gelandet. Das war es schon und innerhalb von zehn Minuten hatte ich einen Job als Küchenhilfe, Servicekraft und Zimmermädchen. Es war ein Knochenjob und es machte einen Riesenspaß. Ich hatte tolle Kollegen und innerhalb kürzester Zeit das Gefühl, schon immer dazu zu gehören. Zu den Stoßzeiten arbeiteten wir wirklich hart. Wenn der Ansturm nachließ, spülten wir singend das Geschirr und putzten tanzend die Küche. Natürlich hat es auch dort „gemenschelt" und es kam zu dem ein oder anderen Zusammenstoß. Wie in so vielen Betrieben wurde bei Pannen nicht nach Lösungen gesucht, sondern zunächst die Schuldfrage geklärt. Der eine fühlte sich übervorteilt und der nächste wollte seine eigenen Vorstellungen durchsetzen. Der ganz normale Wahnsinn, wie überall, wo verschiedene Menschen zusammenkommen. Doch wir alle hatten eines gemeinsam, wir liebten die Alm und die Vorstellung, unseren Gästen diese Liebe weiterzugeben. Wir alle waren trotz Jammern und Schimpfen überzeugt davon, den besten Arbeitsplatz der Welt zu haben. Ich hatte anfangs geplant, einmal im Monat ein Wochenende zu arbeiten. Immerhin hatte ich während der Woche einen Fulltimejob, von Haushalt und Garten gar nicht zu reden. Ich war so gerne dort auf dem Berg und unter diesen Menschen, dass ich bald jedes zweite Wochenende oben war. Die Hütte war über Monate mit Hochzeiten und Geburtstagsfeiern ausgebucht. Während der Woche diente sie Unternehmen für Seminare und Fortbildungen.

Leider sollte es nur eine Sommerliebe bleiben. Der Besitzer des Hauses freute sich zwar über die gute Auslastung, doch er war unzufrieden mit der Rendite und wollte Vorschläge hören, wo Potenzial bestünde, um sparen zu können und seine Gewinne zu maximieren. Da ich ja von der betriebswirtschaftlichen Seite kam, stellte ich des Öfteren Fragen zu den administrativen Arbeitsabläufen und den praktizierten Kontrollinstrumenten der Finanzwirtschaft. Wir führten einige Gespräche dahingehend und ich erhielt auch Einblick in die Geschäftsbücher. Ich bin wahrlich kein Experte, doch ich merkte schnell, dass ich im nächsten Chaosbetrieb gelandet war. Cordula, die Geschäftsführerin und gute Seele des Hauses, hatte gute Arbeit geleistet und die Rückmeldungen der Gäste sprachen für sich. Doch dies reichte dem Inhaber nicht. Im Laufe der Zeit hatten sich die Ideale des Hüttenwirts verändert. Aus der ursprünglichen Idee eines gemütlichen Rückzugortes in den Bergen war eine Goldgrube geworden. Es stand ein Umbruch an und hinzukam, dass Cordula schwanger war. Man fragte mich, ob ich nicht Interesse hätte, ihre Nachfolge anzutreten. Dadurch dass ich hautnah miterleben konnte, mit welchen Problemen unsere Chefin zu kämpfen hatte, war ich sehr skeptisch, ob das eine gute Idee wäre. Doch allem voran traute ich es mir schlicht und ergreifend nicht zu. Und so endete mein Ausflug in die Gastronomie mit meiner letzten Schicht an Silvester. Es war nicht offiziell so geplant, doch die Unstimmigkeiten in der Führung des Hauses übertrugen sich auch auf uns Mitarbeiter und das eingeschworene Team zerfiel. Ich habe von zu Hause aus noch ein paar Stunden an Auswertungen und Tabellen gearbeitet, doch mit Abschluss dieser Tätigkeit war dann endgültig Schluss.

Während all dieser Monate auf der Alm kam zwar zusätzliches Geld rein, aber es hatte sich ja letztendlich nichts an meiner ursprünglichen Lage geändert. Die Sorge, dass die Kosten für das Haus all meine Einnahmen auffressen könnten, blieb bestehen. Ich hatte keinerlei Ersparnisse und bei der kleinsten Reparaturmaßnahme würde ich ins Straucheln geraten. Die Café-Idee war nicht gestorben, aber ich musste erkennen, dass sie nicht so schnell umzusetzen war.

Also zurück zur Ausgangssituation. Ich hatte Wohnraum übrig und brauchte zusätzliche Einnahmen. Was also lag näher, als mir einen Mitbewohner zu suchen. Ich wusste von meinen Kindern, dass es im Internet ein Portal „WG gesucht“ gibt und hatte mich schon früher durch die Seite geklickt, um zu sehen, was die Leute so anbieten. Auch hier bewahrheitete sich wieder, dass sich Dinge wunderbar ineinander fügen, wenn der Zeitpunkt dafür gekommen ist. Ich musste mir nicht einmal die Arbeit machen und ein Angebot schreiben, weil ich in den Gesuchen genau das fand, was ich wollte. Ich holte mir Musik ins Haus. Ein junger Mann aus Tschechien, der in Bremen Musik studiert hatte, und jetzt an der hiesigen Musikschule als Gitarrenlehrer arbeitete. Sein Aufenthalt hier war zeitlich begrenzt, weshalb er ein möbliertes Zimmer suchte. Das passte mir gut. So konnte ich das WG-Leben ausprobieren und wenn es mir nicht gefallen würde, musste ich keine unangenehme Kündigung aussprechen, sondern einfach die Zeit abwarten.

Die Chemie stimmte auf Anhieb und entsprechend gut kamen wir miteinander klar. Ich liebte die Gitarrenklänge im Haus. Von oben die feinen Töne der klassischen Gitarre und aus dem Keller das kraftvolle, harte Spiel der E-Gitarre. Ich kam auch des Öfteren in den Genuss seiner Kochkünste und so sah ich über die manchmal unaufgeräumte Küche hinweg. Es war schön, wieder jemanden im Haus zu haben und dabei doch für mich bleiben zu können.

Johanna - traurig

So verging die Zeit und mein eheliches Trennungsjahr war wie im Flug vorbei. Mein Mann hatte schon seit längerem eine Freundin. Ich kann mir die boshafte Bemerkung nicht verkneifen, dass er ja dann wieder versorgt war. Andererseits erleichterte es meine Schuldgefühle ungemein. Ich hatte ihm wehgetan und hofftc, dic Frau würde ihm über seinen Schmerz hinweghelfen. Ich wünschte mir für uns beide, dass er mit seiner neuen Partnerin glücklich wäre. Zudem muss ich gestehen, dass ich auch gerne in mein altes Fahrwasser zurückgekehrt wäre, hätte meine italienische Affäre das zugelassen. War es einfach Glück, dass ich mir eine eher unkonventionelle Verbindung ausgesucht hatte, die kein Alltagsleben in Aussicht stellte? Oder hatte ich mir genau diese Situation geschaffen, weil ich mir sicher sein konnte, dass Luca kein Potential für eine wirkliche Beziehung hatte. Mein Noch-Ehemann wollte auf alle Fälle unsere Ehe so bald wie möglich offiziell beenden. Finanziell hatten wir uns darauf geeinigt, dass wir auf alle gegenseitigen Ansprüche verzichten würden. Jeder behielt sein Eigentum. Eine notarielle Beurkundung hatte das ganze Verfahren zeitlich wesentlich vereinfacht. Und nach Ablauf der vorgeschriebenen Trennungszeit habe ich sehr schnell die Vorladung zum Scheidungstermin erhalten. Das war wieder einer dieser Augenblicke, an dem die Dinge unaufhaltsam konkret wurden. Ich wusste, dass der Zeitpunkt kommen wird, war überzeugt davon, die richtigen Schritte zu tun und trotzdem versetzte es mir einen Stich, als es greifbar wurde.

Wir hatten uns fast auf den Tag 18 Jahre vor dem Termin beim Scheidungsrichter kennen gelernt. Es war Fasching und ich war mit einem die freie Liebe propagierenden Musiker liiert, der mir kurz vor unserer Abendverabredung mitgeteilt hatte, dass ihm etwas dazwischen gekommen sei. Ich war wütend und enttäuscht darüber und in einer Trotzreaktion entschloss ich mich, diese Gefühle auch auszuleben. Ich wollte ausgehen und ich entschied mich für eine Faschingsparty in einer Kneipe, in der ich schon als junge Frau unterwegs gewesen war. Anfangs war es ziemlich öde, ich kannte ein paar Leute, aber sie standen nur rum und tranken an ihrem Bier aus der Flasche. Die Stimmung war ganz und gar nicht das, wonach ich suchte. Meine Wut war verraucht und hatte sich in Selbstmitleid verwandelt. Ich fühlte mich schlecht und wollte nach Hause, um mich zu verkriechen. Auf dem Weg nach draußen, traf ich eine alte Bekannte. Sie freute sich total mich zu sehen und fragte erst gar nicht, ob ich nicht noch bleiben wollte. Sie hakte mich unter und zog mich zurück in die Bar. Sie überfiel mich mit Fragen und wollte im Grunde gar keine Antworten hören. Sie war in Begleitung von zwei Männern gekommen. Einer von ihnen sollte dann später mein zweiter Ehemann werden.

Wir waren uns vor diesem Abend noch nie begegnet, hatten aber schon voneinander gehört, weil wir seit Jahren gemeinsame Freunde hatten. Es gab nicht viel zu sagen. Es war auf mysteriöse Weise klar, dass wir gemeinsam etwas zu erledigen hatten. Ich fand ihn damals toll. Er war gerade aus den USA zurückgekommen, wo er studiert hatte. Er war voller Ideen und Zukunftspläne und hatte gerade einen Job in London angeboten bekommen. Der Mann verkörperte für mich all das, was ich mir erträumt und nicht auf die Reihe bekommen hatte. Ich war fasziniert von der Mischung aus weltoffen und doch heimatverbunden. Er kam aus einer alteingesessenen Familie in einer kleinen Stadt und war sehr stolz darauf. Es schlugen zwei Herzen in ihm. Das eine für die Abenteuerlust und dafür, die Welt zu erobern. Das andere hielt ihn zurück und band ihn an seine Familie und vor allem an die Werte, die man ihm vermittelt hatte. Und genau diese Eigenschaften machten unsere Beziehung möglich. Ich konnte ihn für all seine Aktivitäten bewundern und hatte einen Mann an meiner Seite, der aus jeder Pore Sicherheit ausstrahlte. Er bekam eine Frau, die seine Sehnsucht nach dem Abenteuer teilte und ihm gleichzeitig alle Annehmlichkeiten eines warmen Zuhauses schuf. Dass ich zwei Kinder mitbrachte, war kein großes Thema in Bezug auf die Entscheidung, ob wir zusammen bleiben wollten, es war einfach so. Für meine Kinder war es nicht so einfach, doch vieles davon konnte oder wollte ich nicht sehen. Ich wollte überzeugt davon sein, dass es auch für meine Kinder eine Bereicherung ist, wenn dieser Mann Teil unseres Lebens wird. Ich war froh wieder jemanden zu haben. Ich war dreißig Jahre alt und mit diesem Mann an meiner Seite gehörte mir die ganze Welt.

Von unseren gemeinsamen Träumen war 18 Jahre später nichts mehr übrig geblieben. Wie unendlich traurig das ist! Ich hatte die Nase nicht nur voll von ihm, sondern ich konnte uns nicht mehr ertragen. Ich wollte meinen Weg lieber alleine weiter gehen. Nichtsdestotrotz musste ich mich am Tag vor dem Scheidungstermin in der Arbeit krank melden. Mein Körper ließ nicht zu, dass ich so tat, als wäre alles wie immer. Mein Kopf hämmerte wie verrückt. Es fühlte sich an, als wollte ich, dass es mir schlecht ging. Den Trennungsschmerz im wahrsten Sinn des Wortes fühlen und auch der Traurigkeit und den Schuldgefühlen einen Platz geben. Ich war viel zu früh am Gericht. Das war nicht schlecht, weil ich so etwas Zeit hatte, meine Gefühle in den Griff zu bekommen. Ich lief Gefahr, dass ich nicht ein Wort würde sagen können, ohne in Tränen auszubrechen. Mein Noch-Ehemann und ich hatten eine gemeinsame Anwältin und weinende, sehr emotionale Frauen sind ihr bestimmt nicht fremd. Sie hatte auf alle Fälle ein Gespür dafür, dass mir nicht nach Smalltalk zumute war und sich auf Informationen über den Ablauf der „Ehe-Auflösungs-Zeremonie“ beschränkt.

Mein Mann saß als „Kläger“ mit der Anwältin auf der einen Seite des Tisches, ich alleine auf der anderen. Hätte man ihn Antragsteller genannt und hätten wir nebeneinander gesessen, hätte ich mich nicht ganz so aussätzig gefühlt. Der Richter verlas die Akte. Nach der Passage mit der gegenseitigen Verzichtserklärung auf Unterhalt, machte er ein paar Anmerkungen auf Kosten von Männern, die sich den Haushalt führen lassen und dann die Frauen ohne finanzielle Unterstützung sitzen lassen. Von meinem Mann wollte er daraufhin wissen, ob er auch so einer wäre, wobei er wohl nicht wirklich eine Antwort erwartete. Doch was für eine unerwartete

Wendung! Die Tatsache, dass da jemand war, der mich nicht automatisch als die schuldhafte Ehebrecherin abstempelte, hat mir geholfen, mich besser zu fühlen. Es hat mich ein wenig abgelenkt von meinem Schmerz und mir sogar ein leises Schmunzeln entlockt.

Ab diesem Punkt waren die Gründe für das Ende meiner Ehe nicht mehr wichtig. Jetzt war es besiegelt und das bedeutete: endgültig Abschied nehmen. Wir haben nicht kirchlich geheiratet und deshalb einander auch nicht gesagt: „Bis dass der Tod uns scheidet“. Aber genau davon bin ich durchaus ausgegangen. Und auch wenn nach einer freieren Definition dabei nicht der physische Tod gemeint ist, sondern das Sterben der Liebe, des Vertrauens oder des Glaubens an ein gegebenes Versprechen, ich hatte einen Verlust erlitten und es tat weh. Draußen vor dem Gericht wechselten wir noch ein paar kurze Abschiedsfloskeln, die Hände fest in den Hosentaschen verankert. Zu mehr waren wir beide nicht im Stande. Schade, aber es war so. Ich wollte nur noch weg und mein Auto kam mir vor wie eine Zufluchtsstätte. Und dann, dort angekommen, durfte ich endlich meine Anspannung loslassen. Der Sturzbach an Tränen war nicht mehr aufzuhalten. Kein leises Schniefen mit ein paar salzigen Tränchen. Nein, ein lautes, befreiendes Rausheulen und Wegschluchzen meines ganzen Kummers über das, was ich verloren hatte.

Eine liebe Freundin hatte mir angeboten, dass ich zu ihr kommen könnte, wenn ich nach der Scheidung jemanden bräuchte. Sie meinte, sie wäre für alles bereit, egal ob ich mich betrinken, lachen oder weinen wollte, vollkommen egal, wir würden genau das machen. Ich war mir nicht sicher, ob ich das Angebot in Anspruch nehmen würde, weil mir vielleicht mehr nach allein sein zumute wäre. Doch nach meinem Ausbruch war ich dankbar für ihre Gesellschaft. Nach einem langen Spaziergang und weisen Worten über das Leben und seine Widrigkeiten war ich wieder hergestellt und bereit für mein neues Single-Leben.

Johanna - Hilfe oder Wahnsinn

Ich muss zugeben, eine zweite Scheidung zustande gebracht zu haben, weckte gemischte Gefühle in mir. Einerseits dachte ich: „Ganz toll, wie kaputt muss man sein um zweimal zu scheitern". Andererseits hörte ich aber auch ein Stimmchen, das flüsterte: „Macht nix, du hast zumindest den Mut bewiesen, es auch zuzugeben!"

Für das Wochenende nach meiner Scheidung hatte ich mich für einen Workshop bei einer Schamanin angemeldet, mit dem Titel „Zeit für Weiblichkeit". Ich hatte keine klare Vorstellung von dem, was mich dort erwarten würde. Die Broschüre mit dem Programm lag schon Monate bei mir zu Hause und ich hatte sie schon längst vergessen. Ich suchte in einem Stapel von Papieren nach etwas anderem, als sie mir wieder in die Hände fiel. Mir gefiel die Idee, nach der Scheidung etwas für meine Weiblichkeit zu tun, was auch immer das sein sollte. Mit anderen Frauen mein Leid zu teilen und mich für die Zukunft inspirieren zu lassen, konnte nie verkehrt sein. Ich rief die angegebene Nummer an, um die Details abzuklären und zu fragen, ob überhaupt noch ein Platz frei wäre. Ariana, eine aus Peru stammende Schamanin, hatte schon am Telefon eine so herzliche Art, dass ich auf alle Fälle hingehen wollte. Ich schrieb mir auf, was ich alles brauchen würde. Die Sache war beschlossen. Ich hatte mich angemeldet für ein neues Kapitel in meinem Leben.

Es würde meine erste Berührung mit dem Schamanismus sein und ich war sehr neugierig auf das Wochenende. Außer mir nahmen nur zwei weitere Frauen an dem Kurs teil. Wir waren also zusammen mit unserer Kursleiterin Ariana zu viert. Der Seminarraum war gut ausgestattet mit Kissen, Fellen und Decken, damit wir es uns gemütlich machen konnten. Es gab Trommeln und Klanginstrumente in allen Größen und Formen und jede Menge Kristalle, Federn und Kerzen. Eine kleine Schatzkammer, in der man gut hätte stöbern können, aber ich wollte nicht zu neugierig sein. Der Raum war in dem Sinn nicht schön, aber aufgrund der Feuerstelle und den ungewöhnlichen Gegenständen herrschte eine ganz besondere Atmosphäre.

Letztendlich kann ich nicht sagen, was genau es war. Ob Ariana, die Stimmung, das ganze Ambiente, irgendetwas brachte uns Frauen innerhalb kürzester Zeit dazu, unsere innersten Geheimnisse zu offenbaren. Vielleicht war die Not groß genug und wir nutzten diesen Rahmen um das Ventil zu öffnen. Jede Frau brachte etwas anderes mit und die eigene Geschichte auszubreiten war genauso schmerzlich, wie die Verletzungen der anderen Frauen zu hören. Es wurde viel geweint. Das Akzeptieren und offene Teilen unserer Traurigkeit hatte etwas sehr Tröstliches. Es war der Einstieg in ein langes Wochenende. Eine Depressive, eine sexuell Frustrierte und dazu ich, die ich gar nicht wusste, welche Überschrift mir auf die Stirn geschrieben war. Nachdem die letzten Tränen getrocknet waren, ging die Arbeit richtig los. Es wurde getrommelt, gefühlt, meditiert, aufgeschrieben und ausgesprochen, hinterfragt und reflektiert. Harte Arbeit. Wir bearbeiteten unsere Glaubenssätze und sollten deren Auswirkungen auf unser Leben benennen. Wir machten Feuer und verbrannten all das, was wir nicht mehr brauchten und schrien unseren Schmerz in die Welt hinaus. So ging das zwei Tage bis spät in die Nacht hinein. Es war Februar und ich fand mich bei Eiseskälte barfuß vor einem Erdloch wieder, kniend und mit den Händen in der Erde. Würde ich hier noch mehr Einzelheiten verraten, müsste ich ernsthaft befürchten, dass ihr an meinem Verstand zweifelt. Und doch fühlte es sich richtig und absolut stimmig an.

Als wir uns Samstagabend verabschieden wollten, bat Ariana, uns zu überlegen, ob wir am nächsten Tag eine schamanische Familienaufstellung machen wollten. Sie würde noch so viel Unterdrücktes und Unausgesprochenes wahrnehmen und dies wäre ein Weg, der uns vieles davon aufzeigen könnte. Ich war hundemüde und einfach zu erschöpft um mir darüber Gedanken zu machen. Worauf ich keine Lust hatte, war, wieder ein sehr altes Thema aufzugreifen. Sexueller Missbrauch. Ich bin eine der Dunkelziffer-Frauen. Ich wurde nicht vergewaltigt. Also zumindest nicht bis zum Äußersten. Aber das Betatschen meiner gerade wachsenden Brüste und Genitalien von einem Onkel war und ist mir Abgrund genug. Ich schäme mich. Meine Hilflosigkeit und die Tatsache, dass ich mich nicht gewehrt habe und seine eklige Lüsternheit über mich ergehen ließ, erfüllt mich noch heute mit tiefer Scham. Mein Kopf weiß, dass nicht ich, sondern er sich schämen müsste. Ich hatte die Erinnerung an diese Geschichte sehr lange im Niemandsland meines Gedächtnisses vergraben. Als ich mich vom Vater meiner Kinder trennte, war ich wegen der Kinder bei einer Psychotherapeutin. Sie hatte mir geraten, bei mir hinzuschauen, wenn ich meinen Kindern helfen wollte. Und dabei dann das Schloss geknackt. Üble Geschichte und tragisch, dass ich mich nicht nur der Tatsache wegen schäme, sondern auch noch Gewissensbisse habe, weil ich es laut ausspreche und so hässliche Dinge über einen zwischenzeitlich verstorbenen Mann sage. Ich dachte damals, was macht es für einen Unterschied, wenn ich es meiner Mutter oder anderen Verwandten erzähle? Doch es hätte sehr vieles geändert. Heute weiß ich, dass es bedeutet hätte, zu mir zu stehen.

Ich erklärte also Ariana, wie es mir ging und dass ich nicht in diese Richtung weiter arbeiten möchte. Ariana meinte: „Das ist vollkommen in Ordnung, höre was dein Herz dir sagt. Welches Thema möchtest du denn klären?". Und da kam eine ganz klare Antwort aus mir heraus, die mich sehr überraschte: „Mein Vater. Ich möchte wissen, wer mein Vater war."

Johanna - Erinnerungen

Ich habe ungefähr eine Handvoll Erinnerungen an ihn. Wobei ich mir nicht sicher bin, was echt ist und was davon ich aus alten Fotografien übernommen habe. Ein Bild in meinem Kopf ist aus der Zeit als ich etwa fünf oder sechs Jahre alt war. Es ist Winter und wir sitzen am Küchentisch, er schneidet für alle Äpfel in Spalten und schält Orangen. Eine wundervolle Erinnerung oder das Wunschbild von Gemeinschaft, Wärme und Geborgenheit?

In einer anderen Szene kann ich seine Stimme hören, nein, nicht wirklich hören, aber ich weiß die Worte, die er gesprochen hat. Es war an dem Tag, an dem mein älterer Bruder verunglückte. Er hatte einen Unfall mit dem Motorrad ganz in der Nähe unseres Elternhauses. Wir alle waren am Unglücksort und er wurde mit einem Hubschrauber ins Krankenhaus geflogen. Nach vielen Stunden im Operationssaal kam dann gegen Mitternacht der Anruf. Mein Vater kam in das dunkle Zimmer, das ich mit meiner Schwester teilte und sagte: „Euer Bruder ist tot." Das war alles, er drehte sich schweigend um und ging wieder. Es wurde kein weiteres Wort darüber gesprochen. Hilflosigkeit auf der ganzen Linie.

Dann weiß ich eine Geschichte über ihn, als eine Freundin bei mir übernachtete. Wir waren ungefähr zwölf oder dreizehn Jahre alt. Der Vater meiner Freundin hatte ein Alkoholproblem und kam angetrunken zu uns, um seine Tochter abzuholen. Es gab einen Riesenkrach und mein Vater ließ meine Freundin nicht zu ihrem Vater ins Auto steigen. Er rief die Mutter an, sagte dass das Mädchen bei uns schlafen würde und er sie morgen zu ihr nach Hause bringen würde. Da war er mein absoluter Held.

Weiter kann ich mich erinnern, dass ich in der siebten Klasse wegen Latein und Englisch durchgefallen war. Mein Vater fuhr am ersten Schultag nach den Ferien kommentarlos mit mir zum Gymnasium, meldete mich ab und brachte mich zur Realschule, wo ich zukünftig weiter zur Schule gehen würde. Kein Geschimpfe, keine Vorwürfe, keine Fragen, wieso ich plötzlich so schlecht in der Schule war und schon gleich gar nicht, was ich denn eigentlich wollte. Ich kann mir gut vorstellen, dass ich gehört worden wäre, wenn ich den Mund aufgemacht hätte. Heute habe ich großes Verständnis für das ungewollte, missbrauchte Mädchen, das gerade den Bruder verloren hatte und bin voller Mitgefühl für den vollkommen überforderten Vater.

Bei meiner nächsten Erinnerung war ich dann schon 18 Jahre alt und hatte einen Freund. Ich kann mich nicht mehr an den Auslöser erinnern, aber mein Vater hat sich über den jungen Mann furchtbar aufgeregt und ihn mit allen möglichen Kraftwörtern bedacht. Mich beschimpfte er, mit welchem Nichtsnutz und Tagedieb ich mich da abgebe. Seine Wortwahl kam aus der untersten Schublade und hatte ich als Kind noch so etwas wie Loyalität ihm gegenüber verspürt, war damit jetzt Schluss. Nach dieser Schimpftirade empfand ich nur noch Verachtung für ihn.

Die letzten Erinnerungen sind aus der Zeit, als seine Krebserkrankung schon im Endstadium war. Er hat über nichts anderes mehr gesprochen, als seine Kriegserlebnisse. Sein ganzes Leben war nur noch Krieg. Schließlich habe ich noch das Bild von ihm im Krankenhaus vor Augen. Er war nur noch selten bei Bewusstsein, immer dann, wenn die Wirkung des Morphiums nachließ und er eine neue Dosis brauchte. Ich stand an seinem Krankenbett und er war furchtbar unruhig, wollte sich von seinem Katheter befreien und dabei war die Bettdecke verrutscht. Da bemerkte er, dass ich an seinem Bett stand. Ein Moment des entblößt Seins, nackt und voller Scham. Es war das letzte Mal, dass wir uns bewusst gesehen haben. Ich war 22 Jahre alt und es liegt jetzt mehr als 20 Jahre zurück. Er war ein gut aussehender, stattlicher Mann gewesen. Aus Erzählungen von meinen Geschwistern und Verwandten weiß ich, dass er immer sehr gerne gefeiert hat. Er muss durchaus ein lebensfroher Mensch gewesen sein. Warum habe ich keine Erinnerung an sein Lachen oder dass er mich im Arm gehalten, sich für mich interessiert hätte. Und auch nicht das Gefühl, dass sein Leben etwas mit mir zu tun gehabt hatte.

Johanna - Erklärung?

Ich kannte das System der Familienaufstellung schon. Die Suche nach Antworten auf ungeklärte Fragen. Die Hoffnung auf Informationen und Verständnis warum das Leben so ist wie es ist. Das Aussuchen von Platzhaltern für die verschiedenen Rollen und Personen einer Situation. Das langsame Herantasten an eine gestellte Frage, indem man den Impulsen und Gefühlen der Rolleninhaber nachgeht. So würde ich das sehr laienhaft beschreiben. Wer schon einmal an einer Aufstellung teilgenommen hat, der weiß, wie tief man in manchen Rollen fühlen kann. Bevor ich von der Aufstellung erzähle, möchte ich hier sagen, dass ich nach wie vor glaube, dass es ein sehr gutes Werkzeug ist, um zu neuen Sichtweisen auf vergangene Erlebnisse zu gelangen. Aber alles, was zum Vorschein kommt, wird interpretiert und unterliegt dem Filter aller Beteiligten. Angefangen von den Formulierungen und den Worten, die jemand beim Beschreiben seiner Befindlichkeit findet, bis hin zur Wahrnehmung und Interpretation des Moderators. In meinem Fall muss ich mich auch fragen, in wie weit ein Ergebnis durch das beeinflusst werden kann, was derjenige, für den man die Aufstellung macht, an Überzeugungen und Erwartungen mitbringt. An meinen Worten kann man schon erkennen, dass der Ausgang meiner Familienaufstellung jede Menge Material für neue Fragen, Zweifel, aber auch Erklärungen mit sich brachte.

Mein Anliegen war also die Klärung des Verhältnisses zu meinem Vater. Wer oder was war er? Ich hatte Platzhalter für mich und meine Eltern ausgesucht. Das Szenario, das sich mir zeigte, war mir wohl bekannt und fühlte sich sehr echt an. Mein kleines Selbst saß in der Ecke und weinte bitterlich, die Eltern standen so weit wie möglich voneinander entfernt und in entgegengesetzte Richtungen blickend. Es war heftig, die eigene traurige Wahrheit vorgespielt zu bekommen. Ich möchte nicht ins Detail gehen. Ende des Liedes war, dass ich irgendwann in meine Rolle einstieg, am Boden kauerte und zu meinem Vater hochschaute. Ich hab ihm in die Augen gesehen und gefragt „Bist du denn mein Vater?“. Er hat total verwirrt geschaut und ich sah, dass er die Frage gar nicht wirklich erfassen konnte, so unglaublich musste sie ihm erschienen sein. Zeitgleich brach meine Mutter in Tränen aus und schluchzte laut heraus, dass die Wahrheit nun endlich ans Licht gekommen sei. Wenn ich mich an diesen Moment erinnere, hatte ich vor allem ein Gefühl der Erleichterung. Endlich hatte ich eine Erklärung für meine Traurigkeit, für mein Gefühl nicht dazu zu gehören. Ich weiß nicht, wie viele Gedanken mir zeitgleich durch den Kopf schossen, aber vorherrschend war diese Erleichterung, endlich zu verstehen.

Unser Seminar war zu Ende und ich musste mit dieser neu gewonnenen Erkenntnis allein nach Hause gehen. Mein Gehirn erholte sich langsam aus einer ersten Schockstarre und allmählich sickerten die ersten Fragen in mein Bewusstsein. Wer war dann mein leiblicher Vater? Mein Gott, was bedeutet das für die Beziehung zu meinen Geschwistern? Es kam mir sogar in den Sinn, ob mein Erbe dann noch rechtmäßig war. Das war der Moment, an dem ich lachen konnte über die eigenartige Situation, in die ich mich schon wieder manövriert hatte. Und auch über meine ausschweifende Fantasie, die wieder mit mir durchging.

Ich musste dringend mit jemandem darüber sprechen und beschloss meinen Kindern davon zu erzählen. Es muss mir wirklich ein Bedürfnis gewesen sein, denn sie hatten mich schon oft belächelt, wenn es um übersinnliche und spirituelle Themen ging. Ich telefonierte also mit meiner Tochter und ihr erster trockener Kommentar dazu war: „Oma, du kleines Luder!“. Soviel zu meiner Tochter. Lilly ist herrlich direkt und bringt die Dinge oft ohne großes Trara auf den Punkt. Ganz sachlich diskutierte sie mit mir die Wahrscheinlichkeit, ob es tatsächlich wahr sein könnte. Die Reaktion meines Sohnes war ähnlich pragmatisch. Er meinte, er hätte sich diese Frage auch schon öfter gestellt, also in Bezug auf seinen Vater. Die konnte ich ihm nun persönlich beantworten und bestätigen, was mir mit meinen Eltern leider nicht mehr möglich war. Mein Sohn führte das Ergebnis der Familienaufstellung auf meine fehlende Bindung zu meinem Vater zurück. Es war sehr interessant, die Einstellung meiner Kinder dazu zu hören und ohne Gefühlsduselei mit ihnen darüber zu sprechen. Aber das war noch nicht ausreichend, ich brauchte noch mehr Meinungen und Sichtweisen dazu. Irgendwie wollte ich, dass es die Wahrheit sei, weil es mir vieles leichter machte. Es tut immer gut, wenn man etwas oder jemandem die Schuld oder Verantwortung für Dinge geben kann, die im Leben nicht gut laufen. Doch es gab auch jede Menge Zweifel in mir und deshalb lud ich vier Freunde zum Abendessen ein und erzählte die Geschichte. Ich war in einer seltsamen Stimmung. Sie dachten, sie kämen einfach zu einem netten Abendessen, doch ich fühlte diese Erregung in mir, die man verspürt, wenn man eine Sensation zu verkünden hat. Der Widerhall auf das Gehörte war aber nicht wie nach einer tollen Freudenbotschaft, sondern meine Freunde zeigten mir mit ihren Fragen meine eigenen Zweifel auf. Das war irgendwie enttäuschend. Sie brachten mich zurück auf den Boden der Tatsachen und das bedeutete, dass es zu viele Ungewissheiten gab. Wollte ich tatsächlich Bescheid wissen, würde ich um einen DNA Test mit meinen Geschwistern nicht herum kommen. Damit ließ ich das Thema zunächst auf sich beruhen.

Mutter - Bekenntnis

Das ist doch nicht zu glauben! Wäre ich nicht schon gestorben, ich würde vor Scham tot umfallen. Nach so vielen Jahren des Verdrängens werde ich konfrontiert mit dieser entsetzlichen Geschichte, mit den Abgründen meines Lebens. Ich würde so gerne sagen: „Das ist doch alles Humbug, alles erstunken und erlogen. Die schrecklichen Fantasien ein paar unglücklicher Frauen, die mit ihrem Leben nicht zurechtkommen." Und doch muss ich eingestehen, dass ich durchaus weiß, um was es hierbei geht. Ich kenne die Ursache. Das alles ist schon sehr lange her und ich wiegte mich in absoluter Sicherheit, dass die Wahrheit niemals mehr ans Licht kommen würde. Zumal sich die Katastrophe, die mir da passiert ist, als großes Geschenk und Glück für mich entpuppt hat. Dass diese Geschichte solche Auswirkungen auf Johannas Entwicklung und ihr ganzes Leben haben würde, hatte ich nie bedacht.

Heute kennt man das nicht mehr. Aber als ich eine junge Frau war, wurde Familie noch groß geschrieben. Man traf sich an Sonntagen mit der Verwandtschaft, auch mit jener zweiten und dritten Grades. Für die Geschichte ist das letztendlich vollkommen unerheblich, aber wenn ich daran denke, dann schwelge ich in Erinnerungen und bin versetzt in eine vollkommen andere Zeit.

Meine Base Sophia (unsere Mütter waren Cousinen) war etwas jünger als ich und in meinen Augen schon immer ganz besonders. Sie war anders. Ich wuchs auf dem Land auf und sie lebte mit ihren Eltern in der Stadt. Sie sprach anders als wir Bauernkinder, war selbstbewusst und trug immer Kleider nach der neuesten Mode. Je älter wir wurden, umso mehr fiel mir der Unterschied zwischen uns auf. Ich bewunderte sie und gleichzeitig war ich furchtbar neidisch. Es schien mir damals, als würden wir in zwei verschiedenen Welten leben. Und selbstredend war sie später mit einem sensationellen Mann verheiratet. Sie hatte ihn in dem Schreibbüro kennen gelernt, für das sie arbeitete. Rainer war einfach umwerfend. Gutaussehend und charmant. Sie unternahmen damals viele Reisen, erst innerhalb Deutschlands und dann später auch ins Ausland. Über unsere Eltern war ich immer auf dem Laufenden, was sich in ihrem Leben tat. Sie selbst traf ich nach vielen Jahren erstmals zu einem Geburtstag meines Vaters wieder. Wir hatten uns beide verändert, sie war älter geworden und lange nicht mehr so schillernd wie ich sie in Erinnerung hatte. Ich war nicht mehr das junge unsichere Mädchen, sondern eine erwachsene Frau.

Das Leben hatte mir bis dahin schon einige Prüfungen abverlangt. Ich hatte gute Zeiten und schlechte Zeiten erlebt und dabei gelernt, dass nichts von Dauer ist, nicht das Glück und nicht das Leid. Meine Jugend in Kriegszeiten war verglichen mit anderen Schicksalen ohne Zweifel nicht die schlechteste. Meine Brüder waren zu jung für den Krieg und mein Vater hatte von jeher politische Aufgaben im Dorf, weshalb er auch nicht als Soldat ins Feld ziehen musste. Viele Nachbarsfrauen wussten nicht, wie es ihren Männern und Söhnen ging. Jeden Tag hofften sie auf ein Lebenszeichen von ihnen und gleichzeitig fürchteten sie sich, schlechte Nachrichten zu erhalten. Es war schlimm genug, dies mit etwas Abstand zu erleben. Meine eigene Familie blieb verschont. Wir mussten nicht hungern, auch wenn Essen rationiert und Lebensmittel knapp waren. Vieles musste heimlich passieren. Soldaten und fremde Menschen kamen auf den Hof und die Angst und das Leid war überall gegenwärtig. Ich will hier keine Kriegsgeschichten aufwärmen oder gar die Umstände als Rechtfertigung benutzen für Dinge in meinem Leben, die ich bedaure getan oder auch nicht getan zu haben. Die Erlebnisse dieser Zeit waren sehr prägend. Sie sind ein Teil meiner Generation und damit ein Teil von mir, aber sie als Ausrede zu benutzen, wäre definitiv zu einfach.

Meinen Mann habe ich nach Kriegsende beim Tanz kennen gelernt. Er liebte es zu feiern und zu lachen. Von seinen Kriegserlebnissen, seiner Verwundung durch den Splitter einer Granate und den schrecklichen Bildern, die er im Kopf gehabt haben musste, sprach er kaum. Wir verliebten uns ineinander und wollten heiraten. Doch sein Vater erlaubte es nicht. Er sagte, erst müsse die ältere Schwester meines Mannes verheiratet werden, bevor in den Hof eingeheiratet werden konnte. Mein Mann war der älteste Sohn und deshalb der Hoferbe. Mangels passender Männer und seiner nicht so gut vermittelbaren Schwester dauerte es einige Jahre bis es endlich soweit war und ich die Bäuerin auf einem Hof wurde mit einem sehr schwierigen und dominanten Schwiegervater im Haus. Es gab viel Arbeit, doch das hätte mich nicht so sehr gestört. Schlimmer waren die Launen meines Schwiegervaters. Ich musste mich oft fügen und fürchtete mich vor seinen Wutausbrüchen. Und so, wie ich die Widrigkeiten ertragen hatte, die der Krieg mit sich gebracht hatte, so erduldete ich die Umstände, die meine Ehe mit sich brachten. Mir blieb nichts anderes übrig, als es zu ertragen. So war mein Leben eben.

Als ich Sophie wieder traf, war mein Schwiegervater längst verstorben. Ich war Mutter von vier Kindern, hatte eine Totgeburt erlebt und zuschauen müssen, wie mein Mann auf vielen Festen anderen Frauen schöne Augen machte. Es ist müßig, hier über Gründe, Schuld oder Verantwortung zu sprechen. Da kann sich jeder seine eigene Version dazu ausdenken. Tatsache ist, ich hatte mich um eine Familie zu kümmern und um Haus und Hof. Die Frage nach Glück stellte sich nicht.

Das war der Stand der Dinge, als ich zum ersten Mal beobachtete, dass auch im Leben meiner Base nicht alles so rosig war, wie ich das immer meinte. Irgendetwas stimmte in dieser Ehe nicht, sie sprachen kaum ein Wort miteinander.

Rainer war immer noch der gleiche charismatische Mann, den ich in Erinnerung hatte. Auf seine ganz eigene, ruhige Art freundlich und zuvorkommend. Er fragte mich „Wie geht es dir?" und war nicht zufrieden mit einem „gut". Er meinte wirklich mich, zeigte Interesse an mir und meinem Leben. Ich muss nicht beschreiben, was das in mir auslöste. Seltsamerweise trafen wir uns plötzlich, nachdem wir jahrelang überhaupt keinen Kontakt gehabt hatten, sehr regelmäßig. Im Kreis der Familie versteht sich. Ich genoss seine Aufmerksamkeit und ihm schmeichelten meine bewundernden Blicke und Komplimente. Und dann kam das Sommerfest. Rainer war alleine gekommen, weil eines der Kinder krank war und Sophie deshalb zu Hause geblieben war. Ich war in einer seltsamen Stimmung und fühlte mich nicht recht wohl unter den schon angetrunkenen, lauten Menschen. Machte ich mir etwas vor, als ich sagte, dass ich heim möchte? Mein Mann wollte noch bleiben und Rainer bot an: „Ich werde auch bald gehen, dann kann ich dich nach Hause bringen." Es war nur ein einziges Mal und ich bereue es nicht. Mein Entsetzen hingegen war endlos, als ich feststellte, dass ich schwanger war. Kurzum ich wusste nicht, wer der Vater ist und das war schier undenkbar.

Johanna - der neue Alltag

In der Firma waren einige Änderungen vorgenommen worden. Ich hatte mich bereit erklärt, zusätzliche Aufgaben zu übernehmen, was noch mehr Termine außerhalb des Büros bedeutete. Im Gegenzug wurde mir dafür eine Mitarbeiterin zur Verfügung gestellt, mit der ich die Arbeit aufteilen sollte. Ich hatte eine neue Kollegin bekommen und das fand ich super. In meinem Büro stand noch ein freier Schreibtisch, den mein Chef bisher nutzte, wenn er nach Deutschland kam. Diesen Platz belegte jetzt Carola. Sie war eine große Entlastung für mich. Nicht so sehr arbeitstechnisch. Es war einfach schön, jemanden an der Seite zu haben, mit dem man Dinge besprechen konnte. Außerdem war der Informationsfluss mit der Muttergesellschaft alles andere als gut. Wenn ich überhaupt Arbeitsanweisungen erhielt, waren sie entweder konfus formuliert oder in Deutschland nicht umsetzbar. Des Weiteren konnte es passieren, dass mir vorgeworfen wurde, Dinge noch nicht erledigt zu haben, obwohl ich sie schon vor Wochen erledigt und die Meldungen oder Zahlen vorgelegt hatte. Manchmal musste ich wochenlang auf eine ausstehende Entscheidung warten und mehrere Erinnerungsmails schicken, um an einer Sache weiterarbeiten zu können. Es war sehr zermürbend und alles andere als befriedigend, so ignoriert zu werden. Deshalb war mein Arbeitsalltag mit Carola um vieles erfreulicher geworden. Neben der Arbeit hatten wir jede Menge Spaß miteinander. Wir lachten gemeinsam über die chaotischen Verhältnisse in unserer Firma und konnten nur den Kopf schütteln über die oft absurden neuen Ideen, die uns aus der Mutterfirma zugetragen wurden. Carola freute sich zudem, von meinem abwechslungsreichen Leben zu hören. Sie nannte es ihre ganz persönliche „daily soap opera". Ich fuhr immer noch gerne zu Geschäftsbesprechungen nach Italien. Auch wenn ich Luca nicht zu Gesicht bekam, hatte ich dort jede Menge nette Kollegen, mit denen man sich nach Büroschluss auf ein Gläschen verabreden konnte.

War ich in Deutschland, ging ich nach der Arbeit zum Yoga und dann malte ich oft stundenlang. Mit der Malerei hatte ich ein neues Hobby gefunden, mit dem ich alles um mich herum vergessen konnte. Ich liebe es, mit den Farben zu experimentieren und ohne Überlegung einfach drauflos zu pinseln. Je unbefangener ich bin und je freier von jeder Intention, desto besser wird das Ergebnis. Auf der Leinwand ist alles möglich. Und ich überlege mir oft, dass ich genauso leben sollte wie ich male. Mutig immer weiter, ohne Angst einen Fehler zu machen. Manchmal gefällt mir etwas nicht, und doch muss ich irgendwann erkennen, dass es genau das gebraucht hat, damit eine neue tolle Komposition entstehen konnte. Ich will neugierig sein und etwas ausprobieren. Die Schönheit eines Bildes entsteht nicht durch schön sein wollen, sondern durch Ehrlichkeit. Gelingt es mir, mich frei zu machen von Sollen und Müssen, dann kann man das in den Bildern sehen. Nur dann bekommen sie Kraft und werden richtig gut.

Johanna - crazy life

Seit meinem Weiblichkeitsseminar ging ich regelmäßig zu Ariana zur Trommelmeditation. Wir wussten nie vorher, wie der Abend verlaufen würde. Es wurde immer getrommelt, aber das Programm um das Trommeln herum, entschied sie spontan nach Stimmung und Anliegen der Teilnehmer. Ich liebte diese Abende. Am letzten Treffen vor den Osterferien erzählte sie mir, dass sie am Ostermontag mit einer Gruppe von Musikern in einem kleinen Dorf im Chiemgau trommeln würde und fragte, ob ich nicht Lust hätte auch zu kommen. Ich wusste noch nicht genau, wie ich die Feiertage verbringen würde, deshalb haben wir uns nicht fest verabredet und sollte ich kommen wollen, würde ich einfach direkt dorthin fahren. Und so hielt ich es auch. Vormittags war ich mit meinem Sohn auf einer Bergwanderung und unsere Rückkehr am Nachmittag, passte zeitlich genau

richtig, um noch das Konzert besuchen zu können. Ich wusste, wo das Dorf war, in dem die Veranstaltung stattfinden sollte. Ich meinte mich zu erinnern, dass es dort nicht viele Häuser gab. Es sollte keine Schwierigkeit sein den Veranstaltungsort zu finden. Als ich dann aber vor Ort war, konnte ich nichts ausmachen, das irgendwie Ähnlichkeit gehabt hätte mit einem Konzertsaal, einem Restaurant oder Café. Es gab in dem kleinen Kaff natürlich kein Mobilnetz und ich war schon leicht genervt. Nachdem ich schon zweimal durchs Dorf gefahren und auch alle Seitenstraßen abgelaufen war, kam nur noch ein größeres Wohnhaus in Frage, vor dem mehrere Autos parkten.
Gerade als ich auf der gegenüber liegenden Straßenseite geparkt hatte, fuhr ein anderes Auto direkt vor das Haus, das ich als meine letzte Chance ausgespäht hatte. Ich beeilte mich, um den Fahrer noch zu erwischen, bevor er oder sie im Haus verschwand. Kennt ihr das, ihr seid irgendwie vollkommen von der Rolle, habt nur noch eins im Kopf und könnt nicht mehr links und rechts schauen. In meinem Fall wollte ich nur diesen Veranstaltungsort finden, alles andere war in dem Moment ausgeblendet. Ich rief dem Mann hinterher: „Können Sie mir bitte helfen? Ich bin auf der Suche nach dem Klangschalen Konzert." Er drehte sich um und vor mir stand ein Mann mit schwarzen langen Haaren, dunklen Augen, und schwarzem, sauber gestutztem Vollbart. Er trug Jeans, ein schwarzes Jackett mit passender Weste und weißem Hemd darunter. Einer von der Sorte Edelhippie. Wow. Dieses Bild von einem

Mann stand also vor mir, breitete seine Arme aus und sagte: „Madame, sie sind ier rischtiesch". Ein echt witziger Typ. Ich bedankte mich mit meinem strahlendsten Lächeln. Wollte ich Ariana noch begrüßen, bevor es losging, hatte ich jetzt leider keine Zeit mich länger mit ihm zu beschäftigen. Es kam mir seltsam vor, dass ich ihr Auto nirgends gesehen hatte. Ich folgte dem schönen Mann mit dem französisch klingenden Akzent. Er steuerte auf eine etwas versteckte Glastür zu, hinter der sich eine seltsam anmutende kleine Gruppe von Leuten versammelt hatte. Sie schienen sich alle zu kennen, begrüßten ihn mit Küsschen und waren sehr vertraut miteinander. Ich lief einfach hinterher, wurde aber von einem großen, bärtigen, alten Mann mit wallend grauem Haar gestoppt. „Der Haupteingang ist auf der anderen Seite." Vollkommen untypisch für mich und vielleicht wegen dieser ganzen Sucherei vorher und weil es inzwischen schon ziemlich spät geworden war, sagte ich ihm ganz einfach und bestimmt, dass ich aber jetzt hier reingehen wollte, tat dies und ließ ihn stehen. Saufrech siegt also doch. Ich stand in einem riesigen Raum, der durch jeweils zwei Säulen aufgeteilt war. Wie in einer Kirche, in der Mitte viel Platz, links und rechts zwei Seitengänge und dort, wo in einem Gotteshaus der Altar zu finden wäre, gab es drei hohe Steinstufen, die heute als Bühne fungierten. Die niedrige Gewölbedecke gab dem Raum eine geborgene Atmosphäre. Schätzungsweise war es früher mal ein Kuhstall. Im rechten Seitenteil stand nicht ein Klavier, nein, da waren gleich drei Flügel. Gegenüber der Bühne hatte man für etwa 20 Menschen bestuhlt und links davon lagen große Matratzen, auf denen es sich fünf oder sechs Männer und Frauen gemütlich gemacht hatten. Manche alleine, ein paar kuschelnd zu zweit. Interessant! Die Instrumente standen schon bereit, aber von den Musikern oder Ariana war nichts zu sehen. Irgendwie war das alles merkwürdig hier. Ich war durch meine italienischen Freunde und auch durch Ariana einiges an seltsamen Szenarien gewohnt, doch wo war ich hier gelandet? Ich schnappte mir einen der freien Stühle, weil ich nicht so verunsichert und alleine im Weg herumstehen wollte. So konnte ich mich auch besser umsehen und unauffällig die Leute beobachten, die sich hier versammelt hatten. Insgesamt können es nicht mehr als dreißig gewesen sein. Ich war mir sicher, die kannten sich alle. Ich war die einzige fremde Person hier. Hätte ich nicht die Kristallschalen auf der Bühne gesehen, wäre ich mir sicher gewesen, dass ich auf der falschen Veranstaltung gelandet war.

Da war der Mann mit seinen langen schwarzen Haaren, der mit mir hier angekommen war. Ich musste schmunzeln. Er erinnerte mich etwas an eine Jesusdarstellung und unterhielt sich mit einem anderen Mann, der mit seinem grauen wilden Schopf und Bart, vollkommen weiß gekleidet, dann wohl Gott Vater verkörperte. Neben den beiden standen zwei ältere Damen. Eine mit wallendem, türkis farbigen, bodenlangem Kleid, Hochsteckfrisur und roter Blume im Haar, die andere Lady mehr im Stil von Queen Elisabeth. Und dann war da der Seebär, der mich nicht reinlassen wollte. Mein freches

Eintreten schien jetzt niemanden mehr zu interessieren. Im Gegenteil, als die fünf sich Sitzplätze suchten, kamen sie auf mich zu, begrüßten mich mit Handschlag und Gott Vater meinte, wie schön, dass ich den Weg zu ihnen gefunden hätte.
„Versteckte Kamera oder Sekte? Auf alle Fälle Bühnenreif! Ariana, wo bist du?“ Die Musiker hatten zwischenzeitlich die Bühne betreten und der Mann, der sich vorher mit einer schönen Blonden auf einer der Matratzen geräkelt hatte, begrüßte die Klangkünstler. Er kündigte an, dass es nach der ersten Performance eine kleine Pause gäbe und im Anschluss Petra Obertöne für uns singen würde. Er bat noch darum, das Eintrittsgeld in den Korb im Eingangsbereich zu legen und fragte, ob noch jemand eine Liege möchte, weil die entspannende Wirkung der Klangreise liegend viel besser aufgenommen werden könne. Inmitten dieser Ansammlung von unkonventionellen Menschen hatte ich keine Hemmung, mich zu melden. Der Mann ging und brachte eine dicke große Matratze für mich, die er auf der freien Fläche zwischen Stühlen und Bühne ablegte. Na Bravo, ich lag also direkt im Blickfeld der sitzenden Zuhörer. Ja was soll's, dachte ich mir, für den Rückzug ist es jetzt zu spät. Über die wunderbaren Klänge von Kristallschalen und Monochord vergaß ich bald, dass ich praktisch wie auf einem Präsentierteller lag. Wenn mir danach war, bewegte oder streckte ich mich. Ich ließ mich vollkommen fallen und genoss das Konzert mit allen Sinnen. Als die letzten Töne abgeklungen waren und ich wieder realisierte, dass ich umgeben von Menschen war, musste ich über mich selber lachen. Was für ein Abend. Ich

machte mich auf die Suche nach etwas zu trinken. Auf dem Weg zum Ausgang kam mir eine Frau in meinem Alter entgegen, die meinem Blick mit einem Lächeln begegnete und die einen für diese Umgebung vollkommen bodenständigen Eindruck auf mich machte. Sie hieß Paula. Ich erklärte ihr, wie ich hier her gekommen war. Und auch, dass ich gar nicht wüsste, wo ich denn hier gelandet war, was das hier eigentlich sei und wie das alles zusammenhänge. Sie lachte und versicherte mir, dass sie meine Verwirrung durchaus verstehen könne.

Ich war in einem Wohnprojekt gelandet. In dem Haus lebten 19 Menschen in 12 Zimmern, jeweils mit eigenem Bad. Die Räume im Erdgeschoss, also Küche, Toiletten, Abstellkammern und natürlich der Säulensaal waren alles Gemeinschaftsräume. Sie führte mich durch das Haus und zeigte mir auch ihre Räumlichkeiten unterm Dach. Es war sehr schön eingerichtet und vor allem sehr ordentlich aufgeräumt. Ich staunte, dass man seine Besitztümer auf so kleinem Raum unterbringen kann und dabei nicht das Gefühl hat in einer Abstellkammer zu wohnen. Ob ich das auch könnte? Ich verteile meine Sachen momentan auf drei Stockwerke! Da könnte es durchaus eng werden, wollte ich in so ein Zimmer übersiedeln.

Die Leute der Wohngemeinschaft hatten alle sehr unterschiedliche Geschichten und Motivationen, warum sie hier lebten. Der Seebär, zum Beispiel, war ein verarmter Adliger und alles was ihm geblieben war, waren die drei

Flügel, die ich in der großen Halle gesehen hatte. Paula hatte sich vor kurzem als Fotografin selbstständig gemacht und war zum einen aus Kostengründen hier gelandet, zum anderen fand sie das Leben in der Gemeinschaft eine spannende Erfahrung. Auch, wie sie sagte, wenn es oft anstrengend war und die Regeln nicht eingehalten wurden. Ihre Mitbewohner lebten oft in den Tag hinein und taten was sie wollten. Ich musste schmunzeln, weil ich an meinen Eintritt durch den Seiteneingang dachte. Da hatte ich wohl ganz unbewusst die Hausregel Nummer 1 übernommen. Die Küchenbenutzung und vor allem das Saubermachen würden überhaupt nicht funktionieren. Und ja, da gab es dann trotz all dem Gerede über Toleranz und Liebe und Offenheit ziemlich oft Streit.

„Ich würde mich echt freuen, wenn wir in Kontakt bleiben. Und vielleicht hast du ja Lust hier auch mitzumachen.“ Ohne Zweifel sind mir genau solche Gedanken durch den Kopf geschwirrt. Ich fragte sie noch nach Ariana und ob sie etwas über deren Verbleib wüsste. Nein, da habe sie keine Ahnung. Die Organisation aller Veranstaltungen lag bei Heribert, dem Mann, der zu Anfang gesprochen hatte und so eine Art Hausvorstand war. Es war auf alle Fälle spannend, einen Einblick in ein Gemeinschafts-Wohnprojekt bekommen zu haben. Vor allem von jemandem, der durchaus in der Lage war, verschiedene Aspekte zu sehen und auch relativ neutral die Vor- und Nachteile abwägen konnte. Paula war jedenfalls eine Supernette und warum sollte so eine Wohnkonstellation nicht auch für mich in Frage kommen? Wieder zurück im Säulensaal bekam ich dann gleich eine Kostprobe in Sachen „hier tut jeder was er will". Das Konzert ging nicht mehr weiter, weil Petra, die Obertonsängerin, und übrigens die Frau mit dem türkisfarbenen Friseurumhang, der hier zum Abendkleid umfunktioniert worden war, sich nicht in Stimmung fühlte und lieber zu einem Vortrag im Nachbarort fuhr. Ich war belustigt und das, was ich an diesem Abend schon alles gesehen und gehört hatte, war das Eintrittsgeld von 10 Euro, die ich bis jetzt nicht mal bezahlt hatte, allemal wert. Paula hatte noch etwas vor und machte sich auf den Weg. Sie gab mir ihre Telefonnummer und verabschiedete sich.

Es waren nur noch ein paar Leute da und ich wusste nicht so recht, wohin mit mir. Ich wäre gerne noch da geblieben an diesem seltsam aufregenden Ort, mitten in der bayerischen Pampa. Aber nachdem sich hier alles aufzulösen schien und ich nicht unschlüssig rumstehen wollte, ging ich und suchte nach dem Körbchen, in das ich das Eintrittsgeld legen sollte. Auf einem Stehtisch vor der Küche lag eine Liste, beziehungsweise das, was eine Liste hätte werden sollen. Ein Blatt Papier auf dem sich die Konzertbesucher eintragen sollten. Es stand nur ein Name auf der Liste und in dem Bastkorb daneben lag eine einzelne Euromünze. War ja klar. Ich liebe die Atmosphäre, die diese Leute verbreiten, den Spirit des Freigeistes. Doch warum musste das so oft einhergehen mit Geldknappheit und vor allem Verantwortungslosigkeit, Unzuverlässigkeit und Respektlosigkeit. Da fallen mir eine ganze Reihe von Eigenschaften ein, die leider sehr oft bei Künstlern und spirituell Suchenden zu finden sind. Diese Untugenden werden dann gerechtfertigt mit Kreativität und Freiheit. Zu guter Letzt muss meist auch noch die bedingungslose Liebe als Ausrede herhalten. Ich bekomme auch gerne etwas geschenkt, aber bitte freiwillig und nicht, weil ich es mir leicht ergaunern kann. Deshalb schrieb ich brav meinen Namen auf die Liste, legte mein Eintrittsgeld in den Korb und kam mir nur ein kleines bisschen wie eine konservative Spießerin vor. Denn ich muss einräumen, dass ich durchaus den Gedanken im Kopf hatte: „Hoffentlich kommt das Geld auch da an, wo es hin soll!“ Das Konzert war wunderschön gewesen und ich hoffte, dass die Musiker nicht nur mit meinen 10 Euro heimgehen mussten.

Johanna - on fire

Ich wollte nochmal in den Saal zurückgehen und schauen, ob sich vielleicht nicht doch eine Gelegenheit bot mit jemandem ins Gespräch zu kommen. Dabei lief mir der schöne Jesus wieder über den Weg. Mir gefallen eigentlich die etwas kräftigeren Männer. Der hier war einer von der dünnen Sorte. Nicht klapperdürr, sondern wie ein Langstreckenläufer. Er stellte sich mir als Igor vor. Ich konnte nicht sagen, woher er kam, aber er war auf keinen Fall ein Deutscher. Bei der Begegnung vor dem Haus dachte ich, er sei Franzose, aber als er jetzt sprach und auch immer wieder ins Englische wechselte, hörte sich sein Akzent nicht französisch an. Wir unterhielten uns über das Konzert und auf Nachfrage erfuhr ich, dass er Pole war, lange in Frankreich gelebt hatte und hier in der Nachbarschaft lebte. Er arbeitete irgendetwas mit Holz. Er sprach über Skulpturen und eine Schreinerwerkstatt, aber ich verstand nicht so recht, was er wirklich machte. Was ich sehr wohl verstand, war, dass er mir anbot, mir seine Arbeiten bei sich zu Hause zu zeigen. Künstler? Aufreißer? Oder beides? Wie immer, wenn mein Herz spontan ja sagt und gleichzeitig mein Kopf anfängt tausend Gegenargumente auf einmal zu produzieren, sagte ich gar nichts dazu.

Kennt ihr Ally McBeal, die amerikanische Serie? Ally hat einen Kollegen, der in solchen Momenten den Kopf in den Nacken legt, seine Nasenwurzel zwischen Daumen und Zeigefinger nimmt und sagt „Ich bin verwirrt und muss kurz innehalten". Ich konnte das so gut nachvollziehen. Mir ging es ähnlich und es wäre hilfreich in solchen Momenten, die Zeit kurz stillstehen zu lassen. Der emotionalen Aufregung einen Namen geben und sie etwas abklingen lassen, in der Zwischenzeit kann sich der Kopf beruhigen und man ist wieder handlungsfähig. Ich sollte mir diese Marotte wirklich angewöhnen! Es musste nicht dramatisch wirken, ein einfaches „damit bin ich gerade überfordert", würde schon ein Anfang sein. Aber noch blieb ich in solchen Situationen stumm und versuchte, ein verbindliches Gesicht zu machen.

Während ich mich also bemühte, mir meine Verwirrung nicht anmerken und meinem Gegenüber auch nicht wissen zu lassen, was gerade für ein Film bei mir ablief, war der Seebär hinter mir aufgetaucht. Genialer Zeitpunkt! Igor wollte wissen, ob wir uns schon kennen gelernt hätten, stellte ihn als Anjou vor und fragte den auch gleich noch, ob er nicht eine Flasche Wein für uns hätte. Wieder kam meine konservative Seite zum Einsatz, die dachte: „Klar, kein Geld, um die Musiker zu bezahlen, aber Alkohol ist immer da." Vollkommen wertfrei, versteht sich!

So war das an dem Abend. Die nächsten paar Stunden waren nicht spannend. Wir, also Igor und ich, saßen zusammen mit ein paar Leuten aus der Gemeinschaft, man unterhielt sich und zwischendurch spielte Anjou auf einem der Flügel. Etwas später kamen auch die Musiker zu unserer kleinen Runde. Ich war aus dem Gespräch ausgestiegen. Mein Kopf fühlte sich wie ein Ameisenhaufen an. Tausende Gedanken, von denen scheinbar kein einziger zielgerichtet irgendwo ankam und doch kreisten sie alle um einen Mittelpunkt. Dieser Mann strahlte eine Energie aus, die mich in eine Luftblase packte. Alles, was um mich herum passierte, war wie durch eine unsichtbare Schicht von mir abgetrennt. Ganz klarer Fall, meine Hormone spielten verrückt! Ich war verunsichert und nachdem ich sowieso nichts mehr von der Unterhaltung mitbekam, entschied ich, den Rückzug anzutreten. Sehr raffiniert, denn das brachte wieder Bewegung in meine Umlaufbahn. Ich stand auf und wünschte einen schönen Abend in die Runde. Igor folgte mir und ich wollte mich mit einer Umarmung verabschieden. Doch daraus wurde nichts. Wie selbstverständlich nahm er mein Gesicht zwischen seine Hände und ich wurde geküsst wie (Tatsache!) noch nie in meinem Leben zuvor. Ich schmolz dahin. Er hatte es raus! Ich kann ihn immer noch schmecken! Es war nicht nur, dass sein Mund und seine Zunge sanft und trotzdem voller Leidenschaft den meinen berührten und streichelten. Eine Hand lag ganz zart auf meiner unteren Gesichtshälfte. Sie schenkte mir Geborgenheit, schützte und hielt mich, während ich die andere sanft in meinem Rücken spürte. Habe ich schon gesagt, dass ich dahinschmolz? Ich war Wachs in seinen Händen. Ganz ungeniert küsste er mich vor all den Leuten. Dabei wurde er fordernder und schürte das Feuer in mir gewaltig. Und auch hierbei bewies er wirklich Geschick. Es war kein schlabbriger, feuchter, ich-will-dich-vögeln-Kuss. Es war ein ästhetischer ich-will-mit-dir-Liebe-machen-Kuss. Und genauso sprach er das auch aus!

In dieser Nacht fuhr ich nach Hause, doch schon am nächsten Tag rief ich ihn an. Er kam zu mir und sein Kuss hatte nicht zu viel versprochen, er war ein grandioser Liebhaber. Neben dieser wunderbaren Fähigkeit, brachte er noch etwas anderes in mein Leben. Er kam aus einer vollkommen anderen Welt. Durch ihn fiel mir erst richtig auf, in welch geordneten Verhältnissen ich lebte. Eigenheim und festes Arbeitsverhältnis waren ihm so fremd, wie mir Sozialhilfe und zum Frühstück einen Joint rauchen. Bevorzugt tat er dies nackt in meinem Garten. Die Nachbarn hatten was zu schauen und was ich mit zwei Scheidungen bisher nicht geschafft hatte, war jetzt besiegelt, mein Ruf war endgültig ruiniert. Klar stand ein körperliches Bedürfnis im Vordergrund, aber wir haben auch andere schöne Dinge gemeinsam gemacht. Wir waren viel draußen, oft im Wald und an Flüssen, haben Steine gesammelt und Schwemmholz heimgetragen. Wir liebten beide die Kunst und dachten uns die verrücktesten Geschichten aus.

Mein Mitbewohner bekam davon Gott sei Dank nicht viel mit. Er meinte nur einmal: „Igor ist etwas merkwürdig, der lacht immer so verrückt! Aber im Grunde ist er ja ein ganz witziger Typ." Ob er das auch gesagt hätte, wenn er gewusst hätte, dass der merkwürdig Witzige schon des Öfteren mit seiner Gitarre gespielt hatte?

Jesus Igor war ein schräger Vogel. Er sagte einmal zu mir, dass er es unglaublich fände, dass ich mich nie beschwerte. Ich würde nie mit ihm rauchen und es trotzdem nicht an ihm kritisieren oder es ihm ausreden wollen. Daran musste ich noch oft denken, denn es stimmte nur zu Hälfte. Es machte mir tatsächlich nichts aus, dass er immer vollgedröhnt war. Ich kannte ihn nicht anders. Nichtsdestotrotz war mir nicht ganz wohl bei dem Gedanken, dass er sich ungeniert bei mir im Haus bewegte, so wie es ihm gerade gefiel. Er rüttelte stark an meinen Grenzen. Bewegten wir uns in der Natur oder liebten uns, mochte ich gerade seine unkonventionelle Art. Aber sobald wir Lebensbereiche betraten, die meinen Alltag ausmachten, fühlte ich mich unwohl. Es war, als würden sich die zwei Herzen, die in mir schlugen, gegenüberstehen. Das eine, wild und frei, tut was es gerade will. Das andere, nach Sicherheit strebend, wägt seine Schritte gut ab und ist von Vernunft geführt. Ich bewunderte seine Ungeniertheit, wollte gerne selber so sein und war doch in mir selbst gefangen. Wann immer dieser innere Konflikt auftrat, betete ich mir vor, dass es total normal sei, mit jemandem wie ihm zu verkehren und alles andere wären nur spießige und konservative Prägungen. Ich wollte so gerne die wilde, ungezügelte Abenteurerin sein und verdrängen, dass auch dieser ungeliebte Teil, der die Sicherheit brauchte, zu mir gehört.

Johanna - wieder einmal stumm

Blieb ich wieder einmal stumm und passte mich den Wünschen eines anderen Menschen an? Es gab eine Begebenheit in dieser Zeit, über die ich mich tatsächlich noch lange Zeit danach ärgerte. Im Grunde nicht über den Vorfall, sondern weil ich nichts gesagt habe und es versäumte, den Herrn der Schöpfung in seine Schranken zu verweisen. Ich wollte Urlaub in Irland machen und hatte die Nacht vor meinem Abflug bei Igor verbracht. Am Morgen küsste er mich zum Abschied und meinte, wenn ich in Irland jemanden kennen lernen würde und ich Sex haben wollte, dann sollte ich nicht wegen ihm darauf verzichten, er wäre nicht eifersüchtig. Was ich hätte sagen wollen, war: „Ich glaube, du tickst nicht mehr ganz richtig! Mit wem ich wann und wo Sex habe, entscheide nur ich alleine. Was glaubst du eigentlich wer du bist!“ Und den letzten Satz hätte er sich komplett sparen können. Arrogantes Arschloch! Ja, diese Worte hätte ich gerne alle aussprechen wollen. Chance verpasst und das ärgerte mich. Während dieser paar Wochen, in denen wir uns trafen, erfuhr ich einiges aus seinem Leben. Er war wegen eines Jobs nach Deutschland gekommen und hatte sich hier verliebt. Es gab auch Kinder im Ausland. Zwischenzeitlich war er arbeitslos, konnte aber für seine Holzskulpturen die Werkstatt des Noch-Ehemanns seiner Ex-Freundin benutzen. Seine Holzarbeiten waren toll. Er verwendete dafür Schwemmholz und zeigte mir die besten Sammelplätze in der Umgebung. Das war etwas, das ich unbedingt auch ausprobieren wollte. Letztendlich verschwand er dann so schnell aus meinem Leben wie er gekommen war. Wir trafen uns noch einmal, als ich von Irland zurück war. Eine laue Sommernacht, wir wollten eigentlich einen Freund von ihm besuchen. Es war schon mindestens eine Stunde später als wir eigentlich vor gehabt hatten zu fahren, trotzdem hielten wir unterwegs an einem See, weil es so eine schöne Nacht war. Wir schwammen nackt im See und liebten uns am Ufer. Bei seinem Freund sind wir nie angekommen. So war das mit Jesus-Igor, nur im Hier und Jetzt leben und was vorher oder nachher kommt, das ist vollkommen unwichtig. In dieser Nacht erzählte er mir von der Hölle seiner Kindheit und den Erlebnissen in den Straßen von Krakau. Als ich in den frühen Morgenstunden gefahren bin, war es das letzte Mal, dass ich ihn gesehen habe. Ich versuchte, noch zwei- oder dreimal ihn anzurufen, aber er reagierte nicht mehr darauf. Wieder verließ mich jemand ohne Worte. Wie bei Luca war von Anfang an in meinem Hinterkopf, dass die Beziehung nicht von Dauer sein würde und doch ist es sehr verletzend, ohne Abschied stehen gelassen zu werden. Es gibt noch etwas zu sagen zu Igor. Er mag der unzuverlässigste Mensch auf Gottes weiter Welt sein und ich kann gar nicht beurteilen, auf welchen Marihuana-Wolken er oft schwebte. Bei all dem war er aber ein hoch sensitiver Mensch mit einer unglaublichen Beobachtungsgabe. Er sah, wie angestrengt ich war, wie sehr ich an etwas festhielt. Einmal fragte er mich nach dem Liebesspiel: „Diese zwei Stirnfalten zwischen deinen Augenbrauen", und er strich sanft mit dem Finger darüber, „sind so tief. Woher kommt das?" Ich musste noch oft darüber nachdenken. Seitdem fällt es mir ab und zu auf, wenn ich wieder meine Stirn zusammenziehe und mich ganz besonders anstrenge. Er versicherte mir wieder und wieder, wie schön ich sei, jedes einzelne Körperteil und doch war es nicht genug. Erst mit etwas Abstand konnte ich erkennen, wie speziell und ganz besonders diese, meine höchst persönliche Begegnung mit Jesus-Igor für mich war.

Die Art und Weise, wie es zu Ende ging, kratzte an meinem Ego, aber ich war nicht am Boden zerstört. Im Grunde hatte ich genau diesen Abgang erwartet. Und es hatte etwas Gutes. Ich konnte wieder vollkommen frei über meine Zeit verfügen. Einer der Kollegen aus dem Team auf der Almhütte hatte mir einen Kontakt zu einer Keramikerin gegeben. Ich liebe irdenes Geschirr und töpfern wollte ich schon lange einmal ausprobieren. Ich rief sie an, machte einen Termin für eine Probestunde aus und wie es der Zufall wollte, war einer Frau die Partnerin für einen Drehkurs abgesprungen und so war ich gerade richtig gekommen, um ganz kurzfristig einen der begehrten Plätze zu ergattern. Warum vergaß ich eigentlich immer wieder, welchen Spaß und wie viel Freude ich daran habe, neue Dinge auszuprobieren. Vor allem solche, die es mir ermöglichen, mit den Händen zu schaffen und mich in irgendeiner Form auszudrücken. Die Ergebnisse waren durchaus vorzeigbar. Sie waren nicht perfekt, aber sie waren meine. Mein Meisterstück war eine Butterdose. Von dieser war mein Mitbewohner so begeistert, dass er sie mir sogar abkaufen wollte. Neben der handwerklichen Tätigkeit, war meine Töpfermeisterin auch eine wirklich interessante Frau. Sie erzählte witzige Geschichten aus ihrer Zeit im Ausland. Sie hatte vor vielen Jahren zusammen mit ihrem Mann das Abenteuer gewagt, auszuwandern. Und das zu einer Zeit, als sie zwei kleine Kinder hatte und mit dem dritten schwanger war. Zudem sagte sie mir zu Beginn des Kurses, dass sie im Sommer in Rente gehen werde und ihre Werkstatt dann schließen würde. Doch Rente hieß in diesem Fall nicht, im Sessel vor dem Fernseher einzurosten, sondern das bedeutete für sie, einen neuen Lebensabschnitt zu beginnen. Sie und ihr Mann planten den nächsten Auslandsaufenthalt und deshalb würden sie in Deutschland wieder einmal alles aufgeben. Was für ein erfülltes Leben. Diese zwei Menschen hatten es geschafft, alles unter einen Hut zu bringen. Sie haben ihren Kindern immer ein stabiles Elternhaus geboten und darüber aber nicht ihre Abenteuerlust und Selbstverwirklichung vergessen. Das ist absolut bewundernswert. Ich hätte diese Frau gerne früher kennen gelernt, um mich von ihrem Vorbild inspirieren zu lassen. Spirituelle Menschen behaupten ja, alles sei immer da, man könne es aber nur dann sehen, wenn man bereit dafür ist.

So war ich neben Malerin auch Töpferin geworden und als nächstes stand ein Schnitzkurs ins Haus. Ich war eine Vorzeige-Midlifecrisis-Frau. Ich erfüllte jedes Klischee und machte mich gerne selber darüber lustig. Insgeheim war ich mächtig stolz auf mich. Ich will ja niemanden langweilen, aber ich könnte hier auch noch von diversen Tanzworkshops oder meinen schweren Beinen nach der fünftägigen Alpenüberquerung erzählen. Oder von den leuchtenden Augen nach meinem ersten Klettersteig berichten. Ich weiß gar nicht, woher all diese Energie kam, hatte ich doch neben meinem vollgepackten Freizeitprogramm auch einen ziemlich intensiven Job zu erledigen. Und trotz all der Lebendigkeit, die ich dabei verspürte, muss ich zugeben, so wirklich glücklich und zufrieden war ich trotzdem nicht. Jede Aktivität, und war sie noch so aufregend und spannend, war nur eine kurzfristige Abwechslung.

Die Situation in der Arbeit war irgendwie umgeschwenkt. Was ich früher noch eher belustigt sah, wurde immer tragischer und das wirkte sich auf meine Arbeitsmotivation aus. Ich sah keinen Sinn mehr in all dem, was ich tat. Mein ganzes Engagement verlief irgendwo auf dem Weg von meinem Schreibtisch nach Italien und wieder zurück im Sand. Nur der Humor meiner Kollegin machte es einigermaßen erträglich. Sie hatte beispielsweise beschlossen, Emails, die von der Geschäftsführung kamen und länger als fünf Zeilen waren, ungelesen zu löschen. Ich dachte, ich höre nicht richtig. Ich fragte: „Carola, hast du gelesen, was da wieder für ein Unsinn gekommen ist?" und sie antwortet: „Nein, ist meiner Grundsatzverordnung Nr. 3 zum Opfer gefallen." „Und wie lautet diese Verordnung?". „Lass dich durch Labersäcke und Vorgesetzte mit Profilneurose nicht von deinen eigentlichen Aufgaben ablenken." „Und deshalb löschst du Emails ungelesen?" „Willst du nicht unter die Räder kommen, darfst du dem Wahnsinn nicht mit Logik oder gesundem Menschenverstand begegnen. Da bist du auf aussichtslosem Posten. Also immer schön auf der gleichen Welle reiten." Ich musste zugeben: „Wo du recht hast, hast du recht." Während ich immer wieder aufs Neue damit konfrontiert war, mit dem ganz normalen Wahnsinn umzugehen, zeichnete sich so nach und nach eine Änderung in der Geschäftsführung ab. Bisher gab es aber nur Gerüchte, etwas Genaueres wusste niemand.

Johanna - Status Quo

Und damit sind wir wieder am Anfang dieser Geschichte angelangt. Ich sitze am Schreibtisch und weiß nicht wo und wie es weiter gehen soll. Ihr wisst jetzt schon viel über mich und es wäre spannend zu hören, was ihr denkt. Bin ich einfach nur eine Eselin, die aufs Eis geht, weil es ihr zu gut geht? Oder was steht wirklich hinter meiner Unzufriedenheit?

Während ich das alles erzähle, begleitet mich der ständige Gedanke, dass mein ganzes Denken und Handeln darauf ausgerichtet ist, anderen zu gefallen. Das wäre soweit ganz in Ordnung, jeder will schließlich gemocht werden und toll sein. Doch es könnte sein, dass ich dabei vergessen habe, mich hin und wieder zu fragen, ob ich mich denn selber mag. Und da wird es ziemlich kompliziert in meinem Kopf. Ist es „nur" mein Wunsch nach Anerkennung? Welche Dinge finde ich überhaupt anerkennenswert? Und wie weit stimmt mein Selbstbild damit überein? Es ist keine sehr schmeichelhafte Erkenntnis, dass ich mich seit Jahren um das gleiche Thema drehe. Es hat einerseits den Beigeschmack von großem Drama, Selbstzerfleischung oder gar „Fishing for Compliments", je nachdem aus welcher Warte man das betrachtet. Andererseits ist es mir sehr ernst damit. Ich bin mir oft selbst nicht genug und weiß nicht, ob meine freundliche Fassade echt ist oder nur dem verzweifelten Versuch geschuldet ist, gemocht und angenommen zu werden. Wie macht man das? Herausfinden, wer man selber ist und sich dann auch selbst treu zu sein?

Johanna - WG gesucht?

Dusan wird in sechs Wochen ausziehen und ich muss mich um einen Nachmieter kümmern. Ich brauche das Geld und außerdem ist es schön, jemanden im Haus zu haben. Mit Dusan klappt das wunderbar. Manchmal sehen wir uns für ein paar Tage überhaupt nicht, an anderen Tagen kochen wir zusammen oder plaudern ein bisschen über das Leben. Er ist nicht ganz glücklich als Gitarrenlehrer und jammert manchmal, wenn er sich erst den Liebeskummer seiner pubertierenden Schülerinnen anhören muss, bevor es mit dem Unterricht losgehen kann. Aber irgendwo muss die Kohle herkommen. Wie schon bei meiner ersten Vermietung versuche ich mein Glück im Internet und schreibe dieses Mal zwei Kandidaten an. Einmal eine Frau in den Dreißigern, die sich selbst als unkonventionell beschreibt und gerne bastelt. Das andere ist ein Mann, der hier einen Job im sozialen Bereich in Aussicht hat und nur vorübergehend eine Bleibe sucht. Für den Fall, dass ihm die Arbeit gefiele, würde seine Frau nachkommen und dann nähmen sie sich eine gemeinsame Wohnung. Das hört sich wieder nach einem guten Arrangement an und das käme mir im Grunde meines Herzens auch sehr entgegen. Ich habe Angst, dass jemand, der unbefristet bei mir wohnt, sich auch entsprechend ausbreiten würde. Sie antworten beide, dass sie Interesse haben. Sabine kommt Freitag zur Besichtigung, Tom Sonntagnachmittag, und ich bin schon neugierig, wie sie in Natura sein werden.

Sabine scheidet auf den ersten Blick aus. Ich hätte mir eigentlich denken können, dass bei dieser Selbstdarstellung die Gefahr sehr groß ist, dass eine esoterische Handarbeitslehrerin kommt. Pseudoliberal mit klaren Regeln, wie lange die Musik am Abend laufen darf. Sie kritisiert mein schönes Haus, das Zimmer ist zu klein, das Bad zu groß und in meinem Garten möchte sie sich verwirklichen. Ich bin sehr freundlich und sehr froh, als sie zur Tür raus ist. Aber was habe ich mir da wieder eingebrockt? Warum habe ich ihr das nicht gleich gesagt? Unangenehme Nachrichten zu überbringen, ist einfach nicht meine Stärke, vollkommen egal, ob ich mein Gegenüber kenne oder nicht. Ich warte meinen zweiten Besichtigungstermin ab. Tom kommt in Begleitung seiner Frau und die zwei sind mir auf Anhieb sympathisch. Es gibt Menschen, die sieht man zum ersten Mal und ist sofort im Gespräch. Da muss nicht erst abgetastet und langsam hingeführt werden, es passt einfach. Wir sind uns einig. Tom will noch seinen Arbeitsvertrag abwarten und dann würde er gerne bei mir fix zusagen. Ich fasse mir ein Herz und schreibe Sabine, dass ich glaube, dass wir nicht so gut harmonieren würden und bin sehr stolz auf mich, dass ich mir keine Ausrede hab einfallen lassen, sondern einfach schreibe, na ja, zumindest fast, was Sache ist. Ist gar nicht so schwer.

Mutter - Verlust

Das Leben bietet so viele wunderbare Dinge, die man tun und erleben kann. Meine Tochter ist schlichtweg unglaublich. Wer hätte das gedacht? Es ist, als hätte sich eine Schleuse geöffnet und die viele Jahre unterdrückte oder vielleicht auch nur fehl geleitete Kreativität sprudelt ungebremst aus ihr heraus. Sie ist nicht mehr aufzuhalten.

Ich komme nicht umhin anzuerkennen, dass dieser Italiener etwas damit zu tun hat. Er war das Feuer, mit dem sie gespielt hat, und an dem sie sich gehörig die Finger verbrannt hat. Trotz der Verletzungen, die er ihr zugefügt hat, kann sie es immer noch nicht lassen, in der Glut zu stochern. Sie hat noch nicht genug von dieser wilden ungezügelten Kraft. Im Grunde müsste sie erkennen, dass er lediglich der nötige Funke war, den es gebraucht hat, um ihr eigenes Feuer zu entfachen.

Es ist schön zu sehen, was durch ihre Hände alles entsteht und ich hoffe sehr, dass sie diesen Weg weitergeht. Sie sucht auf allen Ebenen nach Möglichkeiten, sich auszudrücken. Es ist ihr Weg aus der Sprachlosigkeit. Wie ich und auch ihre Großmutter bleibt sie in den wichtigen Momenten ihres Lebens stumm. Und wer weiß, wie weit diese Ahnenkette noch zurückgeht. Es ist ein schweres Vermächtnis, das sie da zu tragen hat.

Ich war vierzehn Jahre alt, als mein älterer Bruder an einer Blinddarmentzündung starb. Man hatte die Ursache seiner Bauchschmerzen zu spät erkannt und als man ihn endlich in ein Krankenhaus gebracht hatte, war es zu spät. Er war einfach weg, von einem Tag auf den anderen. Niemand hatte mich je gefragt, wie es mir damit geht. Hätte ich meinen Vater darauf angesprochen, so wäre seine Antwort gewesen: „Vom Reden kommt er auch nicht wieder zurück. Man muss das Leben nehmen, wie es kommt.“ Aber ich war traurig und vor allem war ich wütend, weil er mich alleine gelassen hatte.

Johanna war elf Jahre alt als ihr Bruder tödlich verunglückte. Er war der ältere meiner beiden Söhne. Von Geburt an eine Frohnatur, ein fröhlicher Junge, bei dem man nicht anders konnte, als ihn gern zu haben. Das galt nicht nur für seine Familie. Er war bei Gleichaltrigen genauso beliebt wie bei Verwandten, Nachbarn oder Lehrern. Nicht, weil er ein liebenswürdiger, hilfsbereiter Junge war, sondern weil er auf eine unwiderstehlich freche Art das sagte, was er gerade dachte und auch immer das tat, auf was er Lust hatte. Das scheint für einen 16-jährigen Teenager nicht so außergewöhnlich, doch bei ihm hatte es nichts Trotziges, sondern eine angeborene Natürlichkeit. Er hatte einen Verkehrsunfall mit seinem Moped. War zu schnell gefahren, kam auf die andere Straßenseite und fuhr frontal in einen entgegenkommenden LKW. Johanna und ich saßen am Küchentisch, als die zweite meiner Töchter nach Hause kam. Ich sagte noch zu Johanna, wie ungewöhnlich es sei, dass sie vor ihrem Bruder da ist. Da kam sie in die Küche geschossen, kreidebleich im Gesicht. Sie hatte den Unfall ihres Bruders, ungefähr 200 Meter von unserem Haus entfernt, mit angesehen. Zu der Zeit gab es noch keine Mobiltelefone und sie musste erst nach Hause laufen, um Hilfe zu holen. Die Zeit zwischen dem Hören der schrecklichen Nachricht, dem Realisieren, dass er nicht nur ein Bein gebrochen hatte, bis wir dann endlich zusammen mit meinem Mann am Unfallort waren, erscheint mir wie Stunden. Und doch können es nur Minuten gewesen sein. Ich habe keine Ahnung, was Johanna in dieser Zeit gemacht hat oder wie sie die Situation erlebt hat. Alles was danach kam, Formalitäten, Beerdigung, Trauergäste, Beileidsbekundungen zogen an mir vorbei, als wäre es ein Film. Mein Schmerz war schier unerträglich. Und ich kannte nur einen Weg, damit umzugehen. Um zu überleben, habe ich meine Traurigkeit und all den Schmerz in eine stille Kammer verbannt und die Tür fest verschlossen. Ich wusste, dass auch meine anderen Kinder einen Verlust erlitten hatten. Aber jeder musste selbst schauen, wie er damit zu Recht kommen würde. Ich habe nicht darüber gesprochen und konnte ihnen nicht helfen.

Johanna - vom Schicksal betrogen

Ich kann meiner Unzufriedenheit über meinen Arbeitsplatz beim Wachsen zuschauen. Dabei macht es mich total kirre im Kopf, dass ich den Kern meines ganzen Unmuts nicht sehen kann. Ist es die Firma, die Kollegen, die Enttäuschung in Bezug auf Luca? Die Arbeitsbedingungen, das Aufgabengebiet, die Art der Arbeit an sich? Oder bin ich überfordert oder gar unterfordert. Wahrscheinlich von allem etwas, doch wo soll ich ansetzen etwas zu verändern, wenn ich nicht weiß, wo der Knackpunkt liegt. Hinzu kommt die Notwendigkeit, dass ich Geld verdienen muss. Es ist ein großes Fragezeichen in meinem Kopf, wie ich mein Haus auf Dauer halten soll, ohne dass es total verkommt. Zum ersten Mal spüre ich, dass Besitz verpflichtet und die Verantwortung hängt wie ein Damoklesschwert über mir. Im Büro beschwere ich mich zunehmend über alles Mögliche. Ich merke selbst, dass ich mehr jammere, als mir sinnvolle Gedanken zu machen, wie ich aus dem Dilemma rauskomme. Die internen Gerüchte über Umbesetzungen in der Chefetage werden endlich gelüftet. Der neue Verkaufsleiter international übernimmt auch offiziell die Führung der deutschen Firma. Das ist ein Lichtblick für mich. Ich weiß noch nicht, wie ich ihn als Führungskraft beurteilen soll, aber er ist zumindest ein Geschäftsmann, der weiß, wie wichtig klare Strukturen in einer Firma sind. Wir kommen gut miteinander aus und nach den ersten Besprechungen habe ich das Gefühl, endlich bezüglich meiner Probleme bei den Arbeitsabläufen gehört zu werden. Doch wenn ich ehrlich bin, dann stelle ich fest, dass bei mir einfach die Luft raus ist. Mir fehlt die Begeisterung und der Mann kommt für mich zu spät.

Es herrscht viel Chaos in meinem Leben. Nichts passt mehr und ich möchte so gerne wieder einmal geradeaus denken. Oder noch besser, nicht mehr denken müssen, weil die Dinge sowieso klar sind. Ich schätze, ich muss in nächster Zukunft die eine oder andere Entscheidung treffen. Dafür brauche ich Hilfe und bitte meine Freundin Christina um ein Gespräch. Sie kann groß denken und ist eine gute Fragestellerin. Im Gespräch ist es oft viel leichter für mich, Antworten zu finden. Versuche ich es alleine, fahren meine Gedanken Karussell und drehen sich irgendwann nur noch um sich selbst. Meine Gesprächspartnerin hat mehr Abstand und einen anderen Blickwinkel auf das, was mich beschäftigt. Christina fragt und ich antworte. „Was würdest du tun, wenn es keine Begrenzungen gäbe. Wenn nichts eine Rolle spielen würde, als nur deine Freude?“ Darauf habe ich eine schnelle Antwort: „Wenn ich kein Geld verdienen müsste, würde ich sofort kündigen und nur noch malen. Ein Leben als Künstlerin, das wäre wundervoll. Aber das ist doch unrealistisch und davon kann ich niemals leben.“ Es muss ja nicht gleich die totale Kehrtwende sein. Warum nicht mal Bewerbungen schreiben und testen, wo ich auf dem Arbeitsmarkt stehe und auch wie sich das in Bezug auf meinen derzeitigen Job anfühlt.

Immer montags ist mein neuer Chef im Haus und als er heute kommt, fühle ich mich ein bisschen schuldig, weil ich darüber nachdenke, ihn im Stich zu lassen. Das hört sich etwas vermessen an, weil er, verglichen mit mir, wesentlich mehr Kompetenzen hat. Doch ich weiß, gegen welche Kräfte er in dieser Firma ankämpft und auch, dass er für diesen Kampf jede Unterstützung brauchen wird. Wir sind heute Morgen kurz ein paar Zahlen durchgegangen und seitdem sitzt er in Meetings und Kundengesprächen. Ich würde gerne heimgehen, doch er bat mich, auf alle Fälle zu bleiben, bis er fertig ist, weil er noch etwas mit mir zu besprechen hätte. Da ist irgendetwas im Busch und ich bin neugierig.

Er beginnt sein Gespräch mit allgemeinen Aussagen über die schlechte Marktlage und unsere rückläufigen Umsatzzahlen im Besonderen. Er schleicht wie die Katze um den heißen Brei. „Wir müssen Sparmaßnahmen durchführen. Es tut mir leid, dass es so weit gekommen ist, aber wir werden einige Mitarbeiter entlassen.“ Mir schießen tausend Gedanken durch den Kopf! Sollte sich mein Problem von selber erledigen? Hat das Schicksal meine Not erkannt und übernimmt die Entscheidung für mich? Und dann kommt's: „Johanna, du brauchst dir selbstverständlich keine Sorgen zu machen, dein Arbeitsplatz ist auf alle Fälle sicher. Ich brauche dich hier.“ Wir werden fünf Kollegen kündigen, darunter auch meiner lieben Kollegin Carola. Wie verrückt ist das denn bitte? Ich möchte auf der Stelle losheulen und weiß nicht, was in meinem Gesicht zu lesen ist. Mein Vorgesetzter deutet es wohl eher als Mitgefühl den Kollegen gegenüber, als dass er meine Enttäuschung darüber bemerkt, dass ich hierbleiben muss und mein Problem sich nicht von alleine lösen wird. Das Leben erteilt mir in dem Moment eine Absage und sagt mir ganz klar, hilf dir selbst, dann werde ich dich auch unterstützen.
Die ganze Kündigungsaktion soll so schnell wie möglich erfolgen. Und da das Monatsende naht, muss ich alle Formalitäten am nächsten Tag vorbereiten. Mit dem Firmenanwalt sei bereits alles abgeklärt. Es sind drei

Außendienstmitarbeiter betroffen, weiter Carola und ein Mitarbeiter aus der technischen Abteilung. Sie haben aufgrund ihrer kurzen Betriebszugehörigkeit nur vier Wochen Kündigungsfrist. Die Schreiben müssen also noch in den nächsten zwei Tagen raus, damit die Arbeitsverhältnisse wirksam zum Ende des nächsten Monats beendet werden können. Carola hat noch Resturlaub und sie wird nicht einmal mehr drei Wochen zur Arbeit kommen. Das ist knallhart! Was wird sie sagen, wenn sie das hört und wie wird sie es aufnehmen. Komischerweise mache ich mir keine Gedanken, wie das zukünftig arbeitstechnisch ablaufen soll. Vielmehr beschäftigt mich, wie es weiter gehen soll, wenn sie nicht mehr da ist, um mich aufzuheitern!

Carola nimmt die Hiobsbotschaft ganz gelassen auf. Sie sagt, dass sie eigentlich froh sein kann. Sie wird ein bisschen arbeitslos sein, die Zeit genießen und sich einen Job näher an ihrem Zuhause suchen. Ich frage sie vorsichtig, ob sie tauschen wolle und wir unserem Chef vorschlagen, dass sie bleibe und ich gehe. Doch sie lacht mich nur ein bisschen mitleidig an. „Sorry Süße, das ist dein Job und deine Scheiße!“

Während Carolas letzten drei Arbeitswochen nehme ich drei Tage Urlaub wegen meines Schnitzkurses. Es ist ein toller Workshop und wie immer, wenn ich etwas mit meinen Händen kreieren kann, bin ich voller Begeisterung bei der Sache. Ich schnitze 2 Tage kleine Figuren in Holzstöckchen und dann geht es an eine richtig große Skulptur, die aus einem Stück Baumstamm geklopft wird. Eine wunderbar meditative Beschäftigung. Es ist schönes Wetter und wir klopfen, sägen und hämmern im Freien an unseren Figuren. So möchte ich immer arbeiten, umgeben von Natur und kreativen Menschen, die meine Begeisterung für das Kunsthandwerk teilen. Ich male mir aus, dass ich hier einen Job bekommen könnte und überlege mir alles Mögliche, wie ich mich einbringen könnte. Verwaltung und Buchungssystem ist klar, aber man könnte auch ein Catering für die Pausen aufbauen, Kaffee und Kuchen oder tolle Brote für die Zwischenpause und leichte Gerichte für mittags. Ich höre schon die lobenden Worte. Die Veranstalterin des Kurses und auch Inhaberin des Seminarhauses schaut immer mal wieder nach den Fortschritten der Teilnehmer und ich nutze die Gelegenheit, um sie in Bezug auf die Organisation ihrer Kurse auszufragen und wie sie arbeitet. Sie erzählt mir, dass sie gerade eine neue Mitarbeiterin aus Spanien eingestellt hat, die ihr jetzt vieles abnimmt. Adieu ihr meine süßen Träume. Am Montagmorgen bin ich wieder zurück im Büro und frage Carola nochmal, ob sie nicht tauschen wolle. Ich habe mir das alles gut überlegt. Ich würde sie in verschiedenen Bereichen einarbeiten und die Firma würde noch Geld einsparen, weil mein Gehalt wesentlich höher ist als ihres. Doch auch dieser Plan geht nicht auf, weil Carola schlichtweg ablehnt. Sie hat lange genug beobachten können, was hier läuft und sie will meinen Job nicht. Das ist allerdings ziemlich aussagekräftig. Sie geht lieber in die Arbeitslosigkeit, als meine Stelle einzunehmen. Warum wundere ich mich? Ich bin es doch, die tauschen wollte, weil ich die Nase so voll habe.

Ihr letzter Tag kommt und mein Herz ist schwer. Wir machen die Übergabe ihrer offenen Geschäftsvorfälle und zum Abschied gehen wir Mittagessen. Ich habe ihr als Dankeschön für die gemeinsame Zeit einen Kräuterkorb gepflanzt und drei meiner geschnitzten Figuren hineingesteckt, als Symbole für die guten Geister, die sie weiterhin begleiten sollen. Und das war es dann also. Jetzt muss ich hier wieder alleine zu Recht kommen.

Johanna - zieht in die Schlacht

Einen Tag später sitze ich im Büro, schaue abwechselnd auf den leeren Platz mir gegenüber und auf den Bildschirm vor mir. Die Tränen laufen mir über die Wangen. Wie hatte ich es soweit kommen lassen können? Ich weiß ja, dass ich hier nicht mehr zufrieden bin, aber dass der Druck schon so groß ist, wird mir erst jetzt bewusst. Ich kann es nicht mehr zurückhalten und mein ganzes Unglück fließt aus mir heraus. Weinend im Büro zu sitzen ist definitiv ein Zeichen, das ich nicht mehr übersehen kann, und es wird Zeit zu handeln. Ich schlafe schlecht, denke jeden Gedanken zum tausendsten Mal und weiß, dass ich mir Luft machen muss. Nachdem meine ungeliebte Arbeit nicht nur mit meinen persönlichen Problemen einhergeht, sondern auch jede Menge andere Aufgaben zu bewältigen sind, versuche ich mich auf den zweiten Teil zu konzentrieren. Arbeitsabläufe müssen strukturiert und reorganisiert werden. Hier herrscht dringend Handlungsbedarf und mit meinem neuen Chef habe ich einen hundert prozentigen Befürworter für mein Vorhaben. Wir vereinbaren einen Besprechungstermin mit dem Geschäftsführer des Mutterkonzerns in Italien, um unsere Vorschläge vorzustellen. Ich bin sehr dankbar für diesen Termin und verspreche mir selbst, dass ich ihn nutzen werde, um meinen ganzen Unmut an richtiger Stelle anzubringen. Nicht mehr nur bei Freunden und Kollegen jammern, sondern die Unzufriedenheit dort abladen, wo sie produziert wird. Das ist für mich ein großes Vorhaben und ich muss alle meine Kräfte und Energien mobilisieren. Um nicht vor Ort kurzfristig einzuknicken, brauche ich auf alle Fälle einen Schlachtplan. Insgeheim weiß ich, dass das Problem viel tiefer liegt, aber einfach nur alles hinschmeißen und kündigen, dafür fehlt mir der Mut. Alles hat seine Zeit und jetzt geht es darum, für mich selbst einzustehen und meiner Enttäuschung Luft zu machen. Ich habe meinen Job lange Zeit sehr ernst genommen und sehr engagiert gearbeitet. Immer mit vollem Einsatz, um dann abgenickt zu werden mit dem Kommentar: „Johanna, sehr gute Arbeit! Das ist eine hervorragende Idee, das sollten wir unbedingt umsetzen." Und dann passiert nichts. Und wenn ich nachfrage heißt es, ja morgen, ja nächste Woche, ja beim nächsten Treffen. Ich muss erkennen, dass ich arbeitstechnisch die letzten Jahre nicht viel bewegt habe. Und das, was ich bewältigt und erfolgreich abgeschlossen habe, wird als selbstverständlich hingenommen oder einfach nicht gesehen. Die Anerkennung, für die ich letztendlich gearbeitet habe, ist nie gekommen. Die ganze Situation ist inzwischen schwer emotional eingefärbt. Das, was mich in der Regel antreibt, nämlich persönliches Engagement und Einsatz mit jeder Faser meines Körpers, droht mir jetzt um die Ohren zu fliegen. Ich nehme alles viel zu persönlich und doch kann ich mir nicht vorstellen, anders zu arbeiten. Ich muss lernen etwas distanzierter zu sein und mich unter Kontrolle zu haben, denn wenn ich bei einem Geschäftsmeeting heulend zusammen breche, wird keiner den überdurchschnittlichen Einsatz sehen, sondern nur die hysterische Kuh. Wie machen diese taffen Geschäftsfrauen das? Leben für ihre Arbeit und können gleichzeitig verstecken, dass ihr Herzblut in einer Sache steckt. Diese Frauen können doch nicht alle nur gefühllose, kaltherzige Monster sein.

Ich setze mich also hin und schreibe Listen über Missstände und Forderungen, überlege mir Pro und Contra dazu, damit ich für mögliche Einwände gewappnet bin. Ich drucke Emails aus und kopiere Anträge, um meine Vorwürfe mit Fakten untermauern zu können. Zudem formuliere ich zu einzelnen Punkten meine Argumente aus, damit ich mich im Notfall an etwas festhalten kann. Kann jemand nachvollziehen, was für ein Riesenakt das für mich ist? „Johanna, du bist kein Dummchen hinter dem Herd, du hast zwei großartige Kinder erzogen, jede Menge berufsbegleitende Ausbildungen absolviert und dich aus zwei Ehen befreit, als du es für dich als erforderlich ansahst. Du bist über die Alpen und über glühende Kohlen gelaufen! Du hast dir das alles bei Gott nicht leicht gemacht und solltest dir," und dabei balle ich jetzt meine Fäuste, „etwas mehr Respekt und Vertrauen entgegen bringen!" Ich werde das schaffen und wenn ich auf die Nase falle, dann habe ich es wenigstens versucht. Auf nach Italien in die Höhle des Löwen.

Wir sitzen zu sechst an einem runden Tisch und starten mit allgemeinen Aufgaben. Solche, die für das nächste Quartal anstehen und solche, die schon längst hätten erledigt sein müssen. Wie immer lege ich meine Unterlagen vor, die Italiener reagieren entrüstet und weisen jede Schuld von sich. Dann lege ich die Korrespondenz vor, mit meinen vielen Erinnerungen und Bitten um Antwort, die ich wohlweislich ausgedruckt oder kopiert habe. Das Spiel kenne ich jetzt schon. Es folgt erst peinliches Schweigen, dann sprechen alle auf einmal, weil ja jeder seine Ausreden und gleichzeitig Anschuldigungen loswerden will. Dann wird gejammert über die allgemein schwierige Situation Italiens, die unmögliche Gesetzgebung und die katastrophale Wirtschaftslage. Sind sie damit fertig, kommt die gönnerhafte Phase. Ein kleines Scherzchen über die besprochene Thematik, die italienische Lebensart und die deutsche Gründlichkeit. Ehe ich mich versehe, sind sie die coolsten und tollsten, weil sie sich so erfolgreich über den deutschen Bürokratismus hinwegsetzen und belächeln meinen Eifer und diese unsinnigen Forderungen, die ich immer an sie stelle. Oh Mann, wie blöd und dumm und klein ich mich dabei bisher gefühlt hatte und unfähig, weil ich den Weg nicht fand, mich zu behaupten. Doch dieses Mal läuft es anders. An dem Punkt, an dem sie anfangen, sich selbst auf die Schulter zu klopfen, greift mein Chef ziemlich harsch und sehr bestimmt ein. Ich bin ihm sehr dankbar dafür und kann spüren, wie sich meine Schultern nach unten bewegen und mein Körper entspannt und aufrichtet. Ich glaube, es ist das erste Mal, dass ich realisiere, wie klein ich mich am Ende solcher Gespräche gemacht habe. Und wenn dies in der Vergangenheit meine Körperhaltung war, in der ich mein Anliegen präsentierte, dann ist es kein Wunder, dass ich den Tisch immer als „Verliererin“ verließ. Auch wenn noch viele Gespräche über die Zusammenarbeit und die Abwicklung von Geschäftsvorfällen innerhalb der Firmenstruktur folgen müssen, so ist doch ein Anfang gemacht. Ich habe einen Mitstreiter, der gehört wird, der schon aufgrund seiner Position gehört werden muss. Ich konnte heute eine neue Seite an ihm erkennen. Er hat sich alles angehört ohne viel dazu zu sagen, aber im entscheidenden Moment hat er seine Stimme erhoben und klar gemacht, wo es langgeht.

Das alles ist bisher ganz gut gelaufen, doch mir sitzt etwas ganz anderes im Nacken. Die Runde wird sich bald auflösen und mein Vorgesetzter hat es mir gerade vorgemacht: mit klarer und deutlicher Stimme vorbringen, was man will. Ich schlucke so viel meiner Unsicherheit hinunter, wie nur geht und bitte die Geschäftsführer noch um einen Augenblick ihrer Zeit für ein Gespräch in eigener Sache. Im Raum herrscht kurz Stille, die Kollegen schauen etwas verdutzt, nicken kurz und verlassen den Raum. Was bin ich froh um meine Vorbereitung auf diese Situation. Es läuft gut, auch wenn meine Stimme etwas wackelt. Na ja vielleicht unterstützt das sogar die Ernsthaftigkeit meines Anliegens. Was ich bei meiner Rede nicht bedacht habe, ist, dass ich dem italienischen Geschäftsführer im Beisein seines deutschen Kollegen gewaltig eins überbrate. Im Grunde hatte ich immer einen guten Draht zu ihm. Aber ich habe ihm noch nie gesagt, dass er der Chef von all dem Chaos ist, das in dieser Firma herrscht. Und das nicht nur im übertragenen Sinne sondern auch ganz wörtlich. Er ist der Oberchaot in Person. Ich benutze natürlich nicht genau diese Worte, aber die Aussage ist klar. In den drei Jahren, in denen ich für ihn gearbeitet habe, haben wir uns immer nur im Kreis bewegt. Ich rede mich gerade so richtig in Rage und bin selbst ein bisschen erschrocken über den Wahrheitsgehalt meiner kleinen Ansprache: „ … und das alles macht mich so mürbe und nimmt mir die Freude an der Arbeit. Meine Arbeit ist vollkommen sinnlos, weil hier niemand Interesse daran hat, etwas zu verändern. Außerdem fühle ich mich in meiner Position weder gefördert oder gar geführt, sondern einfach nur im Stich gelassen.“ So, jetzt hab ich hier so richtig Dampf abgelassen und das hat sehr gut getan. Einmal in Fahrt gekommen, ist all der aufgestaute Frust ziemlich unkontrolliert aus mir heraus gebrochen. Strategisch war es wahrscheinlich nicht schlau, ihm quasi jede Führungskompetenz abzusprechen. Natürlich kommt der Gegenangriff unmittelbar. Erst sagt er ganz pauschal, dass meine Vorwürfe so nicht stimmen. Und dann, ehe ich mich versehe, finde ich mich in einem Streitgespräch über die Ursachen der Missstände in der Firma wieder. Wie bin ich jetzt hier her gekommen? Das Gespräch läuft in die total falsche Richtung. Ich möchte über meine missliche Lage sprechen und nicht über fehlende Firmenstrukturen diskutieren. Wie schon vorhin hört sich mein deutscher Chef das eine Weile an und meint dann: „Das wird uns alle hier nicht weiter bringen.“ Er hat gleich noch einen anderen Termin und ist etwas unter Zeitdruck. Seinen italienischen Kollegen ignoriert er und mir versichert er glaubhaft, dass er großes Verständnis für meine Lage habe. „Ich sehe sehr wohl, was du alles leistest und auch die Problematik, die du aufgezeigt hast. Ich kann nicht alles von heute auf morgen abstellen, aber ich verspreche dir, dass es besser wird.“ Er schiebt noch nach, dass es ihm Leid tue, dass er mich so abrupt abspeisen muss, aber sein Terminkalender dränge. Und weg ist er. Der italienische Obermafiosi würdigt mich keines Blickes mehr und folgt ihm unmittelbar.

Ich bleibe noch einen Moment alleine am Tisch sitzen. Was war eigentlich der Ausgang des Gesprächs? Habe ich erreicht, was ich erreichen wollte? Was waren denn eigentlich nochmal meine Erwartungen an dieses Gespräch? Ich bin verwirrt. Ja, ich hätte vieles besser machen können, aber das Gute ist doch, ich habe den Mund aufgemacht und meinem Herzen Luft gemacht.
Ich bin ziemlich verwirrt und im Moment kann ich nicht mehr tun, als es einfach sacken zu lassen und abzuwarten, wie es weiter geht. Außerdem denke ich an

meine Freundin Christina, die mir jetzt auf die Schulter klopft und sagt: „Wacker geschlagen!“

Nochmal tief durchatmen und dann werde ich schauen, wo ich einen leeren Schreibtisch finde, um noch etwas zu arbeiten. Dafür schaue ich in verschiedene Büros, begrüße Kollegen, wir lachen, scherzen und jammern gemeinsam. Das ist es, was ich hier so liebe. Ich habe so viele liebenswürdige, lustige Kollegen. Viele von ihnen sind fähige Mitarbeiter, die etwas erreichen wollen und viele Stunden arbeiten und alle haben wir das Problem der fehlenden Struktur und Führungskompetenz. Ich finde einen Arbeitsplatz, stöpsle meinen Laptop an und schreibe eine Nachricht an Luca. Er wird mir hoffentlich Trost spenden. Na ja, mit Trost hat das wahrscheinlich nicht viel zu tun, eher mit stundenweiser Ablenkung. Meine innere Stimme sagt: „Dir ist doch nicht zu helfen, dass du ihm wieder hinterherläufst. Wenn der Herr gerade nichts Besseres vorhat, dann trifft er sich mit dir.“ Es stimmt wahrscheinlich nicht ganz, doch natürlich liegt darin ein Fünkchen Wahrheit. Er ist wie Schokolade, da weiß ich auch, dass sie mir nicht gut tut und doch kann ich es nicht lassen.

Johanna - wieder einmal ohne Worte

Am Abend ist ein Firmenessen geplant. Wie immer freue ich mich darauf, doch heute ist irgendetwas anders. Das Gespräch vom Nachmittag arbeitet in mir nach. Ich sitze da und sehe den anderen beim Feiern zu. Ich gehöre nicht mehr dazu. Oder habe ich nur aufgehört, dazugehören zu wollen? Nichtsdestotrotz treffe ich mich später mit Luca und wir wollen sogar den nächsten Tag zusammen verbringen.

Unser letztes Treffen ist ungefähr sechs Wochen her. Zu meiner Schande muss ich gestehen, dass ich mich da an Unterwürfigkeit wieder selbst übertroffen habe. Es ging so los, dass ich mit anderen Kollegen einen Arbeitstermin hatte. Ich schrieb ihm, dass ich in Italien sein würde und fragte, ob wir uns nicht am Abend für ein Essen treffen wollten. Ich wollte mich mal ganz „normal" mit ihm treffen, also nicht im Bett eines Hotelzimmers, sondern, wie Arbeitskollegen oder Freunde das machen, etwas gemeinsam unternehmen und sich unterhalten. Die Antwort war, er freue sich, die genaue Uhrzeit und wohin wir gehen, könnten wir spontan absprechen, abhängig davon, wie lange mein Termin dauern würde. Ich war früh morgens über den Brenner gefahren, hatte meinen Termin schnell erledigt und saß am Schreibtisch, um Emails zu beantworten. Da kam eine liebe Kollegin vorbei und fragte, ob wir abends noch etwas trinken gehen. Ich wollte nicht lügen und sagte zunächst weder ab noch zu. Redete davon, dass ich noch viel zu tun hätte und auch ziemlich müde sei. Im Grunde wollte ich erst mit Luca abklären, ob es für ihn in Ordnung sei, wenn ich anderen Kollegen erzählte, dass wir zum Essen verabredet wären. Ich log mir selbst in die Tasche. Machte mir vor, dass es nur ein Treffen mit einem Freund sein sollte, doch das stimmte nicht.

Wir hatten eine Affäre, bei der es zwar keine Ehefrau gab, dafür aber ein ganzes Gesellschaftssystem, vor dem wir uns versteckten. War dieses „ganz normale Abendessen“ mit einem Freund mein Versuch, auszubrechen aus dem stillen Kämmerlein? Doch Lucas Antwort war, dass es ihm lieber wäre, wenn es geheim bliebe. Er fürchtete die Kommentare der Kollegen und auch, dass jemand eins und eins zusammen zählen würde. Man würde ihn fertig machen, waren die Worte, die er benutzte. Meine einzige Antwort darauf hätte sein sollen, dann schieb dir dein Essen sonst wo hin und dich selbst am besten gleich mit. Doch was tat ich? Ich sagte meiner Kollegin ab mit der Begründung, dass ich schon müde sei und gleich ins Hotel gehen wollte. Es war wahr, ich war müde von den Heimlichkeiten und ich wollte gleich ins Hotel, weil ich dort Luca treffen konnte. Ich kaufte ein paar Leckereien zum Essen ein und er ließ mich warten. Für meine Geduld durfte ich ihn dann mit meinen Verführungskünsten und Zärtlichkeiten verwöhnen. Wenn ich so etwas in Romanen lese oder in Filmen sehe, denke ich für gewöhnlich, was für eine dumme Frau. Vielleicht sollte ich etwas mehr Verständnis zeigen, denn ich bin eine von ihnen. Ihr seht auch, es hat etwas gedauert, bis ich es erzählen konnte. Ein klares Zeichen, dass mir klar ist, dass ich es nicht gut finde, was ich da mache.
So lief es also das letzte Mal.

Dieses Mal haben wir wieder den Klassiker, Sex nach viel Alkoholkonsum. Ich bin hundemüde, nicht weil wir eine ausgiebige Liebesnacht hatten, sondern weil ich neben ihm nicht schlafen kann. Erst liege ich stundenlang wach. Sind mir dann vor lauter Erschöpfung doch irgendwann die Augen zugefallen, weckt mich der erste Sonnenstrahl wieder. Liege neben ihm und traue mich kaum zu atmen, damit ich ihn nicht störe. Luca hingegen schläft nach der körperlichen Befriedigung wie ein Stein, tief und fest und sehr lange. Erwacht er endlich, macht er eher einen verunsicherten Eindruck. Keine Berührung, kein Augenkontakt. Leider konnte ich noch nicht herausfinden, welcher Tatsache dies geschuldet ist. Wir trinken noch einen Kaffee und machen uns auf den Weg zu unserer Wanderung, sprechen über Belanglosigkeiten und die Stimmung entspannt sich langsam. Bei Tageslicht fühlen wir uns beide außerhalb des Hotelzimmers wesentlich wohler. Er kann so tun als wären wir nur Kollegen und ich kann mir vormachen, dass ich mehr für ihn bin als eine Bettgeschichte. Würde ich das Thema ansprechen und fragen, was ich tatsächlich für ihn bin, dann müsste ich auch die Antworten hören. Doch das will ich nicht. Würde er das Offensichtliche aussprechen, nämlich dass er an einer Beziehung kein Interesse hat, müsste ich der Realität ins Auge sehen und sie beenden. Könnte mir nicht mehr vormachen, dass es nur mein Alter und die Lebensumstände sind, weshalb er mich nicht in sein Leben lässt. Ohne mit ihm darüber gesprochen zu haben, habe ich für mich festgelegt, dass er sich nicht wegen mir persönlich schämt, sondern weil er weiß, dass er in seinem Umfeld, bei seinen Freunden und seiner Familie, kein Verständnis finden würde für seine Beziehung zu einer so viel älteren Kollegin und Mutter von zwei erwachsenen Kindern. Insgeheim weiß ich, dass ich mir so viel mehr wünsche, als er zu geben bereit ist. Zeitgleich stelle ich mir die Frage, ob ich ihn wirklich in mein Leben lassen würde, wenn er es wollte. Und ob ich mich immer wieder auf dieses Drama einlasse, weil ich mich in Sicherheit wiege, dass keine Gefahr besteht, eine echte Bindung eingehen zu müssen. Ganz so doof, wie ich mich hier darstelle, bin ich nämlich nicht. Es ist so viel einfacher, seine Schattenseiten auf jemand anderen zu projizieren, als sich aufrichtig mit sich selbst auseinander zu setzen. Es könnte sein, dass wir beide uns einfach nur gegenseitig spiegeln. Uns aufzeigen, dass wir gefangen sind in unseren eigenen Begrenzungen, aus denen wir so gerne ausbrechen würden.

Wir laufen durch traumhaft schöne Natur und mit jedem Schritt fällt ein klein wenig meiner Anspannung von mir ab. Das Gespräch wird lockerer und auch offener, verläuft aber im sicheren Rahmen eines philosophischen Kontextes. Dahinter kann man sich sehr gut verstecken. Viel geredet und doch nichts gesagt. Ich hätte ihm so oft sagen sollen, „hey Arschloch, verpiss dich" und genauso oft hätte ich ihm sagen wollen, „Ich liebe dich, du wunderbarer Mann". Die Wahrheit liegt irgendwo dazwischen. Wir hätten eine gute Zeit miteinander haben und auf gute Weise voneinander lernen können, doch ich befürchte, wir haben beide die Chance, was sage ich, tausend Chancen, verpasst.

Ich bin im Auto auf der Rückfahrt nach Hause und alles in mir sagt: „Jetzt ist es genug. Sei dankbar für diesen Tag, der eine schöne Erinnerung in deinem Herzen ist, lass ihn los. Akzeptiere, dass er dich nicht will. Schließe das ganze Kapitel Italien ab.“ Ich hatte diese Stimme schon öfter gehört. Sie wird mit jedem Mal lauter und klarer. Es passiert immer dann, wenn ich mich von ihm verabschiedet habe, aber noch umgeben bin von seiner Energie. Dann denke ich diese schlauen Gedanken. „In allem Schmerz und jeder Traurigkeit liegt eine Chance. Jedes Gefühl will erkannt und gespürt werden. Und alles ist gut wie es ist.“ Doch leider Gottes hält das aller längstens an bis ich wieder auf der Autobahn Richtung Süden fahre. Wie singen die Söhne Mannheims so schön: „Der Mensch lernt nur, wenn er Scheiße frisst.“

Johanna - mutig genug?

Es sind noch drei Tage Zeit, wenn ich zum Ende des nächsten Monats kündigen möchte. Ich dachte, ich würde eine Reaktion auf mein Gespräch erhalten. Aber es herrscht großes Schweigen im Walde. Dabei habe ich doch wirklich deutlich gemacht, dass ich so nicht mehr weiter arbeiten will. Was bedeutet das jetzt für mich? Hätte es etwas geändert, wenn sie mir den Bauch gepinselt hätten. Im Grunde war die Entscheidung längst gefallen. Es ist nur meine Angst, die mich abhält. Angst vor dem Unbekannten, Angst, kein Geld mehr zu haben, Angst, dass die Welt still steht? Dieser Wust an Gedanken in meinem Kopf, die mir mal euphorisch zurufen: „Lebe wild und gefährlich, das ist es, was du willst!“, um drei Sekunden später zu denken: „ Aber das geht nicht, du kannst doch nicht einfach kündigen“. Und dann kommen die ganzen Sicherheitsargumente und Vernunftgründe. Zu meiner eigenen moralischen Unterstützung schreibe ich die Kündigung und lasse sie in der Schublade liegen. Es gibt mir das Gefühl, etwas zu tun und das Unmögliche wird greifbarer. Es kommt mir der Gedanke, dass ich furchtbar enttäuscht von mir selbst wäre, wenn ich jetzt nicht Nägel mit Köpfen mache. Ich will nicht stehen bleiben, ich will vorwärts gehen.

In der Mittagspause fahre ich zum Supermarkt, um meine Schokoladenvorräte aufzufüllen. Ich habe schon seit Wochen keinen richtigen Hunger und ernähre mich von Süßigkeiten. Nicht sehr gesund, aber es ist eine Ausnahmezeit, in der nichts mehr so ist, wie es war. Ich stehe im Geschäft, die Hände voller Tüten und Schokoladentafeln, als mein Telefon läutet. Es ist Ariana und sie plappert los wie ein Wasserfall, dass sie es nicht mehr schafft, dass sie tausend Termine, Behandlungen und Meditationen hat. Sie weiß nicht mehr weiter und sie braucht Hilfe. Während sie mir ihren ganzen Frust vorjammert, fallen mir meine Einkäufe aus der Hand und ich schau auf das Durcheinander am Boden. Und dann passiert etwas wirklich Merkwürdiges. In meinem Gesicht breitet sich ein fettes Grinsen aus. Mir ist, als müsste ich laut raus lachen, so leicht wird es mir ums Herz. Ich unterbreche sie: „Ariana, Ariana, ich habe gerade meine Kündigung geschrieben. Ich habe Zeit und kann dir helfen und für dich arbeiten.“ Kurzes Schweigen, gefolgt von einem lauten Aufschrei kommen durchs Telefon. Das war mein Zeichen, dass es richtig ist, was ich tue. Ich werde immer Arbeit finden, ganz egal, ob das mit Ariana was wird oder nicht. Ich lasse mir noch ein bisschen Zeit. Kurz vor fünf scanne ich mein unterschriebenes Kündigungsschreiben, mache ein kurzes Anschreiben per Email und schicke beides an die Geschäftsführung. Das Original erhält zur Sicherheit noch einen Eingangsstempel. Ich habe mich so in das Thema hineingesteigert, dass ich mich fühle, als hätte ich eine Entscheidung über Leben und Tod gefällt. In meiner Hysterie bilde ich mir ein, dass jetzt an irgendwelchen Computern Alarmleuchten anfangen rot zu blinken und mein Telefon sofort klingeln wird. Natürlich ist es nicht so. Ich fahre nach Hause, bzw. ins Fitnessstudio zur Yogastunde und bin froh, dort die richtigen Menschen zu treffen, denen ich gleich alles brühwarm erzählen kann. Das letzte, was ich jetzt brauchen kann, sind Zweifler und Miesepeter. Und ich bekomme genau das, was ich hören möchte, Zuspruch und Lob für meinen Mut zum Sprung ins Unbekannte. Ich habe es wirklich getan und ich bin sehr erleichtert darüber. Ob es richtig war oder falsch, spielt jetzt keine Rolle mehr, wichtig ist nur, dass ich mich bewegt habe.

Mutter - das gute Leben

Und wieder muss ich sagen, wäre ich noch als Mensch unterwegs, ich hätte die Hände über meinem Kopf zusammen geschlagen. Wie soll das gehen? Wovon will sie leben ohne Arbeit und ohne Mann? Genau das wäre meine Reaktion gewesen. Doch woher habe ich immer mein Urteilsvermögen genommen. Ich habe etwas bewertet und oft verurteilt, das ich gar nicht kannte. Die meiste Zeit meines Lebens habe ich auf dem Bauernhof gearbeitet. Erst auf dem meiner Eltern und dann auf dem meines Mannes. Ich habe es nie kennen gelernt, wie es ist, tagein tagaus in einem Büro zu sitzen. Meine Termine wurden nicht von einem Chef festgelegt, sondern vom Lauf der Sonne und natürlich den Jahreszeiten. Meine Eltern schickten mich nach der Schule in die Stadt, wo ich in einem Hotel Hauswirtschaft lernte. Es waren sehr freundliche Leute, bei denen ich auch wohnen durfte. Ich empfand diese Lehrjahre nie als Arbeit, sondern es war eine wunderbar aufregende Zeit, in der ich weit weg vom Leben auf dem abgelegenen Bauernhof meiner Eltern eine völlig neue Welt kennen lernte. Die Familie hatte eine Tochter in meinem Alter und wir waren bald dicke Freundinnen. Es ging mir sehr gut dort. Nach meinen Ausbildungsjahren wohnte und arbeitete ich wieder bei meinen Eltern, bis ich heiratete und Bäuerin auf dem eigenen Hof wurde. Im Vergleich zur harten und oft schmutzigen Arbeit auf einem Bauernhof inklusive Schwiegereltern, denen man nie etwas recht machen konnte, erschien mir eine Arbeitsstelle in einem Büro als etwas viel besseres. Ich hatte die Frauen um ihre schönen Hände beneidet, keine Schwielen an den Händen und keine schwarzen Ränder unter den Fingernägeln. Und auch um die schmalen Füße in schicken Schuhen. Natürlich wusste ich, dass dort auch nicht alles golden sein konnte, aber mit Sicherheit war es sauber und warm und es roch nicht nach Kuhmist. Ich habe schlichtweg übersehen, dass das, was mich geprägt hat, nicht unbedingt für meine Tochter Gültigkeit haben musste. Zumindest nicht für Johanna. Die zieht es vor, barfuß über Wiesen zu laufen und fühlt sich mit dreckigen Füßen wesentlich wohler als mit Schminke und Stöckelschuhen. Wie bin ich jetzt eigentlich darauf gekommen? Ach ja, Johanna dreht durch und hat das gute Leben satt.

Johanna - ist am Drücker

Was habe ich gut geschlafen heute Nacht. Keine Grübeleien und keine bösen Träume. Der Grund dafür könnte die Erleichterung sein, aber auch die Erschöpfung der letzten Wochen. Nichtsdestotrotz fahre ich mit mulmigem Gefühl ins Büro. Ich erhalte eine Antwort von Carola, der ich gestern noch von meiner Heldentat geschrieben hatte. „Herzlichen Glückwunsch, du tust das Richtige“, schreibt sie. Jetzt bin ich wirklich gespannt, ob ich schon eine Reaktion in meinem Postfach liegen habe. Mein Telefon blinkt, Anrufe in Abwesenheit, ich checke die Nummern und höre die Nachricht meines Chefs als erstes ab. Er ist unterwegs zu einem Auslandstermin und wird erst Anfang der nächsten Woche wieder in Deutschland sein und er hofft sehr, dass wir dann das ganze nochmals besprechen können und einen anderen Weg finden. Fast die identische Nachricht hat er mir auch als Email geschickt. Das ist doch mal eine Ansage! Endlich gehört mir die Aufmerksamkeit, die ich so lange vermisst habe. Nach der Kündigungswelle wäre der Laden ohne mich ziemlich auf Eis gelegt. Er ist praktisch gezwungen, mir Honig ums Maul zu schmieren. Und ja, es wird schwer werden, mich zu ersetzen. Ich arbeite viel und mein Aufgabenfeld ist breit gefächert. So jemanden müssen sie erst einmal finden und das bereitet mir Genugtuung. Ganz schön traurig, dass ich das nötig habe, aber es ist die Wahrheit. Ich genieße meine Macht. Aus Italien höre ich erst einmal nichts und es dauert geschlagene drei Tage bis ich einen Anruf vom Firmenchef erhalte. Das ist der Gipfel! Dabei sollte ich die gängige Geschäftspraxis kennen. Er sagt mir, dass es ihm Leid tue, aber dass er nach unserem letzten Gespräch schon darauf gewartet hätte. Wumms, Kündigung akzeptiert ohne Widerspruch oder Überredungsversuch. Ein bisschen nach dem Prinzip, bist du nicht für mich, bist du gegen mich. Beleidigt, weil ich die heilige Firma nicht zu schätzen weiß. Es könnte auch sein, dass er einfach froh ist, mich los zu sein. Immerhin habe ich ganz schön deutlich gemacht, was ich von ihm halte und es könnte eventuell ein Fünkchen Wahrheit darin verborgen sein. Und das geht gar nicht! Oder wirft er mir insgeheim auch Undankbarkeit vor? Warum mache ich mir eigentlich so viele Gedanken darüber? Es sollte mir völlig egal sein, was der unfähige Typ über mich denkt. Ist es aber leider nicht.

Bleibt also abzuwarten, welche Richtung das Gespräch mit meinem deutschen Chef nehmen wird. Er klopft kurz, reißt die Bürotür auf und begrüßt mich mit den Worten „Was machst du mir für Sorgen! Ich hoffe, wir können das irgendwie regeln!“ Ich zucke mit den Schultern, schau ihn entschuldigend an. Endlich eine Reaktion nach meinem Geschmack. Andererseits muss ich jetzt auch Rückgrat beweisen und zeigen, dass es mir wirklich ernst ist. Er bittet mich ins Besprechungszimmer, um ungestört zu sein. Natürlich könne er meine Beweggründe nachvollziehen und er will wissen, ob ich schon einen neuen Job habe. Oder was sonst meine Pläne sind. Ich versuche, ihm zu erklären, dass er als neue Führungsperson für mich zu spät gekommen ist, dass ich nicht mehr die Energie und Kraft habe, mich für dieses Unternehmen voll und ganz einzusetzen. Er versichert mir erneut, wie sehr er mich persönlich und fachlich schätzt. „Ich würde so gerne einen Weg finden, um dich als Arbeitskraft zu halten und dabei merke ich aber, dass du innerlich schon abgeschlossen hast.“ Aufgrund der finanziellen Lage der Firma kann er mir auch kein lukratives Gehaltsangebot machen. Dennoch bittet er mich, mir zu überlegen, ob ich noch zwei oder drei Monate weiterarbeiten könne, damit hier nicht alles untergehe. Im Gegenzug bietet er an, dass ich mir bis Ende des Jahres Auszeit nehmen und dann wieder anfangen könnte. Das ist für mich eine willkommene Option, denn das gibt mir Sicherheit für den Fall, dass ich überhaupt nicht zu recht komme. Wir einigen uns auf Ende September, was bedeutet, dass ich noch zwei Monate abzüglich meines Resturlaubes zu arbeiten habe. Natürlich mache ich mir Gedanken, wie das dann hier alles weitergeht. Wer soll die ganze Arbeit machen. Würden sie jemand neuen für mich einstellen? Ich habe zu viel Zeit und Energie investiert, als dass es mir völlig egal ist, was hier passiert. Zumal es nicht meine Absicht war, dass meine Kündigung eine Mehrbelastung für meine Kollegen zur Folge hat. Ich hatte in meinen Überlegungen immer nur an mich gedacht und insgeheim niedrige Rachegelüste gehegt und genossen, dass in diesem Fall ich diejenige war, die am Drücker saß. Am besten wird es wohl sein, ich fange an, Listen zu schreiben über alle Arbeitsbereiche, in denen ich tätig bin, und festzuhalten, was dabei alles an tatsächlichen Arbeitsschritten anfällt. Zum einen wird es eine lange Aufzählung werden und das tut meinem Ego unendlich gut. Zum anderen wird es hilfreich sein, wenn es um die Übergabe meines Arbeitsplatzes geht. Im August sind in Italien drei Wochen Betriebsferien und ich nutze die Zeit, um Liegengebliebenes aufzuarbeiten und Ordnung zu schaffen. Die zweite Augustwoche mache ich auch Urlaub und habe dafür etwas ganz besonderes vor.

Johanna - auf dem Weg in eine andere Dimension?

Ich war vor ein paar Wochen dem Verein für die Erforschung schamanischer Gebräuche beigetreten, dessen Vorstand Ariana ist. In diesem Rahmen bietet sie im

August eine Ayahuasca-Zeremonie an. Es handelt sich dabei um ein Reinigungsritual der indigenen Völker Südamerikas. Schon vor Monaten, als ich das erste Mal davon gehört hatte, hat es mich gereizt und ich wollte es gerne selbst ausprobieren. Als ich Ariana an einem Wochenende auf einem Festival an ihrem Stand geholfen hatte, war meine Euphorie jedoch wieder abgeflacht. Ich fand zu den Menschen dort keinen Zugang, hatte keinen „Draht" zu ihnen. Weder zu den Besuchern, noch zu den anderen Ausstellern. Es ist schwer zu beschreiben. Ich wusste mit dem Großteil dieser Menschen nichts anzufangen. Wusste nicht, was ich mit ihnen sprechen sollte. Ich hatte nichts, das ich mit ihnen teilen konnte. Es war noch nicht einmal möglich, interessierte Fragen zu stellen, weil sie allesamt von sich aus ohne Punkt und Komma plapperten. Es kam mir alles aufgesetzt vor. Jeder predigte von der Heilung der Welt und man war ganz liebevoll und friedvoll im Umgang miteinander. Doch wirkliches Interesse an den Mitmenschen und ihren Nöten und Sorgen spürte ich nicht. Ich kam mir vor wie auf einem anderen Planeten. Als wäre ich in einer Sekte gelandet, die sich dem Thema Liebe verschrieben hat und dabei aber die Liebe selbst vergessen hat. Was nicht in ihr Schema passt, wird ausgeschlossen. Oder man rät dir als gängiges Allgemeinrezept: „Du musst einfach nur loslassen, dann geht alles von ganz alleine". Ich bin mir sicher, dass alle Menschen, von denen ich hier spreche, mich Unwissende in ihre Gebete einschließen und hoffe, dass es hilft, denn fühlen konnte ich ihre Liebe nicht. Und nur fürs Protokoll, im Einzelnen waren es bestimmt ganz wunderbar nette Menschen, in der geballten Ladung jedoch für mich nicht erträglich. Und ich brauche hierzu keine Hinweise, dass es natürlich auch an mir liegen könnte. Wie auch immer, dieses Festival brachte mich ins Grübeln, ob ich zum Ayahuasca nach Österreich fahren soll oder nicht. Es kostet viel Geld und zudem habe ich ein bisschen Schiss. Man trinkt dabei ein Gebräu, das Halluzinogene enthält. Das bringt mich, die ich zwar sehr gerne, sehr unkonventionell sein möchte, an eine Grenze, von der ich nicht weiß, ob ich sie wirklich überschreiten will. Meine Erfahrung mit Drogen, schließt man Alkohol und Nikotin aus, beschränkt sich auf das einmalige Rauchen eines Joints mit der Folge, dass ich vollkommen außer Gefecht gesetzt war. Filmriss, ich weiß nichts mehr davon. Hätte ich mich für drei Stunden ins Bett gelegt und traumlos geschlafen, wäre es das gleiche gewesen. Und das kann nicht Sinn der Sache sein. Ariana meinte zu meinen Bedenken, ich solle ihr einfach vertrauen. Das und meine Neugierde haben mich dazu bewogen, dass ich hinfahren werde. Was dann dort passiert und ob ich, wenn es ernst wird, mich tatsächlich trauen werde, davon lasse ich mich selbst überraschen. Im Internet habe ich allerhand Erfahrungsberichte dazu gelesen. Von entsetzlichen Erlebnissen mit schwerwiegenden Krankheitsfolgen bis hin zur lukrativen Vermarktung eines Reiseanbieters gibt es alles zu finden. Was davon seriös ist und hinter welchen Seiten Halbwissen und Panikmache stecken, ist mit gesundem Menschenverstand relativ gut zu erkennen. Nichtsdestotrotz hinterlassen die Beiträge Spuren und sind nicht förderlich, meine Skepsis zu zerstreuen. Ein Gespräch mit einem Bekannten, den ich vom Tanzen kenne, war weit hilfreicher. Wir waren gemeinsam in den Bergen unterwegs. Und wie so oft auf einer Bergtour, entstand auch hier ein gutes und vor allem sehr ehrliches Gespräch. Unter anderem erzählte ich ihm dabei von dem Ritual und dass es mich reizen würde, dabei mitzumachen. Er ist Musiker und konnte mir allerhand von seinen Erfahrungen mit Drogen berichten. Auch, dass er für sich andere Wege gefunden hatte, um zu erkennen und zu lernen. Er möchte sich nicht mehr künstlich puschen, um das, was ihn gerade beschäftigt, voranzutreiben. Alles braucht seine Zeit und im Laufe seines Lebens hat er gelernt, dass er die Wege bewusst gehen und erleben möchte. Trotzdem konnte er meine Beweggründe durchaus nachvollziehen und verstehen. Er riet mir weder zu, noch kam er mit dem erhobenen Zeigefinger und irgendwelchen Moralvorstellungen daher. Solche Gespräche mag ich, er ließ die Entscheidung bei mir und nahm mir die Angst vor Richtig oder Falsch.

Ich fahre also nach Österreich, in ein Hotel in einem kleinen Dorf in den Bergen. Na, hier würde ich auf keinen Fall wilde Drogenexzesse erwarten. Das zeigt mir wieder, wie sehr ich in Schubladen denke. Unterwegs muss ich anhalten. Ich hatte mich an einer Autobahnausfahrt mit meinem Chef verabredet, weil er sein I-Pad im Büro liegen gelassen hat und er unterwegs nach Italien ist. Wir trinken einen Kaffee und er fragt mich, ob ich mir sicher bin, hier Urlaub machen zu wollen. Der Wetterbericht sage Kälte, Regen und in höheren Lagen sogar Schnee voraus. Mit Wandern sei da nicht viel drin. Ich muss schmunzeln und komme mir sehr verwegen vor. Aber ich kann ihm doch nicht sagen, was ich vorhabe. Dann würde er mich, zusammen mit meinen Kündigungsplänen ohne neuen Job, für vollkommen durchgedreht halten. Er weiß von meinen künstlerischen Ambitionen. Wir haben nicht darüber gesprochen, aber ich kann mir lebhaft vorstellen, was er über mich denkt. Frau, geschieden, die Kinder erwachsen und außer Haus, unzufrieden und gelangweilt, sucht nach Selbstverwirklichung. Und damit liegt er gar nicht mal falsch. Doch warum hat das alles einen negativen Touch? Warum mache ich mir überhaupt Gedanken, was er von mir hält? Da ist sie wieder, die verunsicherte Frau, die nach Anerkennung sucht und nicht nur gemocht, sondern auch toll gefunden werden will. Wie auch immer, tolle Frauen machen außergewöhnliche Dinge und ich habe ein sehr extravagantes Wochenende vor mir.

Arianas Auto steht auf dem Parktplatz, aber ich kann sie nirgendwo sehen. Macht nichts, ich checke ein, beziehe mein Zimmer und erkunde das Hotel. Schön, vor allem der Seminarraum ist toll, Holzbauweise und viel Licht. Im Eingangsbereich treffe ich auf einen Mann, den ich bei Ariana schon einmal gesehen habe. Peter, ein blond gelockter Engel, mit einer herrlich lustigen Art. Er schaut jünger aus, aber bei genauerem Betrachten, stelle ich fest, dass er in meinem Alter ist. Das ist ein guter Anfang. Nicht das Alter, sondern dass er da ist. Wir haben beschlossen, noch einen Spaziergang zu machen, bevor der angekündigte Regen kommt. Peter ist ungezwungen und er liebt es zu lachen. Das muss er mir nicht erst erzählen, er tut es einfach. Ohne einen Grund oder dass ein Scherz vorausgegangen wäre. Und das wiederum ist wunderbar ansteckend. Ich mag ihn und fühle mich gut in seiner Gesellschaft. Da rattert unweigerlich etwas in meinem Hinterkopf. Wäre das ein Mann für mich? Einer, bei dem nicht die Schmetterlinge im Bauch tanzen, aber bei dem man sich angenommen fühlt und gleichzeitig das Beisammensein von Fröhlichkeit getragen wird. Schade, dass ich schon wieder im Kopf gelandet bin und mir Geschichten ausdenke. Ich beraube mich dadurch selbst um die Leichtigkeit des Augenblicks. Aber so ist das eben. Immer muss ich denken. Auf alle Fälle bin ich froh, dass er hier ist und wir gemeinsam das Ritual erleben werden. In einer Stunde soll es losgehen und er will vorher ein kurzes Nickerchen halten. Wir gehen zurück, Peter auf sein Zimmer und ich in das Restaurant, wo ich Ariana treffe. Sie sitzt dort mit einem älteren Paar und stellt es mir als weitere Kursteilnehmer vor.

Wir sind insgesamt sieben Teilnehmer plus Ariana als Leiterin und Mark, ein Musiker, der uns die ganzen vier Tage über mit seinen Klängen und Tönen begleiten wird. Ich finde bei Workshops schon allein die Teilnehmer äußerst interessant. Es ist eine super Gelegenheit, neue Leute kennen zu lernen. Ich würde mich selbst nicht wirklich als schüchtern bezeichnen, doch anfangs weiß ich bei fremden Menschen oft nicht, was ich sagen soll. Wenn ich hingegen Leute auf einem Workshop treffe, brauche ich keine Hemmungen zu haben, denn ein erstes Gesprächsthema ist schon vorgegeben. Da es für mich ein ganz besonderes Wochenende zu werden scheint, bin ich mächtig aufgeregt und neugierig, wer denn da jetzt mit mir ist. Da ist das Ehepaar, das ich vorher schon erwähnt habe. Ganz herzliche Menschen, etwas älter als ich und sehr liebevoll im Umgang miteinander. Menschen, die schon einiges durchlebt haben und Verständnis ausstrahlen für all das, was mir in meinem Leben als so gar nicht perfekt erscheint. Es ist sehr einfach, eine Verbindung zu beiden von ihnen herzustellen. Dann gibt es ein Geschwisterpaar. Bruder und Schwester, die mich wirklich zum Staunen bringen. Ich kann mich nicht erinnern, dass ich schon einmal Geschwister kennen gelernt habe, die sich so nahe stehen. Sie ist verheiratet und hat drei Kinder. Er lebt allein. Sie haben nicht nur die gleichen Wurzeln, sondern teilen auch ihre Liebe für spirituelle Erfahrungen aller Art. Diesen offenen Umgang innerhalb der Familie habe ich nie kennen gelernt. Das ist mir mehr als fremd. Ist das der Grund, warum ich die zwei insgeheim äußerst skeptisch betrachte? Sie sind sehr freundlich, aber etwas hält mich auf Abstand. Ich muss kurz daran denken, dass ich allein bei dem Gedanken, meinen Bruder zu umarmen, zur Salzsäule erstarre. Und das nicht, weil er so furchtbar ist oder schreckliche Dinge tut, sondern es gibt einen unsichtbaren Zaun. Aber das ist ein anderes Thema. Die blond gelockte Frohnatur Peter habe ich ja schon vorgestellt. Der letzte Teilnehmer wird erst am nächsten Tag anreisen, aber ich weiß, wer es ist, ich habe ihn auf dem Festival getroffen, als ich Ariana dort geholfen habe. Ein groß gewachsener Mann, der neben dem Ayahuasca Ritual auch großes Interesse an unserer Schamanin gezeigt hat. War nur so ein Gefühl, aber das täuscht mich bei solchen Dingen eher selten.

In der Eröffnungsrunde erklärt Ariana zunächst die Bedeutung und Wirkung des Reinigungsprozesses. Erzählt uns von den psychischen und physischen Abläufen im Körper und was uns erwartet. Die nächsten drei Tage werden wir allerhand Übungen und Meditationen durchführen, um in Kontakt mit uns selbst zu kommen. Kontakt mit mir selbst empfand ich zu Anfang meiner Yoga-Karriere als einen ziemlich albernen Ausdruck, sehr abgehoben. Aber mit etwas Übung lernte ich, dass es nichts anderes ist, als wirklich zu fühlen wie es mir hier und jetzt gerade geht. Zu spüren wie sich mein Körper anfühlt. Also wirklich bei mir zu sein und nicht bei den Menschen, die mich umgeben, den Umständen, die gerade vorherrschen oder gar bei meinen eigenen Erwartungen, wie etwas sein sollte. Für das Ritual ist es wichtig, gut vorbereitet zu sein und uns zu öffnen, damit die Reinigung auf allen Ebenen stattfinden kann. „Wir werden mit den vier Elementen Feuer, Luft, Wasser und Erde arbeiten. Dazu gehen wir raus in die Natur und danach arbeiten wir hier im Seminarraum weiter." Ariana hofft, dass wir genügend warme und wetterfeste Kleidung dabei haben, weil es hier in den Bergen für August wirklich kalt ist und es zudem regnen und stürmen soll. Das hört sich gut für mich an. Natürlich mag ich es, wenn die Sonne scheint und es schön warm ist. Aber wenn sich die Natur nicht so freundlich zeigt, sondern wie eine Raubkatze ihre Krallen ausfährt, kann ich sie viel besser spüren. Nass und frierend im Freien zu sein, lässt mich demütig werden. Es zeigt mir auf, dass ich nur ein kleines Teilchen eines gewaltigen Systems bin. Naturgewalten sind wunderschön und absolut faszinierend, und eines sind sie ganz bestimmt nicht, sie sind nicht immer lieb. Wir sind der Erde Untertan und sich das immer wieder zu vergegenwärtigen, kann nur gesund sein. Weiter rät sie uns zu leichter veganer Kost und auch auf Koffein zu verzichten. Na das gefällt mir weniger und augenblicklich überkommt mich ein überwältigender Kaffeedurst. Da muss ich sehen, wie weit ich diesen Teil der Vorbereitung einhalten kann.

Nach einer kurzen Pause stellen wir uns einander vor. Jeder erzählt etwas aus seinem Leben und warum er den Ayahuasca mitmachen will. Ich erzähle über meine Ratlosigkeit. Über mein Suchen und nicht wissen, woher ich komme und wohin ich gehen will, über die fehlende Vaterfigur und das ungewollte Kind, als das ich mich fühle. Von meinen zwei Ehen und von meinen kleinen und großen Versuchen, auszubrechen aus den, von wem auch immer, mir auferlegten Begrenzungen. Und auch von dem Gefühl, eine Hochstaplerin zu sein, weil ich ein Leben lebe, das sich nicht ehrlich anfühlt. Es ist großartig und eine Wohltat, das alles einmal auszusprechen. Gestern waren wir noch völlig Fremde und heute offenbaren wir uns in dieser Gruppe mit unserer ganzen Verletzlichkeit. Vielleicht ist es deshalb möglich, weil die Menschen fremd sind und Ariana diesen geschützten Rahmen ermöglicht, in dem man nichts anderes sein muss, als nur man selbst. Keine Spielchen, kein Schein und kein Vergleich, wer hier der Tollste, Schönste, Erfolgreichste oder Klügste ist. Die Menschen hier interessieren sich nicht für meine Karriere oder was ich habe oder nicht habe. Sie wollen mich sehen und mit mir teilen, was ich denke und fühle. Es wird gelacht und geweint und es entsteht eine tiefe Verbundenheit. Am Ende der Runde bittet Ariana auch unseren Klangkünstler noch etwas über sich zu erzählen und dadurch Teil der Gruppe zu sein. Ich finde ihn attraktiv, bin aber etwas irritiert über den alten Zopf, den er am Hinterkopf trägt. Guildo Horn lässt grüßen, oben nichts und das Resthaar zu einem Pferdeschwanz zusammen gebunden. „Ooohje!! Stopp! Hör sofort auf damit“ ruft mein Gewissen „hast du das gerade wirklich gedacht?“ „Entschuldigung, aber ist doch die Wahrheit. Und du musst zugeben, das Bild drängt sich einem auf.“ Mark erzählt nicht viel Persönliches, sondern geht mehr auf seine Arbeit und die damit verbundene Rolle in diesem Workshop ein. Er wird kein Ayahuasca trinken und will während der eigentlichen Zeremonie für uns da sein und uns unterstützen. Er hat vor vielen Jahren die unterschiedlichsten Drogen ausprobiert und meint, dass er die vielen möglichen Reaktionen kenne und deshalb auch sehen wird, wenn und wann jemand seine Hilfe benötigt. Er weiß gar nicht, wie sehr er mir allein damit schon hilft und wie sehr es mich beruhigt, dass da jemand sein wird, der klar denken kann und die Kontrolle behält. Wobei dieser Gedanke an sich ein Widerspruch zu dem ist, was ich mir von dem Wochenende erhoffe. Ich bin hier, weil ich hoffe, unter Ausschaltung meiner Denkzentrale Wahrheiten zu finden.

Zeit für's Abendessen. Peter lacht mich an, legt den Arm um mich und nimmt mich mit ins Restaurant. Wie wunderbar unkompliziert er ist. Ich genieße seine Berührung. Sie schenkt Wärme und Geborgenheit und ist kein bisschen übergriffig. Mit Männern ist das ja immer so eine Sache. Klar will ich einerseits begehrt und attraktiv gefunden werden, doch fällt es mir oft schwer, eine klare Grenze zu ziehen. Kennt ihr das auch? Jemand tritt dir zu nahe und du reagierst nicht darauf, sondern lässt es einfach über dich ergehen? Bei Peter ist das anders, bei ihm fühle ich mich wohl. Nichtsdestotrotz waren die letzten Stunden sehr anstrengend und ich bin müde. Er spürt das und ohne große Worte darüber zu verlieren, essen wir einfach schweigend.

Nach einer Stunde geht es weiter mit dem Programm und ich brauche vorher dringend noch etwas Frischluft und ein paar Minuten für mich. Die letzte „Arbeitsrunde" für heute ist eine schamanische Reise. Eine geführte Meditation, die nach den Gebräuchen der Schamanen mit einer Trommel begleitet wird, um in einen Trancezustand zu kommen. Im optimalen Fall sieht man während dieser Reise Bilder, visuell oder in Form von Gefühlen, oder hat Begegnungen, die einen etwas lehren oder aufzeigen sollen. Manchmal kann man richtig gehend Unterhaltungen führen. Es ist schwer zu beschreiben. Ein bisschen wie Träumen, nur dass du nicht schläfst. Immer mal wieder habe ich Zweifel an dem, was mir da so begegnet. Doch seltsamer Weise kann ich sehr genau erkennen, ob ich mir etwas ausdenke oder ob ich eine wirkliche Reise in eine andere Bewusstseinsebene unternommen habe.

Und jetzt bin ich wirklich reif für mein Bett. Am Treppenabsatz treffe ich auf Mark. Ich sage „Gute Nacht" und lächle ihn an. Und ehe ich mich versehe, schließen sich zwei starke Männerarme um mich. Dafür bin ich echt empfänglich. Eine richtig schöne Umarmung, zum Ankuscheln und sich fallen lassen. Ich könnte glatt so stehen bleiben und einschlafen. Doch er lässt mich wieder los, schaut mich an und wünscht mir schöne Träume.

Ich kann nicht länger darüber nachdenken, was das jetzt gerade war, weil ich noch dringend einen Ausflug in die „normale" Welt unternehmen muss. Ich möchte noch meine Tochter anrufen. Sie schreibt morgen eine wichtige Prüfung und ich will ihr auf alle Fälle noch Glück wünschen. Einmal heute Abend und dann nochmal morgen früh. Sie ist nervös und hätte gerne gehabt, dass ich zu ihr komme und sie in dieser Zeit bekoche und der Blitzableiter für ihre Launen bin. Doch ich bin in diesem Fall eine Rabenmutter und bin lieber hierher zu diesem Workshop gefahren. Man könnte es aber auch so sehen, dass ich ihr und mir die Chance gebe, zu sehen, dass sie es auch alleine schafft. „Ich hatte so lange ein schlechtes Gewissen, weil ich meinen Kindern kein intaktes Familienleben geboten und meine Interessen vor ihre gesetzt habe“ sind meine letzten Gedanken bevor ich einschlafe.

Wie schon von Ariana angekündigt, machen wir am nächsten Vormittag weiter mit Meditation und Gesprächskreis. Das Thema ist die Verbindung zur Natur, was sie für uns bedeutet und was wir von ihr lernen können. Nach dem Mittagessen geht es raus ins Freie. Wir sind hier in den Bergen Österreichs in der perfekten Umgebung, um die Elemente zu spüren. Die hohen Berge sind beeindruckend und das Rauschen des nahe gelegenen Gebirgsbachs nicht zu überhören. Die Luft ist wunderbar frisch und als ob das noch nicht ausreichen würde, um die Natur zu spüren, bläst uns der Wind die Regentropfen ins Gesicht. „Stell dir vor, du bist das Wasser, der Berg, der Wind. Wie fühlt sich das an, was spürst du?“ So lautet die Aufgabe. Die Trommel, die Ariana dabei schlägt, symbolisiert den Herzschlag der Erde. Es mag ein bisschen verrückt sein, aber ich kann mich voll darauf einlassen und es ist erstaunlich, welche Gefühle in mir auftauchen. Der Bach ist voller Lust und die Felsen strahlen eine ungeheure Geduld aus. Sie ertragen voller Ruhe alle Geschehnisse der Welt. Das nächste Stück gehen wir barfuß weiter. Ich spüre das kalte nasse Gras, die spitzigen Steine und dann die wohltuende Wärme, die sich langsam wieder ausbreitet, als ich mit Socken und Schuhen weiterlaufe.

Mark schlägt vor, aus Steinen die Kontur einer großen Venusblume zu legen. Diese Blume ist ein Zeichen der Liebe und es gibt auf der ganzen Welt verteilt schon viele davon. Der Blütenkern besteht aus fünf Blättern. Und aus den Linien der inneren Blätter laufen die Konturen der äußeren weiter. Man kann die Blume also beliebig groß machen, indem man immer neue äußere Blätter ergänzt. Alle haben Lust, das zu machen und sammeln Steine in der gezeigten Größe. Kleine für innen und immer größere für außen. Thomas hat das schon öfter gemacht und übernimmt die Regie bei den Legearbeiten. Zusammen erschaffen wir eine Blume die einen Durchmesser von etwa fünf Metern hat. Ich fühle mich wie ein Kind beim Spielen und es macht mir unglaublichen Spaß. Um die Blume einzuweihen, machen wir eine Art Begehung. Wenn man die Blume im Ganzen betrachtet sind die fünf äußeren Blütenspitzen immer in einer Linie mit der gegenüberliegenden Spitze verbunden. Wir treten also nacheinander in die Blume ein und gehen schweigend entlang der Steinlinien von einer Spitze zur nächsten. So machen wir wieder begleitet von der Trommel mehrere Runden. Auf meinem Weg durch die Blume, kreuzt Mark immer wieder meinen Weg. Ich kann nicht anders, als ihn anzulachen und jetzt treffen wir schon wieder an dem gleichen Punkt aufeinander. Er grinst und wiederholt die Umarmung vom Vortag. Das fühlt sich einfach gut an und ich vergesse vollkommen, dass wir den Weg blockieren und sieben Leute warten bis wir fertig sind.

Auf dem Rückweg ist „freies Gehen“ angesagt und es freut mich, dass Mark an meine Seite kommt und mich begleitet. Wir erzählen uns etwas über unser Leben, was wir gerne machen, wo wir wohnen und solche Dinge. Wie schon am Vortag mit Peter würde ich mir sehr wünschen, dass ich nicht darüber nachdenke, was da passiert oder sich mit diesem Mann entwickeln könnte. Aber ich kann es nicht aufhalten, dass da so ein Fünkchen Hoffnung ist, dass er vielleicht derjenige sein könnte. Muss sich denn immer alles um Männer und Beziehung drehen? Kann ich nicht einfach hier sein und mich auf mich und die Zeremonie konzentrieren? Das ist nun eine Begleiterscheinung, die ich überhaupt nicht erwartet hätte. Erst passiert dahin gehend in meinem Leben gar nichts, dann fahre ich in einer nicht ganz einfachen Lebenssituation mit einer großen Portion Zweifel im Gepäck auf einen Workshop und lerne gleich zwei interessante Männer kennen. Das Leben ist doch immer wieder erstaunlich.

Zurück im Hotel gibt es eine kleine, wohlgemerkt! leichte Stärkung und Tee. Und schon geht es weiter mit arbeiten. Wir sollen die erfahrenen Gefühle unserer Wanderung ausdrücken. Erst schriftlich, um sie für uns nochmals festzuhalten und dann auch in einem Gruppengespräch. Mark spielt uns dazu auf dem Monochord wunderschöne Melodien.

Am Abend geht es um das Element Feuer. Aufgrund des Regens müssen wir etwas improvisieren. Aber der Wirt unseres Hotels hat eine Feuerschale und wir dürfen einen Unterstand nutzen, der hoch genug ist, um gefahrlos unsere Wünsche und Sorgen den Flammen zu übergeben. Feuer hat immer wieder etwas Magisches. Man kann stundenlang sitzen und schauen. Ganz gleich in welcher Stimmung man ist, ob man melancholisch brütet oder von einer Romanze träumt. Es wärmt und gibt uns Licht. Brennen symbolisiert Kraft und Energie, aber nicht nur für die Schöpfung, sondern auch für die Vernichtung. Wir stehen um das Feuer und lassen uns von Arianas indigenen Gesängen und Trommelschlägen animieren zum Mitsingen, Stampfen und Tanzen. Stimme und Töne werden ausprobiert, laut geschrien und leise gesummt, jeder nach seiner Gefühlslage. Es ist befreiend und zugleich schenkt es mir Mut und Zuversicht, meine eigene Stimme zu entdecken und zu hören, welche Töne aus mir kommen, wenn ich mich nur traue. Das Feuer ist relativ schnell niedergebrannt und wir verlegen unsere Session wieder in den Seminarraum. Mark verteilt Instrumente, erklärt allgemein, was zu tun ist und leitet einen „drum circle“ an. Also ein gemeinschaftliches Trommeln im Kreis. Nachdem die anfänglichen Hemmungen, dass man etwas falsch machen könnte, überwunden sind, macht das einen Riesenspaß. Was für ein schöner Abschluss für diesen wundervollen Tag.

Mutter - und die Reiselust

Mich überkommt ein Anflug von Bedauern. Was habe ich alles verpasst in meinem Leben. Allem voran wäre ich gerne gereist, hätte mehr von der Welt gesehen. Als junge Frau war es für mich schon aufregend nach München zu fahren. Später habe ich manchmal mit einer Nachbarin oder einer Schwägerin für ein oder zwei Tage einen Ausflug gemacht, nach Österreich oder einfach zu einem schönen Café. Einmal sind wir sogar geflogen. Vier Tage Rom. Mit einer Pilgergemeinschaft. Das war vielleicht aufregend. Wir waren am Petersdom bei einer Papstaudienz und dann sind wir ans Meer gefahren. Und als ich noch älter war, mein Mann schon gestorben, habe ich keine Kaffeefahrt ausgelassen. Ich liebte es, mich in den Bus zu setzen und mir die vorbei ziehende Landschaft anzuschauen. Wir konnten ja wegen des Hofes nie in den Urlaub fahren. Mein Mann war im Krieg in Ungarn und in Russland gewesen und das einzige was ihn am Reisen interessiert hätte, war, noch einmal dorthin zurückzukehren. An die Orte, an denen seine Kameraden gefallen sind und er verwundet wurde. Mein Gott, war der Krieg nicht furchtbar genug? Konnte er das nicht einfach ruhen lassen, muss man dauernd in der Vergangenheit herumwühlen. Johanna ist genauso. Immer noch mehr alte Geschichten zerrt sie ans Tageslicht! Geht es ihr deshalb besser? Nein, ich glaube sogar eher schlechter. Würde ich noch leben, würde ich sagen: „Läufst du doch tatsächlich bei diesem furchtbaren Wetter mit diesen Verrückten am Berg herum und redest gespinnertes Zeug. Dabei könntest du nach Innsbruck fahren, dir die schönen Geschäfte anschauen und es dir gut gehen lassen."

Johanna - Jetzt wird's ernst

Tag Drei dieser außergewöhnlichen Unternehmung beginnt mit Tee, Früchten und Haferbrei. Der Auftakt für den Tag X. Ich genieße die Zeit hier. Fühle mich sehr wohl mit den Menschen, die mich umgeben. Trotzdem bin ich etwas nervös und angespannt, im Hinblick auf das, was heute Nacht passieren wird. Ich spreche mit Peter ganz offen darüber und er hat eine unvergleichliche Art, mich immer wieder aufzuheitern. Es ist nicht so, dass er meine Unruhe nicht ernst nähme oder nicht auch selbst die eine oder andere Sorge hätte. Er nimmt auf seine ganz eigene Art das Leben mit einem Lachen an. Und dann immer wieder Mark. Seine Berührung tut so gut. Ich gehe zwischenzeitlich, wann immer ich möchte, auch von mir aus auf ihn zu und hole mir meine Umarmung ab. Er strahlt eine unglaubliche Wärme aus und sein Körper fühlt sich genauso an, wie ich das mag. Er hat Substanz. Ist zu verstehen, was ich damit meine? Ist ja auch egal. Vielleicht verstehe ich es selber nicht, will es gar nicht verstehen, sondern nur das Schöne daran genießen. Im Kurs geht es heute darum, unser eigenes Thema zu erkennen und aufzugreifen. Also unser Anliegen, das wir mit dem Ayahuasca klären wollen, klar zu erfassen. Ariana verwendet dafür allerlei Hilfsmittel. In einer Meditation sollen wir unser Krafttier erkennen. Ich habe das Bild eines Gockels vor Augen, der stolz umher marschiert und die Hühner gackern um ihn herum. Damit kann ich etwas anfangen. Meine Interpretation ist, ich sollte mehr Stolz entwickeln und nicht nur immer andere toll finden. Sie will, dass wir unsere Tiere vorspielen. Es fühlt sich ein bisschen albern an, mich da zum Affen, bzw. zum Hahn zu machen, andererseits ist es lustig, wie die Kinder Zoo zu spielen. Es gibt Tiger, Panther und Adler und ich frage mich, ob das vielleicht eine Einstimmung für heute Nacht sein soll. Weiter geht es mit Orakelkarten. Wenn ich mir etwas wünschen könnte, dann hätte ich gerne eine für „große Liebe“ oder „dir wird ein Wunder begegnen“, aber ich ziehe die Ahnen-Karte. Warum habe ich den Gedanken „war ja klar“ im Kopf? Alles spreizt sich in mir und ich frage mich „wie oft denn noch“. „Ja so lange bis es geklärt ist“ kommt prompt meine Antwort. Da ist zum einen immer noch diese ungeklärte Vaterfigur und zum anderen weiß ich generell nicht viel damit anzufangen, wenn vom Vermächtnis der Ahnen gesprochen wird. Ich habe kein Gefühl dafür, was es heißt, von Vermächtnis zu sprechen. Pflichten, Rechte, was haben sie mir mitgegeben, meine Ahnen? Das alles sagt mir nichts. Wahrscheinlich habe ich genau deshalb diese Karte gezogen. Es gäbe so viele schöne Themen, das hier erfreut mich ganz und gar nicht. Ihr seht, ich bin ein bisschen muffig und verfalle gerade in die Nullbock-Phase. Ich bin erleichtert, als Ariana den theoretischen Teil für beendet erklärt und wir uns an die rein praktischen Vorbereitungen für die Nacht machen.

Wir brauchen auf alle Fälle einen Eimer. Für alle, die noch nichts von Ayahuasca gehört haben, ja, ihr lest schon richtig, einen Eimer. Der Zaubersaft bewirkt nicht nur eine Reinigung auf mentaler, psychischer

Ebene sondern auch auf der körperlichen. Alle Erlebnisse, die wir nicht verarbeitet haben, werden oben wieder raus kommen, das was wir nicht loslassen und festhalten, sucht sich seinen Weg unten raus. Ihr versteht, was ich sagen will? Unser Verdauungssystem wird kräftig mitarbeiten. Des Weiteren soll sich jeder ein gemütliches Lager richten, auf dem er sitzen, liegen und die Nacht verbringen wird. Wir suchen uns alle einen Platz im Raum aus, der uns zusagt und gefällt. Ich rolle meine Matte aus und baue mir aus Decken und Kissen ein gemütliches Nest. Es wird ein bisschen rum gezickt, wie viel Freiraum der einzelne um sich braucht, was mir zeigt, dass nicht nur ich eine gewisse Anspannung in mir habe. Aber zu guter Letzt ist jeder zufrieden und wir haben noch zwei Stunden Zeit bevor wir uns wieder treffen, für unser Ayahuasca Ritual.

Ich weiß nicht recht, was ich mit mir anfangen soll. In den letzten Stunden hat sich ein leichter Kopfschmerz aufgebaut. „Meine" zwei Männer sind mit sich selbst beschäftigt und so kommt von dieser Seite weder Unterstützung noch Ablenkung. Wie auch immer man das sehen möchte. Ich gehe noch kurz an die frische Luft und entscheide mich für eine äußere Reinigung bevor die innere beginnt. Ich dusche lange und sehr heiß, öle und creme meinen Körper. Das tut auch meinen Kopfschmerzen gut und ich fühle mich ganz in Ordnung, wie ich so auf meinem Bett liege. Nichtsdestotrotz schießen mir die Gedanken nur so durch den Kopf. Querbeet kommen sie aus allen Richtungen angeflogen und können sich nicht auf ein Thema einigen. Männer, Liebe,

Kinder, Arbeit, Familie, alles auf einmal und doch nichts richtig. Ich bin eindeutig im Ausnahmemodus und schaue mindestens alle fünf Minuten auf die Uhr, ob es schon Zeit ist zu gehen. Stehe auf, schaue aus dem Fenster und lege mich wieder hin, um mich mit Atemübungen zu beruhigen. So kann man die Zeit auch totschlagen und pünktlich auf die Minute sitze ich wieder auf meiner Matte im Seminarraum.

Ariana hat für eine angenehme Beleuchtung gesorgt und Kerzen so platziert, dass sie relativ sicher nicht umgeworfen werden können. Mark sorgt mit leisen Klängen für sanfte Schwingungen und eine beruhigende Stimmung im Raum. Jetzt wird es also ernst. Ich hab mir meinen Platz so eingerichtet, dass ich mich beim Sitzen auch anlehnen kann. Links von mir hat Peter seinen Platz. Auf der rechten Seite bin ich durch eine Säule etwas abgetrennt von den anderen, was mir etwas Privatsphäre gewährt. Vor Ariana steht schon die Flasche mit dem heiligen Gebräu und sie stimmt einen ihrer Indianergesänge an und ruft die Elemente und die Wesen aller Himmelsrichtungen um ihre Unterstützung an. Wir sollen im Uhrzeigersinn der Reihe nach zu ihr kommen, um unsere Ration des Saftes zu bekommen. Das heißt ich bin die Vorletzte und Peter neben mir wird als Letzter dran sein. Es herrscht eine sehr feierliche Stimmung. Doch in meinem Kopf hat sich ein Gedanke breit gemacht: „Was ist, wenn es so eklig schmeckt, dass ich mich schon vorher übergeben muss? Sollte ich mir die Nase zuhalten, falls es übel riecht?

Alles geht gut. Wie schon die anderen vor mir, knie ich mich zu Ariana auf den Boden, schaue ihr zu, wie sie das kleine Tonkrüglein für mich füllt, nehme es in Empfang und runter damit. Es schmeckt leicht bitter aber nicht so grausig wie befürchtet. Alles ganz normal. Was hatte ich gedacht? Dass ich auf der Stelle ausflippe? Vielleicht nicht sofort, aber ja, genau das war meine Befürchtung, dass ich vollkommen außer Rand und Band gerate und mich selbst nicht mehr unter Kontrolle habe. Doch ich bin ganz ruhig. Ich sitze auf meiner Matte und warte auf was auch immer. Mark spielt verschiedene Instrumente und lässt die unterschiedlichsten Töne durch den Raum wandern. Durch einen vollkommen unerwarteten Laut, der mehr wie eine Tröte klingt, löst er bei meinem Gegenüber einen gewaltigen Lachanfall aus. Der prustet eine ganze Weile vor sich hin und gackert und kichert. Ich bin mir irgendwie aller Regungen um mich herum bewusst und doch scheint alles weit weg. Als wäre ich in Nebel gehüllt. Ich bin da und gleichzeitig tief in mir versunken. Irgendwann habe ich mich hingelegt. Meine Hände fangen an zu kribbeln und wollen sich bewegen. Sie fangen an sich zu reiben als würde ich mir die Hände waschen. Die Bewegungen werden immer größer. Ich muss mich abstreifen. Alles loswerden. Abschütteln. Es tauchen Bildfetzen von meinem Vater auf, meinem verstorbenen Bruder, sie sitzen bei mir auf der Matte, sie sind da, aber sie sprechen nicht. Sie haben mich im Stich gelassen. Ich will, dass sie da sind und gleichzeitig will ich sie loswerden. Mit den Händen wische ich über alle Körperpartien, richte mich auf, klopfe auf meine Oberschenkel und streife mit den Händen meine Beine ab. Überall hängt etwas an mir. Was ist es, von dem ich mich befreien muss? Immer schneller und immer intensiver. Ich finde mich auf allen Vieren wieder, schüttelnd und zuckend. Ariana ist bei mir und spuckt mir Rauch ins Gesicht. Sie macht irgendetwas. Es ist nicht wichtig. Da ist auch Mark mit seinen Tönen. Sie scheinen mir wortwörtlich meine Magensäfte hoch zu pumpen. Mir ist schlecht, ich übergebe mich zwei- oder dreimal. Dann ist der Spuk vorbei.

Ich lege mich hin und alles in mir ist still. Ich versuche, das gerade Erlebte irgendwie einzuordnen. Es gelingt mir nicht, weil ich keinen klaren Gedanken fassen kann. Ich ergebe mich der Stille. Da sind immer wieder kleine Geräusche, die zu mir vordringen, ich höre sie und nehme sie wahr, bin aber völlig unbeteiligt und emotionslos. Ich muss wohl eingeschlafen sein oder war weit weg. Auf alle Fälle muss ich zur Toilette. Aufstehen geht gut, bei den ersten Schritten ist mir ein bisschen schwindelig, aber es geht. Mark schaut mich fragend an und ich gebe ihm ein Zeichen, dass alles gut ist und ich zurechtkomme. Ich habe überhaupt kein Zeitgefühl. Wie spät es wohl sein mag. Im Raum ist alles ruhig. Auf dem Weg zur Toilette fühle ich mich etwas wackelig, aber das ist alles. Ich wasche mir das Gesicht und spüle meinen Mund aus. Alles gut. Zurück im Raum lege ich mich wieder hin und verbringe die Zeit bis zum Morgengrauen in einem Wach-Schlafzustand. Ariana macht eine kleine Runde, spricht kurz mit jedem und fragt wie es geht. Ich kann nicht viel dazu sagen, ich bin ok, froh, dass alles an mir ganz normal zu funktionieren scheint. Es ist ein Zustand von leer sein, aber nicht schlecht leer, sondern ja, gereinigt leer. Wie einmal von innen raus gewaschen. Es gibt eine leichte Gemüsesuppe zur Stärkung und danach gehen wir alle auf unsere Zimmer. Ich hab das Bedürfnis, mich auszuziehen und nackt ins Bett zu legen. Ich möchte meine Haut spüren und dann bin ich wohl sofort eingeschlafen.

Johanna - zu Besuch bei Maria

Es ist fast neun Uhr und ich bin froh, dass ich noch genügend Zeit habe, bis wir uns um zwölf zum gemeinsamen Mittagessen treffen. Ich fühle mich etwas zermatscht, was aber auch eine Folge von zu wenig Schlaf sein kann. Schnell noch unter die Dusche und dann will ich rausgehen. Das Wetter scheint heute nicht mehr ganz so schlecht zu sein. Auf dem Weg ins Freie, hole ich meinen Spuckeimer. Ich will ihn im Fluss sauber machen. Es gelingt mir nicht so recht, eine sakrale Handlung daraus zu machen. Meine Intention war, das Wasser zu bitten, die Beweise meiner Reinigung mitzunehmen. Voller Ehrfurcht wollte ich bitten und danken. Doch zum einen bin ich müde, zum anderen kämpfe ich mit der starken Strömung, die mir fasst den Eimer aus der Hand reißt. Egal, die Hauptsache ist, den Eimer wieder sauber zu haben und das ist erledigt. Um ehrlich zu sein, ich halte auch mit einem Auge Ausschau, ob ich von den anderen jemanden sehe. Im speziellen geht es mir dabei nur um einen. Mark. Ob er wohl noch schläft? Es ist niemand zu sehen und deshalb gehe ich allein auf einen Spaziergang. Da fällt mir ein, dass ich noch die nahegelegene Kirche anschauen wollte. Das ist ein guter Plan und passt zu meiner Stimmung. Die Marienkirche ist nicht abgesperrt und menschenleer. Das mag ich. Ich setze mich in den vorderen Bereich der Bänke und hänge meinen Gedanken nach. Es geht nicht so sehr um die letzte Nacht, sondern mehr um die Bedeutung einer Kirche für mich. Nicht der Kirche als Institution, sondern um die Geborgenheit und Sicherheit, die ich in einem Gotteshaus empfinde. Und dabei ist es vollkommen egal, zu welchem Gott gebetet wird. Alleine in einer Kirche zu sitzen, tut mir gut. Es ist etwas, bei dem ich wirklich inne halten kann. Das ist ein seltsamer Ausdruck, doch er passt perfekt. Es ist ein geschützter Raum, den viele Menschen nutzen, um ihre Sorgen und Nöte im Gebet oder auch in der Beichte zu offenbaren. Zugegeben, die Beichte, so wie sie von der katholischen Kirche gehandhabt wird, ist ein Unding. Aber der Gedanke, der dahinter steckt, ist doch wunderbar. Wie oft wünschen wir uns jemanden, der zuhört und sagt, das ist in Ordnung, du bist in Ordnung. Klar kann man sagen, das geht doch nicht so einfach, man muss doch Buße tun oder bestraft werden, für das, was man verbrochen hat. Aber wie weit sind wir mit unserem Bestrafungssystem gekommen? Wer weiß schon, wie viele Schmerzen vermieden werden könnten, wenn wir mehr zuhören und vergeben würden. Uns selbst und anderen. All das geht mir durch den Kopf, während ich hier sitze. Ich bin in einem kleinen Dorf in Österreich, hoch oben in den Bergen, habe gerade eine total verrückte Nacht hinter mir und sitze seelenruhig bei einem kleinen Schwatz mit der heiligen Maria. Da muss ich schmunzeln. Das Abschweifen und Treiben lassen der Gedanken ist auch eine Form der Bewusstseinserweiterung, es muss nicht immer die volle Dosis sein. Ich knie nieder vor der Heiligen Maria, vor dem Sinnbild der bedingungslosen Liebe, das so vielen Menschen Trost und Hoffnung spendet, bekreuzige mich und kehre zurück zu den heidnischen Bräuchen der südamerikanischen Völker. Brücken bauen und Verbindungen suchen, sollte ich in meine Liste für gemachte Erfahrungen aufnehmen. Ich öffne die schwere Kirchentüre und werde geblendet von der Sonne. Was für ein kitschiges Bild. Und ohne besonderen Grund muss ich laut lachen über mich, die Welt und die Umstände.

Mutter - nichts als Fragezeichen

Was treibt sie an? Warum all das Fragen? Was steckt hinter all dem Suchen, dem Träumen von einem besseren Leben, der Sehnsucht nach mehr von allem? Woher kommt diese Unzufriedenheit. Sie fragt sich „Wer bin ich?". Was für eine absurde Frage. Sie will wissen, warum sie auf der Erde ist, was sie tun kann, um ihre Lebensaufgabe und ihren Platz in der Welt zu finden. Sie sieht nur noch Wald, nicht mehr die Bäume. Was macht denn ein glückliches Leben aus? Warum ist es nicht genug, ein Leben zu haben? Sie war doch mal eine ganz normale Frau. Ich verstehe sie nicht und ich kann den Sinn nicht erkennen. Ich erkenne meine Tochter nicht. Habe ich sie jemals wirklich gekannt? Warum quält sie sich so und genießt nicht, was sie hat. Ich weiß auch nicht, warum es immer noch diese starke Verbindung gibt zwischen ihr und mir. Ein Band, das uns über den Tod hinaus verbindet. Was ist es, das wir so festhalten. Gehört das zum Sterben? Erleben das andere Mütter auch oder habe ich noch eine wesentliche Lektion zu lernen, bevor wir uns wirklich trennen können? Jetzt hat sie mich auch noch angesteckt mit ihrer Fragerei!

Johanna - und die Wiedergeburt

Schon von weitem kann ich sehen, dass meine Leute auf der Terrasse sitzen. Es ist ein Gefühl als würde ich gute alte Freunde treffen, die ich schon eine Ewigkeit nicht mehr gesehen habe. Es ist eine Menge passiert in den Stunden, seit wir uns zuletzt gesprochen haben. Ich bin neugierig, was die anderen zu berichten haben. Doch es wird nicht wirklich etwas erzählt. Wir scherzen und lachen über Vorkommnisse, wie zum Beispiel den Lachanfall nach der Tröte oder, dass einer anlehnungsbedürftig war und sich zu Ariana kuscheln wollte. Aber die eigentlichen Erfahrungen zu teilen, dazu scheint noch keiner bereit zu sein. Die Terrasse eines Hotels ist wahrscheinlich auch nicht der richtige Rahmen, um auszupacken.

Nach den unwirtlichen Regentagen scheint die Sonne wieder und ich bin mit netten Menschen. Das ist herrlich und es sollte wahrlich genug sein, um das Leben zu genießen und glücklich sein zu können. Mark fragt, ob er sich neben mich setzen dürfe. Ich nicke lachend und er legt ganz selbstverständlich den Arm um mich, als würden wir uns schon seit Ewigkeiten kennen. Ich fühle mich rundum wohl und es geht mir einfach nur gut! Ariana grinst mich an und meint, ich solle es mir nicht zu bequem machen. Sie erinnert uns, dass wir noch eine Sequenz zu bewältigen haben. Ach herrje, ich war gerade so zufrieden mit der Schulter, an die ich mich anlehnen konnte und eine weitere Runde anstrengender Seelenarbeit war nicht das, worauf ich gerade Lust hatte. Aber es hilft nichts und ich werde mich wohl oder übel dazu aufraffen.

Wir versammeln uns wieder im Seminarraum und bilden in altgewohnter Manier einen Sitzkreis um die Mitte, in der Ariana einen Altar aus Kerzen und Symbolen für die Elemente errichtet hat. Einleitend spricht sie über die Reinigung, die wir erfahren haben und dass wir unseren Weg jetzt wie neu geboren fortsetzen sollen. Und damit wir das richtig fühlen und verinnerlichen, will sie, dass wir diese Wiedergeburt auch tatsächlich erleben. Ich bin mir anfangs nicht ganz sicher, was sie damit meint, doch so allmählich verstehe ich, dass sie wirklich will, dass wir unsere Geburt nachspielen. Sie baut mit Kissen eine Art Parcour auf, der von der Zeugung, über das Einnisten des Eies in der Gebärmutter bis hin zur tatsächlichen Geburt reicht. Ok, wenn ich glaubte, ich hätte letzte

Nacht etwas Außergewöhnliches gemacht, dann erlebe ich gerade, dass es immer noch ein bisschen verrückter geht! Es gibt eine Startlinie, die das Verschmelzen von Sperma und Eizelle darstellt und von dort sollen wir zu Arianas Worten durch den Geburtskanal krabbeln. Am Ende des „Weges" werden wir dann von Vater und Mutter empfangen. Ariana wird jeweils vor der Geburt festlegen, wer von uns die Elternrolle übernimmt. Ich muss schwer schlucken bei dem Gedanken, was da auf mich zukommt. Es geht hier nicht mehr um Hemmungen oder sich vor den anderen zu schämen, weil man irgendwelche schrägen Rollenspiele veranstaltet. Nachzuempfinden, was passiert sein mag, als ich gezeugt wurde, ängstigt mich. Ich möchte nicht darüber nachdenken. Wir alle sind das Ergebnis von Sexualität. Das wollen wir oft nicht wahrhaben, weil die Sexualität der Eltern etwas ist, über das wir nicht wirklich nachdenken möchten, oder? Es sollte das natürlichste der Welt sein und doch haben wir Schamgefühle und es ist uns äußerst unangenehm. Ich schreibe „wir" und doch geht es dabei um mich. Die Verallgemeinerung ist Zeichen meiner Hemmungen und der Versuch davon abzulenken.

Ein tiefer Atemzug und ich sage mir, meine Verklemmungen interessieren hier niemanden, es haben alle genug mit sich selbst zu tun. Es ist nicht nötig, in den Cool-Modus umzuschalten. Was also löst einen solchen Widerstand in mir aus? Meine Güte! Klar, ich habe furchtbare Angst davor, dass SIE mich nicht will. Dass ich das Nichtwillkommensein ganz deutlich spüren werde. Gott sei Dank muss ich nicht anfangen und darf zuschauen, wie das Ganze ablaufen soll. Es ist tief berührend.

Ariana spricht von den Gefühlen der werdenden Mutter, von der Verunsicherung über das Leben, das in ihr heranwächst, über Freude und Liebe. Und der Embryo wächst und bewegt sich in Richtung Geburt. Ich muss dabei sehr an meine eigenen Schwangerschaften und die Geburt meiner Kinder denken. Es ist als würde ich selbst nochmal ein Kind zur Welt bringen und mir steht das Wasser in den Augen. Es ist unglaublich, aber ich bin einfach überwältigt von meinen eigenen Gefühlen und dem was sich gerade vor meinen Augen abspielt. Die Geburt eines Kindes ist ein Wunder, ganz egal, wie es zustande kommt und unter welchen Voraussetzungen es zur Welt gebracht wird. Es ist und bleibt ein Wunder. Ich bin als nächste an der Reihe und nachdem ich schon vollkommen durch den Wind bin und durch alle Gefühlskategorien gegangen bin, habe ich keinen Platz mehr für meine Ängste.

Hand auf's Herz, ich, die Eizelle, knie am Ausgangspunkt des „Parcours" und komme mir kein bisschen lächerlich vor. Es ist eine ziemlich ernste Angelegenheit und ich versuche, mich auf Arianas Stimme zu konzentrieren. Die spricht von einer jungen Frau. Ich denke: „Das kann nicht sein, weil meine Mutter alles andere als jung war, als sie mit mir schwanger war." Es ist eine abstruse Situation und ich bin nicht fähig, jedes Wort aufzunehmen, das Ariana sagt. Doch ich höre mein

Stichwort und das heißt Verschmelzung. Dabei krabble ich auf das erste Kissen und kauere mich ganz klein zusammen. So wie sich das für eine Eizelle gehört. Das fühlt sich ganz gut an. Ich bin so mit mir beschäftigt, dass ich wieder nicht mehr auf Arianas Worte geachtet habe. Es ist mir unmöglich zu sagen, ob ich es erst gefühlt oder gehört habe. Tatsache ist, mir ist urplötzlich unglaublich schlecht und in dem Moment, als ich schon aussteigen will aus meinem Ei-Dasein, dringt das Wort „toxisch" zu mir durch. Ich will es nicht glauben und doch sagt mir mein Körper, dass es wahr ist. Ich werde mindestens noch zwei Nummern kleiner als ich mich eh schon mache und gleichzeitig passiert etwas Eigenartiges. Das Unwohlsein lässt nach und dafür macht sich etwas breit in mir. Das ist alles so surreal und doch habe ich das Gefühl, dass ich einen Überlebenswillen spüre. Es hat etwas Trotziges aber auch etwas sehr Starkes. Ich will nicht verschwinden und mache mich etwas größer. Ich wachse. Ich habe keine Ahnung mehr, was Ariana spricht. Ich höre Worte aber ich verstehe den Inhalt nicht. Trotzdem scheine ich irgendwie zu spüren, wann es Zeit ist, weiter zu krabbeln. Ich verlasse mich auf meinen eigenen Instinkt. Und dann ist der Zeitpunkt gekommen, an dem ich nicht mehr mag. Ich will raus aus diesem Spiel. Alles in mir drängt danach, über die Ziellinie zu kommen. Auf allen Vieren komme ich an und falle laut schluchzend in die Arme meines Vaters. Ich kann nur noch weinen und bin so erleichtert, dass da jemand ist. Habe ich wirklich erwartet, dass ich am Ende alleine bin? Es ist nur ein Rollenspiel und trotzdem war genau das meine riesengroße Angst. Meine Tränen wollen und wollen nicht enden. Ich bin dankbar für das Verständnis, das mir entgegengebracht wird. Die tröstlichen Umarmungen und liebevollen Worte sind Balsam für meine Seele und niemand drängt mich. Was war das gerade? Ich bin völlig aufgelöst und bekomme alle Zeit, die ich brauche. Wofür brauche? Bitte nicht lachen! Aber es fühlt sich genauso an, als hätte ich eine lange Reise unternommen, von der ich gerade zurückgekehrt bin. Und ich muss mich orientieren, wo ich denn eigentlich hier bin.

Wir haben noch zwei weitere Geburten zu durchleben. Ich übernehme dabei noch einmal die Mutterrolle, was mir ja nicht fremd ist. Im Gegenteil, die Geburten meiner Kinder gehören zu den intensivsten Erlebnissen meines Lebens und ich kann die Emotionen und die Liebe, die ich dabei empfand ohne weiteres abrufen und weiter geben. Nichtsdestotrotz bin ich froh, als wir durch sind. Ich bin total erschöpft und fühle mich, wie einmal durch den Fleischwolf gedreht. Wir kommen nochmals zu einem letzten Kreis zusammen, fassen uns bei den Händen und schicken unsere Dankbarkeit für das gemeinsam Erlebte in die Runde. Zum Abschied gibt es jede Menge Umarmungen und Momente der tiefen Verbundenheit. Damit ist der Workshop offiziell beendet. Ich bin hundemüde und auch irgendwie ein bisschen traurig. Ich will mich jetzt auf keinen Fall ins Auto setzen und heimfahren. Es sind so viele Eindrücke in mir, ich bin nicht bereit dafür, alleine zu sein.

Mutter - beschämt

Ich kann nichts zu meiner Rechtfertigung vorbringen. Verzweiflung, Angst, Überforderung? Lasse ich irgendetwas davon gelten, um mein schlechtes Gewissen zu beruhigen? Was würde ich meiner Tochter antworten, wenn sie mich damit konfrontieren könnte. Vielleicht ist es eine Ausrede oder ich möchte es mir einfach machen, aber etwas lässt mich glauben, dass sie versteht. Sie ist ein feiner Mensch und ist über ihre eigenen Nöte nicht verbittert geworden, sonder voller Verständnis für die Beweggründe menschlichen Versagens.

Johanna - wird beschenkt

Von Ariana und Peter weiß ich, dass sie eine weitere Nacht hier bleiben. So kann ich mir sicher sein, dass nicht alle sofort wegfahren. Da ich morgen früh ins Büro muss, besteht diese Option für mich leider nicht. Ich packe meine Sachen zusammen, räume das Zimmer und bezahle meine Rechnung. Der Rest der Truppe ist im Restaurant. Sie schauen alle ziemlich geschafft aus. Bevor ich mich zu ihnen geselle, möchte ich noch eine Nachricht an meine Tochter schicken und gehe deshalb auf die Terrasse. Die Sonne geht schon unter und die Luft ist ziemlich frisch. Ich bin allein und setze mich auf einen der großen Holztische und tippe auf mein Handy ein. Da kommt Mark und setzt sich vor mich auf die Bank. Alles passiert wie in Zeitlupe, ich lege mein Handy weg, wir schauen uns in die Augen und er fragt mich „Was passiert mit uns?“. Was soll ich darauf sagen, ich weiß es selber nicht. Seine Hände ruhen auf meinem unteren Rücken und ich lege meine Hände um seinen Hinterkopf. Ich beuge mich etwas zu ihm hinunter, so dass sich unsere Wangen berühren. Wir fangen an, uns ganz langsam und sanft zu bewegen, uns hin und her zu wiegen als würden wir tanzen. Unsere Lippen kommen sich suchend näher, bis sie sich schließlich finden und ganz, ganz leicht berühren. Ein zärtliches Streicheln mit den Lippen. Wir verharren in dieser Position und es hat etwas von Verschmelzen. Sich für einen Augenblick der Nähe und Wärme eines anderen hingeben. Dann ist der Moment vorüber. So unerwartet wie er gekommen ist, ist er wieder vergangen. Wir lösen uns voneinander und stehen wortlos auf.

Mark hat am Abend noch eine Verabredung. „Freund,“ erklärt er mir „wäre zu viel gesagt. Ich habe ihn vor kurzem auf einer Messe kennen gelernt und weil wir gegenseitig unsere Arbeit so spannend fanden, haben wir unsere Kontaktdaten ausgetauscht. Er heißt Norbert und macht ganz in der Nähe Urlaub.“ Und dieser Norbert ist in Begleitung einer Frau. Ob das seine Frau, Freundin oder nur eine Urlaubsbekanntschaft ist, das weiß Mark nicht. Ich habe selber eine Weile gebraucht, um bei der Geschichte durchzusteigen. Am Ende kommt raus, dass diese Frau eine Klangbehandlung von Mark möchte. Und dann komme ich ins Spiel: „Hättest du Lust auf eine Massage der ganz besonderen Art? Norbert hat eine einzigartige Technik entwickelt, die du unbedingt ausprobieren solltest. Und deshalb habe ich mir gedacht, wenn er einverstanden ist behandle ich seine Begleitung und als Gegenleistung soll er in der Zeit mit dir arbeiten. Ob und wie viel Geld Norbert dann von seiner Begleitung nimmt, ist seine Sache.“ Ich bin total perplex. Was für ein tolles Angebot. „Na klar, habe ich da Lust darauf.“ Das ist wirklich süß und total nett.

Norbert findet das auch eine schöne Idee, hat aber keine Behandlungsliege dabei. „Kannst du dir ein gut gepolstertes Deckenlager am Boden bauen. Es sollte mehrere Schichten haben, damit du wirklich weich liegst.“ Das hört sich ja spannend an. Ich hole meine Matte und die Decken wieder aus dem Auto und leihe mir von Peter auch noch seine Unterlage. Mark stellt seine Behandlungsliege und Instrumente auf der anderen Seite des Raumes auf und zündet die Kerzen an, die noch vom Workshop im Raum verteilt sind. Norbert will wissen, ob ich irgendwelche körperlichen Einschränkungen oder Probleme hätte. „Außer die allgemeinen Nackenverspannungen alles in Ordnung“ sage ich. „Versuche so entspannt und locker wie möglich zu sein, während ich mit dir arbeite.“ Und schon geht's los. Er fängt mit den Füßen an. Norbert bewegt meine Gliedmaßen, zieht daran, dreht und schüttelt sie hin und her. So bearbeitet er meinen ganzen Körper. Nichts wird ausgelassen. Es ist gewöhnungsbedürftig, aber angenehm. Nur als er meinen Bauch schiebt und drückt und was weiß ich noch alles, höre ich meine Organe im wahrsten Sinne des Wortes ächzen und stöhnen. Die Behandlung ist ungemein entspannend und energetisierend zugleich. Wirklich toll! Ich lasse mir seine Telefonnummer geben, für den Fall, dass ich die Behandlung zu Hause wiederholen möchte. Auch von der anderen Seite des Raumes höre ich begeisterte Worte über die Klangbehandlung. So gibt es eine Verabschiedung voller Lobesworte und einem großen Danke. Sie gehen und ich möchte mein Lager wieder abbauen, doch Mark ist schneller und wirft sich auf meine Decken, um dann auf dem Rücken liegend alle Viere von sich zu strecken.

Johanna - wieder nicht gewollt

Na Bravo, und jetzt? Er liegt einfach da und ich komme mir überflüssig vor, stehe und schaue auf ihn hinunter. Etwas unschlüssig, was ich tun soll, stupse ich ihn mit dem Fuß an und sag „rutsch doch mal ein Stückchen“ und lege mich zu ihm. So liegen wir da, eng aneinander gekuschelt bei Kerzenlicht im Seminarraum eines Hotels. Zugegeben, es ist kein Hotel im herkömmlichen Sinn. Und doch ist es ein öffentlich zugänglicher Raum. Das schwirrt irgendwo in meinem Hinterkopf, aber es ist kein Grund für mich, das zu beenden, was sich gerade so gut anfühlt. Es gefällt mir, in seinen Armen zu liegen und die Wärme und Energie seines Körpers zu spüren, Hirn aus und alle Sinne auf Empfang geschaltet. Wie weit mein Herz geöffnet ist von den Erfahrungen der vergangenen Tage, findet hier Ausdruck in jeder Berührung. Ich bin anlehnungsbedürftig und starke

Arme halten mich. Da ist nichts Erotisches. Zumindest nicht so, wie ich es bisher erfahren und kennen gelernt habe. Ein Verlangen nach Körperkontakt, jemanden spüren wollen und darüber auch mich selbst spüren? Ich kann es nicht besser beschreiben. Eine Form der körperlichen Liebe, bei der es nicht vorrangig um die Befriedigung sexueller Bedürfnisse geht. Wir kuscheln und streicheln und seine Hand sucht meine nackte Haut. Und alles in mir schreit ja, fühle mich, berühre mich. Ich will ihn. Jetzt und hier. Nach und nach verschwinden Kleidungsstücke und es gibt nur ein kurzes Auftauchen, als er mich nach Verhütung fragt. Es irritiert mich etwas. Zum einen, weil ich vollkommen versunken war und zum anderen war ich die längste Zeit meines erwachsenen Lebens verheiratet. Ich bin nicht nur vollkommen außer Übung, sondern auch unerfahren in solchen Dingen. Luca hat sich ungefragt auf mich verlassen und Igor, nehme ich an, hat daran keinen Gedanken verschwendet.

Jemand ist im Raum. Ich sehe ihn im Schein der Kerzen vorbeigehen und merke erst nach ein paar Sekunden, dass wir eingeschlafen waren. Ich liege nackt am Boden und dieser jemand ist taktvoll genug, den Raum ohne Worte wieder zu verlassen. Mark muss von meiner Bewegung aufgewacht sein. Der Zauber ist verflogen und während ich mir die Decke über die Schultern ziehe, steht er auf und sucht nach seinen Klamotten. „Das wollte ich nicht“, sind die Worte, auf die ich überhaupt nicht vorbereitet bin, genau das hat er gerade gesagt.

Mein alter Überlebensinstinkt setzt sofort ein und lässt mich ein cooles „ich schon“ erwidern. Ihn kann ich damit vielleicht täuschen, aber ich kenne das Gefühl der Verletzung zu gut. Ich ziehe mich an und verpasse die Chance, es auszusprechen. Ich könnte es für mich klären, denn es besteht ja die Möglichkeit, dass es Ausdruck seiner Überraschung war, weil wir vollkommen unbeabsichtigt miteinander geschlafen haben. Andererseits kann es auch sein, dass es genau das heißt, was er gesagt hat. Er wollte es nicht und damit wollte er mich nicht. Zu schweigen bedeutet, dass ich mir die Möglichkeit für die erste Variante mit der Überraschung offen lasse. Ich frage nach der Uhrzeit und erinnere mich damit selbst, dass ich noch ca. drei Stunden heimfahren muss. Zu dieser Nachtzeit würde ich es vielleicht sogar in zwei schaffen. Eine letzte kurze Umarmung und ein Dankeschön und weg bin ich. Ein so schönes und intensives Wochenende weggewischt mit einem einzigen Satz. Um vier Uhr früh bin ich zu Hause und Gott sei Dank erschöpft genug, um gleich einschlafen zu können.

Mutter - Übergang

Wir sind begrenzt im Erzählen einer Geschichte. Und dabei meinen wir immer, wir würden die absolute Wahrheit kennen. Erlebtes kann von unserem Verstand immer nur in der Bandbreite wahrgenommen werden, in der wir fähig sind, verschiedene Perspektiven zu betrachten. Hinzu kommen alle unsere Emotionen und

Gefühle. Hinterfragen wir deren Ursprung nicht, speichern wir sie automatisch als positive oder negative Erfahrung ab und setzen unserer Urteilsfähigkeit dadurch noch mehr Grenzen. Zigtausende von Faktoren und Möglichkeiten haben Einfluss auf ein Geschehen, doch wir glauben festlegen zu können, was richtig oder falsch ist. Wäre uns klar, dass wir unsere Werturteile und Entscheidungen letztendlich aufgrund eines Konstrukts unserer Fantasie fällen, ließe es sich wesentlich leichter leben. Johanna ist nach wie vor davon überzeugt, dass man sie nicht will. Dabei müsste sie nur anfangen sich selbst zu sehen und all das, was sie ist, erkennen und als wollenswert empfinden. Könnte sie aus der Rolle, die sie sich erdacht hat, aussteigen und sich von außen betrachten, würde sie viel schneller erkennen, dass nur sie selbst sich gefangen hält. Jemand anderen dabei zu beobachten, wie er immer wieder dieselben Dinge tut und denkt, die gleichen Runden dreht, ist viel einfacher, als sich selbst auf die Schliche zu kommen. Ich fühle mich anders. Schwebend und gleichzeitig sehr klar. Etwas verschwimmt, verschiebt sich. Ist das der Tod? Meine alten Verhaftungen an das, was ich als so wichtig empfand, fangen an, sich aufzulösen. Es gibt noch die Erinnerung an Gefühle, Ängste und Schmerzen, aber sie sind in Watte gepackt. Es ist ein seltsamer Zustand von Erkennen und innerer Ruhe. Ich habe eine Brücke betreten und kann das andere Ufer schon sehen. Doch bevor ich dort ankomme, gibt es noch etwas zu tun für mich.

Johanna - vom Fliegen und Fallen

Was bin ich dankbar, dass in Italien noch Betriebsurlaub ist. So bin ich wenigstens ungestört von Emails und Telefonanrufen aus der Firmenzentrale. Es reicht, dass meine Gedanken immer wieder abschweifen. Was habe ich eigentlich alles in den letzten Tagen erlebt? Das ist Stoff für mehrere Wochen. Und dann immer wieder die Erinnerung an warme Haut und starke Arme. Wir haben nicht einmal Telefonnummern ausgetauscht. Doch wenn er wollte, sollte es trotzdem kein Problem sein, mich zu erreichen. Er müsste nur bei Ariana nachfragen. Telefone funktionieren in beide Richtungen, aber natürlich wünsche ich mir, dass er sich bei mir meldet. Und das nicht, um mir zu sagen, dass es eine einmalige Begegnung war, sondern weil er mich wieder sehen möchte und mich heiraten will. Nein, Spaß, aber ein bisschen Romantik wäre schön. Ich weiß im Grunde nicht viel über ihn und sein Leben. Und meine Alarmglocken läuten laut, weil ich mich wieder in eine Geschichte hineinfallen lasse, die in erster Linie in meinem Kopf stattfindet. Es scheint, als wäre es Teil meines Wesens, mich mit Haut und Haar in Illusionen zu verlieren. Und wenn sich meine Fantasie, wie in diesem Fall, um einen realen Hauptdarsteller dreht, dann endet es meistens mit Schmerzen. Aber ich wäre nicht ich, wenn ich es nicht trotzdem versuchen würde. Nach drei Tagen und Nächten grübeln, entscheide ich mich für eine Postkarte, nur ein paar Worte und meine Telefonnummer. Die Adresse seiner Praxis finde ich im Internet. Jetzt liegt es tatsächlich an ihm, sich zu melden.

Ich muss nicht länger warten, als die deutsche Post für die Beförderung der Karte braucht. Am nächsten Tag habe ich eine Nachricht auf dem Telefon, wie sehr er sich über meinen Gruß freue. Eine Stunde später klingelt mein Handy und nach nochmals etwa 10 Minuten habe ich eine Verabredung für Freitagabend. „Ich mag dich," sagt er, während wir in meiner Küche Abendessen kochen, „und wenn du mich anlachst, geht die Sonne auf." So soll es sein. Wir sitzen draußen, essen, erzählen voneinander und unterhalten uns. Er gesteht: „Ich habe schon oft verletzt, Frauen schlecht behandelt und will das nicht mehr." Ich frage nicht nach Einzelheiten und deute seine Worte so, dass er mir nicht wehtun möchte und ernsthaftes Interesse an einem Kennenlernen hat. Ein wirklich schöner Abend! Auf der Terrasse wird es langsam kühl und wir beschließen ins Haus zu gehen, räumen den Tisch ab und bringen alles in die Küche. Und jetzt? Auf die Coach? Will er noch bleiben oder heimfahren? Nur ein kleiner Augenblick der Unsicherheit reicht mir und ich frage kurz entschlossen, ob er auch die Nacht mit mir verbringen möchte. Ich wollte es und darum habe ich es ohne lang nachzudenken ausgesprochen. Er nimmt mich in den Arm und sagt: „Ja, sehr gerne möchte ich das." Wir schlafen miteinander, aber ich empfinde bei Weitem nicht die Intensität unserer Begegnung am Ayahuasca-Wochenende. Irgendetwas stimmt nicht. Wir liegen nebeneinander und doch meilenweit voneinander entfernt. Es ist, als hätten wir die Nähe durch den Geschlechtsakt vertrieben. Ich bin noch damit beschäftigt, die unguten Ahnungen und

Gefühle zu ignorieren, als ich Thomas sagen höre, dass er doch lieber heimfahren möchte. Mir ist das in dem Moment auch lieber. Würde er bleiben, müsste ich der Distanz, die sich eingestellt hat auf den Grund gehen. Lieber rede ich mir ein, dass sein Weggehen keine große Bedeutung hat und erzeuge damit genau das Gegenteil. Auszusprechen wie traurig ich darüber bin und dass ich mich zurück gewiesen fühle, wäre wahrscheinlich sehr hilfreich, doch diesen Mut besitze ich leider nicht. Für so viel Ehrlichkeit benötigt man schätzungsweise ein Selbstbewusstsein bis zum Mond und wieder zurück und meines bleibt in diesem Fall schon im Hals stecken. Ich liege noch eine Ewigkeit wach und hänge meinen Gedanken nach. Denke einmal links und dann wieder rechts herum. Grüble und grüble und denke mir doch nur Geschichten aus. Ich würde so gerne verstehen, was hinter dem Allen steckt. Was hätte ich anders machen können, um nicht wieder dieses Gefühl der Leere spüren zu müssen. Ich denke an Luca. Der war nach der Befriedigung seiner sexuellen Lust auch immer weit weg.

Doch Mark vertreibt mein, nennen wir es mal Unbehagen, ein wenig durch mehrere Anrufe am nächsten Tag. Ich habe nicht damit gerechnet, weil er mir sagte, dass er in der nächsten Woche beruflich auf ein Festival nach Berlin fahren würde und nicht erreichbar sein wird. „Ich tauche ganz in meine Arbeit ein und deshalb stelle ich mein Telefon während ich dort bin ab“, hat sich für mich so angehört, als ob ich erst irgendwann nach seiner Rückkehr wieder von ihm hören würde. Ich bin also angenehm überrascht und hocherfreut über unsere Telefonate und dass er mich teilhaben lässt an dem, was ihn gerade beschäftigt und was in seinem Leben passiert. Es ist Sonntag und seinen letzten Anruf, den er vom Auto aus startete, als er schon unterwegs nach Berlin war, habe ich verpasst. Aber er hat mir eine schöne Nachricht auf der Mailbox hinterlassen und sich bis zur nächsten Woche verabschiedet.

Bis Montagmorgen bin ich relativ stabil, doch ich merke, wie Zweifel in mir aufsteigen. Ich steigere mich in den Gedanken hinein, dass er mich nicht will und male mir irgendwelche Horrorszenarien aus. Ich habe kein Vertrauen, nicht zu ihm und nicht zu mir. Eine bessere Erklärung habe ich nicht. Dass er ganz schlicht und ergreifend nicht der richtige Mann für mich sein könnte, macht es auch nicht leichter. Liebe ich am Ende das Drama oder bin ich unendlich naiv? Mir so viele schlechte Gedanken und damit negative Gefühle herauf zu beschwören, die letztendlich nur auf heißer Luft basieren, erscheint mir bei Tageslicht betrachtet gelinde gesagt ziemlich doof. Aber ob es mir nun gefällt oder nicht, es ist wie es ist und obwohl ich weiß, dass es keinen Sinn macht, kann ich es nicht abstellen. Ich kämpfe mit mir selbst, grüble darüber und drehe die Gedanken hin und her, um dann wieder von vorne anzufangen. Gleichzeitig will ich mir einreden, dass alles gar nicht so schlimm ist, wie es sich anfühlt. Doch das heizt den inneren Kampf nur noch mehr an. Ich suche im Internet nach dem Festival. Zum einen um herauszufinden, wann er zurückkommt, zum anderen um eine Form der Verbindung aufrecht zu erhalten. „Johanna, du führst dich auf wie eine Zwölfjährige!“ sage ich mir. Besser macht es das auch nicht. Wieder bin ich in der Warteschlange eines Mannes gelandet. Sein Anruf kommt nach einigen Tagen, tagsüber während der Arbeitszeit. Ich bin nicht alleine und kann deshalb nicht frei sprechen. Nicht, dass ich behaupten möchte, ich könnte das, wenn ich in ungestörter Umgebung wäre, aber meine Kollegen nebenan zu wissen, setzt noch einen obendrauf. Und so beschränke ich mich mehr aufs Zuhören. Er sagt, er sei wieder da, wolle sich nur mal kurz melden, hatte eine intensive Woche und ist eigentlich schon auf dem Sprung zum nächsten Festival. Er melde sich danach wieder. Und noch eine schöne Zeit. Piep und Ende. In dem Moment weiß ich, dass mein Kopfkino nicht nur eine Spinnerei ist. Alle bösen Vorahnungen bestätigt! Wie geht es mir damit? Ich weiß es nicht. Wie im Schleudergang durch die Mangel gedreht, hinten wieder ausgespuckt und jetzt muss ich erst prüfen, welche Einzelteile noch da sind und wie ich sie wieder zusammensetzen kann. Ich mache die Augen zu, einmal tief durchatmen und Umschalten auf Autopilot. Das Häuflein Elend lass ich einfach liegen und die funktionierende Hülle geht zurück in den Arbeitsalltag. Ich quäle mich durch die Stunden, auch die nächsten Tage bis ich Freitagnachmittag wieder zu Hause aussteige aus meinem Überlebensprogramm. Der Verdrängungsmechanismus hat gute Arbeit geleistet, aber es hat nicht gereicht um die Maschinerie im Kopf komplett auszuschalten. Und insgeheim weiß ich, dass ich mir eine Art

Plan zu Recht gelegt habe. Nein, kein Plan, eher eine Art Ziel. Mal schauen, wie ich die Umsetzung inszeniere.

Es ist ein schöner Spätsommernachmittag und ich schreibe eine Nachricht an Peter. Peter, mein blond gelockter Sonnenschein, der mich immer zum Lachen bringt. „Was machst du? Hast du Lust, dass wir uns irgendwo auf halber Strecke treffen?" Wir wohnen ungefähr 200 km voneinander entfernt. Ich erhalte eine typische „Peter-Antwort" und muss als erstes lachen, als ich sie lese. Er schreibt „du närrisches Huhn", und schickt ein Bild von einem bunten Federvieh. „Wo und wann und wie lange hast du denn Zeit?" und ich antworte „erstmal die ganze Nacht … und morgen wollte ich nach Österreich fahren zum Spirits-Festival, hättest du nicht Lust mitzukommen?" So ist das also. Ich will Mark sehen und mich persönlich von dem überzeugen, was da abgeht. Abklären wo wir stehen. Und Peter ist mein Schutzengel. Er kommt zu mir und wird mich morgen nach Österreich begleiten. Als er bei mir ankommt, ist schon späte Nacht. Wir fallen uns lachend um den Hals. Dieser Mann ist wirklich unglaublich! Er ist purer Balsam für meine Seele. Warum kann ich mich nicht in ihn verlieben? Alleine die Frage sagt alles, weil Liebe einfach „ist" und man sie nicht „kann"! Ich fühle mich Peter sehr verbunden und hab ihn von ganzem Herzen lieb, aber eben auf diese schwesterliche Art. Wir kuscheln uns auf der Couch zusammen. Er erzählt mir von seinen Frauengeschichten und wir sprechen über

Gott und die Welt, nur Mark lassen wir oder vielmehr ich aus. Peter ist der absolute Gentleman und bedrängt mich nicht. Ich kann jede körperliche Berührung voll und ganz genießen, obwohl ich mir nicht sicher bin, ob er nicht auch gerne weitergehen würde.

Am Morgen mache ich ihm ein schönes Frühstück mit Spiegelei und allem Drum und Dran. Wir sind albern und lachen viel. Wie schön, wie leicht das Leben sein kann. Wir kommen auf die glorreiche Idee, auch Ariana noch zu fragen, ob sie mitkommen will, was die ganze Aktion um Stunden verzögert, weil sie so chaotisch ist und gleichzeitig aber den Anspruch hat, dass alles perfekt sein muss. Immer wenn ich meine, jetzt aber, jetzt können wir los, fällt ihr wieder etwas Neues ein, das sie noch mitnehmen, machen oder tun könnte. Es ist schließlich später Nachmittag als wir auf dem Parkplatz des Festivalgeländes ankommen. Den Veranstaltungsort selbst erreicht man nur zu Fuß. Das Gelände liegt im Wald etwas oberhalb einer kleinen Ortschaft. Ariana hatte sich ausgedacht, dass sie noch ein Ritual abhalten wolle und deshalb schleppen wir jede Menge schamanische Gerätschaften den Berg hinauf. So voll gepackt verlieren wir uns oben angekommen etwas im Getümmel. Ariana trifft gleich jede Menge Leute, die sie kennt und bleibt alle zwei Meter stehen, um jemanden zu begrüßen. Peter ist schon etwas vorgegangen, immer dem Weg nach, um einen Platz zu finden, an dem wir den ganzen Ballast abstellen können. Ich sehe ihn etwa 200 Meter weiter vorne stehen, wo er sich auch mit jemandem unterhält. Eigentlich hatte ich mir vorgestellt, dass die zwei meine Leibgarde sind. Doch ich habe wohl versäumt, den beiden das auch mitzuteilen und jetzt stehe ich da alleine und es könnte jeden Moment passieren, dass mir Mark über den Weg läuft. Da die Gruppe von Menschen um Ariana immer größer wird, bleibt nur die Flucht zu Peter. Als ich bei ihm ankomme, sagt er „schau, da oben in dem Zelt ist Mark". Mir sinkt das Herz in die Hose und während meine Augen noch versuchen, ihn zu erspähen, ist Peter schon weiter gegangen. Leider ist es zu spät, ihm einfach zu folgen. Mark hat mich auch gesehen und hebt die Hand zum Gruß. Ich steh da, vollkommen überfordert und schau ihm zu, wie er gemächlich aufsteht und sich auf den Weg zu mir macht. Von übersprudelnder Freude ist nichts zu erkennen. Er begrüßt mich mit „Was machst denn du hier?" und einer kurzen Umarmung. Nur ein flüchtiger Augenkontakt und obwohl er nur einen Meter vor mir steht, könnte er gefühlsmäßig nicht weiter weg sein. Was für eine Schnapsidee hierher zu kommen. Was hatte ich mir denn erwartet nach dem letzten Telefongespräch? Dass er mir freudestrahlend um den Hals fällt? Nein, im Grunde nicht. Kann es sein, dass ich gewisse masochistische Züge habe, die gerne dieses niederschmetternde Gefühl verspüren, dass ich nicht gut genug bin. Eine Rückversicherung, dass meine ganzen negativen Gedanken im Vorfeld keine Einbildung waren. Es erscheint mir selbstzerstörerisch und ich habe keine Ahnung, warum ich mir das antue. Ich deute auf die Taschen, die ich neben mir abgestellt habe, und weiß nichts Besseres zu antworten, als „Arianas Taschen durch die Gegend schleppen“. Wir stehen noch etwas verlegen herum und dann macht er sich davon mit den Worten: „Dann will ich ihr auch mal Hallo sagen.“ Das lief ja wirklich spitzenmäßig. Ich habe mir diese Suppe eingebrockt und jetzt muss ich sie auslöffeln. Wie schaffe ich es, mein Gesicht zu wahren, wo ich doch jede Würde verloren habe.

Peter hat Platz in einem Zelt organisiert, wo wir Arianas Sachen abstellen können. Er ist für seine Verhältnisse sehr schweigsam. Ich weiß nicht, wie viel er von der Geschichte mit Mark mitbekommen hat, aber dass hier etwas nicht stimmt, ist mit Sicherheit nicht schwer zu erkennen. Er lässt mich einfach sein und wir machen uns schweigend auf die Suche nach etwas zu Essen und zu Trinken. Nach der Stärkung trennen wir uns und jeder schaut sich alleine auf dem Festivalgelände um. Ich laufe planlos von einem Stand zum nächsten. Es gibt Aussteller für die unterschiedlichsten alternativen Heilmethoden, Energiearbeiter, Kartenleser und Sterndeuter. Vieles wäre sicher interessant, aber ich kann mich nicht recht begeistern und mache mich auf die Suche nach Ariana. Ich finde sie vor einem Zelt mit vielen verschiedenen Musikinstrumenten im Gespräch mit einer Frau und als ich auf sie zusteuere, erscheint im Hintergrund Mark im Eingang. Er sieht mich und sagt „Bettina“. Kann ich mich bitte einfach in Luft auflösen oder im Erdboden versinken? Der blöde Arsch weiß nicht einmal meinen Namen? Natürlich fällt ihm auf, dass etwas nicht stimmt und verbessert sich, doch es ist schon passiert. Und jetzt will ich es wissen! Ich bitte ihn um einen kleinen Augenblick unter vier Augen. Frage ihn, was in den letzten 10 Tagen passiert ist, dass er als völlig Fremder vor mir steht? „Ich hatte auf dem Festival in Berlin ein unglaubliches Erlebnis mit einer Frau. Ich kenne sie schon sehr lange. Ich würde dir die Geschichte gerne ein anderes Mal erzählen." Was soll ich dazu noch sagen? Die Frau, mit der sich Ariana unterhalten hat, kommt und braucht ihn für eine geschäftliche Auskunft und damit ist er schon erlöst von diesem unangenehmen Gespräch.

Am Abend ist noch ein Trommelkreis, der von ihm und seiner Begleiterin angeleitet wird. Ariana und Peter möchten natürlich gerne mitmachen und ich muss zugeben, dass es wirklich sehr schön ist und viel Spaß macht. Die Teilnehmer sitzen mit ihren Trommeln um ein riesiges Lagerfeuer. Der gleichmäßige Schlag der Trommeln, die Flammen und tanzende Menschen erzeugen eine tolle Stimmung und doch bin ich froh, als es vorbei ist und wir endlich heimfahren können. Wie werden wir uns verabschieden? Ich liebe die Art, wie Mark einen in den Arm nimmt und beobachte ihn, wie er Ariana umarmt, lang und innig, und Peter mit einer eher kurzen und kraftvollen Geste verabschiedet. Ich bin die letzte in der Reihe und verachte mich dafür, dass ich mich umarmen lassen möchte. Ja, mir wünsche, dass er mich umschließt und ich mich an ihn lehnen kann, dabei sollte ich ihm die kalte Schulter zeigen. Ich spüre kaum seine Körperwärme, da ist er auch schon weg.

Wir laufen durch die Nacht zum Auto und ich kann nicht anders, als mich Ariana anzuvertrauen. Mein Herz ist so schwer. Sie hat nicht gewusst, dass zwischen Mark und mir schon in Österreich etwas gelaufen ist. Er hat ihr auch nicht erzählt, dass er bei mir zu Hause war. Es tut ihr leid, dass ich nicht früher mit ihr darüber gesprochen habe, denn sie hätte mich vor ihm gewarnt. Sie kennt ihn schon lange und ich muss leider hören, dass sie die Geschichte, die ich ihr gerade erzähle, schon von mehreren Frauen gehört hat. Was bin ich für eine Närrin. Da wir alle müde sind, verläuft die Heimfahrt ziemlich schweigend.

Das kenne ich irgendwie schon. Wie oft bin ich genau diese Strecke gefahren und habe über Luca gegrübelt. Jetzt bin ich wieder auf dem Weg nach Hause. Der gleiche Weg, die gleichen Gedanken, nur die Vornamen haben sich geändert. Es ist wie in der Geschichte mit dem großen schwarzen Loch im Gehweg, in das man immer wieder hineinfällt. Beim ersten Mal sieht man es nicht, fällt hinein, steigt heraus und schimpft über diejenigen, die das Loch gegraben haben. Beim zweiten Mal, sieht man es, fällt trotzdem wieder hinein und wieder haben die anderen Schuld. Beim dritten Mal fällt man hinein, steigt heraus und fragt sich, was man hätte besser machen können. Wenn man das nächste Mal zum Loch kommt, hat man gelernt, dass man außen herum gehen kann oder irgendwann einen ganz neuen Weg einschlagen könnte. Warum kann man eigentlich solche Lebensweisheiten nicht von vornherein anwenden? Ich muss mir immer so richtig die Knie aufschlagen und merke dann erst hinterher, dass ich wieder einmal der lebende Beweis für schlaue Sprüche war.

Sonntagmorgen, wir haben lange geschlafen und ich bin unendlich froh, dass Peter bei mir ist. Die Sonne scheint, wir verlegen unser spätes Frühstück auf ein Picknick im Garten. Der Steg am Gartenteich ist unsere Tafel. Die Befestigungspflöcke dienen als Lehne und damit es richtig bequem ist, legen wir uns Kissen und Decken zurecht. Wie schön das ist. Peter nimmt mich in den Arm und sagt, wie wohl er sich bei mir fühlt. Die Natur, gutes Essen, duftender Kaffee und vor allem die wunderbare Gesellschaft. Mir kommt kurz in den Sinn, dass ich seit über 20 Jahren in diesem Haus und diesem Garten lebe und nie vorher auf die Idee gekommen bin, das alles in dieser Form zu nutzen. Warum mache ich nach so langer Zeit erst heute ein Picknick hier draußen? Unser anfängliches Frühstück geht über in ein leichtes Mittagessen und später zu Kaffee und Süßigkeiten. Wir verbringen den ganzen Tag auf dem Steg. Natürlich kommt unser Gespräch auch irgendwann auf Mark. Peter sagt, er hätte sich schon beim Ayahuasca sehr gewundert, was da passierte, weil er eigentlich gedacht hatte, dass es zwischen uns so schön war und sich da etwas entwickeln würde. Zudem ist er überrascht, dass ich so verletzt bin über Thomas Verhalten, weil ich schließlich mit am Tisch saß, als dieser erzählt hat, dass es in seinem Leben mehrere Frauen gebe. Darüber bin wiederum ich überrascht. Das habe ich weder gehört, noch in irgendeiner Form geahnt, aber es bestätigt Arianas Aussagen von letzter Nacht. In meinem Frust lasse ich meinen Gedanken freien Lauf und Peter wird das Opfer meines Redeflusses. Er muss sich meine ganze Leidensgeschichte mitsamt aller Herleitungen und Begründungen aus Kindheitserfahrungen und Familienverhältnissen anhören. Das ist bestimmt kein Spaß, aber er ist ein guter Zuhörer und irgendwann wechseln wir die Rollen. Jetzt bin ich dran und höre mir seine Geschichte an und er vertraut mir seine Ängste und Nöte an. Angefangen von Beziehungsproblemen, Kindern, Beruf bis hin zu allem, was das Leben ausmacht. Was für ein erfüllter Tag nach so einer unglücklichen Nacht.

Mutter - neidisch

Irgendwie beneide ich sie. Um was genau? Ich kann es noch nicht richtig in Worte fassen. Es geht um das Ausbrechen! Sie erscheint mir so lebendig. Ist das jetzt der Zeitpunkt an dem ich Bilanz ziehe? Johanna hat noch viele Tränen in sich, die geweint werden wollen. Und sie tut gut daran, all den Kummer, den sie in sich trägt, heraus zu lassen. Ich habe mir das verwehrt, sah keinen Nutzen darin, Schmerz und Traurigkeit Raum zu geben. Ich habe nur im stillen Kämmerlein geweint, wenn die Not groß war und es nicht mehr anders ging. Und auch da habe ich mich meiner Tränen geschämt und versucht, sie zurück zu halten. Der Kummer, der trotzdem in mir war und nicht herauskommen durfte, hat sich oft in Ärger verwandelt. Ärger, der dann bei der nächstbesten Gelegenheit ausgelebt wurde. Mein Mann eignete sich sehr gut als Zielscheibe, weil ich ihm seine Freiheiten neidete. Er war ein gut aussehender Mann, der gesellschaftlich sehr aktiv war. Und wie es damals dem Rollenbild von Mann und Frau entsprach, war es vollkommen in Ordnung, dass er sich politisch engagierte, abends ins Gasthaus ging, um zu trinken oder Karten zu spielen, während ich zuhause war und die Kinder versorgte. Erschwerend kam hinzu, dass ich mit meinem launischen und unberechenbaren Schwiegervater zurecht kommen musste und mir das Gejammer meiner Schwiegermutter auf die Nerven ging. Ich wollte auch ausgehen, wegfahren oder mich abends mit Freundinnen treffen. Als der Vater meines Mannes starb, wurde es leichter, denn wir fingen an, alle paar Wochen am Samstagabend Bekannte und Verwandte einzuladen und Partys zu feiern. Das war eine herrliche Abwechslung für mich. Es ging immer feucht-fröhlich zu und es wurde auch gesungen und oftmals zu später Stunde noch in der Küche getanzt. Wir waren schnell eine feste Gruppe, die sich reihum immer bei jemand anderen zum Feiern traf. Das ging über ein paar Jahre so und je nachdem, bei wem das Fest gerade stattfand, kamen auch noch andere Gäste, die nicht zum „harten Kern“ gehörten. Ich kann nicht mehr sagen, wann es mir das erste Mal auffiel oder ich meine Aufmerksamkeit darauf richtete. Mein Mann flirtete ungeniert mit anderen Frauen. Anfangs überspielte ich meine Eifersucht, tat vor allen anderen und auch mir selbst gegenüber so, als würde es mich nicht interessieren. Da ein Blick, dort ein Wort und eine kleine Berührung. Es gab - zumindest war es für mich nicht erkennbar - keine bestimmte Frau, sondern er war zu allen liebenswerter und aufmerksamer als zu mir. Hätte ich die Wahl gehabt mein Leben zu verändern, wenn ich mich geöffnet hätte, gesagt hätte, was ich mir wünsche, anstatt meine Unzufriedenheit in Geschimpfe zu verpacken? Ich war nicht nur eifersüchtig, sondern vor allem gefangen in mir selbst. Gut, die Zeit und die Umstände waren damals anders und daraus auszubrechen war etwas, das nicht einmal in meinen Gedanken existierte. Aber es hätte wahrscheinlich schon geholfen, wenn ich überhaupt erkennen und zugeben hätte können, dass ich mir mehr Aufmerksamkeit und Zärtlichkeit von meinem Mann gewünscht hätte. Ich habe einfach alles so wie es war akzeptiert und als gegeben ertragen. Johanna macht das nicht mehr. Sie weiß auch noch keine perfekte Lösung, aber sie hat sich auf den Weg gemacht und löst eine Fußfessel nach der anderen. Und darum beneide ich sie.

Johanna - immer weiter, nur nicht stehen bleiben

Peter ist gestern spätabends nach Hause gefahren. Es wäre gut, wenn ich mich heute wieder voll auf meine Arbeit konzentrieren könnte. Ich habe noch knapp drei Wochen Zeit, um alles für eine ordentliche Übergabe vorzubereiten und es gibt mehr als genug zu tun. Mein Pflichtbewusstsein verbietet es mir, meinen Arbeitsplatz und meine Unterlagen in einem unordentlichen Zustand zu hinterlassen. Vielleicht ist es auch das Selbstbild einer kompetenten, zuverlässigen Geschäftsfrau, das ich aufrechterhalten möchte. Die Geschäftsleitung hat immer noch nicht festgelegt, wie die Verwaltung zukünftig organisiert wird. Das ist nichts Außergewöhnliches für diese Firma und sollte nicht mein Problem sein. Nichtsdestotrotz macht es die Sache nicht einfacher. Das bedeutet nämlich für mich und meine Auffassung von Zuverlässigkeit und Verantwortung, alles so übersichtlich zu gestalten, dass, wer auch immer meine Aufgaben in Zukunft erledigen wird, sich auch ohne Einarbeitung zurechtfinden kann. Es ist eine gute Ablenkung und dadurch ist mein Gemütszustand stabil. Wenn Mark hin und wieder in meinen Gedanken auftaucht, lässt er sich relativ schnell wieder zur Seite schieben.

Nach ein paar Tagen Abstand, sowohl zur Ayahuasca Zeremonie wie auch zu meinem unglücklichen Liebesabenteuer, muss ich feststellen, dass etwas anderes wieder in mir zu arbeiten angefangen hat. Das Vaterthema kommt zurück. Habe ich die letzten Monate kaum mehr darüber nachgedacht, überrasche ich mich jetzt selbst häufiger damit, dass ich darüber grüble. Es ist seltsam, weil ich nicht bewusst sage, so, jetzt denke ich darüber nach, oder mich aktiv etwas darauf stößt. Ich kann auch nicht sagen, wann der erste Impuls dazu da ist. Es fällt mir erst hinterher auf, dass ich mich wieder damit beschäftigt habe. Und dann ertappe ich mich dabei, wie ich im Internet suche, welche Möglichkeiten eines DNA-Tests ich habe. Etwas spukt tage- oder gar wochen- und monatelang in meinem Kopf herum und urplötzlich, ohne eine bewusste Entscheidung getroffen zu haben, fange ich an zu handeln. Ich habe dieses Verhalten schön öfters an mir beobachtet und es sagt mir, dass ich mich just zu diesem Zeitpunkt bereits entschieden habe. So funktioniere ich, das ist meine Art, an die Dinge heranzugehen. Es ist eine interessante Erkenntnis, weil es bedeutet, dass ich meinen Weg wähle ohne die Fakten zu kennen. Ich folge meinem Instinkt, lege mich unbewusst auf etwas fest und erst dann prüfe ich, welche Möglichkeiten existieren. Zurück zum Vaterschaftstest. Beide Eltern tot, aber drei lebende Geschwister. Im Internet wird von einer österreichischen Firma ein Geschwistertest für 400 Euro angeboten. Das würde heißen, dass ich meine unglaubliche Vermutung mit meinen Geschwistern oder zumindest mit einem von ihnen teilen müsste. Oh je, diese Aussicht macht mir Bauchweh. Klar, denke ich darüber nach, ob ich nicht heimlich Testmaterial klauen könnte. Ist übrigens nicht spaßig und eine echte Straftat. Haare oder benutztes Besteck wären eine Möglichkeit. „Kommt aber nicht wirklich in Betracht, oder Johanna? Da würdest du schön weitermachen mit der Tradition des Nicht-Aussprechens. Also raus mit der Sprache und eine deiner Schwestern oder deinen Bruder fragen“. Meine Wahl fällt auf meine älteste Schwester. Das hat einen ganz praktischen Grund. Sollte unser Vater wirklich nicht mein leiblicher Vater sein, so ist es eher unwahrscheinlich, dass meine Mutter sich schon bei ihrem ersten Kind außerehelich vergnügt hat. Was für eine Vorstellung. Der Gedanke ist so absurd und doch kann und will ich nicht aufhören, damit weiter zu machen. Ich möchte wissen, warum ich mich anders fühle, oft so einsam und alleine und zurückgewiesen. Dazu fällt mir ein, dass auch Mark das Thema wieder angeschoben hat. Er erzählte mir, dass er so gerne nach Griechenland fahre und ich ihn irgendwie daran erinnere. Und er wollte wissen, ob es in meiner Familie Verbindungen nach Griechenland gebe? Für irgendetwas muss diese unglückselige Begegnung ja auch gut gewesen sein, oder? Jetzt gilt es auf alle Fälle, mich selbst auf dieses familiäre Outing vorzubereiten und die nächstbeste Gelegenheit nicht zu verpassen. Bewegte Zeiten, die mir unter die Haut gehen. Das Gute ist, dass es neben dieser Schwere, die all dieses Grübeln, Zweifeln und Verändern hervorruft, auch tief in mir noch ein anderes Gefühl gibt. Noch ein wenig im Hintergrund, undefinierbar, aber doch vorhanden. Es könnte Vorfreude sein. Hoffnung auf ein Leben ohne Begrenzung und ständiges Hinterfragen, ob ich etwas darf oder etwas richtig ist. Ein Leben, in dem ich einfach tue, was mir Spaß macht. Ohne auch nur die leiseste Ahnung zu haben, wie das im Detail aussehen und wo mein ganzes Treiben mich hinführen wird, ist es, als wäre ich in einen Sog geraten, aus dem es kein Entrinnen gibt.

Johanna - Abschiede

Die Tage vergehen wie im Flug und das unselige Wochenende in Österreich ist schon fast zwei Wochen her.

Ich habe morgen frei, weil ich für ein langes Wochenende zum Gardasee fahre. Eine größere Gruppe aus meiner Yogaschule trifft sich dort zum Wandern und Klettern. Eine sich wiederholende Unternehmung, an der ich schon des Öfteren teilgenommen und dabei auch meine ersten Erfahrungen im Klettersteig gemacht habe. Das war ein geniales Erlebnis. Allein die Erinnerung lässt mich von einem bis zum anderen Ohr grinsen, weil es so großartig war. Innerhalb der großen Gruppe sind wir eine kleine Clique von sieben Leuten, die enger befreundet sind. Wir sieben haben uns zu einer Fahrgemeinschaft zusammen getan und sind auf dem Weg Richtung Süden.

Wir fahren gerade in den Tunnel oberhalb von Klausen, als mein Handy klingelt. Mark. Ich bin ehrlich überrascht, denn ich dachte nicht, dass ich nochmal von ihm hören würde. Den Bruchteil einer Sekunde überlege ich, ob ich ihn wegdrücken soll, doch die Neugier siegt. Durch die Berge und die Tunnel ist die Verbindung relativ schlecht und das ist auch das erste, was ich ihm sage. Also, dass wir eine schlechte Verbindung haben, weil ich in Italien und unterwegs zum Gardasee bin. Nicht, dass er etwa auf die Idee kommt, dass ich zuhause sitze und um ihn weine. Genau das wäre vermutlich passiert, wenn ich mich nicht schon vor Monaten für dieses Wochenende angemeldet hätte. „Ach, zum Gardasee“ sagt er, und lässt mich wissen, dass das ja seine zweite Heimat sei, so rein gefühlsmäßig. Depp, blöder! Das macht mich richtig ärgerlich, weil mein Wochenende nichts mit ihm zu tun haben soll. So ein eingebildeter

Fatzke, meint er, die ganze Welt drehe sich nur um ihn? Er hat mit Ariana gesprochen und will sich bei mir entschuldigen. Für den Fall, dass ich durch sein Verhalten eine schmerzliche Erfahrung machen musste. Ich höre mich selber sagen, dass ich es ja zugelassen habe. Ja bin ich denn noch zu retten? Warum sage ich diesem Scheißkerl nicht einfach, was er für ein Arsch ist. Dann ist die Verbindung endgültig abgebrochen und meine gute Laune und Vorfreude auf die Zeit am Gardasee wie weggeblasen. Dieses kurze Telefonat bestimmt mein ganzes Wochenende.

Hatte ich vorher schon das Gefühl, dass ich nicht gut genug für ihn bin, so werde ich durch dieses Gespräch noch kleiner. Und was noch viel schräger ist, da sind immer noch kleine Hoffnungsschimmer, dass er vielleicht mit der Entschuldigung etwas anderes einleiten wollte. Vielleicht ein zweiter Versuch, ob das mit uns weiter gehen könnte. Nein, ich bin nicht mehr zu retten! Ich verderbe mir selbst den Spaß am Wandern und der tollen Umgebung. Alles ist anstrengend für mich, die Bewegung, die Menschen und die Gespräche. Trotzdem zwinge ich mich drei Tage über die Felsen und auf den Berg. Herrliches Wetter, fantastische Landschaft, erfrischender See, traurige Augen. Scheiß Männer! Das will ich gar nicht schreiben, aber wenn es sich genau so anfühlt! Ich will einfach nur einen kennen lernen, der zu mir passt und der mich auch will. Der sich einlässt auf eine Partnerschaft, der lustig ist, der mit mir durchs Leben tanzt. Ist das zu viel verlangt? Noch habe ich die

Hoffnung nicht aufgegeben, dass irgendwann einer kommt, der das auch so sieht und es mit mir versuchen will. Aber zunächst muss ich die letzte Pleite überstehen.

Dazu kommt meine letzte Arbeitswoche mit Übergabe an fünf Mitarbeiter in Italien und einen deutschen Kollegen. Meine Stelle wird nicht neu besetzt, sondern größtenteils wieder nach Italien verlagert. Ich fühle mich ein wenig wie ein Verräter, doch meine Kollegen sind großartig und das einzige, das sie mich spüren lassen ist, dass sie traurig sind, weil ich weggehe. Und ich? Wie geht es mir damit? Ehrlich gesagt, ja, ich hatte aufregende Zeiten in dieser Firma und es gibt Menschen, die ich wirklich vermissen werde, aber die ganzen Umstände sind so daneben, dass ich einfach erleichtert bin, dass es bald vorbei ist. Es gibt Dinge, da weiß man genau, dass sie richtig sind und trotzdem ist man traurig darüber. An meinem letzten Arbeitstag schicke ich eine Dankes-Abschieds-Email raus und freue mich sehr über viele liebe Antworten. Das war also das Kapitel Italien. Irgendwie entsprach es auf ganzer Linie einem Klischee: lebendig, laut und chaotisch, begleitet von „un grande amore“ und viel, viel Drama.

Johanna - Outing

Meine Schwester hat ihren Besuch für die erste Woche meiner arbeitsfreien Zeit angekündigt. Das heißt für mich, jetzt oder nie! Dabei meine ich die Speichelprobe für den Geschwistertest. Vorsorglich habe ich mir die Röhrchen vom Labor zuschicken lassen und damit auch jede Menge rechtlicher Aufklärungsformulare. Nachdem ich mich für die ehrliche Variante entschieden habe, ist alles relativ einfach. Zumindest was die technische Abwicklung betrifft, alles andere ist für mich leider von einfach weit entfernt. Wahrscheinlich wäre es besser, mir eine Strategie oder Einleitung zu überlegen, wie ich es meiner Schwester gegenüber ausdrücken soll. Die letzten Tage bin ich diesem inneren Dialog sehr konsequent aus dem Weg gegangen. Doch morgen ist es soweit und wenn ich es tatsächlich für mich klären will, dann werde ich wohl oder übel den Mut aufbringen müssen. Mein Schwager ist auch dabei, was es für mich nicht leichter macht. Wir sitzen bei mir in der Küche und ich kann an nichts anderes mehr denken und deshalb packe ich den Stier bei den Hörnern. „Ich muss etwas mit euch besprechen, das auszusprechen mir sehr schwer fällt.“ Und dann erzähle ich von all den Selbstzweifeln, den Fragen und Emotionen, die die zweite Scheidung mit sich gebracht hat und dass ich deshalb eine Familienaufstellung gemacht habe. Das wirft natürlich Fragen auf und ich meine, Skepsis in ihren Gesichtern zu sehen. Doch alles verläuft ganz harmlos. Sie erklären mich nicht sofort für verrückt, sondern fragen nach und wollen wissen, wie so eine Aufstellung abläuft. Viel weiß ich auch nicht darüber, aber ich berichte von meinen eigenen Erfahrungen und letztendlich von dem Ergebnis, nämlich, dass unser Vater nicht mein leiblicher Vater sein soll. Wie schon bei meiner letzten großen Aussprache mit ihr, als ich angekündigt habe, dass ich mich von meinem Mann trennen werde, überrascht sie mich. Wieder ist sie vollkommen entspannt. Sie meint, dass sie es sich beim besten Willen nicht vorstellen könne, aber dass, wenn es mir wichtig sei, wir natürlich den Test machen. Sie reagieren wirklich lieb und verständnisvoll und durchaus interessiert, halten aber auch mit ihren Zweifeln in Bezug auf dieses übersinnliche Zeug nicht hinter dem Berg. Meine Schwester und ich befeuchten jeweils unsere Wattestäbchen, verpacken alles wie vorgeschrieben und bringen das Kuvert auch gleich zur Post.

Mutter - erfreut

Keine schlechte Lösung für mich. Ich werde nach so vielen Jahren doch noch erfahren, wer der Vater ist und muss mich für nichts mehr verantworten. Schön feige, aber was ist schon dabei! Ich habe mich lange genug mit Wahrheit und Moral herumgeplagt. Haha, jetzt bin ich tot und muss mich nicht mehr sorgen!

Johanna - Entscheidung

Das wäre also auf den Weg gebracht, aber wie soll es jetzt, unabhängig vom Ergebnis dieses Tests, in meinem Leben weitergehen? Stellenanzeigen wälzen und den einen Job durch einen neuen ersetzen? Den Traum, mit der Malerei mein Geld zu verdienen, ersticke ich sofort im Keim. Jeder Gedanke, der in diese Richtung geht, hat praktisch einen Aufseher dabei, damit er sich nicht verselbständigen kann. Und der Aufseher sagt ganz klar: „Das ist doch lächerlich, es gibt genug selbst ernannte Künstler und brotlose Träumer.“ Was also dann? Ich weiß es nicht und im Moment verspüre ich auch noch keine Not, in Bezug auf meine Arbeit sofort etwas entscheiden zu müssen. Meine Wohnsituation beschäftigt mich derzeit mehr.

Seit zwei Monaten wohnt Tom bei mir. Er ist viel unterwegs zu Tanzworkshops und auch sonst. Aber wenn wir gemeinsam zu Hause sind, dann genieße ich das sehr, weil er ein netter umgänglicher Mensch ist mit interessanten Gedanken. Doch ist so zu wohnen wirklich eine langfristige Lösung für mich? Und die paar Kröten Mieteinnahme reichen keinesfalls aus, um die Kosten für eventuell in Zukunft anfallende Renovierungsarbeiten zu decken. Ich nehme mir vor, dass ich bis zum Jahresende eine Entscheidung treffe, wie das hier weiter gehen soll. Die Möglichkeiten, die sich mir im Moment zeigen sind entweder vermieten und für mich etwas Kleineres und damit auch Günstigeres suchen. Oder ich könnte umbauen, so dass ich eine eigene kleine Wohnung habe und den größten Teil des Hauses komplett mit Garten vermiete. Allerdings schluckt die Finanzierung dafür zunächst einige Jahre die Mieteinnahmen. Den Café-Plan könnte ich verwirklichen oder einfach alles verkaufen und mir woanders eine schicke Wohnung mit Dachterrasse suchen. Ich liebe dieses

Haus wirklich sehr und auch den Garten, aber die Verantwortung für den Erhalt von alldem liegt schwer auf meinen Schultern. Überall sehe ich Dinge, die repariert werden müssten. Wann immer ich heimkomme, begrüßt mich ein morscher Gartenzaun, der kurz vorm Einstürzen steht. Das hat einen gewissen Charme, aber der Grat zur Verwahrlosung ist schmal. Irgendwo zwischen Holzverschalung, Mauerwerk und Dach haben sich Marder eingenistet und wohl schon Schaden an der Wärmedämmung angerichtet. Die Einfahrt müsste neu aufgekiest werden, Fenster und Balkon benötigen dringend einen Anstrich und die Heizung ist auch nicht mehr die Neueste. Hinzu kommt, dass zwar die Lage mit dem Bach und der großen Wiese auf der Rückseite des Hauses wunderschön ist, aber mir das Dorf, in dem ich wohne, nichts bedeutet. All die Jahre, die ich hier lebe, habe ich keine wirklichen Freunde gefunden. Ich muss in mich gehen und gut darüber nachdenken, um heraus zu finden, was ich möchte. Drei Monate Zeit, um Pro und Contra abzuwägen und dann muss etwas passieren, so ist der Plan. Um vorübergehend meine finanzielle Situation etwas abzusichern, habe ich mir einen zweiten Mitbewohner organisiert, der Ende Oktober aus Indien einfliegt. Er wird in Deutschland studieren und hat für die ersten Monate ein möbliertes Zimmer gesucht. Seine Annonce hat sich sehr nett angehört, wobei es natürlich immer ein Risiko ist, jemanden einziehen zu lassen, den man vorher nicht persönlich kennen lernen kann. Doch das ist genau das, was mir derzeit so gut gefällt. Etwas Neues ausprobieren und auch mal etwas wagen. Und es ist nur für drei Monate. Außerdem weiß ich nicht, wie lange Tom noch da ist. Er sucht zusammen mit seiner Freundin nach einer eigenen Wohnung und sobald sie etwas Passendes gefunden haben, ist er weg.

Die ersten Wochen ohne Arbeit, und dabei meine ich mit Arbeit eine Tätigkeit für die man bezahlt wird, sind wie Urlaub. Mir ist nicht langweilig. In Haus und Garten gibt es genug zu tun. Aber das fällt dauerhaft irgendwie nicht in die Sparte „zufrieden stellende Aufgabe". Ich bin seit einem knappen Monat zuhause und jetzt wäre der Zeitpunkt gekommen, an dem ich gut erholt wieder an einen Arbeitsplatz zurückkehren könnte. Doch meine Laune hat schon bessere Tage erlebt. Was ist los mit mir? Ich habe mir das doch selbst ausgesucht, ja sehnlichst herbei gewüscht. Mir fehlt die Struktur eines Arbeitsalltags, der Tratsch unter Kollegen und auch das Gejammer über all das, was in der Firma falsch gelaufen ist. Oder ist es die Angst vor der Zukunft, Langeweile? Fühle ich mich faul, weil ich nicht für Geld arbeite? Gehöre ich jetzt zu den Drückebergern, wie Arbeitslose so gerne genannt werden? Wie fülle ich meine neu gewonnene Freiheit? Da könnte ich mich glatt für eine Sozialstudie zur Verfügung stellen. Doch wen interessieren schon die Problemchen einer Frau mit offensichtlich selbst bestimmter und gewählter Lebenskrise. Keinen Mann mehr und den Job gekündigt. Was ist als nächstes dran? Werde ich mich auch noch von meinem Zuhause trennen? Ich habe oft spaßeshalber gesagt, dass, wenn ich kein Geld mehr habe, ich die Bude verkaufe. Doch ganz so einfach ist das nicht. Sie ist bis unters Dach gefüllt mit Erinnerungen und es ist auch das Heim meiner Kinder, auch wenn sie offiziell nicht mehr hier wohnen. Sie versichern mir beide, dass sie voll und ganz verstehen können, wenn es mir zu viel wird und ich es verkaufen möchte. Meine Tochter sagt, sie wäre schon traurig, aber sie würde auf keinen Fall hierher zurückziehen wollen und mein Sohn meint: „Es hat mir nie so viel bedeutet und ich bin da zuhause, wo du bist." Das bedeutet grünes Licht aus dem Unterhaus. Was habe ich für wundervolle Kinder!

Ich fange an, die Immobilienseiten zu studieren. Stelle Hochrechnungen an, wie viel ich für mein Haus bekommen würde und informiere mich, was am Markt angeboten wird. Zwischen den ganzen Anzeigen finde ich tatsächlich eine Eigentumswohnung mit kleinem Garten, die mir richtig gut gefallen würde. Ob ich ganz unverbindlich einen Besichtigungstermin vereinbaren könnte? Das alles fühlt sich ziemlich aufregend an. Es ist unglaublich, ich bin schon fast 50 Jahre alt und habe noch nie eine Wohnungsbesichtigung gemacht. Ich rufe den Makler an und innerhalb von fünf Minuten haben wir für den nächsten Tag einen Termin vereinbart. Sich in fremder Leute Wohnung umzusehen, hat etwas Voyeuristisches und ich bin schon furchtbar neugierig, was ich vorfinden werde. Schöngeister, Puristen, Schlamper oder Korinthenkacker? Ich sollte mich davon keinesfalls beeinflussen lassen und mich auf die Räumlichkeiten konzentrieren, anstelle die Bewohner und ihren Lebensstil zu bewerten. Aber zugegebener Maßen hat auch

Letzteres seinen Reiz. Da wohnen zwei Seelen in meiner Brust. Die Wohnung, die zum Verkauf steht, ist vermietet und ich fühle mich wie ein Eindringling in die Intimsphäre dieser Leute. Ich glotze in ihr Badezimmer und traue mich kaum ins Schlafzimmer. Es ist einerseits fürchterlich, wie eine Schnüfflerin jedes Detail zu inspizieren, andererseits sollte ich nichts verpassen, wenn ich ernsthaft Interesse habe. Die Neugier ist stärker als die Hemmungen. Nach der Besichtigung will der Makler natürlich wissen, was ich von der Wohnung halte. Ich finde sie toll und vor allem die Aufteilung von Wohn- und Küchenbereich hat es mir angetan. Ja, ich kann mir auf jeden Fall vorstellen, hier zu wohnen. Und dann höre ich mich selber sagen, er müsste dann nur noch mein Haus verkaufen. „Ja," lacht er, „kein Problem" und den Wohnungskauf könne ich ja über eine Zwischenfinanzierung abwickeln. Und schon mache ich den nächsten Besichtigungstermin aus, aber diesmal für mein eigenes Zuhause. Habe ich eben so ganz nebenbei einen Entschluss gefasst? Nein, ich denke, das war etwas, das schon länger in mir gewachsen ist, nur habe ich es jetzt das erste Mal ausgesprochen.

Wieder zuhause treffe ich Tom und Sunil, unseren indischen Mitbewohner, in trauter Zweisamkeit in der Küche an. Wir sind eine coole Wohngemeinschaft und verstehen uns richtig gut. Deshalb mache ich gleich reinen Tisch. Sage Sunil zu, dass er auf alle Fälle bis Weihnachten bei mir wohnen bleiben kann. „Das passt perfekt. Dann habe ich genug Zeit, mir in Ruhe ein

Zimmer etwas näher an der Hochschule zu suchen, was ich sowieso vorhatte.“ Tom und seine Frau sind schon fleißig dabei Wohnungen zu besichtigen. Schade um uns drei. Ich genieße die Gemeinschaft meiner Mitbewohner wirklich sehr und trotz all der Vorteile und schönen Stunden mit ihnen weiß ich, dass ich ein Zuhause für mich alleine bevorzuge.

Mutter - Erlaubnis

Ich bin echt sprachlos. Sie will das Haus verkaufen. Und ich bin mehr als überrascht, dass ich nicht entsetzt bin. Es ist vollkommen in Ordnung. Ich wünsche ihr ein gutes Leben, in dem die Freude dominiert und nicht die Sorge um ein Haus oder Geld. In meinem Leben hätte ich mir nicht vorstellen können, dass eine alleinstehende Frau den Mut hat, Hab und Gut hinter sich zu lassen, um sich ein schönes Leben zu machen. Für mich war schon die Frau, die sich ohne große Not, also zum Beispiel, dass sie geschlagen wird, von ihrem Mann trennt, die absolute Exotin. Eine vollkommen andere Welt. Und sich dann noch ein gutes Leben gönnen, das hätte ich einer reichen Witwe zugestanden, aber nicht einer normalen Frau, wie es unsereins ist. Da ist es wieder. Je länger ich hier in diesem seltsamen Schwebezustand bin, umso mehr merke ich, wie meine Johanna mir meine Begrenzungen aufzeigt. Ich wünschte, ich könnte ihr auf irgendeine Weise zeigen, wie stolz ich auf sie bin. Warum habe ich es ihr nie gesagt? Na ganz einfach, weil ich es nicht erkannt habe. Ich habe meine Tochter nicht gekannt und jetzt ist es zu spät.

Johanna - Veränderung braucht Zeit

Was für ein Leben! Ich finde es aufregend und spannend, was ich alles so treibe, aber es ist auch anstrengend. Und ihr braucht nicht glauben, dass das alles ganz locker nebenbei abläuft. Gut, das mit dem Hausverkauf, das fühlt sich meistens richtig an. Aber dann gibt es Zeiten, in denen ich verunsichert bin und mich frage, warum das Ganze. Was steckt wirklich dahinter, dass ich mal eben mein ganzes Leben auf den Kopf stelle. Gibt es so etwas wie einen größeren Lebensplan, der sich bei mir jetzt durchsetzt. Der mich so handeln lässt, wie ich eben handle. Oder ist es einfach Orientierungslosigkeit, die mich in wilden Attacken um mich schlagen lässt und mir zeigen möchte, dass ich wieder auf Spur kommen soll, bevor ich alles zerstöre. In diesen Momenten habe ich den Spruch vom Esel im Kopf, der auf das Eis läuft, wenn es ihm zu gut geht. Und irgendwie werde ich, desto größere Entscheidungen ich treffe, in meinem Alltag immer bewegungsloser. Ich verbringe viel Zeit in meinem Ohrensessel, grübelnd über das Was, Wieso, Warum und Wie. So hatte ich mir meine Zeit als Arbeitslose nicht vorgestellt. Als ich noch fünfzig Stunden die Woche ins Büro gegangen bin, habe ich jede freie Minute für meine zahlreichen Hobbys genutzt. Jetzt, wo ich Zeit ohne Ende habe, sitze ich hier und schaffe gar nichts mehr. Ich könnte auf den Berg gehen, malen, im Garten arbeiten, oder gar anfangen, im Keller auszumisten. Dort liegen die Habseligkeiten meiner Familie aus den letzten fünfundzwanzig Jahren und noch einiges mehr, das ich noch aus meiner Jugend mit in dieses Haus gebracht habe. Ich fange nicht an, aufzuzählen, welch wilde Kuriositätensammlung da zu finden ist. Jeder, der einen Keller oder Speicher hat, weiß wie das ausschaut. Und je mehr Platz man hat, umso mehr Zeug sammelt man an. Und die ganzen Bücher, die nach einmaligem Lesen in den Regalen vor sich hinstauben. Ich könnte es mir einfach machen und jemanden beauftragen, der das alles abholt. Da gibt es doch immer diese Anzeigen in den Lokalblättern: „Wer verschenkt Flohmarktartikel?" Das ist eine super Idee, aber leider ohne Aufwand nicht so umzusetzen, wie ich mir das in meiner ersten Euphorie vorgestellt habe. Ich müsste trotzdem aussortieren. Ich rufe bei einem professionellem Entrümpler an, der vorbeikommt und sich die entsprechenden Räume ansieht, eine Bestandsaufnahme macht von den Dingen, die er noch verkaufen kann, und mir dann sagt, dass er insgesamt noch zweitausend Euro von mir bekommen würde, die Wertgegenstände schon abgezogen. Ich glaube, dem brennt der Hut. Also muss ich doch selber ran. Zeit habe ich, wenn ich mich nur aufraffen könnte. Und dann schleichen sich ganz schräge Gedanken ein. Bin ich faul? Wenn ich schon keiner bezahlten Tätigkeit nachgehe, müsste ich mir nicht wenigstens ein Bein ausreißen, damit zu Hause alles auf Vordermann gebracht wird? Aber ich schaffe nicht einmal mehr, es mir wirklich gut gehen zu lassen. Oder darf es mir etwa nicht gut gehen, bei all den schrecklichen Dingen, die ich so mache? Mann verlassen, Job kündigen und jetzt Haus verkaufen, damit ich genug Geld zum Faulenzen habe? Verurteile ich mich selbst für diesen verwerflichen Lebensstil? Dabei stelle ich es mir so befriedigend vor, etwas zu arbeiten, das Sinn macht und ich würde gerne einen Mann verwöhnen, weil er an meiner Seite steht, und Haus und Garten versorgen, um ein schönes Zuhause zu haben. Wo ist mein Problem? Beziehungsweise, was ist das für eine Arbeit, wer ist der Mann und wo wird dieses Zuhause sein? Wie kann ich das alles finden?

Johanna - Alles Humbug?

Inmitten dieser Tage voller Grübeleien habe ich den DNA-Test fast vergessen oder auch verdrängt. Hätte nicht schon letzte Woche das Ergebnis kommen müssen? Nachdem ich nach zwei weiteren Tagen des Wartens immer noch keine Post bekommen habe, rufe ich kurzentschlossen im Labor an. Ich bekomme die Auskunft, dass sich die Auswertung der Proben auf Grund von Krankheit etwas verzögert hätte, aber die Ergebnisse jetzt vorlägen und morgen in die Post gingen. Man könne mir aber schon jetzt sagen, dass der Test mit einer fast hundertprozentigen Wahrscheinlichkeit ergeben hat, dass wir Vollgeschwister sind. Wow. Jetzt muss ich mich hinsetzen. Das ist wie ein Blitz aus heiterem Himmel gekommen. Ich bin enttäuscht. Enttäuscht, dass meine schöne Erklärung für mein „Anderssein“ wegfällt, und irritiert, dass das Ergebnis der Familienaufstellung falsch ist. Im Grunde müsste ich gleich meine Schwester anrufen, doch das Eingestehen, dass meine Vermutung und damit auch die Methoden, die mich zu meiner Annahme gebracht haben, sich als falsch herausgestellt haben, verschiebe ich auf später. Ich muss es erst verdauen und neu sortieren.

Johanna - Sie fehlt mir

Es ist nun drei Jahre her, seit meine Mutter gestorben ist. Und weil ich in einer Umgebung aufgewachsen bin, in der die Kirche eine große Rolle spielt, lassen wir jedes Jahr zum Todestag eine Messe lesen. Es kommen viele Nachbarn, Verwandte und Freunde zur Kirche und im Anschluss kommen alle zum Familiengrab. Ich bin für die Grabpflege zuständig. Nicht, dass mir die Aufgabe jemand übertragen hätte, die hatte ich schon übernommen, als meine Mutter noch gelebt hat. Es ist etwas, das ich wirklich gerne tue. Die Blumen auswählen und nach meinem Geschmack zu pflanzen. Dabei denke ich an die Menschen, die da liegen. Was ich ihnen gerne erzählen oder sie fragen möchte. Wie es wohl wäre, wenn sie noch Teil meines Lebens wären. In diesem Grab liegen meine Großeltern väterlicherseits, mein Bruder, mein Vater und meine Mutter. Begraben in dieser Reihenfolge. Während ich bei der Erinnerung an die Ersteren meine Fantasie spielen lassen muss, ist meine Mutter sehr lebendig. Ich weiß genau, wie weich ihre Haut war.

Wie sie sich angefühlt hat, wenn ich sie umarmt habe. Wie verkrümmt ihre Finger im Alter waren und wie sie gerochen hat. Was würde ich dafür geben, wenn sie noch am Leben wäre und mir sagen würde, dass ich alles richtig mache. Natürlich stellt sich die Frage, ob ich an diesem Punkt stünde, wenn sie noch leben würde. Da beißt sich die Katze in den Schwanz und darüber nachzudenken ist müßig. Aber was kann ich dagegen tun, dass meine Gedanken sich immer wieder darum drehen. Sie sind plötzlich da und haben mich für eine Weile im Griff. Es kommt und geht wie eine Welle, die sich langsam aufbaut, größer wird bis sie bricht, langsam ausrollt, um dann den Kreislauf gleich von vorne zu beginnen. Was würde sie sagen? Wäre sie böse mit mir, verständnislos oder gar vollkommen vor den Kopf gestoßen?

Mutter - Liebesgeständnis

„Ich mag dich." Das war das höchste der Gefühle, das ich verbal einräumen konnte. Und ich befürchte, dass ich ihr sogar das vorenthalten habe. Liebe - die kenne ich aus Schlagern oder Heimatromanen. Ich glaube nicht, dass ich das Wort jemals in der direkten Anrede gebraucht habe. Was rede ich? Ich weiß, dass ich niemals zu jemandem „Ich liebe dich" gesagt habe und es auch nie gehört habe. Wie schön muss es sein, jemandem so nahe zu sein, dass man sich solche Sachen anvertraut!

Johanna - ungebunden

Ich schicke dem Immobilienmakler die angeforderten Unterlagen und nachdem er alles in Augenschein genommen hat, bewertet er Haus und Garten. Zwei Tage später liegt mir das Exposé vor, mit dem wir meinen Besitz zum Verkauf anbieten. Es ist gleichermaßen aufregend und beängstigend, aber allem voran immer noch richtig. Der Makler möchte wissen, ob ich für die besichtigte Eigentumswohnung ein Kaufangebot abgeben möchte. Wir handeln ein bisschen hin und her und schließlich legen wir gemeinsam einen Angebotspreis fest. Auch das ist aufregend und beängstigend zugleich, doch im Gegensatz zum Hausverkauf fühlt es sich nicht mehr richtig an. Ich kann nicht genau orten, wo das herkommt. Es liegt nicht an der Wohnung selber, die finde ich nach wie vor sehr schön, doch ich fange an, nach Makeln zu suchen. Ein paar schlaflose Nächte später frage ich mich, ob vielleicht die gleichen Gesetzmäßigkeiten gelten wie bei Beziehungen. Da geht es auch selten genug gut, wenn man von einem Bett ins nächste springt. Abschied nehmen, trauern und erst mal für sich sein, sind wichtige Verarbeitungsschritte. Ich möchte mich nicht schon wieder festlegen. Die Entscheidung, mich von meinem Heim zu trennen, ist der letzte Schritt oder der letzte Schnitt, der nötig ist, um vollkommen frei und ungebunden zu sein. Will ich mir das alles gleich wieder zunichte machen. Nein, auf keinen Fall. Wenn ich es mir recht überlege, ist das ein Zustand, den ich noch nie hatte. Viele Menschen leben diese Freiheit, wenn sie aus der Schule kommen oder verbinden dieses Gefühl mit ihrer Studienzeit. Für mich ist diese Zeit jetzt gekommen und während des Hin- und Herüberlegens, des Abwägens der Vor- und Nachteile des Wohnungskaufs, kommt mir die Idee, auf Reisen zu gehen. Das war es, was ich nach meiner Schulzeit gerne gemacht hätte, aber wozu mir der Mut gefehlt hatte. Es fällt mir wie Schuppen von den Augen, überkommt mich praktisch im Schlaf. Ich kann noch nicht mal sagen, wann genau ich den Entschluss gefällt habe. Ich werde mir nach dem Hausverkauf ein Jahr Auszeit nehmen und eine Weltreise machen! Damit kappe ich nicht nur alle offensichtlichen Sicherheitsnetze in Form von vertrauter Umgebung und schneller Erreichbarkeit von Familie und Freunden, sondern auch jeden unbewussten Anker, der mich festhält. Mit diesem Schritt mache ich mich total blank. Bin ein weißes Blatt, das ich nach Lust und Laune neu beschreiben kann. Das sind alles sehr abgehobene Gedanken dazu, manch einer würde sie wahrscheinlich als naiv oder weltfremd bezeichnen. Aber was soll`s. Es ist meine innere Stimme, die mir den Weg weist und ich kann schon versuchen, es rational zu erklären, aber wirklich gelingen wird mir das zu diesem Zeitpunkt nicht. Dazu fällt mir ein Kalenderspruch ein: „Das Leben muss man vorwärts leben, verstehen kann man es meist erst im Nachhinein."

Johanna - Alles läuft nach Plan

Es ist Mitte November 2014 und ich teile dem Makler mit, dass ich die Wohnung nicht kaufen werde, mein Haus hingegen so schnell wie möglich verkaufen möchte, weil ich spätestens Ende Februar 2015 zu meiner Weltreise aufbrechen werde. Wow. In Schulungen habe ich zum Thema Zielerreichung oft gehört, wie wichtig eine klare Formulierung unter Angabe eines Endtermins ist. Und in diesem Fall nehme ich in meiner Erzählung eine Abkürzung und greife etwas vor. Ich kann nur bestätigen, dass es funktioniert. Es ist alles genau so gekommen, wie gewünscht. Natürlich ging auch das nicht ohne Schmerzen, Ängste und Bedenken über die Bühne. Es war auch ziemlich aufregend, weil der erste potenzielle Käufer ein Stinkstiefel war. Er kam mit einem Gutachter und hat alles zerpflückt, was mir lieb und heilig war. Und so jemand wollte mein schönes Haus haben. Nichtsdestotrotz haben wir uns per Handschlag auf einen Kaufpreis geeinigt. Ich habe das alles ziemlich persönlich genommen, es ging mir ganz schön an die Nieren. Leute, die mein geliebtes Zuhause kritisieren! Kommen hierher und aus jedem Wort höre ich heraus, dass das, was ich so sehr liebe, das, was ich hier geschaffen habe und mich ausmacht, ihren Ansprüchen nicht genügt. Ich bin eine emotionale Kuh und möchte nur an jemanden verkaufen, der das hier zu würdigen weiß! Zur gleichen Zeit kam noch ein zweiter, ernsthaft interessierter Käufer mit ins Spiel. Um es kurz zu machen: der wurde es auch. Der Nörgler hatte es sich kurzfristig nochmals anders überlegt, es wäre ihm doch zu teuer, war die Begründung. Das hat mir einmal mehr gezeigt, dass ich mich auf meine Wahrnehmung in Bezug auf Menschen durchaus verlassen kann, und dass ein Handschlag von so jemandem nichts wert ist. Zudem hätte ich mir alle Sorgen, die in Zusammenhang mit dem Verkauf standen, sparen können. Wie in einem Märchen bei den Gebrüdern Grimm stand der Richtige schon bereit. Der Notartermin wurde für Ende Dezember festgelegt und danach hatte ich noch zwei Monate Zeit für die Räumung und fürs Abschied nehmen.

Johanna - im Taumel der Gefühle

Es geht nicht nur um mich, sondern auch um meine Kinder. Ich hoffe sehr, dass es nicht zu früh ist, dass der Ort, an dem ihre Wurzeln sind, für sie nicht mehr zugänglich sein wird. Da kommt wieder die Glucke durch und ein Stück weit das Gefühl, keine gute Mutter zu sein. Seit meiner Scheidung von ihrem leiblichen Vater ist das schlechte Gewissen mein Begleiter. Natürlich hat sich das über die Jahre etwas verloren, aber ganz losgeworden bin ich es nie. Dachte oder denke ich zu viel an meine eigenen Bedürfnisse und lasse meine Kinder außen vor? Anders gesagt, wo hört ein gesunder Egoismus auf und fängt die Rücksichtslosigkeit an. Niemals würde ich meinen Kindern mit Absicht schaden wollen. Und doch habe ich das Gefühl, dass sie sich mit mir, sagen wir mal, nicht die einfachste Mutter ausgesucht haben. Die Optimistin sagt: ist doch gut, da lernen sie viel fürs Leben, das Mutterbündnis schreit: du Rabenmutter! Das spiegelt mein Innenleben wider und im Zweifelsfall habe ich entschieden, dass, nur wenn es mir gut geht, ich auch für meine Kinder gut sorgen kann. Fragen mich andere Mütter um Rat, sage ich ganz leichtfertig genau das. Dies auch zu leben und auszuhalten, ist wie so oft, eine vollkommen andere Baustelle.

Welche Emotionen auch immer derzeit meine Tage bestimmen, es ändert nichts an der Tatsache, dass die Entscheidungen gefallen sind. Jetzt gilt es, nicht nur mit der Traumvorstellung der grenzenlosen Freiheit umzugehen, sondern auch der nackten Wahrheit ins Gesicht zu schauen. Und die kommt in vielerlei Formen daher. Ganz praktisch heißt das, überlegen, wohin mit meinem ganzen Zeug. Was hebe ich auf und was kann weg. Wo werde ich die Sachen, die ich behalten möchte unterbringen, während ich unterwegs bin. Und wo soll meine Reise eigentlich hingehen? Welchen Papierkram muss ich erledigen und wie geht das eigentlich hier in Deutschland ohne Postanschrift. Krankenkasse, Lebensversicherungen, Auto, wie komme ich an Geld, wenn ich im Ausland bin? Tausend Fragen und Dinge, die erledigt werden müssen. Ich schreibe To-Do-Listen und eröffne einen Fragenkatalog, damit ich nichts vergesse. An Tagen, an denen ich viele Haken auf meiner Liste machen kann, dominiert das Gefühl der Vorfreude und ich bin stolz auf mich, dass ich das alles anpacke und mache. Manchmal denke ich sogar, was für ein geiles Leben. Aber es gibt die anderen Zeiten, in denen die Zweifel kommen, ob ich das Richtige tue. Und dann fühle ich stumme Vorwürfe in mir. Ich lasse sie nicht wirklich zu Wort kommen, aber sie sind eindeutig da. Ich verkaufe das Haus, das mir meine Eltern finanziert haben, damit ich versorgt und abgesichert bin. Sie würden bestimmt nicht gutheißen, was ich da tue. Auch wenn ich es nicht zugeben will, eine offizielle Erlaubnis wäre wunderbar. Doch wer soll mir die geben, damit sie wirklich gültig ist. Wer, außer meinen toten Eltern, hätte die Macht dazu? Meine Schwestern sagen zwar, mach nur, es ist alles gut, doch das reicht nicht. Mit meinem Bruder ist es nicht so einfach. Er ist nicht begeistert von meiner Idee und auch wenn er es nicht ausspricht, so spüre ich deutlich das Missfallen. Er ist die Personifizierung meiner eigenen Bedenken. Ich bin hin- und hergerissen zwischen himmelhoch jauchzend und zu Tode betrübt. Schwanke die ganze Emotionspalette rauf und runter und wenn ich durch bin, geht es von vorne los.

Es ist eine anstrengende Zeit und ich wüsste nicht, wie ich das alles schaffen würde, wenn ich noch zur Arbeit gehen müsste. Selbst der erfreuliche Teil, nämlich das Planen meiner Reise, bereitet mir Kopfzerbrechen. Ich lese viel im Internet von anderen Weltreisenden. Es gibt unzählige Webseiten und Blogs dazu. Ich bekenne, dass ich bis jetzt nicht genau wusste, was sich hinter einem Blog verbirgt. Zwischenzeitlich bin ich mit Sicherheit noch kein Profi, aber auch nicht mehr ganz unbedarft. Und schon nach den ersten Berichten und Einträgen, die ich gelesen hatte, war für mich klar, dass ich auch so eine Seite möchte. Ich habe keine Ahnung, in welche Richtung das gehen wird, aber für irgendetwas wird es schon gut sein. Wenn ich schon aus dem alten Leben aussteige, dann soll die Welt das auch erfahren. Der Name soll mein Programm sein und deshalb wird meine Seite „Frau Aussteiger“ heißen. Ich melde mich zu einem Online-Kurs an, bei dem ich hoffentlich lerne, wie ich es bewerkstellige, einen Blog einzurichten. In dem Kurs werden nicht nur die benötigten technischen Fertigkeiten aufgezeigt. Es wird gefragt, warum man bloggen möchte, für wen, und auch welcher Art, also ob man vorhat mehr Bilder oder Texte einzustellen. Eine interessante Aufgabe, doch um mich wirklich auf die Fragen einzulassen, brauche ich ein bisschen Muße und verschiebe das auf später.

Mutter - und die Fähigkeit der universellen Sprache

Jetzt will ich doch testen, welche Fähigkeiten ich als Seele habe. Johanna ist bei ihrer Freundin Ariana zur Trommelmeditation. Mal sehen, ob sich da nicht eine Möglichkeit ergibt, ihr eine Botschaft zukommen zu lassen, die sie nicht überhören wird! Ihrer eigenen Stimme traut sie nämlich nicht so recht. Sie tut ihre Gedanken oft als Spinnerei ab, beachtet die eigenen Impulse nicht. Die Schamanin hat allerlei Zeug herumstehen, das als Medium dienen könnte. Es sind vier Frauen, die zusammen meditieren und trommeln. Nach dem Trommeln zeigt Ariana ihren neuen Kristall in Form eines Schädels. „Er ist sehr kraftvoll“ sagt sie und reicht ihn an meine Tochter weiter: „Hier, Johanna, frag ihn, ob er eine Nachricht für dich hat." Funktioniert doch wunderbar. Was für ein Spaß! Alle spielen mit und ich kann durch den Stein sprechen: „Mach mindestens drei Monate Pause von den Männern und konzentriere dich auf dich selbst! Und gehe am nächsten Sonntag in die Kirche!" Die alte Zweiflerin fragt mich: „Warum soll ich das tun?" und ich antworte: „Weil es dir gut tun wird und deinen Glauben stärkt". Haha, jetzt ist sie vollkommen von den Socken und berichtet den anderen Frauen halb ehrfürchtig, halb amüsiert, was sie gehört hat. Die Gute wird schon sehen, was passiert. Ich muss zugeben, das mit den Männern war nur so eine Idee, weil sie insgeheim gehofft hatte zu hören, dass der nächste schon in den Startlöchern steht. Aber das ist jetzt nicht dran für sie. Zu lernen, an sich selbst zu glauben und ihrer Stimme Vertrauen schenken, das ist die eigentliche Aufgabe!

Johanna - und die geistige Welt

Also ehrlich, so ein verrückter Abend! Ich war bei Ariana zum Trommeln. Wir waren schon fertig, da kommt sie mit ihrem neuen Kristallschädel an. Ich finde die Köpfe eher gruselig. Sie hat ihn mir in die Hand gedrückt und mir aufgetragen nach einer Botschaft zu fragen! Der Stein fühlte sich durchaus gut an und ich wollte zu gerne etwas über mein Liebesleben erfahren. Wie geht es weiter mit mir und den Männern. Wann und wo finde ich meinen Traumprinzen? Das denke ich mir doch jetzt aus, oder? Der Schädel sagt, ich solle einfach mal Keuschheit leben? Was? Soll ich ins Kloster? Nein, zunächst für drei Monate. Und ich soll am Sonntag in die Kirche gehen. Veräpple ich mich selber? Auf solch abwegige Gedanken komme doch selbst ich nicht! Soll ich jetzt Buße tun, weil ich mich der körperlichen Liebe hingegeben habe? Wird es denn immer noch verrückter?

Es ist seltsam, aber ich tue wie mir geheißen. Männerfasten ist derzeit nicht schwer, weil sowieso keiner auf der Matte steht. Und auch der sonntägliche Kirchenbesuch ist kein Problem. Ich bin ein bisschen spät dran und überlege kurz, ob ich in die Kirche an meinem Wohnort gehen sollte. Aber das mag ich nicht. Wenn ich schon gehe, dann möchte ich auch das Grab meiner Mutter besuchen. Der Gottesdienst hat schon angefangen und deshalb bleibe ich hinter den Sitzreihen stehen. Ich bin gerne hier. Alles ist mir so vertraut. Die Menschen aus dem Dorf, die Abfolge der Gebete und die Stimmung in der Kirche. Ich kenne das alles von klein auf. Am Ende der Messe, kurz bevor der Pfarrer den Segen spricht, sagt er: „Wir beten heute im Besonderen für unsere Schwester, Elisabeth Krüger." Wie bitte? Das ist meine Mutter! Warum beten wir heute hier für sie? Ich glaub es einfach nicht! Der Pfarrer hat gerade den Namen meiner Mutter gesagt. Was geht hier vor? Der Gottesdienst ist vorüber und ich verlasse mit dem Strom der Menschen die Kirche. Da steht eine meiner Tanten am Grab. Das ist ein Zufall! Ob sie auch von einem Kristallschädel gesagt bekommen hat, dass sie herkommen soll? Nein, sie klärt mich auf, dass sie dafür verantwortlich ist, dass für meine Mutter heute die Messe gelesen wurde. Sie dachte, wir wüssten Bescheid. Da muss ich wirklich lachen. Ich kann nicht warten bis ich zuhause bin und rufe noch von unterwegs bei meinen Geschwistern an und frage, warum sie heute nicht in der Kirche waren. Sie hatten wie ich keine Ahnung davon und wollen wissen, warum ich ihnen nicht Bescheid gegeben hätte! Ich erkläre nichts und begründe meinen Kirchgang mit dem Zufall.

Johanna - konkrete Pläne

Die meisten Weltenbummler raten zu einem One-Way-Ticket. Sie meinen, eine von vorn herein festgelegte Route schränke zu sehr ein und man kann nicht mehr frei reisen. Flüge zu buchen und Unterkünfte zu suchen während ich unterwegs bin, ist in meiner Vorstellung nicht gerade sehr verlockend. Mein Alltag besteht momentan daraus, tausende von Entscheidungen zu treffen und dieselben auch umzusetzen. Angefangen bei: „Wie viele meiner tausend Paar Socken werde ich noch benötigen?", bis hin zu: „Wohin soll unser ungefähr eine Tonne schweres Eichenklavier?" Es ist noch kein Ende in Sicht und ich bin jetzt schon müde. Hinzu kommt, dass ich mit dem Auflösen meines Zuhauses, alle Sicherheitsnetze kappe. Da wird nicht mehr viel übrig bleiben, an dem ich mich festhalten kann und deshalb kann ich es mir auch nicht vorstellen, ohne jeden Plan loszufahren. Das ist mir einfach zu viel der Unsicherheiten. Natürlich will oder kann ich nicht jedes Detail festlegen, doch die grobe Planung möchte ich von hier aus gemacht haben. Dazu kommt, dass ich ja ein „Flug-Schisser" bin und deshalb nicht in jedes beliebige Flugzeug einsteigen möchte. Ich werde mit einem „Around-the-world-ticket“ reisen, bei dem ich die Ziele, Termine und auch Fluggesellschaften von Anfang an festlege. Das gibt mir etwas Struktur und Sicherheit. Vorort kann ich dann tun und lassen, was mir gefällt. Sollte mir ein Ort gar nicht gefallen, ist es ja immer noch möglich, meine Pläne zu ändern und mir eine Alternative zu überlegen. Zum anderen gefällt mir der Gedanke, meine Aufenthaltsorte nach einem bestimmten Motto auszuwählen. Zum Beispiel das Kennenlernen unterschiedlicher Religionen, das Wandeln auf den Spuren großer Künstler oder auch das Erwandern verschiedener Gebirge. Es würde mich so vieles interessieren, aber ich komme mit meinen Überlegungen nicht recht weiter. Ein Reiseziel, das mich schon lange fasziniert, wäre Patagonien. Das würde von der Jahreszeit gut passen und ich könnte mich für die erste Etappe einer Reisegruppe anschließen, danach ein paar Wochen Argentinien und Chile. Und unbedingt möchte ich nach Kanada. Ich habe noch nie in einer Stadt gelebt. Wie wäre es, wenn ich in Vancouver eine längere Zeit bliebe und dort sozusagen eine Großstadterfahrung mache. Das wird ganz große Klasse! Bis dahin sind noch ein paar Dinge zu erledigen, doch die Weichen sind gestellt und hey Leute, ich werde den Traum der Träume leben!

Weihnachten wird es das letzte Mal sein, dass meine Kinder und ich gemeinsam in unserem alten Zuhause sein werden. Da gibt es jede Menge Potenzial für Sentimentalitäten und Heulerei. In der Realität ist es nicht halb so dramatisch wie befürchtet. Zumindest was die Thematik Hausverkauf anbelangt. Meine Tochter ist mit ihren eigenen Problemen beschäftigt. Nach dem Staatsexamen ist sie nun endgültig angekommen in der Welt einer modernen jungen Frau. Karriere muss man machen, eine Familie will man haben und dabei sollte man am besten immer schön, sexy und liebenswert sein. Als ich meinen Kindern das erste Mal von meinen Reiseplänen erzählte, waren beide total begeistert. Wir vereinbarten, dass ich mich mit jedem von ihnen einmal irgendwo auf der Welt treffe. Und nachdem meine Tochter so erschöpft hier angekommen ist und dringend eine Pause braucht, kommt uns die Idee, dass wir Ende Februar gemeinsam starten könnten. Wie wäre es, wenn wir die Reise mit Erholung beginnen würden. Das täte uns beiden gut und so entscheiden wir uns für eine Ayurvedakur in Indien. Erst eine kleine Rundreise durch Rajasthan und dann in den Süden zum Relaxen. Auch gut, es tut mir ein bisschen Leid um Patagonien, aber vielleicht kann ich das am Ende der Reise einbauen. So haben wir, bis auf die jährlichen Aufregungen um die Besuchstermine bei den Vätern, beim leiblichen und beim „ex-stief", ein relativ ruhiges Weihnachtsfest. Ein paar Stunden werden darauf verwendet, auszusortieren, was die beiden auf alle Fälle behalten möchten. Da sind einige Kindheitserinnerungen in Form von Büchern,

Bastelsachen oder Spielen. Skier und etliche andere sperrige Möbelstücke, die in Studentenbuden keinen Platz finden, werden markiert mit „kann weg“ oder „bitte unbedingt aufheben“. Die tatsächliche Arbeit des Entsorgens oder Einlagerns bleibt dann wohl oder übel an mir hängen.

Meine Zwei reisen nach Weihnachten ohne großes Aufheben wieder ab und ich mache mich am 29.12.14 auf zum Notar und verkaufe mein Zuhause, meine Burg, meine Zufluchtsstätte. Ich habe nach der Unterschrift große Gefühle erwartet ohne sagen zu können, ob besonders glückliche oder ganz schreckliche. Aber da ist nichts, es fühlt sich eher leer an. Jetzt habe ich es getan und es gibt kein zurück. Wieder daheim stellt sich eine leise Melancholie ein. Ich gebe mich ihr ein Weilchen hin, sitze in der Küche und es ist fast, als würde ich mich bei ihr entschuldigen, dass ich sie nicht mehr zu schätzen weiß, dass ich sie verlassen und verraten habe. Dabei ist es gar nicht so, dass ich sie nicht mehr mag. Ich will einfach nochmal eine oder sogar viele andere kennen lernen. Das ist wie mit meinem Mann, da war nichts mehr, was ich hätte entdecken können oder was mich inspiriert und begeistert hätte. Es geht nicht mal um die Küche oder den Partner, sondern um mich. Ich kenne mich in diesem Umfeld in- und auswendig. Doch da muss doch noch mehr sein. Wer bin ich ohne das alles. Ich will an mir neue Seiten entdecken, ob sie mir immer gefallen oder sie mich glücklicher machen, das werde ich erst wissen, wenn ich es ausprobiert habe. Und deshalb ist jetzt Schluss mit dem schweren Herzen.

Ich, Johanna, werde die Welt erobern und deshalb buche ich jetzt endlich meine Flugroute!

Erste Station wie besprochen Indien. Und was kommt danach? Im letzten Sommer hat mir ein Freund vom hawaiianischen Vergebungsritual Ho'oponopono erzählt. Es geht darum, Frieden zu machen mit anderen und vor allem mit sich selbst. Die Methode funktioniert so, dass du dir die Situation oder den Menschen vorstellst, mit der oder dem du etwas zu klären hast und dann sagst du: „Es tut mir leid - Ich verzeihe mir - Ich danke mir - Ich liebe mich". Das ist sehr vereinfacht dargestellt und ich vermag nicht auszudrücken, welches warme, weiche Gefühl sich bei mir einstellt, wenn ich die Worte der Vergebung ausspreche. Ob es langfristig eine Auswirkung hat, ist wahrscheinlich von vielen Faktoren abhängig, auch von der Ernsthaftigkeit, mit der man an die Sache herangeht. Mir verschafft es auf alle Fälle ein gutes Gefühl. Es nimmt mir die Schuld, die ich so gerne auf meine Schultern packe und lässt mich ruhig werden. Das war eine lange Herleitung, warum ich nach Hawaii möchte. Aber es ist tatsächlich so, dass, bevor ich mich mit diesem Ritual beschäftigt hatte, Hawaii zwar ein tolles und exotisches Reiseziel war, aber auf meiner Prioritätenliste relativ weit hinten erschien. Bei meinen Recherchen zum Ho'Oponopono bin ich auf eine Internetseite gestoßen, auf der Ausbildungen bei einem Kahuna, also einem traditionellen Heiler, auf Kaua'i angeboten werden. Zeitlich wäre das Mitte Mai. Das heißt, ich könnte zwischen Indien und Hawaii noch ein anderes Ziel einbauen. Ich hole mir eine Weltkarte und lasse meinen Zeigefinger über verschiedene Länder fahren. Bali war ich schon, Thailand lockt mich nicht, in Japans Großstädten habe ich mich nicht besonders wohl gefühlt. Australien wäre eine Überlegung, aber nein, Neuseeland! Oh mein Gott! Ich könnte nach Neuseeland fliegen. Das ist ja eigentlich das Nonplusultra. Das Traumziel schlechthin! Und weiter kann man nicht wegfahren, es sei denn, man checkt auf einem Space Shuttle ein. Meine Assoziationen sind Kiwis und viel Grün, Wasser, Berge und Schafe. Bisher dachte ich, dass ich im Ruhestand nach Neuseeland reisen würde und mein reicher Mann die teure Reise ans andere Ende der Welt bezahlen würde. Aber ganz ehrlich, ernsthaft daran geglaubt habe ich bestimmt nie. Ist das nicht großartig!

Delhi - Auckland - Honolulu und dann Vancouver. Ich habe schon so viel Tolles von dieser Stadt gehört! Ich könnte eventuell einen Roadtrip von Vancouver nach San Francisco anschließen. Und von dort aus weiter nach Südamerika. Meine liebe Freundin Ariana wird im Herbst in Peru sein. Das wäre natürlich verlockend, sie dort zu sehen und Gelegenheit zu haben, mit ihr schamanische Rituale an starken Kraftorten zu erleben. Oder Chile? Im Herbst hat ein Paar aus Brasilien bei mir übernachtet, das hier in Deutschland einen Tanzworkshop abgehalten hat. Der Organisator hat mich gefragt, ob ich daran teilnehmen möchte und als Ausgleich anstelle der Kursgebühr eine Übernachtungsgelegenheit anbieten könnte. Das Angebot konnte ich mir natürlich nicht entgehen lassen und so bot sich mir neben einem tollen Workshop auch noch die Gelegenheit, die beiden über ihre Heimat und Südamerika als Reiseziel auszufragen. Sie empfahlen Chile. Es sei das sicherste Land Lateinamerikas und sie meinten, dort könnte ich reisen wie in Europa. Und dann Argentinien, die Hochburg des Tangos. Das, was ich ursprünglich als Reiseanfang gedacht hatte, könnte ich ans Ende stellen. Ich überlege viel hin und her, checke Flüge ab und das wäre jetzt die aktuelle Flugroute: München - Delhi - Auckland - Honolulu - Vancouver - Santiago de Chile - Buenos Aires - München. Ich hätte auch gerne noch Afrika eingebaut, doch wenn ich Weihnachten wieder zu Hause sein will, würde mir die Zeit nicht reichen. Je länger ich mich damit befasse, desto mehr Orte kommen auf die „Will-ich-sehen-Liste“. Einen Tag später mache ich eine 180 Grad Wendung und überlege mir, gar nicht in einen Flieger zu steigen, sondern einfach von der Haustüre los zu marschieren. Ich kann nicht begründen, warum es letztendlich die Reise um die Welt wird. Doch ich wollte die Vorbereitungen einfach abschließen, um den Kopf für die Hausräumung frei zu haben. Es wollten Nägel mit Köpfen gemacht werden und nachdem die Route sowieso schon in der Planungshilfe des Around-the-World-Anbieters fix hinterlegt war, musste ich nur noch auf „buchen“ klicken, Kreditkartennummer eingeben und „Voilá", ich werde in nicht einmal zwei Monaten in München in den Flieger steigen und erst zehn Monate später wieder dort ankommen. Das ist zumindest der Plan!

Die Aussicht auf die Reise puscht meine Stimmung gewaltig nach oben, aber das ist nicht ausreichend für durchgängig gute Laune. Meistens merke ich schon am Morgen, gleich nach dem Aufwachen, ob es ein guter Tag mit viel Energie wird oder einer dieser Durchhänger-Tage voller Zweifel und Schuldgefühle. Dieses auf und ab meiner Gefühlslage ist für alle Beteiligten, also egal ob Leser, Erzähler oder Akteur dieser Geschichte, wahrscheinlich gleichermaßen ermüdend. Diese Endlosschleife, die mich nicht loslassen will und an der ich mich festgebissen habe, langweilt mich selbst und macht mich meiner überdrüssig. Doch ich weiß weder, warum ich mich nicht einfach nur freuen kann, geschweige denn, was die Lösung für meine Talfahrten wäre.

Johanna - die Absolution

Und dann kommt Hilfe aus einer vollkommen unerwarteten Richtung. Die Freundin meiner Freundin, beide Heilpraktikerinnen, veranstaltet in ihrer Praxis einen „Tag der offenen Tür", weil sie ihr neues Biophotonen-Gerät vorstellen möchte. Das interessiert mich sehr und deshalb gehe ich hin. In einem kurzen Vortrag erfahre ich, dass die Strahlen des Gerätes dem Sonnenlicht nachempfunden sind und die Bestrahlung damit sensationelle Auswirkungen auf unsere Gesundheit hat. Ich bin weder Physiker noch Therapeut und will deshalb gar nicht versuchen zu erklären, was da passiert. Und noch weniger will ich mich auf die Diskussion einlassen, ob und wie wissenschaftlich fundiert das Ganze ist. Was ich hier erzählen möchte, ist meine ureigene Erfahrung, die ich in diesem Zusammenhang gemacht habe. An diesem Info-Tag habe ich unter anderem auch an einem Preisausschreiben teilgenommen und dabei eine Stunde Biophotonen-Behandlung gewonnen. Weil ich mir davon eine wunderbare Erholung für meine verspannten Schultern und auch meine angespannte Psyche erhoffte, habe ich auch gleich einen Termin dafür vereinbart.

Ich komme voll positiver Erwartung pünktlich in die Praxis, werde freundlich begrüßt und alles ist gut. Ihr wisst schon, einer dieser Tage, an denen man sich ohne besonderen Grund richtig beschwingt fühlt. Heike, die Therapeutin, erklärt kurz die Arbeits- und Wirkungsweise des Gerätes und möchte von mir wissen, ob ich spezielle Beschwerden oder Krankheiten habe. Und dann geht es los. Ich soll mich hinlegen und noch bevor ich richtig liege, merke ich, dass sich bei mir ein Schalter umgelegt hat. Ich könnte auf der Stelle anfangen zu heulen. Ich schlucke es runter und erzähle von meiner aktuellen Situation und von meinen Gefühlen dazu. Dass ich mich eigentlich freuen sollte über mein tolles Leben, aber oft so energielos und schwer bin. Letztendlich mache ich doch genau das, was ich will. Warum komme ich aus dem Jammern gar nicht mehr richtig raus? Ich kann leider nicht wiedergeben, was sie mir darauf geantwortet hat, weil ich mich nicht daran erinnere. Aber was sich tief in mir verankert hat, ist ihre sanfte, liebevolle Art, die meine Schleusen erst richtig geöffnet hat. Ich weine und weine und als die Tränen nicht mehr ganz so heftig fließen, legt sie mich endgültig mit einer Schachtel Papiertücher unter ihre künstliche Sonne. Sie lässt die Tür einen Spaltbreit offen und sieht immer wieder nach mir. Ich weiß nicht, ob die Strahlen etwas mit mir machen, oder ob die reinigenden Tränen mir Erleichterung verschaffen. Aber es ist definitiv eine Türe in mir aufgegangen. Ich mache mir solche Vorwürfe, weil ich das Haus verkauft habe. Nicht, weil ich es nun bereue und zurück möchte, sondern weil ich denke, dass meine Eltern damit nicht einverstanden sind. Im Speziellen fühle ich mich meiner Mutter gegenüber schuldig. Ich kann Heike das alles genau so sagen und sie findet für mich die richtigen Worte. Die Essenz daraus ist: „Alles was deine Mutter möchte, ist, dass es dir gut geht. Auch wenn Sie zu Lebzeiten nicht verstanden hätte, was du tust, so gibt es keinen Zweifel daran, dass sie dich liebt." Da geht die Heulerei natürlich von vorne los. Aber ich habe die Worte deutlich vernommen und auch wenn noch einige Tränen geweint werden wollen, bevor sich die Botschaft in mir einnisten kann, so ist sie doch präsent. Ist das die Absolution, die ich mir so sehr gewünscht habe. Ich möchte so sehr, dass es wahr ist.

Mutter - Abschied

Ich habe tatsächlich ein Helferwesen gefunden. Was bin ich erleichtert und dankbar, dass die junge Frau meine Worte ausgesprochen hat. Wie ist das passiert? Vollkommen verrückt und unfassbar ist das für mich. Sie hat genau das gesagt, was ich gedacht habe. Und das Beste ist, Johanna hat es gehört. Ich liebe sie und habe es ihr nie gesagt und natürlich will ich einfach nur, dass es ihr gut geht. Sie soll glücklich sein und ihren Weg gehen. Die Dinge tun, die dafür nötig sind und nicht um Erlaubnis fragen. Nur sie selbst ist ihre Richterin, niemand sonst. Sie hält es nicht aus, dass jemand ihr Handeln nicht richtig finden oder sie nicht mögen könnte. Kann sich selbst nicht den Halt geben und sucht Anerkennung, wo sie geht und steht. Egal ob bei ihren Kindern oder Geschwistern, in der Kirche, bei diesen spirituellen Veranstaltungen, Freunden, einfach überall. Die Wurzel ihres Leides ist, sie braucht die Bestätigung von außen, um die Berechtigung auf Leben zu haben. Dabei ist es ein Recht, das man alleine durch die Geburt erlangt und für das ansonsten nichts zu tun ist. Durch die Worte, die Heike ausgesprochen hat, wurde vieles auf den Weg gebracht. Nicht nur für Johanna. Damit findet auch meine Seele Frieden. Ich bin überzeugt, meine Tochter wird sich eines Tages selbst finden. Und ich darf jetzt gehen.

Johanna - Finale grande

Ich muss oft an meine Sitzung bei Heike und ihre Worte denken. Es hat so gut getan und trotzdem gibt es noch Restzweifel, ob es wirklich wahr ist. Ich fühle mich wie eine Lottogewinnerin, die den Jackpot gewonnen hat, es aber doch nicht richtig glauben kann. Es muss erst in meinem Denkmuster ankommen. Meine Mutter möchte, dass es mir gut geht, auch wenn ich Dinge tue, die ihr nicht gefallen. Kann ich das wirklich glauben? Denke ich an meine Kinder, dann muss ich es glauben, weil es aus dieser Warte betrachtet, die Wahrheit ist. Es ist wie ein Samenkorn, das in mir arbeitet und mir die nötige Kraft gibt für alle Aufgaben, die zur Erledigung anstehen. Ich bestelle für das Wochenende Ende Januar zwei große Container, einen für Sperrmüll, den anderen für Altholz. Dann starte ich einen großen Rundruf bei allen Freunden und Bekannten und bitte um Hilfe für die große Räumaktion. Gleichzeitig biete ich an, dass sie in der Woche vorher vorbei kommen können, falls sie Dinge aus meinem Haushalt oder Garten haben möchten. Die großen Kleiderschränke und Schlafzimmermöbel meiner Kinder biete ich im Internet gegen Selbstabbau zu verschenken an. Packe Bücher- und Kleiderkisten, die ich je nach Inhalt über das Internet verkaufe oder verschenke. Und allmählich kann ich sehen, was für mich unvorstellbar war. Es wird tatsächlich leerer im Haus. Über eine Bekannte habe ich die Telefonnummer einer sozialen Einrichtung, die für ein Flüchtlingshaus den Gefrierschrank, einen Schreibtischstuhl und die Kick-Bords der Kinder abholen wollen. Auch der neue Eigentümer kommt nochmal vorbei, damit wir besprechen, was er an fest eingebauten Regalen übernehmen möchte. Auch über vorhandenes Werkzeug und Gartenmöbel freut er sich sehr. Ich könnte viele der Sachen auch für gutes Geld verkaufen, aber dazu fehlt mir die Energie. Ich bin froh über jedes Teil, das einen Abnehmer findet und ich am Ende nicht wegwerfen muss. Gerade mit den Leuten, die über das Internet zu mir finden, erlebe ich einige nette Geschichten, erhalte Reisetipps und alle möglichen guten Wünsche.

Ein Erlebnis finde ich besonders nett. Es geht dabei um unser Klavier. Es ist so irre schwer, dass ich nicht weiß, wohin damit. Die angefragten Klavierhändler wollen es aufgrund des Alters nicht mehr ankaufen. Nach einem Anruf bei der ortsansässigen Musikschule habe ich etwas Hoffnung. Es wurde mir eine Familie vermittelt, die es gerne für die zwei Töchter haben wollte. Doch als der Vater mit zwei starken Männern und Transportfahrzeug kommt und realisiert, was für ein Riesenkasten das ist, sagt er mir kurzerhand ab, weil es auch ihm zu schwer ist. Es wird mir nichts anderes übrig bleiben, als es kaputt zu schlagen. Der Mann einer Freundin würde das für mich machen und könnte zumindest das geschnitzte Eichenholz noch verwenden. Bei dieser Vorstellung blutet mir das Herz, aber was bleibt mir anderes übrig? Ich habe zum Klavier auch noch zwei Sitzgelegenheiten, einen Hocker, der zum Klavier passt und eine klassisch schwarze Bank. Mal schauen, ob ich wenigstens die zwei Teile verkaufen kann. Ich platziere eine Anzeige und habe zehn Sekunden nachdem das Inserat online geht, gleich den ersten Anrufer dazu. Er war gerade im Internet und freut sich total, dass er die Bank gleich abholen kann. Eine Stunde später steht er vor der Tür. Ein großer sympathischer Mann, der neugierig fragt, warum ich die Sachen abgebe. Wir kommen ins Gespräch und trinken einen Kaffee zusammen. Als er wieder fahren will und sich bedankt, sag ich spaßeshalber: „Sehr gerne und eigentlich könntest du das Klavier auch gleich mitnehmen". Da schaut er mich verdutzt an und sagt „Echt?". „Ja, echt", sage ich und mit einem dicken Grinsen im Gesicht folgt er mir wieder zurück ins Haus. Ich zeige ihm das gute Stück und er kann sein Glück kaum fassen, als er die Tasten anschlägt und den wunderbaren Klang hört. Klar will er es haben. Der Transport wird kein Problem, weil er in der Branche arbeitet. Der Himmel hatte also ein Einsehen und das wunderbare Instrument bekommt einen Besitzer, der es zu schätzen weiß. Ganz nebenbei erhalte ich eine Einladung zu einem Date. Doch davon will ich echt nichts wissen. Obwohl ich mich geschmeichelt fühle, muss ich zugeben, dass ich von Männern die Nase voll habe! Ich weiß nicht, was für ein Exemplar kommen müsste, das ich auch nur auf Armeslänge an mich heranlassen würde.

Ende Januar stehen, wie bestellt, Container und Freunde vor der Türe, um alles, was ich nicht gekennzeichnet habe entweder mitzunehmen oder in den Müll zu werfen. Ich bin damit beschäftigt, die Leute zu koordinieren und laufe hin und her, um Fragen zu beantworten. Überall im Haus wuselt es. Die einen tragen kistenweise Sachen aus dem Keller, oben werden noch Klamotten durchsucht und einzelne Möbelteile abgebaut. Zwischendurch ruft man mich, um kurzfristig zu entscheiden, was mit dem einen oder anderen Teil passieren soll. Die Männer machen sich über die Garage und den Schuppen her und haben einen Mordsspaß beim zerschlagen von großen Holzteilen. Eine meiner Freundinnen kocht und so, wie sich die Zimmer des Hauses geleert haben, füllt sich jetzt die Küche mit all meinen Helfern, die sich stärken möchten. Es ist wie ein letztes Fest, das wir hier gemeinsam feiern. Zusammen helfen und gemeinsam etwas schaffen macht viel Spaß und entsprechend gut ist die Stimmung. Das und die Erleichterung, dass jetzt der größte Teil der Arbeit getan ist, lässt weder Zeit noch Raum für Schwermut. Doch aufgeschoben ist nicht aufgehoben. Sie wartet schon auf mich und holt mich just in dem Moment ein, als ich Zeit zum Nachdenken habe! Meine Freunde sind heimgegangen und ich bin wieder alleine. Ich gehe durch alle Räume, bleibe in jedem der Zimmer stehen. Hänge meinen Erinnerungen und Gedanken nach, die sich mit einem Knäuel an Emotionen verbinden. Von allem ein bisschen was, Erleichterung und Freude, aber auch im wahrsten Sinn des Wortes, Schwermut. Mut, der im Moment ganz schön schwer aufrecht zu erhalten ist und gleichzeitig an manchen Stellen auch ganz schön schwer macht. Zurück in der Küche, lege ich mich auf die Ofenbank am warmen Kamin und rolle mich wie eine Katze zusammen. Das schenkt mir Trost und lässt mich die Leere nicht mehr ganz so arg spüren.

Zwei Stunden später wache ich in der gleichen Position wieder auf. Die Ruhe hat mir gut getan und ich starte nochmal einen Rundgang. Und diesmal ist alles gut! Es ist als würden wir beide, das Haus und ich, aufatmen. Können uns beide freuen über all den Platz und die viele Luft, die es jetzt gibt! Warum tut man sich das an und sammelt Sachen an, die man doch nicht braucht und meist sogar vergisst, dass man sie überhaupt hat. Meine jetzige Bestandsaufnahme ist wunderbar übersichtlich. Im ersten Stock liegt nur noch eine Matratze, auf der ich schlafe, mitsamt Bettzeug und einem großen Berg Kleider und Schuhe, die ich zum Einlagern in Kisten packen muss. Im Bad einen Waschbeutel und zwei Handtücher und in der Küche sind noch Geschirr und Haushaltsgegenstände, sowie ein Massivholzschrank, den ich bei meinem Bruder unterstellen kann. Dann habe ich einen kleinen runden Tisch, den sich eine Freundin abholen wird, kurz bevor ich hier endgültig das Licht ausmache. Ich finde, das ist eine ziemlich coole Ausgangsposition, auch wenn es gefühlsmäßig eine Gratwanderung ist.

Nachdem der Großteil der Arbeit erledigt ist, kann ich mich auch wieder mehr meinen Reisevorbereitungen widmen. Ich muss mir langsam aber sicher überlegen, was ich alles einpacken muss, soll oder will. Nehme ich einen Koffer oder doch lieber den Rucksack? Es ist klar, dass ich weder der typische Backpacker noch der klassische Hoteltourist sein möchte. Also sollte auch mein Gepäck die Anforderungen irgendwo dazwischen erfüllen. Es ist unglaublich, wie viele Empfehlungen es auf den verschiedenen Reiseblogs gibt. Ich verspreche hoch und heilig, dass „Frau Aussteiger“ weder ihren Rucksack noch dessen Inhalt beschreiben wird. Aber anscheinend ist mit den Empfehlungen Geld zu verdienen. Ich entscheide mich für eine Reisetasche mit Rollen und langen Henkeln als großes Gepäckstück, so dass ich sie im Notfall gut auf dem Rücken tragen kann. Als Handgepäck nehme ich einen Rucksack, der auch für Tagesausflüge brauchbar ist und in dem ich meinen Computer gut verstauen kann. Und dann gönne ich mir einen absolut grandiosen Luxus. Ich ziehe los und kaufe mir eine komplette Reisegarderobe. Hätte ich das nicht in einem Reisebericht einer Weltenbummlerin gelesen, wäre ich niemals auf die Idee gekommen, alles neu zu kaufen. Es erscheint mir dekadent, viel Geld auszugeben für etwas, das ich eigentlich schon habe. Niemand außer der Verkäuferin weiß davon und trotzdem habe ich das Gefühl, ich muss diese Geldausgabe irgendwie rechtfertigen. Es ist genial und macht einen Riesenspaß. Zudem erspart es mir das große Kopfzerbrechen, was ich mitnehme und welches Teil wozu passt. Ich kaufe zwei Hosen, drei Kurzarm- und zwei Langarm- T-Shirts, ein schlichtes ärmelloses Seidenkleid, das alleine oder über Hosen getragen werden kann, einen Pullover und eine Jacke, zwei Paar Socken, Unterwäsche für eine Woche und ein Tuch. Alles passt zu allem. Zuhause lege ich alles, so wie es ist, in meine Rolltasche und freue mich nicht nur über die neuen Sachen, sondern auch über die Tatsache, dass es das Packen grandios einfach macht. Im Internet habe ich mir zwei Kompressionsbeutel für die Kleidung bestellt, einen Adapter mit verschiedenen Steckvarianten für die Stromanschlüsse und ein schnell trocknendes Mikrofaserhandtuch. Jetzt gilt es zu überlegen, ob ich die Wanderschuhe mitnehme oder ob Turnschuhe ausreichend sind. Flipflops, Badesachen und meine Regenjacke, damit müsste mein Reisegepäck im Großen und Ganzen fertig sein.

Den Termin für das Auszugsdatum und die Schlüsselübergabe lege ich auf Sonntag, den 22. Februar. Das passt perfekt. Ich bin am gleichen Tag zu einem Geburtstag in Ulm eingeladen und werde dort über Nacht bleiben. Dann sind es noch fünf Nächte, die ich irgendwo unterkommen muss, bis zu meinem Abflug nach Delhi. Freunde und auch meine Schwester bieten mir an, dass ich bei ihnen bleiben kann. Aber der Gedanke, meine eigenen vier Wände nicht mehr zu haben und in dem Zuhause von jemand anderem zu wohnen, fühlt sich seltsam an. Ich möchte unabhängig sein. Ich beschließe, mir in meiner Heimatstadt ein Hotelzimmer zu nehmen. Das stößt nicht auf Verständnis in meiner Umgebung, doch alles andere sind keine Alternativen für mich. Außerdem macht es Spaß und ist ein guter Anfang für meine Reise. Wenn ich meiner eigenen Geschichte lausche, hört sich das alles ziemlich „taff" an und wann immer ich Menschen erzähle, was ich gerade mache, bekomme ich zu hören, wie mutig ich sei. Dabei fühle ich mich gar nicht mutig. Ich habe Entscheidungen getroffen und jetzt lebe ich mit den Folgen. Es ist schlicht und ergreifend zu spät zum Umkehren und einen großen Teil meiner Energie verwende ich darauf, meine Unsicherheiten und Zweifel im Zaum zu halten. Um die Hotelaktion nicht lang und breit erklären zu müssen, tue ich sie schlichtweg mit dem Satz ab: „Ungewöhnliche Zeiten erfordern ungewöhnliche Maßnahmen."

Bevor ich ins Hotel ziehe, muss ich noch den Tag X hinter mich bringen. Meine restlichen Habseligkeiten sind in sechzehn Kisten verpackt. Ein lieber Freund hat mir angeboten, sie in einem ungenutzen Raum in seiner Wohnung zu lagern. Die paar Möbelstücke, Fahrrad, Skier, Staffelei und ein paar andere sperrige Sachen kann ich bei meinem Bruder in der Tenne unterbringen. Und so ist es tatsächlich geschafft, es ist die letzte Nacht, die ich hier schlafen werde. Zeit, Abschied zu nehmen. Was hatte ich für ein Glück, viele Jahre in so einem schönen Haus verbringen zu dürfen. Ich habe keine Kraft mehr, meine Traurigkeit zuzulassen und will auch nicht mehr weinen. Es muss jetzt gut sein und deshalb nehme ich mir vor, meine letzten Stunden hier nur dankbar zu sein. Das hat auch den Vorteil, dass ich dem ganzen die Dramatik nehme. Ich habe gut geschlafen und meine Freundin Christine kommt früh am nächsten Morgen auf einen letzten Kaffee vorbei, um im Anschluss meine Matratze und das Bettzeug abzuholen. Ich muss sagen, es ist gut, jetzt nicht alleine zu sein. Ich packe meine Taschen ins Auto und dann kommen der neue Besitzer und der Makler für die Übergabe. Wir machen es kurz. Noch ein paar Erklärungen zur Teichpumpe und zum WLAN, Unterschreiben des Übergabeprotokolls und schon sind wir fertig. Jetzt schnell weg hier. Rein ins Auto, das letzte Mal die Ausfahrt hinausfahren, ein kurzer Blick zurück und ab auf die Autobahn.

Hätte ich vielleicht noch ein bisschen weinen sollen, nochmal durchs ganze Haus laufen? Habe ich mich ausgiebig genug verabschiedet? „Hör auf darüber nachzudenken!", schimpfe ich mit mir selbst. „Es ist vorbei und du solltest nach vorne schauen". Ich zwinge mich förmlich dazu, konzentriere mich auf den Verkehr und bin froh, dass ich ein paar Stunden im Auto habe. Das ist wieder so eine Schwellenzeit, in der mein Geist und mein ganzes System Zeit brauchen, um sich zu beruhigen und an den neuen Zustand zu gewöhnen. Laute Musik und Straßenverkehr sind dafür bestens geeignet. Die Leute, die ich abends auf der Geburtstagsparty treffe, sind nicht interessiert an meinem Gejammer wegen des Hausverkaufs, sondern wollen alles über die geplante Reise hören. Das ist spaßig, weil sie alle so begeistert sind von meinem Vorhaben, dass sie mich anstecken. Alles Schwere, an dem ich mich so gerne fest halte, wird darüber in den Hintergrund gerückt. Meine Nacht ist etwas unruhig, aber insgesamt ist mein Ablenkungsplan aufgegangen. Nach dem Frühstück nehme ich viele liebe Wünsche für meine Reise entgegen, fahre zurück und ziehe ins Hotel. Was für eine verrückte Zeit!

Johanna - so fühlt sich Freiheit an

Noch vier Tage bis zum Abflug. Heute werde ich mich von dem letzten großen Teil trennen, das noch in meinem Besitz ist: mein Auto! Mein oranges Mini Cabriolet! Über zehn Jahre hat es mich sicher überall hin gebracht. Ganz zu schweigen von den vielen Fahrten über die Alpen nach Italien. Es hat immer treu zu mir gestanden, ganz egal, ob ich gestrahlt und gesungen oder traurig war und geheult habe. Ha, ich sehe, wie ihr die Augen verdreht und insgeheim tue ich das sogar auch, aber nur ein bisschen. Mein Auto ist verdammt cool und auch wenn ich es manchmal nicht war oder bin, es strahlte mich immer schon von weitem orange an und sagte: „Hey Lady, ich bin immer da, wenn du mich brauchst! Bring dich überall hin oder von dort weg, wo es dir nicht mehr gefällt." Wie auch immer, heute fahre ich zu einem Gebrauchtwagenhändler, um es zu verkaufen. Ich war schon vor einigen Tagen da, um einen Preis auszuhandeln und deshalb geht es ganz fix. Ich lege die Papiere auf den Tresen und erhalte im Gegenzug das Geld. Und dabei überkommt mich ein unbeschreibliches Freiheitsgefühl, so dass ich mich nicht zurückhalten kann und dem Händler erzähle, was ich gerade tue. Es platzt aus mir heraus. Alles, für das ich jetzt noch verantwortlich bin, kann ich in einer Reisetasche (ohne fremde Hilfe!) tragen. Ein zweiter Mann, der vom Büro aus meine Geschichte gehört hat, kommt in den Verkaufsraum und wünscht mir Glück. Er bietet mir an, mich irgendwo hin zu fahren, doch ich lehne dankend ab. Ich möchte diesen kostbaren Augenblick der Unabhängigkeit alleine auskosten und gehe zu Fuß. Ich glaube, ich grinse von einem Ohr zum anderen und muss alle Passanten anlachen. In dieser unendlichen Begeisterung hüpfe ich mehr als dass ich gehe. Mein Herz hüpft mit und ich könnte schreien vor Glück. Mein Blick fällt auf den Turm einer Kirche. In den über 25 Jahren, in denen ich hier gelebt habe, war ich noch nie dort gewesen. Das ist der perfekte Ort, um mich meinen schier überbrodelnden Gefühlen hinzugeben. Wem auch immer ich hier in der leeren Kirche von meiner Dankbarkeit und Leichtigkeit erzähle, ich bin mir sicher, ich werde gehört, von mir, von Gott, von meinem Leben oder meiner Seele? Keine Ahnung und vollkommen unwichtig. Alles was zählt ist, dass es in mir lacht und singt: „Du bist frei, frei, frei!“

Johanna - Goodbye Deutschland

Ich laufe noch ein bisschen in der Stadt herum, gehe ins Café und am späten Nachmittag zurück ins Hotel. Dort lege ich mich ins Bett, lese, surfe im Internet und hänge meinen Gedanken nach. Die Weite in meinem Herzen ist im Laufe des Nachmittags merklich kleiner geworden und wird von einer seltsamen Stimmung überlagert. Ich glaube, anfangs war es eine Art Lampenfieber. Das hat sich noch ganz gut angefühlt, leicht kribbelig und aufregend. Doch irgendwie gerät das Ganze außer Kontrolle. Mir fällt ein, dass ich mich nicht mehr um Impfungen gekümmert habe. Ich steigere mich mehr und mehr hinein, bis ich vollkommen hysterisch denke: „Ich kann unmöglich fliegen. Es ist absolut verantwortungslos ohne Impfung nach Indien zu fliegen.“ Mücken, Hepatitis und lebensbedrohliche Fieber. Was habe ich mir eigentlich dabei gedacht? Beziehungsweise, wie konnte ich das vergessen? Das bin doch gar nicht ich. Ich habe unsere Familienurlaube bis ins Detail geplant und jetzt so etwas. Ich wälze mich bis in die frühen Morgenstunden im Bett, stehe immer wieder auf, schalte das Laptop an, um mir immer wieder und wieder die Gefahren in den fremden Ländern zu bestätigen. Mit dem Gedanken, dass ich meine Tochter anrufen muss, um ihr zu sagen, dass wir ohne Impfschutz nicht fliegen können, verfalle ich für ein paar Stunden in einen unruhigen Schlaf. Ich wache benommen auf und weiß im ersten Augenblick gar nicht, was los ist. Dann fällt mir meine Hysterie der letzten Nacht wieder ein. Sie hat einen leichten Nachgeschmack hinterlassen, aber ist längst nicht mehr so schlimm. Eine heiße Dusche und starker Kaffee machen mich wach und ein Telefonat mit Lilli beruhigt meine Nerven. Was war nur los mit mir? Natürlich hatte ich mich vor einiger Zeit kurz informiert, für welche Gebiete Impfungen unbedingt nötig sind und mich dann bewusst für Länder ohne größeres Gesundheitsrisiko entschieden. Etwas in mir spielt verrückt und muss sich erst an die neuen Lebensumstände gewöhnen? Das Abwerfen von Ballast, das mich gestern Nachmittag noch so leicht gemacht hat, bedeutet andererseits auch, dass da nichts mehr ist, das mich hält. Und in der letzten Nacht habe ich eine Kostprobe von der Kehrseite der Medaille erhalten.

Heute und morgen ist noch großes Verabschiedungsprogramm. Ich treffe mich mit verschiedenen Freundinnen zum Kaffee und dabei werden ein paar Tränen vergossen. Es berührt mich sehr, dass ich Menschen zurück lasse, die mich lieben und vermissen werden. Niemand macht mir Vorwürfe, und die leise Klage einer Freundin, dass ich sie alleine zurück lasse, kommt mit dem Nachsatz: „Natürlich freue ich mich für dich und bin stolz, eine so mutige Frau zu kennen."

Für den letzten Abend in der Heimat habe ich meine Geschwister zum Abendessen eingeladen. Unter anderem auch deshalb, weil ich meinen Geburtstag nächste Woche am Taj Mahal feiern werde und deshalb keinen ausgeben kann. Wir treffen uns in einem netten Lokal, in dem wir vorher noch nie gemeinsam waren. Ich dachte mir, mal was Neues, damit das Leben nicht gar so langweilig ist. Ihr merkt schon, meine witzige Seite bricht durch, aber irgendwie muss es vorwärts gehen und zu viel Sentimentalität könnte meinen Gemütszustand schnell in unkalkulierbare Tiefen abstürzen lassen. Das gilt es jetzt, so kurz vor Schluss, und vor allem in Gegenwart meiner Familie, mit aller Macht zu vermeiden. Ich möchte nicht das geringste Anzeichen durchblicken lassen, dass ich vielleicht doch nicht ganz so stark und mutig bin, wie es die Situation erfordert. Nach dem Essen gehen wir auf einen Abschiedstrunk in die Kneipe nebenan und dann wird es Zeit, mich auch hier zu verabschieden. Im Hotel übergebe ich meinen Wintermantel, Stiefel und dicken Pulli meiner Schwester, die die Sachen für mich aufbewahren wird, weil ich die warme Kleidung auf meiner Reise, so hoffe ich doch, nicht brauchen werde. Für die Fahrt morgen früh zum Flughafen, habe ich mir eine alte Wolljacke mitgenommen, die vor dem Abflug im Müll landen wird. Alles bis ins Kleinste wohl durchdacht und geplant. Das ist die Art, wie ich Dinge angehe und umso verwunderlicher, dass ich eine Panikattacke hatte wegen einer Impfung, die ich nicht brauche.

Mein Sohn kommt zum Flughafen, um mir auf Wiedersehen zu sagen. Das ist nochmal eine kniffelige Geschichte für mich und in diesem Fall kann und will ich die Tränen gar nicht wegdrücken. Ich würde ihm zum Abschied gerne noch etwas ganz Kluges sagen, aber mir fällt nichts ein und so bleibt mir nur ein „Ich hab dich lieb", drücke ihm das Buch, das ich für ihn zum Abschied gekauft habe, in die Hand und gehe durch die Sicherheitskontrolle. Ich schaue ein letztes Mal zurück, schluchze, winke und dann drehen wir uns beide um und jeder geht in seine Richtung. Herrje, ist ja filmreif, was wir da machen! Ich schicke noch schnell die Nachricht „Guten Flug, sehen uns in Delhi" an meine Tochter, die bereits in Berlin am Flughafen sitzt und auf ihren Abflug wartet. Dann mache ich das Handy aus.

Wow, das große Abenteuer beginnt genau in diesem Augenblick und ich sage laut zu mir selbst: „Johanna, du gehst jetzt auf Weltreise! Viel Glück und ein wundervolles Jahr wünsche ich dir!"

2. Teil: Die Reise

Indien - Rundreise

Delhi

Mir ist dieses Land irgendwie unheimlich und ich fürchte mich ein bisschen davor. Wäre ich nicht auf die Idee gekommen, mit meiner Tochter eine Ayurvedakur zu machen, ich glaube nicht, dass ich nach Indien gefahren wäre. Obwohl ich von vielen meiner Yogalehrer schon gehört habe, wie außergewöhnlich und einzigartig dieses Land ist. Die Berichte bezogen sich meist auf Begegnungen mit Einheimischen, die trotz ärmster Verhältnisse voller Wärme und Lebensfreude sind. Oder man erzählte mir von Gurus, Meditationserfahrungen oder wunderbaren Orten der Stille. Andere Menschen hingegen, ich nehme mal an, die meisten von ihnen waren nicht selbst dort, warnten mich davor, nachts alleine auf die Straße zu gehen und auch sonst sehr vorsichtig zu sein. Vergewaltigungen und die menschenverachtende Behandlung von Frauen seien in Indien an der Tagesordnung. Ich wollte die negativen Meinungen nicht hören und habe sie nach außen hin als oberflächlich abgetan. Doch da ich von Haus aus zu den eher vorsichtigen Menschen, um nicht zu sagen, bei allem was sich meiner Kontrolle entzieht, zu den Angsthasen gehöre, haben sie trotzdem Spuren hinterlassen. Das hat zum Beispiel dazu geführt, dass ich von zu Hause aus einen Fahrer bestellt habe, der erst mich und dann vier Stunden später meine Tochter vom Flughafen abholt und uns die ganze erste Woche über auf unserer Besichtigungstour begleiten wird.

Wie geplant bin ich kurz nach Mitternacht in Delhi gelandet. Nach der Visum- und Passkontrolle muss ich nicht lange suchen, bis ich das Schild mit meinem Namen entdecke. Es ist äußerst beruhigend, dass ich mich mitten in der Nacht nicht um ein Taxi kümmern muss und dabei ständig Angst hätte, dass ich entführt, ausgeraubt, vergewaltigt und irgendwo auf einem dunklen Hinterhof aus dem Auto geworfen werde. Ich nehme mal an, ich habe zu viele schlechte Fernsehfilme gesehen und manch einer könnte sich jetzt fragen, ob ich wirklich vorhabe 10 Monate alleine zu reisen. Darauf könnte ich nur antworten: „Ja, das habe ich vor, und wenn ich die Hosen noch so gestrichen voll habe, ich werde das schaffen."

Der Fahrer stellt sich mit Kamal vor und spricht mit einem zuckersüßen Akzent Englisch, so dass ich breit grinsen muss. Noch nicht wirklich angekommen und schon das erste Klischee erfüllt. Was erwartet mich hier? Was werde ich alles sehen und erleben? Welche Geschichten wird es irgendwann über Indien zu erzählen geben? Natürlich kenne ich Bilder von bekannten Sehenswürdigkeiten und habe Filme gesehen, die in Indien spielen. Aber jetzt bin ich selber hier und in der geschützten Zone innerhalb des Autos ziemlich neugierig auf meine ersten Eindrücke. Wie erwartet, kann ich trotz der Dunkelheit am Straßenrand immer wieder dürftige Hütten und notdürftige Behausungen aus großen Plastikplanen ausmachen. Ansonsten gibt es unendlich viele hupende und kreuz und quer fahrende Fahrzeuge um uns herum, was Kamal veranlasst, mir zu verraten, dass man, um in Indien ein Auto zu fahren, nur drei Dinge besitzen muss. Erstens: good luck, dafür hat er Ganesha dabei. Der Elefantengott vorne auf dem Armaturenbrett wird jeden Tag mit einer frischen Blumengirlande geehrt. Zweitens: „good brakes" und drittens: „a good horn“. Beides, also sowohl die guten Bremsen als auch die lautstarke Hupe, demonstriert er mir gleich unmittelbar. Ich muss lachen, auch wenn er und tausende von anderen Fahrern diese Geschichte wahrscheinlich bei jedem neu ankommenden Touristen anbringen. Dann startet er die Fragerunde. Er will wissen, wo ich herkomme, was ich in Deutschland arbeite, was meine Tochter macht und wo eigentlich mein Mann sei. Jede meiner Antworten wird mit einem ausgiebigen Kopfnicken seinerseits quittiert. Aber er bewegt dabei den Kopf nicht von oben nach unten, sondern wackelt dabei mehr in der Diagonale. Jetzt weiß ich nicht, heißt das einfach „aha, so ist das“ oder „das geht ja gar nicht“ oder vielleicht sogar „das ist ja toll“. Ist nicht so wichtig, aber ein wenig irritiert bin ich schon. Zumal ich schon immer einen guten Eindruck hinterlassen möchte und zweimal geschieden kommt in Indien, glaube ich, nicht so gut an. Ich muss ihm ja nicht alles erzählen. Und für alle therapeutisch erziehenden Wahrheitsfinder, bei denen jetzt die rot blinkende Alarmanlage losgeht, ja, ich weiß es, ich sollte einmal drüber nachdenken, warum es mir Unbehagen bereitet. Aber bitte nicht jetzt. Als ich zu meinem Privatleben ausreichend Rede und Antwort gestanden und im Gegenzug in Erfahrung gebracht habe, dass Kamal ungefähr einhundert Kilometer nördlich von Delhi zuhause ist, dort seine Frau und seine zwei Söhne leben, außerdem auch noch seine Eltern und Brüder, Onkel und Tanten, Cousinen, Vettern und Basen und ich auch die jeweiligen Berufe der einzelnen Verwandten kenne, ist Ruhe im Auto.

Das von mir reservierte Hotel ist eines der typischen Stadthotels nach amerikanischem Vorbild, wie es sie in jeder Großstadt gibt. Eine kleine Verschnaufpause, bevor wir uns in das echte Indien trauen. Spätestens jetzt muss ich wohl gestehen, dass ich wirklich gerne eine von diesen Abenteuer-Individual-Hippie-Frauen wäre, die ich aber im richtigen Leben nicht bin. In europäischen Reiseländern bekomme ich das vielleicht noch hin, doch sobald es um sanitäre Einrichtungen geht, kriege ich die Krise. Ich habe null Komma null Probleme, wenn es nur um Schmutz geht, aber bei Bad und Toilette hört der Spaß auf. Zudem fürchte ich mich vor streunenden Hunden und vor fremden, übergriffigen Männern. Da fällt mir ein, dass ich als junge Frau in San Francisco war und im YMCA untergebracht war. Ich habe die ganze Nacht nicht geschlafen, weil ich mir einbildete in den Bettdecken wohnen Läuse. Wohl gemerkt in den USA. Jesus, wie bin ich nur auf Indien gekommen? Aber wie gesagt, Indien ist morgen, heute bin ich noch im Hotel. Die Betten sind große Klasse und ich kuschle mich in die zahlreichen weichen Kissen. Ich hatte eigentlich vor, auf Lillis Ankunft zu warten, doch irgendwann bin ich eingeschlafen. Als mich lautes Klopfen weckt, weiß ich erst gar nicht, wo ich bin und was los ist. Doch zwei Sekunden später springe ich auf und öffne meiner Tochter die Tür. Wie freue ich mich, sie zu sehen und drei Urlaubswochen mit ihr zu verbringen. Wir plauschen ein bisschen und lachen und witzeln darüber, dass wir beide ein komplett identisches Gespräch mit unserem Fahrer geführt haben. Wusste ich es doch!

Ich habe mit Kamal besprochen, dass wir uns um elf Uhr vor dem Hotel treffen und er mit uns auf Besichtigungstour geht. Der Gute hat dafür gleich noch einen jungen Mann mitgebracht, der uns zu den verschiedenen Sehenswürdigkeiten etwas erzählen kann. Es ist ein seltsames und zugleich aufregendes Gefühl, dass ich so gar nichts über Delhi weiß. Im Normalfall habe ich vor Urlaubsreisen mindestens zwei Reiseführer gelesen und sämtliche Bewertungsforen im Internet nach Tipps für die besten Plätze und Essensmöglichkeiten durchforstet. Dieses Mal kenne ich nur die großen Überschriften, die einem zwangsläufig im Leben einmal begegnen und verfüge dazu über ein Halbwissen in Bezug auf Historie, wirtschaftliche und politische Belange des Landes. So fahren wir also zu viert los und Arjun, unser Führer entpuppt sich als wahrer Glücksfall. Er ist etwa so alt wie Lilli, kann gut erzählen und wir haben keine Scheu, ihn alles zu fragen, was uns einfällt. Als erstes will er wissen, für was wir uns interessieren und macht uns dann Vorschläge für ein buntes Tagesprogramm. Wir werden bei einer muslimischen Moschee anfangen und anschließend mit der Rikscha zu einem Sikh Tempel fahren. Dort holt uns Kamal mit dem Auto ab und bringt uns zu einem hinduistischen Tempel. Dabei fahren wir am „Roten Fort", einer der bekanntesten Touristenattraktionen Delhis, vorbei, werden es aber, wenn wir nicht darauf bestehen, nicht besichtigen, weil es, laut Arjun, dort zu voll ist. Zwischendurch werden wir immer wieder ein paar Schritte gehen und er will dabei die Gelegenheit nutzen, uns mit der indischen Küche vertraut zu machen. Zudem findet er, dass wir unbedingt einmal mit der U-Bahn gefahren sein sollten und die Gedenkstätte besuchen müssen, an der Mahatma Gandhi ermordet und verbrannt wurde. Wenn dann noch Zeit ist, möchte er mit uns mit dem Auto durch die Straßen mit den Regierungsgebäuden fahren. Wir finden, das hört sich nach einem abwechslungsreichen Programm an und sind mit allem einverstanden.

Ganz besonders gefällt uns der Sikh-Tempel. Vor dem Eingang empfängt uns ein herrliches Stillleben aus einem Arrangement von hunderten von Flipflops. Ich liebe es, barfuß zu laufen und will meine Latschen auch dazu stellen, aber unser Führer winkt mir, ihm zu folgen. Er bringt uns in einen extra dafür eingerichteten Raum, in dem wir unsere Schuhe ausziehen und stehen lassen sollen und wo er uns anweist, unsere Haare mit einem Tuch zu bedecken. Im Tempel ist gerade eine „Messe". Da fällt mir auf, dass ich keine Ahnung habe, ob dieser Begriff nicht ausschließlich im christlichen Glauben verwendet wird und für diese Zeremonie vollkommen fehl am Platz ist. Egal, es sitzt auf alle Fälle einer im Schneidersitz unterm goldenen Baldachin. Er hat einen orangefarbenen Turban auf und, wie es den Sikhs entspricht, einen Vollbart. Er ist wohl der Priester oder Guru des Tempels und singt mit einer wunderbar warmen, dunklen Stimme wiederkehrende Mantras. Begleitet wird sein Gesang von drei weiß gekleideten Turban-Männern, die unterschiedliche Instrumente spielen. Neben der Ruhe, die diese Art von Gebeten verbreiten, stellt sich bei mir noch eine andere Empfindung ein. Es ist eine Art Freundlichkeit, ein Willkommen-Sein, ein Miteinander. Ich kann es nicht so genau benennen, aber es ist etwas sehr Warmherziges. Gerne setzen wir uns für ein paar Minuten zu den betenden Menschen auf den Teppich. Arjun gibt uns ein Zeichen, dass wir den Tempel über die andere Seite verlassen sollen und ihn dort wieder treffen. Er wartet vor einem goldenen Fahnenmast auf uns und erklärt, dass dieser das Kennzeichen eines jeden Sikh-Tempels ist. Und dann erzählt er uns ein wenig über die Sikhs und deren Glauben und das erklärt mir wiederum mein Gefühl des Willkommen-Seins und des Friedens, der in dem Tempel so spürbar war.

Entgegen dem Hinduismus glauben die Sikhs, dass alle Menschen von Geburt an gleich sind und versuchen das auch zu leben. Zu jedem Tempel gehört eine Großküche, die wir gleich besuchen werden. Die Einkäufe werden durch Spenden finanziert und das Essen wird von freiwilligen Helfern, Männern und Frauen, zubereitet und zweimal täglich in den Gurudwaras, so heißen die Tempel eigentlich, verteilt. Jeder darf zur Speisung kommen und alle sitzen zum Essen am Boden, um die Gleichheit zu demonstrieren. Menschen unterschiedlichster Herkunft und Gesinnung erledigen gemeinsam den Abwasch und säubern gleichermaßen den Tempelboden. Man nimmt sich der Alten, Heim- und Mittellosen an. Wir schlendern durch die eindrucksvolle Küche, wo über Gaskochern riesige Töpfe mit Curry und Reis köcheln. An Backöfen mit offenem Feuer werden Unmengen von Fladen-Broten gebacken. Der Teig dafür wird in zwei riesigen Bottichen geknetet und vier Leute stehen an großen Brettern, wo sie kleine Kugeln von diesem Teig abstechen und die Fladen formen. Ich bin hin und weg und überlege schon, wie und wann ich hierher zurückkommen könnte, um mitzuhelfen. Wo auch immer mein Blick hinwandert, begegnet er einem freundlichen Augenpaar. Was für ein schöner Ort inmitten dieses Ungeheuers von Stadt.

Von der Gedenkstätte Gandhis bin ich ein wenig enttäuscht. Ich hatte mehr Stimmung erwartet, eine besondere Atmosphäre, wenn man so will. Außerdem will mich dort einer abzocken. Arjun und Lilli bleiben im hinteren Teil unter einer Überdachung sitzen und ich gehe alleine bis zur eigentlichen Gedenkstätte. Wie an allen „heiligen Orten“, werden auch hier die Schuhe ausgezogen und ich hatte meine schon in ein Regalfach gelegt, als ein junger Mann kommt und mir sagt, ich solle meine Schuhe auf die andere Seite legen, weil es anfangen könnte zu regnen und dann würden sie auf meiner Seite des Regals nass werden. Das wäre bei meinen Flipflops wirklich egal, aber ich wollte nicht diskutieren und habe gemacht, was er mir sagte. Ende vom Lied, ich komme zurück und er verlangt Geld von mir, weil die trockene Seite natürlich etwas kostet. Ich gebe ihm das Geld nicht und fühle mich im Nachhinein ziemlich blöd deswegen. Im Grunde eine Lehrstunde in Sachen Rechthaberei. Immer diese Moralansprüche! Der arme Teufel hat versucht, auf seine Weise ein paar Rupien zu verdienen, die mir nicht weh getan hätten und die ich an anderer Stelle bestimmt sehr leichtfertig und ohne darüber nachzudenken ausgeben werde.

Was kann ich noch über Delhi erzählen? Die Sehenswürdigkeiten sind schon tausend Mal beschrieben worden. Und all die Köstlichkeiten, die wir in Garküchen, auf der Straße oder in kleinen Geschäften probieren, kann ich leider nicht mit Namen benennen oder gar sagen, wo sie zu finden sind. Ich bin vollkommen orientierungslos, weil ich viel zu beschäftigt bin mit Schauen und Staunen, um noch darauf zu achten, in welche Richtung wir laufen. Das ist der Vorteil, wenn man jemanden dabei hat, der sich auskennt und dem man einfach nachlaufen kann. Ich war schon in anderen asiatischen Ländern, aber die Gegensätze empfinde ich hier ganz besonders deutlich. Bunte Farben leuchten im

Schmutz besonders hell. Wache klare Augen strahlen aus faltigen von der Sonne gezeichneten Gesichtern. Wohlriechende Düfte wechseln sich ab mit widerlichem Gestank. In Delhis Straßen gibt es nur Superlative und Extreme. Vielleicht ist es das, was einerseits so faszinierend wirkt und mir gleichzeitig solche Angst macht. Es bringt mich aus dem Gleichgewicht und verunsichert mich. Ich habe schon andernorts gesehen, wie arm und reich unmittelbar nebeneinander existieren, Schönheit und Schmutz ineinander übergehen. Doch da war ich im Urlaub und hatte ein Zuhause und einen Job, die mich in spätestens drei Wochen wieder zurück erwartet haben. Und auch wenn ich im Moment als Tourist mit einem Führer durch Delhis Straßen laufe, gibt es einen Unterschied zu anderen Reisen. Ist es die fremde Kultur, von der ich mich etwas verunsichert fühle oder was macht mir dieses flaue Gefühl in Kopf und Brust und Bauch und Herz?

Die U-Bahn-Fahrt war interessant und wegen der Zugabteile, die nur weiblichen Fahrgästen vorbehalten sind, hat sich in unserer kleinen Dreiergruppe ein allgemeines Gespräch über die Stellung der Frau in Indien entwickelt. Ich bin froh, dass Lilli sich zurückhält und Anjur nicht gleich mit Menschenrechtsverletzungen und was weiß ich noch alles kommt, sondern ganz gesittet über die Unterschiede unserer Herkunftsländer spricht. Anjur erzählt von seiner Schwester, deren Hochzeit gerade arrangiert wurde. Unserer Sichtweise der freien Partnerwahl hält er sofort die hohe Scheidungsrate entgegen. Trotzdem sind wir uns einig, dass man über die verschiedenen Blickwinkel und Definition von Ehe und Liebe nicht streiten kann, sondern in allem ein Für und Wider liegt. Er schreibt uns die Adresse seiner Familie auf und lädt uns einfach mal so ein, im nächsten Jahr nach Indien zu kommen und an dem mehrtägigen Spektakel teil zu nehmen. So läuft das hier. Er ist nach ein paar Stunden unser bester Freund und wir freuen uns über seine Herzlichkeit. Wen interessiert es dabei, ob diese Einladung ernst gemeint ist oder nicht. Zudem ist die Wahrscheinlichkeit, dass wir wirklich kommen, verschwindend gering. Und um allen Zweiflern, allen voran mir selbst, die Bedenken an seiner Aufrichtigkeit und wahren Freundlichkeit zu nehmen, nimmt er am Ende unseres Tages kein Geld von mir. Ich muss zugeben, dass ich das nicht erwartet hätte. Soviel zu meinem Menschenbild und meiner Angst vor Indien. Schande über mich und ein Dankeschön für diese wundervolle Erfahrung.

Zurück im Hotel muss ich wieder erkennen, wie erleichtert ich über die Anonymität dieser Bettenburg und die westlichen Standards bin. Doch mit der Erleichterung kommen auch leise Selbstvorwürfe, was für ein oberflächlicher Mensch ich in Wahrheit bin. Komme nach Indien, besichtige gleichermaßen Denkmäler wie Menschen und deren Leben, als wäre ich im Vergnügungspark und wenn es dann um meine eigenen Bedürfnisse geht, schnell wieder zurück ins Hotel um nicht zu engen Kontakt zur Wirklichkeit zu haben. Ich rümpfe insgeheim die Nase über den Pauschaltourismus, muss aber zugeben, dass ich mich bei genauerer Betrachtung nicht so sehr unterscheide, wie ich das gerne hätte.

Indien - Jaipur/Amber

Heute bringt uns Kamal nach Jaipur. Allein die Fahrt dorthin ist ein kleines Abenteuer und das, obwohl wir wieder sehr privilegiert im klimatisierten Auto unterwegs sind und das Ganze wie durch einen Filter erleben. Die Autobahn ist eher ein Zoo als eine Straße. Nur sitzen in diesem Fall wir hinter der Glasscheibe und nicht die Objekte unserer Betrachtung. Kühe, Affen, Kamele - sogar einen Elefanten sehen wir! Vom Fahrrad bis zum großen LKW ist alles vertreten. Es gibt Fahrzeuge in allen Formen und Farben, mit Blumenmustern und Ornamenten bemalt, und so manches Vehikel wird wohl nur noch durch die Farbe zusammen gehalten. Wenn wir in Deutschland glauben, dass wir zu dritt auf der Rückbank eines Autos schon beengt sitzen, dann relativiert sich das hier relativ schnell, um nicht zu sagen, es hört sich lächerlich an. Es ist nicht zu glauben, wie viele Menschen tatsächlich in einem Kleinbus über- und untereinander Platz finden können. Wir sind vollkommen gebannt von dem Film, der da vor unseren Augen abläuft, so dass wir ganz vergessen, tausend Tode zu sterben aufgrund der irren Fahrweise der Inder. Dazu kommt die musikalische Untermalung aus diversen lautstarken Radios und ganze Orchester aus Autohupen. Bollywood ist keine Erfindung, es lebt genau hier draußen, vor der Windschutzscheibe! Wir gaffen wirklich wie die Zoobesucher auf die Szenerie, nur dass wir die Eingesperrten sind. Innerhalb kürzester Zeit muss ich wiederholt feststellen, dass es mit meiner Freiheit nicht sehr weit her ist. Vielleicht übertreibe ich und bin lediglich ein Opfer der westlichen Kultur. Doch die Art, wie ich hier reise und mein Selbstbild passen so gar nicht zusammen. Ich finde alles spannend und lustig anzuschauen und weiß um meine Berührungsängste und auch um meinen Ekel vor den hygienischen Verhältnissen. Das stimmt mich ziemlich nachdenklich. Lilli lacht mich aus und verspricht (oder droht mir vielmehr), dass wir uns in Jaipur ins indische Leben stürzen.

Doch hat sie die Rechnung ohne unseren aufmerksamen und fürsorglichen Fahrer gemacht. Kamal hat natürlich in jeder Stadt jemanden parat stehen, der nur darauf wartet, ein paar Touristen die Sehenswürdigkeiten zu zeigen. Ich bin nicht abgeneigt, weil sich das in Delhi als wirklich bereichernd herausgestellt hat. Lilli verdreht die Augen und flüstert mir zu, dass sie darauf keinen Bock hat. Sie will lieber alleine losziehen und selbst herausfinden, was die Stadt zu bieten hat. Ich will Kamal nicht vor den Kopf stoßen oder nehme es vielleicht als Ausrede, damit wir es mit dem Führer probieren. In Jaipur angekommen suchen wir zunächst ein Hotelzimmer für die nächsten zwei Nächte.

Und da sitzt prompt gleich ein rauchender Mann auf einem kleinen Mauervorsprung, der ganz offensichtlich auf uns wartet. Shahid ist sein Name und er begrüßt „seine Freunde“ - damit sind wir gemeint - ganz herzlich in seinem Land. Oh je, hätte ich nur auf Lilli gehört. Er gehört der Kaste der Brahmanen an, welche die oberste Kaste im Hinduismus ist. Das alles und noch viel mehr erklärt er seinen deutschen „Freunden“ in einem Redeschwall ohne Punkt und Komma. Am Ende zählt er uns noch unsere Tagespunkte für heute auf und sagt uns, welches Besichtigungsprogramm wir am nächsten Tag hätten. Noch bevor ich überhaupt Luft holen kann, hör ich schon das klare und deutliche „Stopp“ meiner Tochter. Der Gute weiß gar nicht, wie ihm geschieht und sein Entsetzen ist deutlich in seinem Gesicht zu erkennen. Da kommen tatsächlich zwei von diesen deutschen Emanzen und meinen, sie hätten hier was zu sagen. Lilli sagt ihm, dass wir erst in die Stadt zum Bummeln wollen und danach entscheiden werden, was wir im Anschluss unternehmen. Und ohne dass sie es ausspricht, heißt der Nachsatz, wenn dir das nicht passt, zieh Leine. Das ist meine Tochter wie sie leibt und lebt, wenn das Maß voll ist, kann sie ziemlich direkt sein. Jetzt gerade zu meinem Glück und in diesem speziellen Fall auch zum Wohle von Shahid, denn ich weiß nicht, was passiert wäre, wenn er mich noch einmal „meine liebe Freundin“ genannt hätte. Daraufhin versucht er uns einzureden, dass wir in der Stadt nur gefälschte oder minderwertige Ware finden würden. Gleichzeitig bietet er an, uns in ein Kaufhaus zu begleiten, in dem wir sicher wären und wo nur beste Qualität angeboten würde. Na das Spielchen ist alt, damit kann er bei uns nicht landen. Dankend lehnen wir ab, woraufhin er in einem ziemlich unfreundlichen Ton mit

Kamal spricht. Warum der sich das wiederum gefallen lässt und in welcher Verbindung die beiden zueinander stehen, erscheint mir etwas dubios. Geht es hier um Hierarchie innerhalb des Kastensystems? Aber was geht es letztendlich uns an. Die beiden lassen uns auf einem großen Parkplatz in der Stadtmitte aussteigen, wo sie uns in etwas mehr als einer Stunde wieder abholen. Gütigerweise erklärt uns Shahid noch den Weg vom Parkplatz zur Haupteinkaufsstraße. Dabei tut er nochmals sein Unverständnis darüber kund, warum wir durch schmutzige Straßen laufen wollen, wo es nur Schund zu kaufen gebe.

Für uns ist es ein Riesenspaß, über den Parkplatz zu laufen und kreischend Radfahrern, hupenden Autos, Hunden und Kühen auszuweichen. Um meiner inneren Abwehr Futter zu geben, präsentiert mir das Leben gleich ein offenes Straßen-Pissoir, in dem sich gerade ein Mann erleichtert. Ich versuche so gut es geht in die entgegengesetzte Richtung zu schauen, doch meiner Nase ist das egal, die lässt sich nicht so leicht ablenken. Warum bekommt man immer das präsentiert, was man am wenigsten will? Solche Bilder sind Gift für mein Kopfkino.

Auf der „Einkaufsmeile“ angekommen, sind wir ein gefundenes Fressen für die Straßenhändler. Wir können keinen Meter gehen ohne angesprochen zu werden mit „look, Mam, look“ und dabei zieht man mich auch noch am Ärmel. Na, das ist nicht so lustig, habe ich aber erwartet und gehört hier dazu. Es gibt toll bestickte Taschen, die üblichen Schlabberhosen und Saris in allen Farben. Und ja, Shahid hat natürlich Recht, wenn er sagt, dass die Qualität größtenteils schlecht ist, aber wenn man gründlich sucht, dann gibt es zwischendrin wunderschöne Teile zu finden. Wir feilschen wie die Weltmeister und erstehen für jede von uns jeweils eine Tasche und eine bunte weite Hose und für mich noch eine leichte langärmelige Bluse. Zurück bei Fahrer und Führer präsentieren wir unsere Einkäufe. Kamal lacht und wackelt mit seinem Kopf. Wir nennen das inzwischen den Kopf-Shake, den wir schon bei vielen Indern beobachten konnten. Ob das nun Zustimmung oder Ablehnung bedeutet, ist nach wie vor unklar. Shahid nickt mit zuckersüßem Lächeln und schlägt vor, dass wir doch wenigstens noch eine Kirche besichtigen könnten. Wir sind nach unserer kleinen Auszeit gut gelaunt und stimmen zu. Die Kirche selbst ist nicht so mega-spannend, aber die Geschichten um die vielen Götter und Mythen sind nett anzuhören.

Zurück im Hotel drehen wir eine Runde im Pool und dann ab ins Bett. Wir wollen morgen zum Sonnenaufgang Amber besichtigen. So früh zum einen natürlich wegen der Stimmung, zum anderen auch wegen der vielen Touristen, die später mit Reisebussen angekarrt werden. Das frühe Aufstehen hat sich absolut ausgezahlt. Amber ist eine Festungsanlage, die inmitten von gelben Sandsteinbergen oben über einem Tal thront. Das Sonnenlicht ist noch ganz weich und zaubert zusammen mit dem aufsteigenden Dunst und dem Gelb

des Sandes eine Stimmung wie aus Tausend und einer Nacht.
Es ist atemberaubend. Ich würde euch gerne verheimlichen, dass wir auf einem Elefantenrücken zur Festung hoch reiten. Ich denke: „Die armen, traurigen Tiere“ und „wie grausam“. Doch man kann nicht hochlaufen und wenn man Amber besichtigen möchte, gehört der Elefant dazu. Ich muss es leider so sagen. Ich unterstütze etwas, das ich zu Hause auf der Couch verurteile. Da hilft auch die Ausrede nicht, dass die Tierquälerei sowieso geschieht, ob ich mit dem Elefanten reite oder nicht. Wir schaukeln also trotz des unguten Beigeschmacks den Weg hinauf und lassen uns in die Zeit der Maharadschas und Maharanis zurück versetzen. Es ist eine wunderschöne Anlage mit tausenden von Türmchen, Mosaiken und Ornamenten. Aufgrund der Tageszeit sind erst wenige Menschen hier und wir können die Stimmung richtig genießen. Lilli ist begeistert von den Affen, die auf den Torbögen sitzen und gelangweilt auf uns herunterschauen. Was die wohl von uns halten?

Kamal wartet auf der Rückseite des Gebäudes am Parkplatz auf uns und bringt uns zurück nach Jaipur. Shahid hat für seine guten Freunde noch eine ganz besondere Aktion geplant. Er hat neben uns noch andere gute Freunde, die direkt gegenüber des Palasts der Winde wohnen und wir dürfen von deren Dachterrasse einen exklusiven Ausblick auf die Fassade des Palastes aus rotem Sandstein werfen. Wir steigen durch enge Treppchen und kleine Gänge wie in einem Irrgarten auf das Dach hinauf und haben einen herrlichen Ausblick. Shahid erzählt uns, dass die zahlreichen Fenster in der Fassade des Lustschlosses dazu dienten, dass die Haremsdamen ungesehen das Treiben auf der Straße beobachten konnten. Wie irre ist das denn bitte? Der wunderschöne Palast, den man aufgrund seines Bezuges zum Wind eigentlich mit Luft und Freiheit in Verbindung bringen möchte, war nichts anderes als ein Gefängnis!

Man hat mir erzählt, dass es in Jaipur eines der schönsten Hotels der Welt geben soll. Als ich Shahid frage, ob wir hinfahren könnten, weil ich dort gerne einen Tee trinken möchte, schaut er mich an als wäre ich geisteskrank. Er sagt es nicht mit Worten, aber alles an ihm fragt mich, wie in aller Welt ich auf den Gedanken komme, dass ich da einfach hinein spazieren könnte, um Tee zu trinken. Er hält mir einen Vortrag, wer dort schon alles gewohnt hat und nach zahlreichen Ausführungen kommt er endlich zu dem Punkt, dass es nicht möglich ist. Ich habe keine Lust, mich zu streiten und sage nichts mehr dazu, glaube aber trotzdem, dass es durchaus möglich gewesen wäre. Wir haben keine Energie mehr für weitere Besichtigungen und auch keine Lust auf Shahids arrogante Art und beschließen, den Tag am Hotel-Pool ausklingen zu lassen. Morgen wollen wir relativ früh aufbrechen nach Agra und zum Taj Mahal. Shahid lässt sich seine gute Freundschaft natürlich bezahlen und macht sogar einen Vorschlag, wie viel uns seine Dienste wert sein sollten. Ich glaube, nachdem er die Scheine gezählt hat, sind wir, seinem Gesichtsausdruck nach, nicht mehr befreundet.

Lilli und ich wollen den Abend ruhig ausklingen lassen. Wir haben es uns gemütlich gemacht und liegen lesend im Bett, als es an der Tür klopft. Wir schauen uns verwundert an, was der Zimmerservice abends um zehn Uhr noch von uns will. Meine Tochter macht keine Anstalten sich in Bewegung zu setzen und deshalb muss ich wohl oder übel aus meinem warmen Bett raus. Es klopft schon wieder. Ja, ich komme ja schon. Im vorbeigehen schnappe ich mir meine Jacke, um nicht im Schlafanzug aufmachen zu müssen. Ein Kellner mit Fliege steht breit grinsend vor der Tür und meint „Happy Birthday, Mam!“ Oh, ist das eine nette Überraschung! Ich weiß gar nicht was ich sagen soll, vor allem ist mein Geburtstag auch erst morgen. Der junge Mann drückt mir eine kleine Torte mit Kerzen in die Hand und eine Geschenktüte dazu. Das komplette Team des Hotels wünscht mir alles Gute zum Geburtstag und weil wir morgen sehr früh abreisen, wollten sie mir schon heute Abend gratulieren. Wie nett! Ich freue mich wirklich über diese Aufmerksamkeit. Und weil wir jetzt die Torte haben, meint Lilly, dass wir unbedingt bis zwölf wach bleiben müssen, um richtig in den Geburtstag hinein zu feiern. Trotz Müdigkeit halten wir durch. Um kurz vor zwölf zünden wir die Kerzen an. Ich überlege mir, was ich mir für das neue Lebensjahr wünsche und Lilly macht lustige Schnappschüsse von mir, wie ich vor meinem Geburtstagskuchen sitze, Räucherstäbchen und einen geschnitzten Elefanten auspacke und dann die

Kerzen auspuste. Der Kuchen ist eine pappsüße, fette Torte, die mehr das Herz als den Gaumen erfreut. Aber das ist in Ordnung und es ist wirklich ein schöner Beginn meines fünfzigsten Lebensjahres.

Wie angekündigt, fahren wir heute zum Taj Mahal. Ich habe mir dieses Ziel vor der Reise für meinen Geburtstag ausgesucht. Wie oft habe ich davon schon eine Abbildung gesehen! Habe ich bisher an Indien gedacht, dann gehörte dieser Ort mit zu den Schlagwörtern, die mir als erstes eingefallen sind und deshalb gehörte es auch unbedingt auf die To-Do-Liste. Aber gerade weil es so bekannt ist, sind meine Erwartungen etwas gespalten und ich gehe davon aus, dass massenhaft Touristen da sein werden.

Indien - Agra/Taj Mahal

Wir haben ungefähr drei Stunden Autofahrt vor uns, was uns nicht das Geringste ausmacht, weil unsere Faszination von dem wilden Treiben auf den indischen Straßen nach wie vor ungebremst ist. Wir sind schon eine ganze Weile unterwegs und Kamal fährt auf den Parkplatz eines Restaurants. Bisher hatte er für uns immer Lokale ausgesucht, in denen wir eine einigermaßen saubere Toilette finden konnten. Doch diesmal hat er eindeutig einen Fehlgriff getan und Lilli und ich gehen rückwärts wieder raus und warten am Auto auf Kamal. Als er endlich kommt, will er wissen, ob wir gar nichts trinken wollten. In diesem Fall ist der begleitende Head-

Shake eindeutig, er möchte eine Antwort haben. Wir drucksen ein bisschen herum und wahrscheinlich weiß er längst, um was es geht, denn er fragt uns, ob wir Lust hätten, bei seinem Bruder einen Tee zu trinken. Tee trinken als Synonym für zur Toilette gehen. Der Bruder wohnt ganz in der Nähe und er würde uns gerne zeigen, wo und wie er wohnt. Hab ich eigentlich schon gesagt, dass Kamal ein bisschen aussieht wie eine indische Version von Mr. Bean, dem britischen Komiker? Wenn er so mit seinem Kopf wackelt, könnte er gut einem Sketch entsprungen sein. Wir haben uns schon ein bisschen daran gewöhnt, aber zwischendurch muss ich mich zusammen reißen, dass ich nicht grinse oder gar lauthals zu lachen anfange. Gut, also fahren wir zu seiner Familie. Es stellt sich heraus, dass der Bruder selbst gar nicht da ist, aber dessen Frau und auch der Neffe. Wir werden in einer Art Wohnzimmer auf der Couch platziert, während die drei irgendwo im Haus verschwinden. Jetzt sitzen wir da und wissen nicht so recht, wie es weiter geht. Es gibt nicht groß was zu schauen in dem spärlich eingerichteten Raum. Betonboden und kahle Wände. Mittendrin das Sofa, auf dem wir wie bestellt und nicht abgeholt sitzen.

Lilli und ich grinsen uns an und ich kann in ihrem Gesicht lesen, dass sie den gleichen Film vor Augen hat wie ich. Wir lassen uns von solchen Szenerien nur zu gerne inspirieren, lassen unserer Fantasie freien Lauf und spinnen uns eine kleine Gruselgeschichte zusammen. Irgendwann müssen wir furchtbar lachen über unsere eigene Albernheit. So findet uns Kamal, als er endlich zurück kommt und uns frisch gekochten Chai-Tee und Kekse bringt. Deshalb hat es so lange gedauert, er hat die Gewürze gemörsert und den Tee frisch aufgebrüht. Ist wirklich nett von ihm. Doch noch besser würde es uns gefallen, wenn er und seine Verwandtschaft sich zu uns gesellen würden, um etwas mehr über das Leben in Indien zu erfahren. Aber wieder verschwindet unser Fahrer und lässt uns alleine sitzen. Ist das etwa der Eindruck, den er von uns hat? Dass wir nur alle Annehmlichkeiten genießen wollen, aber ansonsten kein Interesse haben an ihm und allem, was wir hier so vorfinden? Oder ist es eine Geste des Respekts, uns einen Rückzugsort zu verschaffen. Wir werden es nicht erfahren, weil Kamal auf Fragen dahingehend freundlich lacht und mit dem Kopf wackelt. Das bedeutet wohl in diesem Fall, such dir einfach die Antwort aus, die dir am besten gefällt. Wir machen eindeutig Fortschritte in der Head-Shake-Interpretation!

Auch in Agra hat sich Kamal um einen Führer gekümmert und wir sind gespannt, was und wer uns dieses Mal erwartet. Wir sind vor dem Eingang des Stadtpalastes mit ihm verabredet. Ein kleiner untersetzter Mann mit typischem Sikh-Vollbart und einem roten Turban sitzt am Straßenrand unter einem Busch und winkt uns lässig zu. Die Sikhs fand ich schon in Delhi super und das kann nur ein gutes Zeichen sein. Sam ist mir auf Anhieb sympathisch. Er hat einen für unsere Zungen unaussprechlich komplizierten Namen und bietet uns deshalb die einfache, gut zu merkende Alternative mit Sam an.

Wir besuchen erst den riesigen Stadtpalast von Agra, der mehr ein kleines Dorf in der Stadt ist, als ein Palast. Dann geht es mit dem Auto weiter zum letzten Wohnort des Erbauers des Taj Mahals. Irgendwie irre, der Mann ließ dieses wunderschöne Mausoleum für seine verstorbene Frau erbauen, unmittelbar in der Nähe seines eigenen Palastes, damit er es immer sehen kann. Romantisch und gleichzeitig verrückt. Wir werfen von dort aus den ersten Blick auf die weltberühmte Sehenswürdigkeit und lauschen gespannt der Geschichte einer großen Liebe und über die Menschen, die hier gelebt haben.

Am Taj Mahal müssen wir durch eine schier endlose Personen- und Einlasskontrolle. Gott sei Dank hat Sam die Eintrittskarten schon gekauft, so dass wir uns wenigstens diese Schlange ersparen können. Nachdem wir die ganze Prozedur durchlaufen haben, stehen wir vor einer Art Eingangsgebäude, das das eigentliche Grabmal verdeckt. Wenn man von Grabmal und Torhaus spricht, hört sich das ziemlich übersichtlich an, aber in Wahrheit ist alles hier überdimensioniert. Das Grabgebäude könnte wahrscheinlich mehr als zehn Wohnhäuser beherbergen und das Eingangsgebäude an sich wäre aufgrund von Größe und Baukunst alleine schon einen Besuch wert. Und dann bietet sich uns ein umwerfendes Bild. Die Öffnung des großen, geschwungenen und nach oben spitz zulaufenden Tors im Eingangsgebäude legt sich wie ein Rahmen um das dahinter liegende Taj Mahal. Zwischen Eingangsgebäude und Mausoleum befinden sich Grünflächen und Wasserspiele und am

Ende blitzt das weiße Gebäude vor einem strahlend blauen Himmel. Was für eine Inszenierung! Und das alles für eine verlorene Liebe. Ich seufze tief und hoffe sehr, dass der gute Mann seine Wertschätzung auch schon zu Lebzeiten entsprechend zelebriert hat und nicht erst nach dem Tod seiner Frau lediglich sich selbst und seine Selbstliebe zur Schau stellt.

Wir schlendern ganz gemütlich an den synchron angeordneten Wasserbecken und Brunnen entlang. Bleiben immer wieder stehen, um den Blick schweifen zu lassen und die Atmosphäre wahrzunehmen. Sam hat längst unsere Handys einkassiert, um immer wieder Bilder von uns zu machen. Lilli ist nach dem hundertsten Foto etwas genervt und hält sich ein bisschen abseits. Das lädt Sam und mich ein, eine Unterhaltung zu beginnen. Er will von mir wissen, wo mein Mann ist, was der macht und warum der uns alleine nach Indien reisen lässt. In ein paar kurzen Sätzen erkläre ich ihm meine Lebenssituation und dass ich vorhabe, das gesamte kommende Jahr alleine durch die Welt zu reisen. Und weil er nicht auf eine von vornherein urteilende Art reagiert, sondern ich echtes Interesse spüre, erzähle ich ihm bereitwillig meine Geschichte über Scheidung, Kündigung und Hausverkauf. Ich lasse nichts aus und ende mit meinem Bestreben herauszufinden, wo und vor allem wie ich meinen nächsten Lebensabschnitt verbringen möchte.

Im Gegenzug schüttet er mir dann sein Herz aus. Er sieht es als seine Menschenpflicht, alles was er hat zu teilen. Sowohl materielle Güter sowie auch alles, was er sonst zu geben hat. Doch seine Frau macht ihm dafür oft Vorhaltungen, weil sie meint, dass das alles erst einmal ihr und dem gemeinsamen Sohn zustehen sollte. Sie fühlt sich ständig zurückgesetzt und findet, dass sie zu kurz kommt. Eine Trennung kommt für ihn nicht in Frage, auch wenn er sich oft denkt, wie viel leichter das Leben ohne sie wäre. Und ja, er liebt sie immer noch, doch leider ist damit nicht nur Schönes verbunden. Wow, was kann ich dazu sagen? Ich verstehe sie tatsächlich beide. Ich empfinde große Hochachtung für seine Lebenseinstellung und glaube ihm, dass er diese wirklich lebt. Ich sehe und erlebe ja seine Großzügigkeit gerade live. Und trotzdem finde ich mich auch in dem wieder, was er über seine Frau erzählt. Ich kenne das Gefühl der Eifersucht. Der Mann ist der tolle Hecht, überall beliebt und profiliert sich über seinen Job. Sie dagegen kümmert sich um Haus und Kinder und ist das schöne Beiwerk, das ihm applaudieren soll. Doch wo bleibt ihre Anerkennung? Klar sind diese Gedanken ungerecht und einseitig, weil jeder selbst seines Glückes Schmied ist. Andererseits ist es doch auch sehr menschlich. Aus eigener Erfahrung weiß ich, dass die eigene Unzufriedenheit und die Angst, dass nicht genug für einen selbst da ist, die Antriebskräfte sind für Vorwürfe an den Partner. Anklagende Worte sind viel leichter ausgesprochen, als bei sich selbst anzufangen und die Verantwortung für das eigene Leben zu übernehmen. Und was weiß denn ich, aus welchen Verhältnissen seine Frau kommt? Ich habe noch nie Hunger leiden müssen, hatte immer genügend Geld und doch kenne ich das Gefühl des Mangels. Die Sehnsucht nach Liebe, Aufmerksamkeit und was weiß ich noch alles. So sage ich ihm das. Ich bin so vertieft in das Gespräch und meine Gedanken dazu, dass ich gar nicht realisiert habe, dass wir längst vor dem Eingang zum Mausoleum stehen. Mir geht vieles durch den Kopf und ich bin noch gar nicht bereit, mich jetzt wieder der Kultur zu widmen. Meine zwei Begleiter sind einverstanden, dass wir eine kleine Pause einlegen.

Etwas abseits von den Menschenmassen suchen wir uns einen schönen Platz zum Verweilen, sitzen schweigend nebeneinander und beobachten die Szenerie. Die indischen Frauen in ihren bunten Saris sind eine bezaubernde Kulisse, das Taj Mahal ein wunderschönes Bauwerk mit einer romantischen Geschichte obendrein. Für mich hat der Ort einen besonderen Zauber. Kein Wunder bei den vielen Menschen, die hierher kommen und ich bin mir sicher, die meisten von ihnen, zumindest die weiblichen Geschlechts, träumen von der großen, unsterblichen Liebe. Das kann ja rein energetisch nicht ohne Auswirkung bleiben, oder?

Die vielen Gedanken in meinem Kopf beruhigen sich langsam und meine Wahrnehmung kehrt zurück an diesen stimmungsvollen Ort. Ich hoffe, ich kann etwas von dem Gespräch mitnehmen, zurück ins Hotelzimmer oder wo auch immer ich als nächstes Ruhe finde, um noch weiter darüber nachzudenken. Es ist kein Problem, das nur Sam und seine Frau haben. Es geht darum, welche Rolle wir uns im Leben aussuchen und wie wir diese ausfüllen. Und auch darum, was wir meinen, dass ein Partner in unserem Leben zu erfüllen hat. Schon zu oft habe ich einfach die Rolle übernommen, die andere mir gegeben haben. Ich erkenne mich in der Frau wieder und habe das Gefühl, dass ich aus dem Gespräch viele neue Erkenntnisse gewinnen kann.

Es wird Zeit endlich die Hauptattraktion selbst in Augenschein zu nehmen. Wie so oft, wenn ich von Superlativen umgeben bin, ist mein Gehirn schon müde und kann nicht mehr viel aufnehmen. Deshalb bin ich relativ schnell fertig mit der Innenbesichtigung des Grabmals. Zudem stören mich hier die vielen, dicht gedrängten Menschen, die sich auf dem großzügigen Freigelände so wunderbar verteilt haben. Es ist prächtig und toll, aber bei mir ist „system overload error" angesagt, wegen Überlastung geschlossen sozusagen. Ich gehe schon raus und muss nicht lange warten bis Lilli und Sam nachkommen. Es ist zwischenzeitlich später Nachmittag und der Plan ist, bis zum Sonnenuntergang zu bleiben und die schöne Stimmung zu genießen. Sam führt uns einmal um das Mausoleum herum, so dass wir dann Richtung Westen schauen und die Sonne hinter dem Taj Mahal versinken sehen. Er hat eine Decke dabei und bereitet ein kleines Picknick für uns. Es gibt Sandwiches und Tee und dazu die Frage, was für unseren weiteren Indienurlaub noch geplant ist. Wir werden am nächsten Tag nach Delhi zurückfahren und gen Süden nach

Kochi fliegen. Dort wollen wir ein paar Tage auf einem Hausboot durch die Backwaters fahren und im Anschluss machen wir in der Nähe von Trivandrum eine Ayurvedakur. Lilli wird dann heim fliegen und ich für zwei Wochen in einen Ashram gehen. Beim Wort Ashram merke ich sofort, dass sein Interesse geweckt ist und er fragt mich: „Johanna, was machst du dort? Ashram ist überall, du musst nicht an einen Ort dafür fahren". Tja, was soll ich sagen? „Klar hast du recht, lieber Sam. Und doch möchte ich selbst erfahren, wie das in einem Ashram ist. Ich habe schon viele Geschichten davon gehört. Und natürlich habe ich die Erwartung, dort etwas besonderes zu erleben. Alleine dadurch, dass sich viele Menschen an einem Ort versammeln, um zu meditieren, sich mit Yoga zu beschäftigen, Stille und ein reduziertes Leben erfahren möchten. So ein Ashram muss einfach ein großartiger Ort sein." Er schüttelt leicht den Kopf: „Aber ist das nicht alles nur künstlich? Du kannst hier und jetzt so viel mehr erfahren, betrachte den Käfer, der hier gerade über die Decke krabbelt, beobachte den Lauf des Wassers oder höre die Vögel die hier singen, fühle die Sonne auf deiner Haut und sieh in die Augen der Bettler oder Kinder." Nach einer kurzen Pause, will er wissen: „Wie viele Rupien kostet es dich, dort zu sein?" „Ich glaube, wenn man im Schlafsaal übernachtet, waren das zwölf Dollar und im Doppelzimmer mit Gemeinschaftsbad neunzehn, inklusive Essen und Yoga und allem, was sonst noch so angeboten wird." Ich merke, ja kann es förmlich sehen, dass ich damit bei dem sonst so ruhigen Sikh auf einen wunden

Punkt gestoßen bin. Er findet es vollkommen daneben, dass dafür Geld verlangt und bezahlt wird. Man bezahlt für Stille und Meditation? Er sagt es nicht, aber meine Übersetzung für das, was ihm auf die Stirn geschrieben steht, ist: „Wie blöd bist du eigentlich, du könntest mit dem Geld so viel Besseres anfangen!" Die Unterkunft und das Essen kosten in Wahrheit nicht mehr als einen Dollar am Tag und die Arbeit wird sowieso von den Besuchern erledigt. Er atmet tief durch, lächelt mich an und entschuldigt sich. „Fahre dorthin und schau, was du dort findest und bitte schreibe mir dann irgendwann eine E-Mail, wie es dir ergangen ist. Es würde mich wirklich sehr interessieren." Ich bin ein bisschen irritiert. Die Sache mit dem Geld kann ich gerade noch verstehen, kann durchaus nachvollziehen, wenn er meint, dass spirituelles Wissen und Erleben kein Handelsgut sein sollte. Aber die Nummer, dass der Ashram an sich vollkommen überflüssig sei, finde ich überzogen. Führt man ein beschauliches Leben, mag es einem seltsam vorkommen, dass es Menschen gibt, die sich an einen Ort zurückziehen wollen, um zur Ruhe zu kommen. Aber die Regel ist doch, zumindest da wo ich herkomme, dass man mit Geld verdienen, Alltagsverrichtungen wie Einkaufen, Kochen und Putzen zugedeckt ist. Dann kommen noch Familie und Freunde mit diversen Ansprüchen und Erwartungen, so dass zeitlich schnell das Ende der Fahnenstange erreicht ist. Ich verstehe jeden, dem da die Puste ausgeht. Und wenn ich sage, ich verstehe das, meine ich nicht, dass ich glaube, dass es in Ordnung ist, so zu leben. Warum der Mensch in diesem, unserem Leistungssystem verharrt, das muss sich jeder selber fragen. Ich habe mir die Warum-Frage gar nicht bewusst gestellt, sondern mehr und mehr die „Daskannesnichtsein-Antwort“ gespürt. Aufgrund meiner Lebenssituation musste ich „nur“ meinen ganzen Mut zusammen kratzen, um den ersten Schritt in eine andere Richtung zu tun. Das war schwer genug. Auch ohne finanzielle Probleme zu haben oder das Ganze mit einem Partner absprechen zu müssen. Die Konditionierungen, die man fast 50 Jahre eingetrichtert bekommen und gelebt hat, die verlässt man nicht mal eben so, wie man aus einem Auto aussteigt. Die nimmt man überall mit hin. Ich bin aus meinem wunderschönen Haus ausgezogen, doch das, was ich eigentlich nicht mehr will, das wohnt in mir. Ich hab diesen, meinen Geistern vielleicht den Mietvertrag gekündigt, aber ausgezogen sind die deshalb noch lange nicht. Um etwas Abstand zu gewinnen und vor allem zu erkennen, wie die Kameraden alle heißen und in welchen Verkleidungen sie sich zeigen, dafür denke ich, ist die Stille eines Ashrams nicht der schlechteste Ort. Doch ich will den Tag nicht vor dem Abend loben und wie Sam schon gesagt hat, ich werde mir mein eigenes Bild davon machen, wie es sich in einem Ashram lebt. Und vor allem, ob es mir gelingt, dort für mich eine neue Erkenntnis oder so etwas wie Zufriedenheit zu finden.

Der Himmel zeigt sich, ganz unbeeindruckt von meinem schweren Gedankengut, in den tollsten Rot- und Orange-Tönen. Jetzt aber raus mit den Kameras, sonst verpasse ich vor lauter Gequatsche noch die besten

Bilder, wo doch die Sonne heute ganz speziell für mich besonders schön untergeht. Hab ich einfach so beschlossen und Sam meint lachend, dass er auch dachte, dass die Lightshow heute von außergewöhnlichem Liebreiz ist.
Was für ein wunderschöner Tag. Ich hätte mir kein schöneres Geschenk wünschen können, als unseren Führer Sam. Ich glaube, den hat mir der liebe Gott ganz persönlich zum Geburtstag ausgesucht - ein Tag voller interessanter Gespräche über das Leben im Speziellen und die Welt im Allgemeinen an einem so einzigartigen Ort. Ich bin sehr dankbar für diesen Tag, der ein ganz besonderes Lebensjahr eingeläutet hat - mein Reisejahr durch die Welt und hoffentlich auch zu mir selbst.

Wir sind auf dem Weg zurück nach Delhi und Kamal möchte wissen, was wir dort in der Zeit bis zum Abflug nach Kochi noch machen möchten. Keine Ahnung, ich und auch Lilli haben uns zu wenig, im Grunde überhaupt nicht informiert, was wir hier noch alles unternehmen könnten. Nochmal zum Sikh-Tempel, dafür reicht die Zeit nicht. Wir bitten Kamal etwas für uns auszusuchen, das auf dem Weg liegt. Bevorzugt etwas im Freien. Head-Shake ist die Antwort. Unser lieber Kamal ist eine echt treue Seele und manchmal würde ich einfach zu gerne wissen, was er über uns denkt, wenn er seinen Kopf schräg legt und wie eine Wackelfigur, ohne den Hals mitzubewegen, diagonal nach oben und unten schiebt. Vielleicht denkt er auch gar nichts und nur ich meine, dass hinter allem eine gewisse Beurteilung steckt. Wie jeder Mensch hat auch er seinen kulturellen Stempel aufgedrückt bekommen und beim Inder ist dieser für mich eher undurchsichtig. Die Straßen sind verstopft, deshalb bringt uns Kamal auf direktem Weg zum Flughafen. Damit wäre die Planerei für ein Besichtigungsprogramm sowieso für die Katz gewesen. Wir sind nicht traurig darüber. In Indien ist unterwegs zu sein schon Programm genug und die Eindrücke mehr, als man auf die Schnelle verarbeiten kann.

In vier Wochen werde ich nochmal für einen Tag in Delhi sein, deshalb verabrede ich mit Kamal, dass er mich dann wieder vom Flughafen abholen wird. Da muss ich mich doch selber loben! Was praktische Dinge angeht, bin ich wirklich ein Organisationstalent. Oder bin ich nur ein Schisser, der gewisse Dinge abgesichert haben will? Vielleicht von beidem etwas und das eine bedingt das andere, damit ich entsprechend gelassen und entspannt reisen kann. In diesem Fall ein Hoch auf die Furcht, weil sie mir genau zeigt, wo meine Grenze ist. Ich darf nur nicht zulassen, dass mich meine Ängste abhalten, Dinge zu tun, die ich gerne machen möchte. Wenn mir etwas alleine zu gefährlich oder nicht machbar erscheint, gibt es immer eine individuelle Lösung. Manchmal in einer abgespeckten Version, aber ganz aufgeben kommt für mich nicht mehr in Frage. Die schwierigste Übung dabei ist, mir selbst zu gestatten, dass ich nicht immer gleich vom 10-Meter-Turm springen muss, um toll zu sein, sondern auch erst mal den Steg benutzen darf. Als junge Frau hatte ich viele Träume, deren Erfüllung mir unmöglich erschien. Die Abenteuer des Lebens waren grundsätzlich für andere reserviert. Lieber kleine Schritte zu machen als stehen zu bleiben, ist eine der Lektionen, die ich in diesem Jahr gut üben kann. Das hört sich geradezu lächerlich banal an, mindert deshalb aber noch lange nicht den Wahrheitsgehalt.

„Johanna, merkst du eigentlich wie groß dein Erklärungsbedarf ist, nur weil du dir einen Fahrservice gebucht hast?“ Auweia, meine inneren Dispute wollte ich eigentlich verheimlichen, aber jetzt ist es passiert. Mich in endlosen Gedankenschleifen um vollkommen unwichtiges Zeug zu verlieren, ist eine meiner Spezialitäten. Hätte ich mich nicht selber eingebremst, könnte ich noch seitenweise über die Ursache und Wirkung meiner Tat und die enormen Auswirkungen auf den Weltfrieden schreiben. Schluss! Jetzt!

Indien - Kochi

Für den zweiten Teil unserer gemeinsamen Reise fliegen Lilli und ich nach Kochi im Bundesstaat Kerala am arabischen Meer, ganz im Süden von Indien. Der Flug dauerte fünf Stunden und wir sollten uns deshalb nicht wundern, dass wir in einer vollkommen anderen Welt gelandet sind. Doch der Unterschied ist wirklich krass, zumal wir immer noch im gleichen Land sind. Zum einen ist eine Jacke, die wir im Norden durchaus gebraucht haben, hier total überflüssig und zum anderen sehe ich soweit das Auge reicht, Grün, Wasser und Palmen ohne Ende. Ich wollte das „Fahrer-Thema“ jetzt eigentlich ruhen lassen, aber (könnt ihr das Grinsen in meinem Gesicht sehen?) klar holt uns auch hier einer vom Flughafen ab. Ist Kamal eher ein stiller zurückhaltender Mensch, haben wir es jetzt mit dem Gegenteil zu tun. Ich würde sagen ein Schlitzohr, durchaus sympathisch und vollkommen gelassen. Prashad heißt er. Auch ihn habe ich über eine Agentur im Internet engagiert. Bisher klappt das wie am Schnürchen. Das viel beschriebene Abenteuer einer indischen Zug- oder Busfahrt fällt dabei aber aus. Kein Warten an heißen Haltestellen und keine Überraschung, wann und ob es heute überhaupt weitergeht. Wir lernen keine netten Leute kennen, mit denen wir unser Essen teilen und uns Geschichten erzählen. Wir reisen mit Sicherheitsabstand.

Heute und morgen wollen wir Kochi erkunden und dann soll uns Prashad zu einem der Hausboote bringen, die hier auf den „Backwaters" rumschippern. „Backwaters“ ist ein riesiges Netz aus Süßwasserkanälen und Wasserstraßen entlang der Küste. War ein Tipp von Sunil. Erinnert ihr euch? Der indische Student, der bei mir gewohnt hat. Er meinte, dass es sehr schön und ein Besuch auf alle Fälle lohnenswert sei.

Auf dem Weg vom Flughafen in die Stadt werde ich wieder ausgefragt. Das kenne ich ja schon: mein Beruf, was hat mein Mann für einen Beruf, wo ist mein Mann, wie viele Kinder und so weiter. Ich würde lieber in Ruhe aus dem Fenster schauen. Lilli hat schon beim Einsteigen die Augen zugemacht und schläft. Es ist also wieder an mir, die Unterhaltung zu bestreiten. Nachdem ich die

Fragerunde durchlaufen habe und Prashad mich über seine eigenen persönlichen Verhältnisse aufgeklärt hat, verkündet er mit einem Augenzwinkern, dass wir schnell merken werden, dass die Leute im Norden Indiens vielleicht die schlaueren sind, aber die Südinder eindeutig die schöneren Menschen. Ich könnte hier wieder ein Fass aufmachen und ihn nach seiner Definition von Schönheit fragen, aber mir ist gerade nicht nach philosophieren. Außerdem ist er mir viel zu flirty. Deshalb antworte ich lediglich, dass ich nicht klug oder schön bevorzuge, sondern mir die Kombination daraus am liebsten ist. Er lacht und erzählt noch ein bisschen über die Gegend und den neuen Hafen, der hier gebaut werden soll. Es ist interessant, weil er durchaus sieht, wie viel der wunderschönen Natur und des Lebensraumes für die Tierwelt dabei verloren geht und welche Auswirkungen der Hafenbau auf das ökologische Gleichgewicht hat. Als Abendprogramm wollte er uns eigentlich vorschlagen, noch eine Bootsfahrt mit Sonnenuntergang zu machen, aber dafür sind wir leider zu spät dran. Ich wecke Lilli und wir machen einen kleinen Spaziergang im Hafen. Es ist eine wunderschöne Stimmung. Eine besondere Attraktion sind die riesigen, chinesischen Fischernetze, die hier noch in vollem Einsatz sind. Wir sind hin und weg von dem Bild, das sich uns bietet, und machen gefühlte tausend Fotos von den Booten mit dem dunstigen Abendhimmel im Hintergrund, von denen dann doch eines wie das andere aussieht.

Ich fühle mich hier viel wohler als im Norden Indiens. Alles, also wirklich alles, erscheint mir viel freundlicher.

Wie kann das sein? Liegt es an der Vegetation? Vergleiche ich Indien mit einem Kuchen, hatten wir bisher die alten ausgetrockneten Kekse und jetzt wird saftiger Apfelkuchen mit Sahne serviert. Der Vergleich ist nicht der passendste, aber mir fällt nichts Besseres ein, um anschaulich zu erklären, um wie viel einladender mir hier alles vorkommt. Hier liegt auch Abfall herum und es gibt viele schlammige Pfützen, und doch erscheint es mir viel sauberer. Ich fühle mich mehr willkommen geheißen. Zu jeder Behausung, auch zu den kleinsten und spartanischsten scheinen wenigstens ein paar Quadratmeter Garten zu gehören. Eigentlich kein Wunder, dass sich das auf die Gemüter der Menschen auswirkt. Zwischen den engen Straßen mit den kleinen Hütten finden sich immer wieder Kolonialbauten aus den Zeiten, als die Portugiesen hier waren. In so einem Gebäude ist auch unser Hotel untergebracht und wir sind hochzufrieden mit der Wahl unserer Unterkunft, uns und dem Leben im Allgemeinen.

In Kochi könnte man katholische Kirchen, Hindu-Tempel, Einkaufsstraßen, den Fischmarkt am Hafen oder auch ein Museum besuchen. Doch von den Vorschlägen die Prashad macht, finden wir das Tempelfest am spannendsten. Er lässt uns in einer Querstraße raus, wo er auch auf uns warten wird. Von hier aus, sagt er, immer nur der Musik und den Menschen nach. Ok, das kann ja nicht so schwer sein, zumal sich das, was Prashad als Musik bezeichnet hat, eher als ohrenbetäubender Lärm herausstellt, den wir schon von weitem hören können. Wir laufen in die Richtung, aus der das Gemisch aus undefinierbarem Lautsprechergedudel und Gebeten kommt. Ich muss Prashad unbedingt fragen, ob die Inder allesamt schwerhörig sind oder man damit die Götter beeindrucken möchte. Entlang der Straße sind Girlanden mit gelben Plastikwimpeln und grell bunte Schilder aufgehängt, die das Tempelfest ankündigen. Der Tempel selbst stellt sich als kleines unbedeutendes Nebengebäude heraus, das niemand beachtet. Wie alle anderen laufen wir daran vorbei und halten auf die Menschenmasse zu, die sich auf und rund um die riesige, überdachte Freifläche gebildet hat. Der fußballfeldgroße, sandige Platz und der Geräuschpegel wirken auf mich keinesfalls wie ein Ort, an dem ich länger bleiben möchte. Doch hier sind tausende von Menschen, die rumstehen, irgendwo sitzen, schauen oder telefonieren - wie man dabei ein Wort verstehen kann, ist mir vollkommen schleierhaft. Frauen, egal ob jung oder alt, sind mit bunten Saris gekleidet, von denen einer schöner ist als der andere. Viele Männer tragen Hemd und Hose oder einen Sarong mit oben nix. Die Kinder sind herausgeputzt und schauen allesamt wunderschön aus mit ihren riesigen schwarzen Augen. Ich frage mich, wie lange die schon „rumhängen". Ich habe dafür kein anderes Wort, denn es wirkt auf mich genau so. Man kann sich ja nicht unterhalten, sitzt oder steht also rum und lässt sich beschallen, was gäbe es da für ein besseres Wort als rumhängen. Dann sehen wir die eigentliche Hauptattraktion. Elefanten! Wow, eine ganze Horde von, ich muss mal zählen, dreiundzwanzig Elefanten, steht da in Reih und Glied nebeneinander.

Obendrauf sitzen jeweils drei Männer mit gelben Sarongs, also langen Röcken, und blankem Oberkörper. Der vorderste von ihnen hält einen hohen bunten Holz-Sonnenschirm, der nicht besonders zweckdienlich ist, sondern lediglich zur Dekoration da ist. Nach einem bestimmten Turnus des priesterlichen Singsangs, der nebst Musik aus den Lautsprechern dröhnt, setzen Trommeln ein, die den unglaublichen Geräuschpegel sogar noch übertrumpfen. Das ist gleichzeitig das Zeichen für die zwei anderen Männer auf dem Elefanten, aufzustehen und zwei große, bunt bemalte Holzscheiben in die Höhe zu halten. Ich habe Bilder von Cheerleadern in den amerikanischen Footballstadien vor mir. Wer hier wem als Vorbild dient sei dahin gestellt. Was für ein Spektakel, was für ein Lärm und was für eine Tierquälerei! Könnte ich nur den Sinn darin erkenne, wäre mir die Veranstaltung nicht ganz so suspekt. Es sieht weder nach Gebet noch nach Spaß aus. Andere Länder, andere Sitten fällt mir dazu ein. Bei uns trifft man sich auf dem Oktoberfest, um sich bis zum Erbrechen zu betrinken, da mag sich der Sinn auch nicht jedem erschließen, aber die Menschen, die dort hingehen, behaupten zumindest, dass sie Spaß dabei haben. Ich will nicht verheimlichen, dass ich enttäuscht bin, hatte ich doch bei dem Wort Tempelfest an eine heilige Handlung und eine friedvolle Stimmung gedacht. Aber so ist das mit Erwartungen. Selten bis nie finden wir das, was wir uns vorher dazu ausgedacht haben. Es war auf alle Fälle interessant und ich bin froh, dass wir hergekommen und um eine Erfahrung reicher sind.

Wir können nicht umhin, Prashad unsere Bedenken in Bezug auf die Elefanten mitzuteilen. Er pflichtet uns bei und erzählt, dass es immer wieder vorkommt, dass eines der Tiere aggressiv wird und trotz der Beinketten Menschen dabei verletzt werden. Er hat frisches Wasser für uns gekauft und bringt uns von der belebten Straße weg. Nach dem Rummel will er uns an einen ganz anderen Ort bringen. Etwas, das für uns außergewöhnlich sein wird. Er macht es spannend und lässt uns raten. Es fällt mir schwer, mir etwas noch seltsameres, als das gerade erlebte, vorzustellen. Es handelt sich um keine Sehenswürdigkeit, keine exotischen Tiere und es hat nichts mit Natur zu tun. Wir fahren zu einer Wäscherei. Es gibt dort keine einzige Waschmaschine. Alles Handarbeit. Soweit wir sehen können Wäscheleinen, auf denen bunte Kleidungsstücke, schneeweiße Laken und Tücher hängen. Es ist die Großwäscherei der Stadt, bei der Hotels, Restaurants und reiche Leute waschen lassen. Alles unter freiem Himmel. Die Wascharbeit selbst wird in acht abgemauerten Kabinen erledigt, in denen es jeweils zwei Becken gibt. Getrocknet wird auf den Leinen und es gibt noch eine überdachte Bügelstation. In einem kleinen Häuschen wird die saubere Wäsche gelagert, bis sie abgeholt oder ausgeliefert wird. Für mein Dafürhalten ist die Waschmaschine eine der besten Erfindungen unserer Zeit, doch hier, in den wuseligen, lauten Großstädten Indiens, kommt mir der Ort wie pure Idylle vor, eine Oase des Friedens. Die ordentlich aufgehängte Wäsche auf den Leinen, der Geruch von Seife und Sauberkeit und das gleichmäßige Geräusch der

Waschbretter sind ein krasser Gegensatz zum Tempelfest. Was für eine verquere Welt. Prashad hat nicht zu viel versprochen. Dieser Ort bestätigt meine Vermutung vollends, dass in Indien wirklich alles anders ist als von mir erwartet.

Das restliche Besichtigungsprogramm, von indischen Tänzen bis hin zu weiteren Tempeln, sparen wir uns mal wieder. Und im Gegensatz zu unserem „indischen Freund" aus Jaipur, hat unser Chauffeur vollstes Verständnis dafür. Zumal das auch für ihn bedeutet, dass er heimfahren kann. Unter einer Palme im schönen Garten unseres Hotels den Gedanken nachhängen, ein bisschen lesen und dann noch ein leckeres Abendessen. Das hört sich nach Urlaub an.

Wie gewünscht hat Prashad für uns eine zweitägige Fahrt auf einem Hausboot arrangiert. Es kostet nicht viel mehr als die Übernachtung in einem Mittelklassehotel mit Vollpension, deshalb bin ich etwas verwirrt, weil er uns in eine Ferienanlage bringt. Hat er etwas falsch verstanden? Ich hatte nur die Angaben von Sunil, dass es ganz besonders ist, durch die Kanäle zu schippern und man auch auf dem Wasser übernachten kann. Was tun wir also hier? Ich frage Prashad vorsichtig, wo denn das Boot ist und er meint, dass die Dame an der Rezeption sich um alles kümmert und er uns am nächsten Tag wieder abholen wird. Na super! Es kommen noch einige andere Menschen, in erster Linie Amerikaner, in die offene Hotellobby und irgendwie schwant mir nichts

Gutes. Mir fällt leider erst jetzt ein, dass ich keinerlei Hintergrundinformationen habe, wie das alles abläuft. Wie viele Menschen werden auf dem Boot sein und wo werden wir schlafen. Mir kommen Bilder von wilden Trinkgelagen bei Floßfahrten auf der heimatlichen Isar und von laut schnarchenden Männern in Massenlagern auf Berghütten. Habe ich mich erfolgreich vor zu viel Berührung mit Indiens Armut und Schmutz gewehrt, um jetzt in die Touristenhölle meiner eigenen Kultur einzutauchen? Meine Tochter bekommt von alldem überhaupt nichts mit. Die hat sich ein gemütliches Plätzchen gesucht und ist vertieft in ihr Buch. In mir steigt leichter Unmut auf und mein genervtes Ego flüstert gehässig: „Klar, Mama wird es schon richten und sich um alles kümmern“. Hotelangestellte flitzen geschäftig hin und her, aber jeder Versuch meinerseits, eine Auskunft zu erhalten wird mit einem freundlichen Lächeln und einem Kopfwackler à la India abgewehrt. Was ist denn los mit mir, warum bin ich so ungeduldig? Ich setze mich zu Lilli und sehe zwar die Menschen um mich herum, aber meine Gedanken schweifen ab. Wir sind seit acht Tagen hier in diesem Land und es ist das erste Mal, dass etwas nicht perfekt läuft. Das erste Mal, dass wir auf etwas warten. Gehört es nicht zum Klischee eines Indienreisenden, dass er irgendwo sitzt und vollkommen gelassen auf etwas wartet? Und ich sitze hier nicht an einer staubigen Straße in der prallen Sonne, sondern in einer Hotellobby mit Seerosentümpel im Lichthof und Blümchen in Wasserbecken. Also tief einatmen und wieder runterkommen. „Es ist alles ganz wunderbar, Johanna, und du hast lediglich ein kleines

Luxusproblem!" „Gut, dass wir das auch geklärt haben", und schon kommt die nette Dame von der Rezeption und bittet uns, ihr zu folgen.

Sie führt uns durch die Gartenanlage, vorbei an kleinen Häuschen und Pavillons, und dann kann ich endlich das Wasser und die Boote sehen. Drei Holzboote mit geflochtenen Seitenwänden und Strohdächern liegen am Steg. Man stellt uns den Kapitän, den Koch und noch „den Mann für alles andere vor" und bittet uns an Bord. Wow, ist das schön. Unsere Kajüte ist ein gemütliches Zweibettzimmer und das „Restaurant" besteht aus einem Holztisch mit vier Korbstühlen unter einem Palmendach. Nach vorne hin ist es offen und die geflochtenen Seitenwände können je nach Sonnenstand geöffnet oder geschlossen werden. Es ist einfach traumhaft! Ganz vorne im Bug des Schiffes gibt es eine gemütliche Liegefläche mit großen Kissen und zwei Schaukelstühlen. Lilli und ich schauen uns an und ich glaube, wir können beide unsere eigene Begeisterung jeweils im Gesicht der anderen erkennen. Lilli fragt mich ungläubig: „Sind wir ganz alleine hier?" und bestätigt mir mit ihrer Frage das, was ich nicht zu hoffen gewagt habe. Wir fühlen uns wie Prinzessinnen aus „Tausendundeiner Nacht". Unser Mann für alle Fälle heißt Tulsi und bringt uns Wasserflaschen und Tee zu den Schaukelstühlen und fordert uns auf, es uns gemütlich zu machen und ihm zu sagen, wann immer wir etwas brauchen. Er wird jetzt dem Koch bei den Vorbereitungen für unser Abendessen helfen und ist im hinteren Teil des Bootes zu finden. Wir legen ab und sind schlagartig in einer anderen Welt. Weit weg ist der bisher ständig präsente Lärm. Langsam und ruhig gleiten wir auf dem Wasser dahin, vorbei an Landzungen, die nur per Boot zu erreichen sind. Inmitten von Palmen und Büschen gibt es immer wieder idyllisch gelegene Häuschen und sogar kleine Dörfer zu entdecken. Eine zauberhafte Fahrt mit atemberaubenden Aussichten.

Und doch stimmt etwas nicht. Irgendetwas ist unrund in mir. Es scheint, dass das, was sich vorher in der Hotelhalle als Ungeduld bemerkbar gemacht hat, eine tiefere Wurzel hat. Meine Tochter ist schon wieder vertieft in ihr Buch und ich kann meinen Unfrieden zunächst darauf richten. Wir sind hier in traumhafter Umgebung und sie verpasst alles, weil ihr Buch gerade so spannend ist. Ich kann mich förmlich selbst dabei beobachten, wie lächerlich mein Ärger ist. Kennt ihr den Zustand? Man weiß, dass man vollkommen daneben steht und setzt sich auch noch mitten rein in dieses Gefühl. Wie ferngesteuert hat eine fremde Macht mich im Griff. Ich möchte das alles so gerne genießen und kann nicht. Was mich daran hindert? Ich kann beim besten Willen nicht sagen, warum das Paradies nicht gut genug für mich ist.

So schippern wir dahin, bekommen zwischendurch Kaffee, Tee, selbst gebackenes Gebäck und abends verschiedene Currys serviert. Wir legen für die Nacht an und unsere Crew sitzt am Ufer beim Angeln. Lilli bringt Tulsi mit ihren Überredungskünsten dazu, den Fisch wieder ins Wasser zu werfen und später springen die

Männer zum Waschen noch hinterher. Idylle pur und doch bin ich nicht vollständig anwesend. Am nächsten Tag fahren wir nach einem ausgiebigen Frühstück mit unserem Hausboot gemütlich zurück und Prashad bringt uns zum Ayurvedahotel, dem nächsten Punkt des Reiseplans. Aktionen und Tagespunkte lenken mich von dem ab, womit mein Herz eigentlich beschäftigt ist. Es flüstert leise aber stetig: „Was hast du getan und wo wird es dich hinführen?“ Da ist nichts mit Leben im Hier und Jetzt. Ich habe mein Leben auf den Kopf gestellt und mein ganzen System schreit: „Hilfe, ich habe nichts mehr unter Kontrolle! Und jetzt halt die Klappe und genieße gefälligst die aufregende Reise!“

Indien - Ayurveda „Wissen vom Leben“

Die nächsten 12 Tage stehen im Zeichen von Gesundheit und Entspannung. Das Hotel, in dem wir die Kur machen werden, ist traumhaft gelegen. Wir werden liebevoll und äußerst charmant von Jemsher, dem Geschäftsführer des Hauses, empfangen und durch die Anlage geführt. Ich bin mir nicht ganz sicher, ob die aufmerksame Art des jungen Mannes wirklich nur der Gastfreundschaft und Freundlichkeit den Gästen gegenüber geschuldet ist oder ob die Anwesenheit meiner Tochter dabei eine Rolle spielt. Ich bin neugierig, wie sich das entwickelt. Mit ein bisschen Sonderbehandlung aufgrund von sprudelndem Testosteron können wir leben, solange es im Rahmen bleibt. Wir sind in einem kleinen Häuschen inmitten eines tropischen Gartens untergebracht mit Blick auf den Strand und das arabische Meer. Gegessen wird auf der großen Terrasse des Restaurants unter einem Palmendach begleitet von stimmungsvollen Sonnenuntergängen. Wenn wir keine Lust haben unsere Unterkunft zu verlassen, können wir uns auch Essen „à la carte“ auf unsere kleine, ganz private Terrasse bestellen. Jemsher erklärt uns, dass die Speisekarte nach der ayurvedischen Ernährungslehre aufgeteilt ist und es so für uns ganz einfach sei, entsprechend der Anweisungen unseres Arztes, die jeweiligen passenden Gerichte auszuwählen. Das lässt sich alles sehr gut an.

Ab dem nächsten Tag werden wir einen festen Stundenplan haben, der in etwa so ausschaut: 5:30 Uhr aufstehen, 6:00 Uhr Yoga, 8:30 Uhr Frühstück, 10:00 Uhr vierhändige Massage oder sonst eine wohltuende Behandlung mit viel warmen Öl, Kokosmilch oder Kräuterstempel, 13:00 Uhr ein leichtes Mittagessen, dann ein kleines Schläfchen und gegen 16:00 Uhr für zwei Stunden an den Strand, bevor wir uns für das Abendessen fertig machen. Ziemlich langweilig und gerade mal so auszuhalten also. Zwischendurch könnten wir ein paar kleine Ausflüge machen, in der Hängematte liegen oder uns einen Teller mit tropischen Früchten bringen lassen.

Aber Pustekuchen! Nach drei Tagen habe ich einen knallroten Nacken mit Bläschen drauf, bin fix und alle und fühle mich nur schlapp. Allergische Reaktion. Zuviel Hitze im Körper. Juckreiz, Brennen und Schmerzen am ganzen Hals. Angeblich ausgelöst von der Kokosmilch. Lilli genießt zwar das Faulenzen, ist aber auch nicht gut drauf. Im Gegenteil, ihre Laune verschlechtert sich mit jedem Tag. Selbstzweifel und so etwas wie Zukunftsangst beschäftigen sie. So ist das, wenn man ruhig gestellt ist und keine großen Möglichkeiten zur Ablenkung hat. Zuviel Zeit zum Nachdenken und dann noch die ayurvedischen Behandlungen dazu, die auch dafür gedacht sind, die ganzen Giftstoffe im Körper zu lösen und auszuleiten. Und meist bleibt bei einer körperlichen Reinigung die mental-psychische nicht aus. Nichtsdestotrotz gehen wir jeden Morgen brav zum Yoga, weil wir einen genialen Lehrer haben. Meine Tochter findet ihn zwar grenzwertig in seinen Unterrichtsmethoden, aber sie kann andererseits nicht leugnen, dass er geniale Erfolge erzielt. Er setzt sich während einer Yogastunde gerne mal auf seinen Schülern ab, stellt sich kurzerhand mit seinem vollen Gewicht auf einen drauf oder legt sich auf einen, um die Dehnung zu intensivieren. Lilli fühlt sich davon bedrängt. Sie hat das Gefühl, dass er die Berührung über die yogische Übung hinaus ausdehnt. Ich bin sehr froh und dankbar, dass sie das nicht zulässt. Wie geht es mir damit? Ich habe es jahrelang geübt, Dinge über mich ergehen zu lassen und zu erdulden, ein Unbehagen in mir zu spüren und es einfach zu übergehen. Dabei weiß ich sehr wohl, von was sie spricht, aber ich hätte es niemals in Worte gefasst. Und in diesem speziellen Fall ist meine Meinung dazu auch gespalten, weil ich es toll finde, wie sich mein Körper anfühlt, wenn ich so tief in die Yogaübung einsteige.

Das Gefühl beweglich zu sein. Und die zusätzliche Belastung, die der Körpereinsatz unseres Lehrers bedeutet, zeigt mir ganz deutlich, wie viel mehr noch möglich ist. Solange das Ganze nicht aus dem Ruder läuft, werde ich den kleinen Beigeschmack also in Kauf nehmen.

Nach der ersten Woche lassen unsere Gefühlsschwankungen und Wehwehchen etwas nach. Ich schlafe wieder besser und muss mir nachts nicht mehr stundenlang das laute Gebrüll der Meeresbrandung anhören. Die Stimmung steigt und wir beschließen, einen Ausflug in die Stadt zu machen. Einer der Kellner im Hotel trägt eine tolle Brille und als ich ihm ein Kompliment dafür mache, kommen wir ins Gespräch über Optiker und Augenärzte. Dabei wird die Idee geboren, dass wir, also Lilli und ich, dringend neue Brillen gebrauchen könnten, hatten wir doch gerade von - für unsere Verhältnisse - sensationell guten Preisen gehört. Wir haben sozusagen Blut geleckt. Deshalb jetzt der Ausflug in die Stadt. Jemsher hat gleich angeboten, dass er uns zum Optiker begleiten würde und so stehen wir hier nun mit Tee und kleinen Leckereien im Brillenladen und haben einen Riesenspaß. Zum einen fühlen wir uns wirklich gut aufgehoben in Bezug auf die medizinische Betreuung. Es ist alles sehr professionell, mit Augenvermessung und allen möglichen Untersuchungen mit futuristisch anmutenden Gerätschaften. Zum anderen bilden sowohl unser Begleiter wie auch die Verkäufer ein gutes Beratungsteam. Sie nicken, head-shaken und schütteln, wenn es nötig ist, auch den Kopf für ein klares Nein. Schließlich finden wir für jede von uns eine Brille, die die Zustimmung aller Beteiligten hat. Der Optiker sagt, er brauche zwei Tage für die Fertigstellung und dass er zur Anpassung ins Hotel kommen würde. Zudem bietet er noch an, dass er in unsere alten Fassungen auch neue Gläser einsetzt. Kundenservice sozusagen.

So gehen die Tage dahin. Wir machen noch einen zweiten kleinen Ausflug. Ein Abschiedsgeschenk für Lilly, die übermorgen zurück nach Hause fliegt. Dafür hat Jemsher ein Boot für uns organisiert und schippert mit uns gemächlich entlang der Backwater-Kanäle, die auch hier das Hinterland durchziehen. Vorbei an tropischer Vegetation, spielenden Kindern, Wäscherinnen und exotischen Vögeln, bis wir eine Sandbank erreichen, an der der sich die hohen Wellen des Ozeans brechen. Atemberaubende Lichtspiele, Sonne, Wind und Meer, eine traumhafte Szenerie!

Und dann ist die Zeit gekommen, mich auch von meiner Tochter zu verabschieden. Ab morgen werde ich endgültig für mich sein. Alleine mit mir in der fremden Welt. Lilly und ich waren schon öfter lange voneinander getrennt, nur sonst war immer sie diejenige, die den Ort wechselte. Dieses Mal bin ich es, die nicht mehr an der gleichen Adresse anzutreffen ist. Der Abschied ist nicht allzu dramatisch. Es ist Nacht und wir sind beide müde, tauschen die besten Wünsche aus, sagen uns nochmal, wie lieb wir uns haben, ein letztes Mal gedrückt, geküsst und gewinkt und weg ist sie. Ich lege mich wieder ins Bett und schlafe auch gleich ein.

Indien - Sivananda Ashram

Jemsher hat sich um einen Fahrer gekümmert, der mich zum Ashram bringt. Ich schwöre hoch und heilig, dieses Mal hätte ich den Bus, das Tuktuk und die Rikscha genommen, wäre auch zu Fuß gelaufen! Doch das Schicksal hat es gut mit mir gemeint und ich bin nicht böse über die Annehmlichkeit, gebracht zu werden. Wir fahren mit einer alten Klapperkiste ungefähr zwei Stunden durch kleine Dörfer, wilde Natur und eine etwas größere Stadt. Der Mann, der mich fährt, spricht nicht gut Englisch, oder doch und ich verstehe ihn nur nicht. Auf alle Fälle macht er mich immer wieder auf verschiedene Bäume, Pflanzen, Vögel und Tempel aufmerksam, die ihm erwähnenswert erscheinen. Das ist lustig, weil er auch mich nicht zu verstehen scheint, wir beide aber trotzdem sehr kräftig und wohlwollend zu den Worten des anderen mit dem Kopf nicken. Ich habe also eine sehr nette Anreise, habe keine Ahnung mehr, wo ich überhaupt rein geographisch bin, stehe vor einem Treppenaufgang, der angeblich zum Ashram führt und bin schon mega aufgeregt, was mich hier erwartet. In meiner Fantasie stelle ich mir einen sehr ruhigen Ort mit einer fast andächtigen Stille vor. Die Menschen, wenn sie denn überhaupt sprechen, unterhalten sich fast flüsternd und alle sind sehr bedacht und voller Aufmerksamkeit für sich und den jeweiligen Moment. Ich gehe davon aus, dass ich mich nicht in der Adresse geirrt habe und genau da bin, wo ich hinwollte. Aber die meditative Stille scheint sich vor mir zu verstecken. In der großen Halle im Eingangsbereich wuselt es nur so von jungen Leuten. Darunter sind einige, die das gleiche gelbe T-Shirt mit einem Shivananda Aufdruck tragen. Es scheint, sie arbeiten hier, erteilen Auskünfte und sind behilflich bei den verschiedensten Anliegen. Ich stehe unschlüssig herum, wartend, dass jemand auf mich zukommt oder eines der gelben T-Shirts frei wird und ich fragen kann, was zu tun ist und wohin mit mir. Es dauert nicht lange, bis mir mehrere Blätter in die Hand gedrückt werden. Eines für meine persönlichen Daten und dazu ein Pamphlet mit Regeln, wie ich mich zu verhalten habe, einer Aufstellung meiner Pflichten und noch der strenge Tagesablauf, zu dessen Einhaltung und Teilnahme ich mich schriftlich verpflichten muss.

6:00 Uhr Morgen-Satsang
Montag und Donnerstag 5:30 Uhr Wanderung in Stille
8:00 Uhr Tee im Innenhof
9:00 Uhr Yoga
11:00 Uhr Essen
13:00 Uhr Karma-Yoga
14:00 Uhr Unterricht
15:30 Uhr Tee
16:00 Uhr Yoga
17:30 Uhr Abendessen
20:00 Uhr Abend-Satsang
Freitags ist Ausgehtag und es findet nur der Morgen- und Abend-Satsang statt.

Nach dem Ausfüllen meiner Formulare kaufe ich mir eine Geldkarte, die im Ashram als Zahlungsmittel dient.

Wofür ich Geld brauche, ist mir zwar noch nicht klar, aber ich mache einfach, wie mir geraten wurde. Dann gebe ich meine Wertsachen für den Safe ab und schließlich wird mir der Schlüssel für meine Unterkunft ausgehändigt. Ich wurde nicht im großen Schlafraum einquartiert, sondern in einem 4-Bettzimmer, von dem sich herausstellt, dass wir uns das Zimmer nur zu zweit teilen. Meine Mitbewohnerin kommt auch aus Deutschland und heißt Brigitta. Sie ist vor zwei Tagen angekommen und legt gleich los mit ihrer Geschichte. Dass ihr eine Lehrerin, Mentorin - so genau habe ich nicht verstanden, wer das eigentlich war - gesagt hätte, sie müsse nach Indien reisen und dort eine Begegnung machen! Was soll ich davon halten? Ich kann durchaus nachvollziehen, dass man solchen „Vorhersagen" folgt. Aber es ist ein sehr einfacher Weg und birgt die Gefahr, dass man sein Leben nicht selbst in die Hand nimmt. Wo ist die Grenze dabei? Springt sie auch aus dem Fenster, wenn ihr jemand sagt, dass danach das große Glück auf sie wartet? Jetzt ist aber Schluss. Wie komme ich dazu, ihr so etwas zu unterstellen. Ich habe selbst oft darauf gehofft, dass jemand kommt und mein Leben richtet. Brigitta ist zwar sehr redselig, aber auch sehr freundlich. Sie geht mit mir einmal übers Gelände, zeigt mir die zwei Yogahallen, erklärt mir, wie das mit dem Essen abläuft, wo ich eine Yogamatte kaufen kann (ah, dazu die Geldkarte) und führt mich zu dem kleinen Café, in dem man zwischen Abendessen und Satsang Snacks kaufen und bei einem Getränk mit anderen ins Gespräch kommen kann. Für ihr gutes Karma, also in sehr vereinfachten Worten gesagt, für das, was nach dem Prinzip von Ursache und Wirkung aufgrund unserer guten oder schlechten Taten zu uns zurückkommt, wurde sie für die Essensausgabe eingeteilt. Sie jammert ein bisschen, dass der Chef sie nicht möge, weil sie seinen Anweisungen widersprochen habe und er sie jetzt triezen würde bei der Aufgabenverteilung. Andererseits ist sie gerne in dieser „Arbeitsgruppe“, weil ein toller Mann dabei sei. Oha, hier geht es also nicht nur um die Liebe zu etwas Größerem. Was reagiere ich nur so kritisch, fast zynisch auf diese Frau. Sie hat sogar ihre Unterrichtsstunde, deren Ende gerade durch einen Gong verkündet wird, geschwänzt, um mir den Ashram zu zeigen. Sie ist wirklich hilfsbereit und ich bin auf Meckerkurs und habe nur abwertende Gedanken im Kopf. Zwischenzeitlich sind wir wieder am Hauptplatz angekommen. Es ist Zeit für Tee, der in großen Kannen zur Selbstbedienung bereit steht. Außerdem gibt es als Snack noch kleine Bananen. Die Ashrambewohner, die aus aller Herren Länder kommen, stehen und sitzen schwatzend in großen und kleinen Grüppchen zusammen. Brigitta nutzt die Gelegenheit, mir noch ein paar von ihnen vorzustellen. Als sie mir dann noch erklärt, welche der Menschen hier nett und welche doch eher etwas oberflächlich seien, erschließt sich mir meine vorhandene Aversion gegen sie etwas mehr.

Nach der Teepause geht es mit Yoga weiter, wovon ich heute, am Ankunftstag, noch befreit bin. Der Platz lichtet sich und ich habe Zeit, mich zu orientieren, wo ich hier überhaupt gelandet bin.

Brigitta hat mich so in Beschlag genommen, dass ich gar nicht dazu gekommen bin, mir ein eigenes Bild von dem Ort zu machen, an dem ich die nächsten zwei Wochen verbringen werde. Was war mein erster Eindruck? Viele junge Menschen, eine vollkommen andere Atmosphäre als erwartet, sehr umtriebig, unruhig, fast kommerziell. Nach meinem Gefühl sind hier weit über einhundert Menschen. Es gibt auf Anhieb nichts, das mich berührt. Weder in Bezug auf die Stimmung, noch von den örtlichen Gegebenheiten. Ich finde auch kein stilles Plätzchen, das mich zum Verweilen einlädt. Weiß nicht richtig etwas mit mir anzufangen. Letztendlich bin ich wie der Ort selber, unruhig und nicht mit dem Herzen bei der Sache. Genau das ist es! So empfinde ich das hier, man beschäftigt sich mit Yoga und hehren Zielen, doch das Ganze passiert über den Verstand und nicht mit dem Herzen. Ich gehe zurück in mein Zimmer, lege mich ins Bett und versuche ein bisschen zu lesen, aber ich bin unkonzentriert. Meine Gedanken schweifen umher und keiner lässt sich richtig fassen und zu Ende denken. So sitze, bzw. liege ich die Zeit bis zum Abendessen einfach da und bin froh, dass der Gong endlich sagt: „Es ist soweit!“ und meine Unruhe antwortet: „Endlich etwas zu tun.“

Vor der Essenshalle bilden sich schon die ersten Menschengruppen. Wie schon beim Tee unterhält man sich sehr angeregt. Brigitta hat mir während ihrer Führung erklärt, dass der Speisesaal erst betreten werden darf, wenn die Vorbereitungen für die Essensverteilung abgeschlossen sind. Gekocht wird von Angestellten. Die

Ashrambesucher, die zur Erledigung ihrer Karma-Aufgabe zum Küchendienst eingeteilt sind, holen die Speisen in der Küche ab und sind dann für die Verteilung zuständig. Dazu gehört auch das Tischdecken. Wobei der Tisch hier der Boden ist. Es werden lange Bastmatten ausgerollt und die Teller davor in Reihen aufgestellt. Sobald die Küchenhelfer mit ihren Arbeiten fertig sind, beginnen sie das Mantra „Hare Krishna" zu singen. Darauf warte ich jetzt hier vor der Türe des Speisesaals gemeinsam mit den vielen anderen Hungrigen. Ich schau mich ein bisschen um, wer so um mich herum steht und mit wem ich gerne Kontakt aufnehmen würde. Da kommt Becky, eine bezaubernde junge Frau aus Kanada. Brigitta hat sie mir heute Nachmittag mit der Bewertung „sehr gut" vorgestellt und da kann ich nicht widersprechen. Sie scheint eine ganz besondere Frau zu sein. Becky kommt aus Vancouver und es freut mich sehr, gerade von dort jemanden kennen zu lernen. Sie ist wie eine Elfe, hat langes weißblondes Haar und ihre helle Haut ist fast durchsichtig, wie sie selbst auch. Ich tippe auf Magersucht. Nichtsdestotrotz hat sie eine engelsgleiche Ausstrahlung. Vielleicht gerade deshalb. Essen erdet und ohne genügend Nahrung läuft man Gefahr, nicht mehr ganz hier auf der Erde zu sein bis hin dazu, sie am Ende ganz zu verlassen. Gedanken, die mir in sekundenschnelle durch den Kopf schießen, während sie lächelnd auf mich zukommt. Ich erzähle ihr von meiner Freude darüber, jemanden aus Vancouver zu treffen, weil ich den Sommer dort verbringen werde. Sie weiß noch nicht genau, wann sie nach Kanada zurückkehrt, aber sollte sie zu der Zeit wieder dort sein, müssten wir uns unbedingt treffen. Und sie meint ich müsse unbedingt Lin kennen lernen, die auch hier im Ashram ist und auf Vancouver Island zuhause ist. Das würde ich gerne und ich muss nicht lange warten. Becky winkt einer Frau in meinem Alter, zieht mich mit sich und schon schüttle ich Lin die Hand. Wie schön! Kein junges Gemüse! Sondern jemand, der in meiner Lebenssituation ist. Ich kann gar nicht sagen, wie wunderbar das für mich ist. Es gibt so viele tolle junge Menschen, die mutig sind und interessante Dinge tun. Ich höre gerne ihren Berichten zu, lasse mich inspirieren oder erzähle von mir, wie ich das Leben erfahren habe, als ich zwischen zwanzig und dreißig war. Aber ein Austausch mit jemandem, der meine Themen durchlebt hat und deshalb nicht nur theoretisch nachvollziehen kann, ist viel erfüllender. Da sind also Lin aus Vancouver Island und Johanna aus Oberbayern im Ashram in Südindien. Die Verbindung ist auf alle Fälle hergestellt, mal schauen, was sich daraus entwickelt. Die Menschen um uns herum haben angefangen sich Richtung Speisesaal in Bewegung zu setzen. In meiner Euphorie habe ich gar nicht mitbekommen, dass der Gesang begonnen hat.

Ich schließe mich Lin an und folge mit ihr zusammen dem Pulk. Dort wo vorher Menschengruppen standen, sind jetzt nur noch Schuhpaare anzutreffen. Die Gespräche verstummen und viele der Menschen singen das Mantra mit. Das ergibt eine tolle Stimmung und hat etwas Feierliches. Vielleicht geht es nur mir so, aber es kommt mir vor, als würde man den Akt der Essensaufnahme würdigen. In einem Land, in dem so viele Menschen auf der Straße leben und hungern, eine verständliche Wertschätzung der Nahrung selbst. Ich mag es sehr, die Aufmerksamkeit auf etwas so Essentielles zu richten und viele meiner überflüssigen Gedanken verschwinden dabei. Der Speisesaal ist hellblau gekachelt, hat rundum große Sprossenfenster und am Boden sehe ich, wie von Brigitta angekündigt, sechs Reihen mit ungefähr 15 Meter langen Bastmatten und davor die großen Blechteller. Daneben steht jeweils ein Glas. Am anderen Ende des Raumes, gegenüber vom Eingang sehe ich Brigitta und ihre „Kollegen". Jeder einen Eimer oder eine Schüssel mit Essen vor sich. Begleitet vom Gesang geht man erst an eines der vielen Waschbecken, die sich in einem kleinen Anbau auf der linken Seite befinden. Man wäscht sich die Hände, danach reiht man sich wieder in die Schlange ein, um nach und nach die Plätze vor den Tellern einzunehmen. Das passiert alles sehr geordnet und erinnert mich irgendwie an eine Kirchenprozession, wie ich sie als Kind erlebt habe. Alle sitzen jetzt, der Gesang verstummt und ein Mann, ich nehme an Brigittas „Chef", spricht ein Gebet. Er erinnert nochmals daran, dass die Speisen in Stille eingenommen werden. Das ist das Startzeichen für die Essensverteiler, die jetzt mit ihren großen Behältnissen die Reihen ablaufen und mit Schöpfkellen die unterschiedlichen Gerichte auf die Teller verteilen. Einer bringt Reis, der nächste ein Curry, einer Linsen, Gemüse und dann noch Salat, ein Joghurtdip und noch etwas, das für mich zunächst nicht definierbar ist. Und jetzt wird es spannend! Wie bringe ich das alles am Boden sitzend vom Blechteller in meinen Mund. Vorsichtig und ich hoffe nicht zu auffällig versuche ich zu beobachten, wie die anderen das machen. Manche haben eine echt coole Sitzhaltung. Schaut aus als hätten sie ihr Leben lang nichts anderes gemacht, als im Lotussitz, vollkommen aufrecht sitzend, den Teller vor sich auf dem Boden stehend ihr Curry mit den Händen zu essen. Andere tun sich nicht so leicht. Knien mehr oder sitzen auf ihren Fersen, damit sie den Rücken einigermaßen gerade halten können. Dann gibt es solche, die die Beine überkreuzt haben und den Teller in eine Hand genommen haben, um den Weg zum Mund zu verkürzen. Das erscheint mir sehr sinnvoll und so werde ich es auch probieren. Ich liebe es, mit den Fingern zu essen. Aber bisher ging es dabei um Oliven, Pommes und Pizza, oder mal was aus einer Schüssel zu stibitzen. In arabischen Ländern habe ich schon Soße und Gemüse mit Hilfe von Brot anstelle von Gabel und Messer vom Teller genommen oder in Asien auf der Erde sitzend mit Stäbchen gegessen. Hier jetzt mit den Fingern Reis zu nehmen und diesen dann in die warme Soße zu tauchen, kostet mich einen kleinen Augenblick der Überwindung. Und dann schnell mit dem, was daran kleben geblieben ist in den Mund, bevor es wieder zurück auf den Teller oder noch blöder auf mein T-Shirt fällt. Sobald meine Finger leer sind, habe ich den Impuls nach der nicht vorhandenen Serviette zu greifen. Da bleibt nur ablecken und sich an das Gefühl der „schmutzigen“ Hand zu gewöhnen. Krass, ich dachte immer, ich bin ein Dreckspatz, und muss hier feststellen, dass mich ein bisschen Essen an den Fingern sofort dazu verleitet, die Hände waschen zu wollen. Nach ein paar Versuchen habe ich eine ganz gute Technik raus. Mit vier Fingern eine kleine Schaufel bilden und der Daumen schiebt das Essen darauf. Ich muss mich so konzentrieren, ich hätte gar keine Zeit mich zu unterhalten. Zudem teilen mir meine Beine mit, dass sie gerne eine bequemere Haltung einnehmen würden. Tja, meine Lieben, da müssen wir jetzt gemeinsam durch. Doch ich erbarme mich ihrer und setze mich neben meine angewinkelten Beine. Es ist eine völlig neue Erfahrung. Ich kann mich nicht erinnern, dass ich schon einmal aufmerksam gespürt habe, wie sich gekochtes Essen anfühlt. Weich, fest, kalt, warm, eher glitschig oder trocken, die Oberfläche unterschiedlicher Gemüsearten. Es ist einfach großartig und ich liebe diese Art zu essen, vollkommen fokussiert und mit jedem Gedanken bei der Sache. Zwischendrin kommt jemand vorbei und fragt mich mit den Augen, ob ich einen Nachschlag möchte. Als mein Teller leer ist, tue ich es den anderen gleich, versuche erst auf meinen etwas steifen Beinen einen sicheren Stand zu finden und nehme meinen Teller und mein Teeglas mit, um die Teile an den Waschbecken abzuspülen. Ich bin schlichtweg begeistert. Und ich muss über mich schmunzeln. Ich hätte alles erwartet, aber nicht, dass ich ausgerechnet im Speisesaal das Gefühl habe, an einem besonderen Ort zu sein. Da fällt mir das Gespräch mit Sam ein, der Sikh, der mit uns am Taj Mahal war. „Ashram ist da, wo du ihn zulässt, wo du aufmerksam bist. Etwas mit dem Kopf zu wollen und zu erdenken, lässt keinen Platz mehr für das um was es wirklich geht."

Draußen vor dem Speisesaal wartet Lin auf mich. Wie schön. Wir gehen zusammen zum Wasserspender, füllen unsere Flaschen auf und suchen uns einen freien Platz auf der langen Steinbank, die in einem Halbkreis den großen Hauptplatz des Ashrams umläuft. Wir müssen lachen als wir feststellen, dass die großen Ereignisse in unserem Leben ziemlich ähnlich verlaufen sind und sogar in der gleichen zeitlichen Abfolge. Nur dass Lin fünf Jahre älter ist als ich und deshalb bei ihr alles genau die fünf Jahre früher passiert ist. Zweimal verheiratet, zwei Kinder, dabei die Tochter das ältere der beiden. Kinder aus dem Haus, zweite Ehe geschieden, Job gekündigt, Haus verkauft und auf Reisen gegangen. Das, was ich jetzt gerade mache, hat meine neue Freundin also schon alles erlebt. Und jetzt wird es abenteuerlich. Lin ist das dritte Mal für lange Zeit in der Welt unterwegs. Als sie nach ihrer ersten Reise zurück nach Kanada gegangen ist, hat sie den Motorradführerschein gemacht, sich eine Harley gekauft und wurde praktisch Rockerbraut. Nach etwa eineinhalb Jahren hat sie wieder das Reisefieber gepackt, ist kurzerhand nach Malaysien geflogen, hat sich dort ein Motorrad gekauft und hat damit sechs Monate lang das Land erkundet. Wieder ging sie zurück in ihre Heimat. Diesmal um den Segelschein zu machen. Sie wollte auf ihrer nächsten Reise die Seewege erkunden. Hat übers Internet auf einem kleinen Segelschiff angeheuert für die Route von Vancouver nach Santiago de Chile. Der Skipper brauchte jemanden, der in der Nacht wechselweise mit ihm Wache hielt und tagsüber die Küche übernahm. Es ist kurz vor Satsang-Zeit und Lin, die im großen Schlafsaal wohnt, möchte noch ihre Matte holen. Sie verabschiedet sich und ich bleibe noch sitzen und lasse das Gehörte nachwirken. Was für eine faszinierende Geschichte und was für eine aufregende Frau. Trotz gleichem Werdegang, kann ich mir beim besten Willen nicht vorstellen, dass ich ihren Spuren folge. Doch vor einem Jahr hatte ich auch noch keinen blassen Schimmer, wie sich mein Leben verändern würde. Lins Gegenwart macht mir bewusst, dass wirklich alles möglich ist. Man muss sich nur trauen, verrückter und größer zu denken. Damit fängt alles an.

Es ist echt lustig hier. Erst war es relativ ruhig. Nur ein paar Leute saßen wie Lin und ich beisammen und haben sich unterhalten. Zwischenzeitlich ist es Nacht geworden und wie aus dem Nichts kamen die letzten Minuten mehr und mehr Leute aus allen Richtungen und jetzt summt es hier wieder wie in einem Bienenstock. Der Satsang findet in der großen Yogahalle statt, in der tagsüber die Yogalehrer-Ausbildung stattfindet. Deshalb sind auch gerade so viele Menschen im Ashram. Hundertfünf Leute von überall auf der Welt nehmen an dem Kurs teil und möchten in vier Wochen lernen wie man Yoga unterrichtet. Ich glaube nicht, dass das funktioniert. Sie können danach vielleicht die Übungen auf der Matte praktizieren. Aber um das zu lernen oder gar zu lehren, was wirklich hinter Yoga steht, dafür reicht im

Normalfall nicht mal ein Leben aus. Jetzt bin ich schon wieder in dieser „Ich-weiß-es-besser-Rolle“ und abgeschweift von dem, was ich eigentlich sagen wollte. Nämlich dass sich - sehr provokant gesprochen - die ganzen angehenden Gymnastiklehrer und natürlich noch die restlichen Besucher, die, wie ich, aus meist nicht klar definierbarem Grund hier sind, sich zu was auch immer versammeln. Ich habe schon den einen oder anderen Satsang mitgemacht und konnte dabei kein einheitliches Konzept erkennen. Einmal wurde nur gesungen, ein anderes Mal ging es mehr um Wahrheitsfindung und Erwachen. Ich bin also neugierig, was mich hier erwartet. Das Innere der Halle ist sanft beleuchtet und vor dem Aufgang stehen wieder Unmengen an Schuhen. Ich stelle meine dazu und betrete den Raum. Mir gegenüber gibt es eine große Bühne, vor der breite Bastmatten ausgerollt sind, die als Sitzflächen dienen und schon relativ gut belegt sind. Die Plätze an den Wänden und Säulen waren bestimmt als erstes weg, weil man sich so schön anlehnen kann, was das längere Sitzen am Boden viel angenehmer macht. Aus Lautsprechern kommt eine eintönige meditative Musik. Das ist maximal eine Notenzeile, die ständig wiederholt wird und ich weiß jetzt schon, dass sich diese Melodie wie ein Werbeblock in mein Gehirn einbrennen wird. Ich suche mir einen freien Platz etwa in der Mitte des Raumes. Um mich herum wird leise geflüstert oder man sitzt/liegt in ganz bequemer Haltung. Da, wo im Speisesaal die Teller vor den Bastmatten standen, liegen jetzt Textbücher mit Mantras und Gebeten, viele davon in Sanskrit und ein paar wenige in Englisch. Ich bin noch damit beschäftigt die Menschen in meiner direkten Umgebung zu beäugen, als auf der Bühne etwas mehr Licht gemacht wird. Durch die Reihen geht ein merklicher Ruck. Beine werden überkreuzt, Wirbelsäulen aufgerichtet, Augen geschlossen. Man bringt sich in Meditationshaltung. Auf der Bühne sitzen drei Männer im Lotussitz auf dem Boden und eine sehr streng blickende Frau vor ihrem Keyboard. So wie die schaut, entgeht der nichts und ihr zweiter Vorname ist bestimmt Disziplin. Gut, dass sie relativ weit weg ist und ich ihrem Scannerblick nicht direkt ausgesetzt bin. Eine Frau, die mich durchschauen könnte bis in die letzten Winkel meiner sogar vor mir selbst gut versteckten Geheimnisse. Nein, vor ihr würde ich mich nicht entblößen wollen. Da hilft auch nicht, dass sie vollkommen in Weiß gekleidet ist. Die grauen Haare hat sie straff nach hinten gebunden, was sie vermutlich älter wirken lässt als sie tatsächlich ist.

Der in der Mitte sitzende Mann hat ein Mikrophon vor sich und heißt uns herzlich Willkommen zum Abend-Satsang, hofft dass wir einen schönen Tag hatten und fängt an, die Grundregeln der Meditation zu erklären. Aufrechte Haltung, Atmen, der Ein- und Ausatmung jeweils eine Bedeutung zuordnen, die Gedanken fließen lassen und an nichts festhalten. Jawohl, so will ich es machen. Ich zähle meine Atemzüge, denke beim Einatmen an „Nehmen“ und beim Ausatmen an „Geben“. Ungefähr zweieinhalb Atemzüge lang. Dann denk ich: “mein Rücken tut weh.“ Ich rede mir selber gut zu: „Kein Problem Johanna, fange einfach von vorne an.“

Diesmal komme ich nur bis eins, als es in mir flüstert: „Das hältst du nicht durch". Nur ein bisschen abschweifen muss erlaubt sein, ein paar Sekunden der Ablenkung. Ich denke an Luca. Wir haben uns oft über Meditation unterhalten, und dass er dabei immer einschläft. Was würde er wohl von all dem hier halten. Ich male mir aus, dass ich ihm erzähle, wie das alles hier für mich ist. Wie fremd, wie alleine ich mich fühle. „Hey, du sollst atmen!" „Ist ja schon gut." Einatmen eins, ausatmen eins, ein zwei .... „wo Brigitta wohl ist? ... und Lin?" Maximal zwei, drei Atemzüge, dann kommt der nächste Gedanke, bleibt, bis mir wieder einfällt, warum ich hier sitze und mich wieder konzentriere. Zwischendrin muckt immer wieder mein Körper auf. Mal schmerzen die Beine, dann zieht es am Rücken oder es juckt mich am Kopf. So geht das, bis ich endlich von der Bühnenstimme erlöst werde, die mir sagt, dass ich langsam hierher zurück kommen, meine Finger und Zehen bewegen und dann meine Augen öffnen soll. Im Raum wird Licht gemacht, ich blinzle, weil sich meine Augen an die Helligkeit gewöhnen müssen und irgendwie fühlt es sich an, als wäre ich tatsächlich eine Weile aus dem Raum verschwunden gewesen, trotz all der Ablenkung, die ich mir selbst beschert habe. Bisher habe ich entweder alleine meditiert oder, nach einer Yogastunde, mit höchstens fünfzehn anderen Menschen im Raum. Macht es einen Unterschied, dass ich hier mit vielen anderen sitze? Es scheint mir fast so, kann aber nicht benennen, worin der Unterschied liegt.

Der Sprecher auf der Bühne sagt die Seitenzahl im Notenbuch an und „Frau Adlerauge" stimmt ihr Instrument an. Es wird immer abwechselnd auf der Bühne vorgesungen und die Masse wiederholt es. Das mag ich sehr und ich singe fleißig mit, obwohl die Betonung der Sanskrit-Wörter noch schwierig ist. Inmitten von über hundert Sängern kein Problem. Da fällt die ein oder andere falsch ausgesprochene Silbe nicht auf. Wir singen ein sehr langes Lied, das, so die Anmerkung im Liederbuch, Teil jedes Satsangs ist. Danach noch vier oder fünf andere, die sich teilweise ziemlich schräg anhören. Ich muss aufgrund schmerzender Gliedmaßen immer wieder meine Position ändern und bemerke erleichtert, dass nicht nur ich an meine Grenzen komme. In regelmäßigen Abständen werden jetzt Hinterteile von einer auf die andere Seite geschwungen oder Beine ausgestreckt, um sie kurz darauf wieder anzuwinkeln. Singen scheint jetzt vorüber zu sein und die Mikro-Stimme fordert auf, uns für ein Gebet zu erheben. Es wird auch in Sanskrit gesprochen. Ich versuche erst gar nicht die Wörter mitzulesen, sondern höre nur zu und beobachte was passiert. Viele können den Text auswendig, andere nehmen das Textheft zu Hilfe. Einer der Männer auf der Bühne hält irgendetwas hoch. Ich nehme an es ist etwas Essbares, kann aber aus der Entfernung nicht erkennen, was es ist. Wieder werde ich an die Gottesdienste meiner Kindheit erinnert. Mir war nicht bewusst, wie tief die Abläufe der sonntäglichen Kirchenbesuche in mir verankert sind. Es ist vergleichbar mit der Wandlung, mit dem Moment, wenn der Pfarrer die

Hostie hochhält und den Leib Christi ehrt. Es könnte mir von beiden Seiten, also sowohl den Christen als auch den Menschen, die hier ein Ritual abhalten, als Frevel ausgelegt werden, dass ich die zwei Dinge in einen Topf schmeiße. Ich bin aber weit davon entfernt, es inhaltlich vergleichen zu wollen. Es geht hier lediglich um heilige Handlungen, Rituale, die sich im Ablauf sehr ähnlich anfühlen. Man verehrt und segnet, bittet und betet, findet ein Symbol dafür und möchte die Energie in sich integrieren. Es muss gerade ein Stichwort gefallen sein, das ich verpasst habe. Aber um mich herum bewegt sich alles nach einer Art Choreographie. Die Hände der Betenden gehen nach vorne, als ob sie dort etwas greifen, dann nach oben, nach unten und treffen sich wieder vor dem Körper. Das geht mir zu schnell, ich kann nicht mehr folgen und schaue nur noch zu. Na ja, ich werde Gelegenheit habe, das Ganze zweimal täglich zu üben. Irgendwann werde ich die Reihenfolge der Bewegungen schon raus haben. Vielleicht auch ein tieferes Verständnis erlangen, was man zu greifen versucht und welche Bedeutung hinter den Bewegungen steht. Damit ist der Satsang beendet. Während die Menschen ihre Sachen zusammen packen, kommt von der Bühne ein Gute-Nacht-Wunsch. An den drei Ausgängen stehen jetzt Schüsseln bereit, aus denen man sich bedienen darf. Hm, leckere Sesambällchen. „Hat ja doch was von Kirche. Nur dass hier die Hostien besser schmecken.“

Noch ganz in Gedanken, was hier gerade alles los war, habe ich den falschen Ausgang gewählt. Meine Schuhe stehen auf der anderen Seite. Also nochmal zurück quer durch die Halle und über den Haupteingang raus. Hat den Vorteil, dass ich mir eine zweite Süßigkeit schnappen kann. Durch meine Extrarunde warten meine Flipflops schon einsam auf mich. Morgen früh ist um 5:30 Uhr Wecken. Ich nehme an, dass sich die Leute deshalb schnell vom Acker machen. Brigitta ist noch nicht zurück im Zimmer und ich genieße es, eine Weile für mich zu sein, mir meinen Schlafplatz einzurichten und die Taschenlampe zurechtzulegen, falls ich in der Nacht zur Toilette muss. Ab 23:00 Uhr wird nämlich die Beleuchtung abgeschaltet. Mit Widerwillen muss ich wohl oder übel noch das Gemeinschaftsbad aufsuchen und dann krieche ich unters Moskitonetz in mein Bett. Fünf Minuten später kommt meine Mitbewohnerin. Macht ganz leise, weil sie annimmt, dass ich schon schlafe.

Ein dumpfer Gong weckt mich und von ganz weit her höre ich die leise Meditationsmusik, die ich vom Satsang gestern Abend schon kenne. Ich mache die Augen wieder zu. Eigentlich bin ich eine Frühaufsteherin, habe aber so gar keine Lust das Bett zu verlassen. Brigitta kramt schon neben mir herum, geht ins Bad und als sie zurückkommt, spricht sie mich ganz liebevoll an. „Johanna, aufstehen, es ist gleich Satsang." „Guten Morgen", antworte ich und befreie mich aus dem Moskitonetz, das sich über Nacht mit meiner Bettdecke verwickelt hat. Einer der Vorteile hier im Ashram ist, dass sich die Frage: „Was ziehe ich an?" reduziert auf die leichte Baumwollhose oder die schwarze Jogginghose und welches der drei T-Shirts dazu. Das geht zackig! Noch kurz ins Bad und schon sitze ich acht Stunden, nachdem ich meinen Meditationsplatz verlassen habe, wieder da. Die gleiche Prozedur wie am Abend zuvor. Ein paar der Mantras haben sich verändert und anstelle der Sesambällchen gibt es Bananenstücke.

Beim anschließenden Tee komme ich mit zwei Britinnen und einer Irin ins Gespräch. Alle drei sind Langzeitreisende. Sie erzählen, wo sie schon überall gewesen sind und welche weiteren Reisepläne sie haben. Wollen auch von mir wissen, woher ich komme und wohin ich gehe. Was für Fragen für einen Ort, an dem es doch ums Sein gehen sollte. Wer bist du? Was bewegt dich? Das sind die Themen über die ich sprechen möchte. Die Reiseroute anderer Leute interessiert mich im Moment und in dieser Form überhaupt nicht. Andererseits will ich kein Außenseiter sein und deshalb mache ich brav mit bei dem Kommunikationsspiel, nicke und frage an manchen Stellen nach. Aber bei der Sache bin ich nicht. Doch wo bin ich dann? Kann man nirgends sein? Ich bin nicht mehr zuhause und hier bin ich auch nicht. Ich würde gerne leicht und locker flockig sein, Kontakt aufnehmen und Anschluss finden. Aber so sehr ich es auch will, es geht nicht, weil ich nicht anwesend bin.

Da kommt Lin. Sie ist wie ein Hoffnungsschimmer für mich. Hoffnung auf was? Dass auch ich irgendwann wieder ohne Anspannung bin und gelassen durchs Leben gehe! Sie gibt mir etwas Halt und ist wie ein Bindeglied zwischen mir und der Ashram-Welt. Sie ist gekommen, weil sie mich zu dem kleinen Geschäft begleiten will, in dem sie jeden Nachmittag ihren Karma-Job zu erledigen hat, damit ich mir noch schnell eine Yogamatte kaufen kann, bevor die Stunde losgeht. Es gibt zwei Yogastunden: eine für Anfänger, die andere für Fortgeschrittene. Ich habe zwar nach jahrelangem Training und dem täglichen Programm während der Ayurveda-Kur eine gute Kondition, trotzdem entscheide ich mich, mit Lin zu den Anfängern zu gehen. Der Ehrgeiz hat mich komplett verlassen. Mein Herz ist schwer genug, da brauche ich nicht noch die körperliche Anstrengung in der brütenden Hitze. Der Ablauf einer Yogastunde nach der Lehre des Sivananda ist mir sehr vertraut, weil viele meiner Lehrer zuhause im Sivananda-Zentrum in Deutschland ihre Ausbildung gemacht haben. Die Übungen absolviere ich aus dem Effeff und bleibe bei dem Gedanken hängen: „Alles wie daheim". Wo bin ich denn daheim? Da, wo ich geboren wurde? Da, wo meine Kinder sind? Kann man bei Menschen daheim sein? Unabhängig vom Ort? Im Optimal-Fall sollte man bei sich daheim sein. Doch davon bin ich weit entfernt. Bin mir nicht einmal mehr sicher, was das überhaupt bedeuten soll. Ein Kauderwelsch an Gedanken begleitet mich durch die Stunde. Ich bin froh, dass es vorbei ist und ich nicht mehr mit mir alleine sein muss. Jetzt wird es echt schräg! Bin ich mit Menschen, will ich weg von ihnen, weil sie mich nicht interessieren, bin ich alleine, mag ich es auch nicht. Das riecht nach Traurigkeit und Verlorensein. Und ich habe keine Ahnung, was ich dagegen tun kann.

Mittagessen! Das ist meine Zeit. Da kann ich zur Ruhe kommen. Ich bin mit Menschen und kann doch für mich sein. Und die Stille ist nicht gefüllt mit Grübeln, sondern mit meditativem Essen. Ich bin mit Kopf und Herz bei dem, was ich tue! Das hochgelobte Hier und Jetzt trifft mich nicht in der Meditation sondern beim Essen. Eine kleine feine, so wohltuenden Auszeit, in der ich vergesse, dass es mir schlecht geht. Die Formulierung trifft mich. Ist es doch ein Zeichen, dass es auch anders sein könnte, wenn ich nicht immer darüber nachdenken würde. Im Anschluss an das Essen ist ein Treffen für Neuankömmlinge, bei dem mir eine Aufgabe für das Karma-Yoga zugeteilt werden wird. Judith, die verantwortlich ist für die Einteilung, wartet auf dem Hof. Sie stellt sich kurz vor und erzählt, dass sie in den USA geboren, aber indischer Abstammung ist. Sie ist nach Indien gekommen, um ihre Wurzeln kennen zu lernen und gehört hier zum Team der freiwilligen Helfer. Hat sich für sechs Monate verpflichtet, für Kost und Logis im Ashram zu arbeiten. Man braucht nicht lange, um zu bemerken, dass sie mit ihrem Job total überfordert ist. Wir sind sechs Frischlinge und sie fragt jeden von uns ungefähr fünfmal, wie lange wir jeweils vorhaben hier zu bleiben. Vergibt einen Job an Ananda, der mit mir hier angekommen ist, verwirft es gleich wieder und überarbeitet ihren Plan so oft, dass sie ihre eigenen Aufzeichnungen nicht mehr lesen kann. Als alle Beteiligten vollkommen verwirrt sind, heißt es, dass ich vor dem Unterricht am Nachmittag die Halle fegen und dann die Matten ausrollen soll. Auf meine Fragen, wo ich einen Besen finde, wohin das Zusammengefegte entsorgt wird, wo denn die Matten sind und wie viele davon in welcher Anordnung benötigt werden, erhalte ich die Antwort, dass dort noch andere mit dieser Aufgabe betraut sind und die wissen, was zu tun ist. Damit kann ich gut leben. Es gibt bestimmt schlechtere Aufgaben. Gleichzeitig muss ich über mich selbst schmunzeln. Das deutsche Pflichtbewusstsein, genaue Arbeitsanweisungen und strukturierte Arbeitsabläufe habe ich wirklich gründlich gelernt. Doch in Indien sollte ich mir das abgewöhnen. Es könnte mich ansonsten in den Wahnsinn treiben.

Wieder habe ich Zeit, die überbrückt werden muss, die gefüllt werden will. Eine halbe Stunde bis ich meinen Dienst antreten muss, bedeutet, dreißig Minuten sitzen und grübeln. Ich bin erst den zweiten Tag hier und kann nur darauf hoffen, dass sich, was auch immer mich dazu bewegt, in dieser leidigen Stimmung zu sein, bald zeigt. Diese Jammerstimmung nervt mich tierisch und gleichzeitig merke ich, wie ich so richtig in Fahrt komme und mich mitten hinein setze.

Wie sollte es anders sein, als dass ich pünktlichst in der Halle bin, um meine Aufgabe zu erfüllen. Weit und breit niemand zu sehen. „Ahhh, das ist so typisch Johanna! Du merkst kein bisschen, wann deine Zuverlässigkeit angebracht ist und wann du dich zum Narren machst. Und dann machst du dir auch noch Gedanken darüber, wenn die Halle nicht gefegt und die Matten nicht rechtzeitig ausgerollt sind. Hast Angst, dass dich jemand kritisieren könnte!" „Halt die Klappe! Ich mag es nicht, wenn man mich warten lässt und deshalb bin ich pünktlich. Alles andere ist unhöflich und respektlos. Und was bitte schön ist falsch an Pflichtgefühl?" „Die Motivation, die dahintersteht, meine Liebe." Dies ist nur eine klitzekleine Kostprobe eines der endlosen Zwiegespräche, die ich den ganzen lieben Tag über führe. Bin ich am Ende schizophren oder nur hartnäckig in meiner Leidensfähigkeit? Inmitten meiner Selbstunterhaltung kommen zwei junge Mädchen in die Halle. „Sollt ihr hier auch fegen? Wisst ihr Bescheid, was wir zu tun haben?" Ja, sie gehören zu meinem Arbeitsdienst, aber sie wissen auch nicht, was genau wir machen sollen, weil, wann immer sie hier die letzten Tage aufgeschlagen sind, war schon alles erledigt. Und die zwei, die das sonst immer gemacht haben, sind wohl abgereist. Ich schwanke wahrlich zwischen Ärger und Amüsement. Die Gelassenheit meiner Mitstreiterinnen bringt mich wieder auf den Boden. Das Fegen lassen wir einfach ausfallen und die Matten liegen sowieso gut sichtbar in der Ecke. Die müssen einfach in Form eines Vs vor der Bühne ausgerollt werden. Was verursacht denn bloß diese Anspannung in mir. Ist doch scheinbar alles in Ordnung! Doch die Wahrheit ist, dass in mir gar nichts in Ordnung ist. Und die Ursache für mein Unwohlsein, das sich hier in dieser an sich so nichtigen Situation zeigt, für mich nicht greifbar ist und ich keinen blassen Schimmer habe, wie ich damit umgehen soll.

In der Unterrichtsstunde geht es um die verschiedenen Pfade im Yoga. Ich werde das hier nicht wiedergeben, weil ich nicht weiß, ob mir das korrekt gelingen würde. Es ist auf alle Fälle interessant und lenkt mich von mir selber ab. Weil ich früh genug hier war, habe ich einen Säulenplatz, so dass ich mich gemütlich anlehnen kann. Das macht doch gleich alles viel leichter und ich verspreche mir selbst, nicht so viel zu grübeln und den Ashram und auch mich selbst nicht ganz so ernst zu nehmen.

Nächster Tagespunkt ist wieder Tee. Dort treffe ich Brigitta. Ich weiß nicht genau was passiert ist, aber es scheint, sie hat laut „hier" geschrien, als ich vorhin meine unleidige Art in die Wüste geschickt und mehr Gelassenheit gelobt habe. Sie jammert über den Küchenchef und überhaupt, wie blöd das hier alles ist. Spricht aus, was ich die ganze Zeit über vor mir her geschoben habe. Ich setze dieser verdrehten Situation noch die Krone auf indem ich denke: „Mädchen, dann überleg mal, was das alles mit dir zu tun hat!" Wen ich damit wohl gemeint habe?

Und schon ist wieder Zeit für Yoga, Abendessen, Satsang, zu Bett gehen. Am nächsten Morgen geht es von vorne los. So läuft das die nächsten zwei Tage weiter. Mal unterbrochen von einem Schwatz mit Lin oder einem Besuch im kleinen Café, in dem es gar keinen Kaffee gibt, sondern Tee, Süßigkeiten, Obst und frisch gepresste Säfte. Jetzt gerade komme ich vom Abendessen, das mir zum ersten Mal nicht so gut geschmeckt hat. War ein bisschen matschig heute. Ich überlege gerade, ob ich mir noch ein Stück Wassermelone gönnen soll, als mich ein junger Mann anspricht, der mir schon öfters aufgefallen ist, weil er sich von den anderen unterscheidet. Ein Inder, der hier die Yogalehrer-Ausbildung mitmacht. Er hat lange, gelockte Haare und diesen Glanz in den Augen. Ich kenne diese Art zu schauen. Habe diesen Blick oft bei Luca gesehen. Vielleicht schaue ich sogar selber manchmal so. Da spricht die Gier nach Leben, nach Abenteuer. Klar habe ich Jivan, so hat er sich mir gerade vorgestellt, angelacht, wann immer wir uns bisher über den Weg gelaufen sind. Alleine schon der Freundlichkeit wegen. Jetzt will er wissen, wie ich heiße und woher ich komme. Er spricht in etwa das über mich aus, was ich gerade über ihn geschrieben habe. Sagt mir, dass ich anders bin als der Rest der Menschen hier. Dass auch er das Strahlen in meinen Augen erkannt hat. Ich weiß nicht recht, soll ich mich geschmeichelt fühlen oder ist er ein Aufreißer, der seine Opfer sehr gut einschätzen kann. Wie mir selbst versprochen, habe ich mich zwar am Riemen gerissen, und bin die letzten Tage nicht wie das Leiden Christi herum geschlichen, aber von Strahlen bin ich meilenweit entfernt. Ich bin also sehr zwiespältig in Bezug auf Jivan und seine Motivation mich anzusprechen. Hätte ich gerade Interesse an einer amourösen Beziehung, er würde hervorragend in mein Beuteschema passen. Da das aber nicht der Fall ist, entschließe ich mich zu einem sowohl als auch: ich bin geschmeichelt und werde trotzdem nur die Hälfte von dem, was er mir erzählt, glauben.

Am nächsten Morgen ist „Silent Walk“, das heißt Antreten um halb sechs und dann in Stille gehen. Von Brigitta weiß ich, dass man je nach Ziel ungefähr eine Stunde läuft. Man startet im Dunkeln und wandert auf eine Anhöhe, um dort Mantra singend den Tag zu begrüßen. Wir erleben einen wunderschönen Sonnenaufgang. Der Dunst hängt noch in den Bäumen und wird sanft vom Morgenrot beleuchtet. Der Gesang tut sein Übriges, um eine meditative Stimmung zu erzeugen. Das gefällt mir und entspricht mehr dem Bild, das ich mir vom Leben in einem Ashram gemacht habe. Auf dem Rückweg darf auch gequatscht werden, aber ich wüsste nicht, was ich zu sagen hätte und auch nicht, mit wem ich mich unterhalten möchte oder könnte. Stört es mich? Ja, definitiv! Gleichzeitig gewöhne ich mich daran, alleine zu sein. Zurück im Ashram ist Teezeit. Ich treffe auf Lin. „Hallo, guten Morgen!“ Wir begrüßen uns mit einer Umarmung und ich frage sie: „Wie hat dir die Wanderung gefallen. Ich habe dich vorhin gar nicht gesehen.“ Sie grinst mich an: „Das kannst du auch nicht, ich habe lieber noch geschlafen.“ Wow, da hab ich keine Worte und zwei Sekunden später realisiere ich, dass ich sie auch noch nie beim Satsang gesehen habe. Ich bin manchmal so ein Schaf. Die Frau schert sich nicht um Regeln! Die tut was sie will. Oh Lin, wenn du wüsstest wie sehr ich dich beneide. Sage aber nichts davon und spreche ein anderes Thema an: „Hättest du eigentlich Lust, dir mit mir ein Doppelzimmer mit eigenem Bad zu teilen?“ Ich hatte gehört, wie sich zwei Frauen darüber aufgeregt haben, dass es diese Möglichkeit gibt. Sie waren der Meinung, dass es ein „No go" ist, wenn man sich in eine Gemeinschaft wie den Ashram begibt und es sich dabei bequem macht! Ich dagegen habe das Gemeinschaftsbad so satt und möchte es mir durchaus bequem hier einrichten. So ist der Gedanke entstanden, Lin zu fragen, ob wir gemeinsam versuchen wollen, so ein Zimmer zu bekommen. Sie findet es eine großartige Idee und erzählt, dass sie sich durchaus schon Sorgen gemacht hat, wann man sie rausschmeißt, weil sie noch nie beim Satsang war und auch die Yogastunde regelmäßig schwänzt. Also doch nicht ganz so unbefangen wie von mir angenommen. Gleich am Nachmittag gehen wir zur Rezeption und fragen nach. Wie herrlich! Am Sonntag ziehen wir in die „5-Sterne-Suite" und werden die ganze restliche Woche bis zu meiner Abreise dort wohnen bleiben können!

Freitag: mein erster freier Tag seit ich hier bin. Lin und ich wollen die Gegend erkunden. Möchte man den Ashram verlassen, muss man sich schriftlich abmelden. Das finde ich irgendwie eigenartig, aber man möchte aus Sicherheitsgründen wissen, wer sich auf dem Gelände befindet und wer nicht. So die Erklärung. Wir marschieren einfach los ohne darüber nachzudenken, wo wir hin wollen. An der Seite meiner Freundin ist die Angst vor Indien nur noch halb so groß. Wir haben uns viel zu erzählen. Unser bisheriges Leben, Erfahrungen, unsere Träume, Pläne und Ziele. Lin hat im Alter von vierzig Jahren noch ein Studium angefangen, Soziologie. Hat dann ein paar Jahre an Studien zum Thema „Wie sehr beeinflusst Geld die Gesundheit" mitgearbeitet. Sie fand das alles sehr interessant, aber wirklich erfüllt hat es sie nicht. Hatte immer wieder Probleme mit Süchten. Als ihr klar wurde, dass sie etwas Grundlegendes in ihrem Leben ändern muss, hat sie sich zunächst räumlich von ihrem Mann getrennt. Es sollte keine endgültige Trennung sein. Nur eine Möglichkeit, sich zurückziehen und ganz auf sich selbst konzentrieren zu können. Doch alles hat sich anders entwickelt. Sie fand keinen Weg zurück und beschloss, durch eine lange Reise den Abstand noch zu vergrößern. Leider hat sie es ihre Kinder betreffend nicht so gut wie ich. Sie haben kein Verständnis dafür, wie ihre Mutter ihr Leben gestaltet. Sie sagen, Lin ist rücksichtslos und lässt die Familie im Stich. So denken sie darüber. Das ist jetzt fünf Jahre her und das Verhältnis hat sich von unterkühlt zu kein Kontakt gewandelt. Meine Freundin hat es trotzdem durchgezogen. Ich weiß nicht, ob ich das gekonnt hätte und frage Lin: „Hast du es jemals bereut?“ „Es ist keine Frage von bereuen oder nicht, es ist ganz einfach mein Weg. Ob meine Familie gutheißt, was ich tue oder lasse, ist nichts, was meine Entscheidung beeinflussen konnte. Sie waren alle alt genug die Verantwortung für ihr eigenes Leben zu übernehmen. Liebe ist bedingungslos!“ Stimmt das? Es erscheint mir sehr hart. Vor allem, wie viel hat Familie tatsächlich mit Liebe zu tun? Ist es nicht auch die Entscheidung, die ich für oder gegen sie treffe. Dass man seinen Partner verlässt, dafür gibt es tausend Gründe. Wer könnte das besser verstehen als ich. Aber mit seinen Kindern nicht mehr in Kontakt zu sein, stelle ich mir so abartig schwer vor, dass ich nicht weiß, ob ich es ertragen könnte. Natürlich hat Lin recht, sich letztendlich nicht von ihrem Weg abbringen zu lassen. Sich nicht abhängig und erpressbar zu machen. Und es ist ja nicht von heute auf morgen passiert, sondern war wie meist eine Entwicklung, die sich nach und nach ergab. Wie viel Verletzung und Rechthaberei in Lins Familie dahinter steckt, das kann ich nicht beurteilen. Es ist auf alle Fälle eine traurige Geschichte und gleichzeitig macht sie mir bewusst, wie sehr meine Kinder mir auch Anker sind. Weit weg von allem Vertrauten, fühle ich mich oft sehr alleine und unsicher, doch im Hinterkopf habe ich immer noch die Gewissheit, dass es zwei Menschen auf der Welt gibt, die unerschütterlich mit mir verbunden sind. Vielleicht geht es Lin ja genauso, auch wenn der Kontakt zu ihren Kindern derzeit auf Eis liegt. Sie ist eine starke Frau.

Wir hängen eine Weile unseren Gedanken nach und wie schon vorher im Gespräch, geschieht die Entscheidung, in welche Richtung wir an Weggabelungen weiter gehen ohne Worte. Wir folgen uns einfach gegenseitig. Gehen durch Waldstücke, kommen vorbei an spielenden Kindern, Tempeln, aus denen laute Musik kommt, verlassenen Hütten und kleinen Häuschen mit Gemüsegärten. Wir sind bestimmt schon drei Stunden kreuz und quer gelaufen, als wir in einem für unsere Verhältnisse kleinen Städtchen ankommen. In Indien ist es wohl eher ein Dorf. Auf der Hauptstraße gibt es verschiedene Lokale, alle mehr oder weniger zweifelhaft, was den Hygienestandard anbelangt. Aber es hilft nichts, wir haben Hunger und möchten auch gerne einen Chai trinken. Wir entscheiden uns, aus welchem Grund auch immer, für ein kleines Restaurant, das ich in Deutschland wahrscheinlich als Spelunke bezeichnen würde. In erster Linie sitzen da viele alte Männer, die uns ungeniert mit nicht gerade einladenden Blicken angaffen. Ich versuche, sie einfach zu ignorieren, bestelle mir bei einem zahnlosen Kellner meinen Tee und Lin ordert für uns beide noch gefülltes Fladenbrot, das hier frisch zubereitet wird. Zurück zum Ashram fahren wir mit einem Tuk Tuk. Lin findet, dass es viel zu teuer ist, aber ich setze mich durch. Wir sprechen hier von zwei Euro fünfzig pro Person für zwölf Kilometer. Soll er mich doch ausnehmen, ist mir ehrlich gesagt egal. Für mich ist das Preis-Leistungsverhältnis mehr als in Ordnung.

Vor dem Ashram gibt es einen großen See. Man erzählt sich, dass es darin Krokodile gibt, die schon Schwimmer angegriffen haben. Ich hielt die Geschichte ja für ein Schauermärchen, das man irgendwann erfunden hat, um die vielen internationalen Besucher und Touristen zu beeindrucken. Doch als wir jetzt den Hang hinuntersteigen sehen wir schon von weitem ein großes Schild mit der Aufschrift: „Danger - be aware of crocodiles“ - Vorsicht Krokodile, Schwimmen auf eigene Gefahr! Gleich darunter eine Bekleidungsvorschrift. Frauen müssen den Körper bis zu den Knien bedeckt halten! Lin witzelt, dass die Krokos nicht zu viel Haut sehen dürfen, bevor sie uns in den Hintern beißen, sonst kommen sie im nächsten Leben als Stechmücke zur Welt. Ich lache, aber ganz ehrlich, mit einem Auge scanne ich die Wasseroberfläche. Bewegt sich da etwas? Will ich hier wirklich schwimmen? Nein, aber ich werde es trotzdem tun. Mein Stolz verbietet es mir jetzt zu kneifen. Während ich noch unschlüssig rumstehe, hat sich Lin schon umgezogen und steht bis zu den Knien im Wasser. Ich denke zum ich weiß nicht wievielten Mal in den letzten Tagen, wie mutig sie ist. Also gut, raus aus den Klamotten, Badeanzug habe ich schon drunter, und rein zu den Ungeheuern. Ich schwimme lieber nicht so weit raus und hoffe, dass die Viecher kein seichtes Wasser mögen. Ich denke: „Wo ist Lin?“ - „Waaaah!!“ Ich schlage wild um mich und sterbe fast vor Schreck und Angst - dieses Miststück hat mich angetaucht und unter Wasser am Bein gezogen. Ich hab zwar noch alle Gliedmaßen, werde aber gleich untergehen, weil ich so lachen muss. Lin hat natürlich gemerkt, wie unwohl ich mich fühle und sich einen Spaß daraus gemacht. Gut, gut, ich habe genug und lache lieber am Ufer weiter.

Wir melden uns im Ashram zurück und genehmigen uns zum Abschluss des Abends noch einen Mangosaft im Café. Das war doch mal ein wirklich gelungener Tag und deshalb beschließe ich, trotz der Freiheit vom Pflichtprogramm noch zum Satsang zu gehen. Nicht dass ihr meint, ich hätte schon irgendeinen Fortschritt in der Meditation erreicht, keinesfalls. Was mich hinzieht ist die Ankündigung eines Filmes über Vishnudevananda Saraswati, dem Begründer der Sivananda Organisation. Er ist zum Gähnen langweilig und in einer furchtbaren Qualität. Das ist mir zu viel und ich weiß nicht, ist es Lins Vorbild oder das Krokodilwasser, das mir die Gelassenheit geschenkt hat. Ich stehe mittendrin auf und spaziere seelenruhig raus.

In meinem Zimmer, bzw. unserem Zimmer, treffe ich auf Brigitta. Wir haben uns die letzten Tage kaum gesehen und nicht viel mehr gesprochen als „Guten Morgen". Sie erzählt mir ganz begeistert, dass sie mit Ajit, dem Mann, der mit ihr in der Küche arbeitet, weiterziehen wird in einen anderen Ashram. Sie spricht vor lauter Aufregung so schnell, dass ich gar nicht folgen kann, wie und was und wer. Aber egal, ich sag: „Da freue ich mich sehr für dich."

Es ist Sonntag und Brigitta und ich packen nach dem Morgenyoga gemeinsam unsere Sachen, verabschieden uns und sind beide guter Dinge. Lin hat den Schlüssel für das neue Zimmer besorgt und wartet schon in der Nummer vier auf mich. Zugegebenermaßen ist das Wort Luxusherberge ein klein wenig übertrieben, aber „Hurrah" wir haben ein eigenes Bad mit Toilette, einen tollen Ausblick und wenn man vor der Tür noch ein paar Treppen hochsteigt, eine riesige Dachterrasse mit sensationellem Ausblick. Ich kann gar nicht sagen, wie froh ich bin, wie sehr ich mich über die neu gewonnene Privatsphäre freue. Und mit Lin ein Zimmer zu bewohnen erscheint mir wie ein Sechser im Lotto. Wir haben gar nicht viel Zeit es richtig zu genießen, weil schon wieder Tagesprogramm ist, aber im Moment ist das in Ordnung. Ich freue mich einfach schon auf das Wieder-zurück-kommen. Und da wartet dann prompt eine

Überraschung auf mich! Ich bin nach Karma-Yoga und Theorie gleich weiter zur Yogastunde, sehe Lin nirgends und denke mir schon, dass sie schwänzt und ein Stündchen schläft. Ich mach also vorsichtig und leise die Tür auf, da sitzt sie mit Laptop im Bett und strahlt mich an. „Johanna, stell dir vor. Ich war nach meiner Arbeit einfach so müde und hatte das dringende Bedürfnis mich ein wenig hinzulegen. Als ich ins Zimmer kam, hat uns jemand diesen Zettel unter der Tür durchgeschoben:
Ashramleiter wohnt gleich nebenan, :)
Passwort fürs WLAN: 49573049555723 psssst! Geheim!

Wir haben uneingeschränkten Internetzugang. Lin hat die letzten zwei Stunden damit zugebracht, ihre Emails zu lesen und zu beantworten und im Internet zu surfen. Ja ist das denn zu glauben! Ich hole auch gleich meinen Laptop raus und meine Mitbewohnerin und ich lassen heute das Abendessen aus, um unseren Luxus zu genießen.

Wir fühlen uns wohl zusammen. Lin schwänzt nach wie vor konsequent den Satsang und auch regelmäßig die Yogastunden. Morgens bin ich ganz leise, damit ich sie nicht wecke und bringe ihr dann, wenn ich wieder komme, Tee und eine kleine Leckerei mit. Abends muss sie ein bisschen vorsichtig sein. Jemand hatte bei ihr geklopft, weil das Licht im Zimmer an war, und sie aufgefordert, an der Abendmeditation teilzunehmen. Seitdem spielt sie abends unter der Bettdecke am Computer Karten. In Bezug aufs Yoga habe ich für uns beide am Nachmittag eine Alternative gefunden. Ich habe entdeckt, dass es oben auf dem Dach anstelle des normalen Yogaunterrichts „Gentle Yoga“ gibt. Es ist eigentlich gedacht für Menschen mit einer körperlichen Beeinträchtigung. Also alles ganz gemütlich. Der Lehrer, der es leitet, ist 83 Jahre alt und hat einen so wunderbar trockenen Humor, dass die Stunde auch als Lachyoga durchgehen würde. Ich habe Lin davon erzählt und sie hat sich von mir überreden lassen mich zu begleiten und ist auch ganz angetan. Ansonsten sitzt sie viel auf unserem Zimmer, schaut sich irgendwelche Filme an, spielt Karten oder schläft. Sie sagt, für sie ist es gerade viel wichtiger auf ihre eigenen Impulse zu hören. Und ihr Körper will nur Ruhe haben. Man kann ein Riesenfass aufmachen, ob das jetzt richtig oder falsch ist. Für mich ist das vollkommen in Ordnung. Wie schon gesagt, ich bewundere sie eher für ihre Eigenwilligkeit.

Einmal spricht sie mich auf Jivan an. Sie hat uns schon öfters miteinander reden sehen und möchte wissen, wer er ist. Sie misstraut ihm, meint dass er irgendwelche unlauteren Absichten hat und dass ich auf mich aufpassen soll. Das irritiert mich. Ja, ich hatte auch Bedenken, was er von mir will, als er mich zum ersten Mal angesprochen hat. Aber dass Lin eine Art Kriminellen aus ihm macht, löst so etwas wie Ärger in mir aus. Ich bin nach wie vor geschmeichelt, dass er immer wieder meine Nähe sucht. Es ist auch eine nette Ablenkung, wenn ich mich vom Satsang zur Meditation und wieder zurück schleppe. Meine Motivation dafür ist nämlich keineswegs gewachsen, nein, gerade die morgendliche Yogastunde kostet mich echt Überwindung. Dass Lin meine innere Stimme laut werden lässt, nämlich dass Jivan den Kontakt zu mir hergestellt hat, weil er sich einen Vorteil, welcher Art auch immer, verspricht, findet mein Ego gar nicht gut. Durch das Aussprechen steht es im Raum und ich kann es nicht mehr so ohne weiteres ignorieren. Tatsache ist, dass Jivan keinen einzigen Versuch dahingehend unternommen hat und er mir lediglich gerne Geschichten aus seinem Leben erzählt. Manches davon glaubhaft, anderes eher fragwürdig. Doch der Samen des Misstrauens ist gelegt und ich gehe ihm künftig aus dem Weg. Wahrheit oder die Fantasie von zwei enttäuschten Frauen? Wir werden es nicht erfahren.

Die Tage gehen nur so dahin und es ist wieder Freitag. Ausflugstag. Diesmal wollen wir mit dem Bus in eine größere Stadt fahren, um ein bisschen zu shoppen. Wir werden beide den Ashram am kommenden Montag verlassen. Ich fliege nach Delhi um von dort über Singapur weiter nach Neuseeland zu reisen. Lin möchte wieder zurück ans Meer. Auch dieser gemeinsame letzte Ausflug gestaltet sich als schöner Tag! Wir haben zwar nichts eingekauft, sind aber angetan von dem bunten Treiben auf der Straße. Laufen durch die Gassen und gönnen uns in der Lobby eines Hotels richtigen Kaffee. Er schmeckt nach 11 Tagen Abstinenz einfach herrlich.

Abreisetag! Es fällt mir nicht schwer von hier wegzugehen, aber über den Abschied von meiner kanadischen Freundin bin ich sehr traurig. Wir teilen uns ein Taxi bis nach Trivandrum. Ich muss zum Flughafen und sie wird von dort den Bus bis zu einem kleinen Dorf am Meer nehmen. Wir haben uns die letzten Tage unsere gegenseitige Sympathie und Freundschaft bekundet und versprochen in Kontakt zu bleiben, deshalb wird der Abschied nicht sehr dramatisch. Eine Umarmung, ein Küsschen und „Auf Wiedersehen meine Liebe!“

Indien - zurück in Delhi

Kamal steht schon am Ausgang des Flughafens und wartet auf mich. Begrüßt mich sehr freundlich und doch mit Distanz. Das macht es so angenehm mit ihm zu fahren. Er tut nicht, wie viele, die in der Tourismusbranche arbeiten, als wären wir beste Freunde. „Mam, brauchen Sie mich morgen? Möchten Sie noch etwas besichtigen?“ Kann er mich nicht einfach Johanna nennen oder mit meinem Nachnamen ansprechen. Anscheinend nicht, ich habe ihn schon wiederholt darum gebeten und deshalb lasse ich es jetzt einfach bleiben. „Nein, vielen Dank, Kamal! Ich werde morgen alleine losziehen. Ein bisschen rumlaufen und schauen, was ich dabei entdecke. Aber wenn Sie mich übermorgen zum Flughafen bringen könnten, wäre das super.“

Den Abend verbringe ich im Hotel. Dusche eine gefühlte Ewigkeit mit richtig heißem Wasser und genieße mein großes Bett. Fühle mich wie im Paradies, so frisch gewaschen in die wohlig weiche Decke eingehüllt und spüre die glatte Bettwäsche auf meiner Haut. Wie sehr man

Dinge, die immer selbstverständlich waren, plötzlich zu schätzen weiß, nur weil man zwei Wochen darauf verzichten musste. Eine uralte Weisheit und doch immer wieder erstaunlich. Ich lese bis spät in die Nacht, schlafe, als müsste ich mich von einem Marathon erholen und bleibe auch am Morgen noch ewig im Bett liegen. Es ist nicht nur das Wohlgefühl des gemütlichen Bettes, das mich hält. Ich habe tatsächlich das Gefühl, dass ich mich erholen muss. Nur von was?
Nach dem einfachen Ashram-Leben und vor dem langen Flug am nächsten Tag, werde ich es mir heute so richtig gut gehen lassen. Vielleicht eine Massage oder zum Friseur. Das hört sich sehr gut an. Ich frage die Frau an der Rezeption, ob sie mir etwas aus dem hoteleigenen Programm empfehlen könne. Sie schaut mich an, macht ein Gesicht, das eindeutig „bloß nicht" bedeutet und sagt: „Wir haben eine Friseurin hier im Haus, aber da müsste ich prüfen, ob sie noch einen Termin frei hat." Und dann wechselt ihre Mimik und ihr Kopf fängt dabei in typischer Schrägstellung an zu wackeln: „Alternativ gibt es ein paar Straßen weiter einen Salon, der sehr beliebt ist." Holt einen Block und Stift und zeichnet mir auf, wie ich dahin komme. Ich nehme ihren Zettel dankend in Empfang und mache mich auf den Weg. In einem fremden Land zum Friseur zu gehen, finde ich spannend. Das ist etwas, das zu den Dingen gehört, die ich zu Hause mache und nicht im Urlaub. Es hat was Kosmopolitisches und ich fühle mich sehr weltgewandt dabei. Ich bin kein gewöhnlicher Tourist, der sich Sehenswürdigkeiten anschaut, nein, ich bin in der Welt daheim! Jetzt geht es durch mit mir. Aber

ein bisschen übertreiben wird ja wohl erlaubt sein nach dieser ganzen Ashram-Prozedur.

Mein Termin ist in einer Stunde. In der Zeit hole ich mir in einem Imbiss noch einen meiner geliebten Mango-Lassis, pürierte Mangos mit Joghurt vermixt, und ein paar Kekse gegen den Hunger. Zurück beim Friseur wird mir ein Chai serviert und dazu eine Flasche Wasser. Ich müsse viel trinken, erklärt mir der freundliche Mann, damit die Haut und das Haar mit Feuchtigkeit versorgt werden. Ich nicke brav und tue wie mir geheißen. Es ist echt witzig. Es gibt hier mindestens zweimal so viel Mitarbeiter wie Kunden und davon sind bestimmt zwei Drittel männlich. Ich will nicht das komplette Prozedere im Detail erzählen, aber was hier geboten wird, ist sagenhaft. Neben meinen Haaren werden auch noch gleich meine Füße versorgt, das Gesicht mit einer Pflegemaske verwöhnt, die Beine von lästigen Härchen befreit, mein Nacken und meine Hände massiert und mein Gaumen mit kleinen Häppchen verwöhnt. Am Ende fühle ich mich schön wie nie zuvor und bezahle umgerechnet ungefähr zwanzig Euro. Hier wahrscheinlich viel Geld, aber in München hätte ich mindestens zweihundert bezahlt und nicht halb so viel Leistung dafür bekommen. Ich beschließe den Friseurbesuch als Standardpunkt in mein Reiseprogramm aufzunehmen. Internationale Friseur-Testerin, ob man damit Geld verdienen könnte?

Zurück im Hotel lasse ich meine Gedanken rückwärts schweifen. Die Zeit in meinem ersten Reiseland ist morgen vorüber und ich halte Rückschau, was ich aus Indien mitnehmen werde:

Indien - Zehn Erkenntnisse einer Reisenden

1.) Reisen will gelernt sein. Nur die Sehenswürdigkeiten besichtigen reicht hier nicht. In dieses bunte, laute, gelassen chaotische Land muss man eintauchen, doch ich hab den Eingang nicht gefunden. Ob es daran gelegen hat, dass ich so oft die Augen vor den Augen der Bettler verschließen musste und die Ohren vor dem "Look Ma'am, look" der Händler?

2.) Ashram - ich dachte immer, ich liebe Yoga und Meditation, doch wenn mein Rücken schmerzt vom vielen Stillsitzen, dann wird die Entspannung zur Pflicht und die Yogastunde zur Qual. Ich habe eine wunderbare Lehrstunde erhalten in Sachen Gleichmut und Gelassenheit, das heißt Yoga im wahrsten Sinne der Lehre leben!

3.) In Stille mit den Fingern essen - ein Genuss für alle Sinne - gewöhnungsbedürftig, aber als ich die Hemmschwelle überwunden hatte, fand ich es einfach wunderbar.

4.) Ladys, auf zum Friseur nach Indien! Der Friseur ist hier für jede Art von Körperbehaarung zuständig :-) und eine Fußmassage gab es noch dazu. Einfach nur großartig!

5.) Unser bayrisches „Grüß Gott“ gibt es auch in Sanskrit und heißt „Om Namah Shivaya“, singt sich allerdings etwas leichter als die heimische Übersetzung.

6.) Tempelfest ist hier ein Synonym für Volksfest, je lauter und schriller desto besser.

7.) Der indische "Headshake" - man legt den Kopf leicht schief und dann wackelt man leicht hin und her, ähnlich wie die Wackelfiguren, die es vom Papst oder von Elvis gibt. Die Bedeutung muss individuell interpretiert werden. Ich war oft so fasziniert von der Bewegung, dass ich gar nicht mehr wusste, wovon eigentlich die Rede war.

8.) Mit dem Auto unterwegs zu sein, ist hier wie ins Kino gehen oder einen Tierpark besuchen. Entertainment pur, Adrenalinstöße inklusive!

9.) Kategorie "Mein erstes Mal": Schwimmen im Krokodilgewässer!

10.) Mir ist es egal wie der Gott heißt, zu dem die Menschen gerade beten, ich kann den Frieden in allen Gotteshäusern spüren.

Neuseeland - Auckland

Nach einem unendlich langen Flug mit Zwischenlandung in Singapur komme ich spät in der Nacht in Auckland an. Und bin mächtig aufgekratzt. Die Vorstellung, jetzt wirklich auf der anderen Seite der Erdkugel zu sein, ist unglaublich für mich. „Johanna, du bist in Neuseeland", denke ich immerzu. Gerade so, als ob ich mir selbst bestätigen müsste, dass es wirklich wahr ist. Übers Internet habe ich mir eine Privatunterkunft gebucht und genau dahin bin ich jetzt mit dem Shuttlebus unterwegs. Alle anderen Fahrgäste sind schon bei den Hotels in der Innenstadt ausgestiegen und ich bin gespannt, wo ich landen werde. „Green paradise", ein kleines Holzhaus mit wildem Garten davor, so hieß es in der Beschreibung. Ich kann in der Dunkelheit gar nichts erkennen. Als der Fahrer vor einer Einfahrt anhält, bin ich erst verunsichert, ob ich hier richtig bin, aber es dauert keine fünf Sekunden bis am Haus Licht gemacht wird und meine Vermieterin die Einfahrt herunter kommt. Sie hat schon auf mich gewartet. Helen ist eine sportliche ältere Dame, die mir einen sehr resoluten Eindruck macht, aber nicht unsympathisch. Aufgrund der Uhrzeit, zeigt sie mir nur kurz mein Zimmer, das Bad und wo ich morgen Frühstück finde, weil sie sehr früh weg muss und erst gegen elf zurück sein wird. „Zeit für eine Unterhaltung wird sich bestimmt noch finden und jetzt eine gute Nacht", sagt sie und verschwindet hinter ihrer Schlafzimmertür. Das ist mir ganz recht. Ich bin zwar nicht müde, aber erschöpft vom langen Flug und hänge lieber meinen Gedanken nach als mich zu unterhalten.

Ich konnte lange nicht einschlafen und entsprechend spät stehe ich auf. Helen kommt gerade zurück als ich mir mein Frühstück richte. Sie setzt sich zu mir und wir erzählen ein bisschen aus unserem Leben. Was ich besonders interessant finde, sind die Geschichten über ihre Zeit in England. Sie war als junge Frau für einige Jahre in London und hat dort reiche alleinstehende Ladys bespaßt. Die Berufsbezeichnung wäre heute wohl Privat-Entertainerin. Sie hat jede Menge lustige Geschichten über die Boshaftigkeit der oft superreichen, alten, vertrockneten Jungfern zu erzählen, die im Grunde kein bisschen lustig sind. Wie sie sie schikaniert und ihr das Leben zur Hölle gemacht haben. Und dass es eine harte Schule für sie war, aber sie dabei gelernt hat, für sich selbst einzustehen. Als sie wieder zurück nach Neuseeland wollte, ist sie nicht in ein Flugzeug gestiegen, sondern hat den Bus genommen. Die ganze Strecke um die halbe Welt per Bus und Fähre. Das ist doch der Hammer, oder? Dann will sie von mir hören, was ich mache, welche weiteren Reisepläne ich habe und wie es mir in Indien gefallen hat. Und sie sagt: „Du hast so wundervolles Haar, ich kann gar nicht aufhören, es anzuschauen und zu bewundern." „Haha, danke Helen, das freut mich. Dann starte ich wohl das Erzählen meiner Geschichte von hinten. Mit meinem letzten Friseurbesuch."

Nach unserem Plausch wird es Zeit für mich, aufzubrechen. Ein bisschen Neuseeland-Luft schnuppern und mich in der Stadt umsehen. Helen fragt mich, ob ich sie morgen Vormittag zum Yoga begleiten möchte. Das Ganze finde zwar in einem Seniorenheim statt, aber ich solle nicht meinen, dass es ein Rentnerprogramm sei. „Klar Helen, das möchte ich sehr gerne." Ich verschweige, dass ich bis vor ein paar Tagen die Nase voll hatte von der indischen Gymnastik. Das Yoga selbst ist nicht der Grund, warum ich so begeistert zugestimmt habe, mitzukommen. Ich finde es vielmehr eine tolle Gelegenheit, mit Einheimischen in Berührung zu kommen. Zu sehen wie sie leben, was sie gerne machen. Es stand bestimmt nicht auf meiner To-Do-Liste, ein Altersheim zu besuchen. Und deshalb freut mich das Angebot umso mehr, weil es sich einfach so ergeben hat.

Es tut gut, der Hitze Indiens entkommen zu sein. Auch einfach drauflos laufen zu können ohne diese leichte Anspannung im Bauch, welche Gefahren hinter der nächsten Ecke lauern. Es ist deshalb nicht minder aufregend. Auf meinem Weg in die Innenstadt sehe ich meinen ersten Maori. Das Gesicht komplett tätowiert! Ich laufe Einkaufsstraßen entlang, durch Hochhausschluchten bis ich am Hafen ankomme. Ich sitze so gerne am Wasser. Hole mir einen Kaffee, suche mir eine Bank zum Ausruhen und hänge mal wieder meinen Gedanken nach. Ich muss mich informieren, wie ich in Neuseeland reisen werde. Wie ich von A nach B komme und welche As und Bs es überhaupt gibt. Ich habe mich im Vorfeld null Komma null darum gekümmert. Wird schon werden. Es wird langsam Abend und ich genieße die Hafenstimmung und den Blick auf die Lichter, die jetzt überall in der Stadt angehen. Alleine in Auckland, ungefähr 20.000 km entfernt von den Menschen, die mich kennen.

Auf meinem Weg komme ich an einem Musikgeschäft vorbei. In einem Buch einer Weltreisenden habe ich gelesen, dass sie sich eine Ukulele gekauft hat. Das wäre für mich auch eine tolle Idee. Dann hätte ich an einsamen Abenden außer Lesen eine Beschäftigung. Ich gehe in den Laden und komme eine viertel Stunde später mit einer eigenen Ukulele und einem Notenbuch für Anfänger wieder heraus. Der Verkäufer sagte mir noch, dass ich mir aufs Mobiltelefon eine App zum Stimmen installieren soll und im Internet viele gute Lehrvideos finden kann. Ich habe jetzt also einen Reisegefährten. Ich könnte ihn nach dem heutigen Wochentag Dienstag nennen, so wie Robinson Crusoe einen Freitag hatte.

Zurück fahre ich mit der Bahn. Klappt alles wie am Schnürchen. Bei Helen gibt es eine Schublade mit vielen Prospekten, die andere Gäste nicht mehr brauchten. Ich krusche darin und finde unter anderem Prospekte von den Hopp-on Hopp-off Busgesellschaften. Du buchst eine feste Route und kannst an den festgelegten Haltestellen ein- und aussteigen wie du lustig bist. Man muss sich nur darum kümmern, dass man, wenn man weiterfahren will, einen Platz im nächsten Bus bekommt und die Route in der zur Verfügung stehenden Zeit schafft, weil nicht jeden Tag an jedem Ort ein Bus weiterfährt. An den Haltestellen wird für die erste Nacht immer ein Platz in einem Hostel garantiert. Möchte man länger

bleiben, muss man das selbst organisieren. Hört sich gar nicht schlecht an. Ein Nachteil ist, dass man auf die eine Route festgelegt ist. Die Alternative wäre, dass ich mir ein Leihauto nehme, aber ich möchte ungern selber fahren. Der Linksverkehr stresst mich und wenn ich auch noch darauf achten muss, in welche Richtung ich muss, komme ich echt an meine Grenzen. Ich glaube der Bus ist eine gute Wahl. Ich werde mich morgen näher darüber informieren.
Am nächsten Tag gehe ich morgens zu den alten Leuten ins Yoga, was wirklich lustig ist, weil ich natürlich eine willkommene Abwechslung bin und nachmittags buche ich eine Busroute für die Nord- und Südinsel. Mit ein paar Abstrichen, weil mir für alles, was mir gefallen würde, die Zeit nicht reicht. Ich habe nur etwas mehr als fünf Wochen und die Strecken, die man zurücklegen muss, sind ganz schön weit. Die nächsten Tage besuche ich ein Kunstmuseum, laufe viel in der Stadt herum, mache mit Helen einen Radausflug entlang eines Küstenwegs, gehe in Parks, steige hoch zu einem Krater und besuche mit der Fähre eine der kleinen, vorgelagerten Inseln. Und schon ist meine Woche in Auckland um und heute gehe ich mit „Dienstag“ auf Reisen. Er streckt seinen Hals frech aus meinem Rucksack und ich trage Sorge dafür, dass ihm nichts passiert.

Neuseeland - Nordinsel

Ich hoffe sehr, dass ich nette Leute kennen lerne. Am liebsten jemanden wie Lin. Aber es schaut ganz und gar nicht danach aus. Es sind mehrere Haltestellen in Auckland und was da in den Bus einsteigt ist zwischen zwanzig und dreißig Jahre alt. Ja, dann eben nicht. Werde ich mich arrangieren müssen und Partys feiern oder die Mama spielen und gute Ratschläge erteilen. Ich bin nicht so deprimiert, wie sich das vielleicht anhört, nur ein ganz kleines bisschen enttäuscht. Vor mir sitzt Emma aus Yorkshire, genauso schräg und undefinierbar gekleidet, wie sich das für eine Engländerin gehört, neben mir Ella und Thomas aus der Schweiz. Unser erstes Ziel ist Raglan. Ein Ort, den Wassersportler wegen der guten Surfbedingungen kennen. Ist ja klar, dass ich das ausprobieren muss. Zwei Tage Spaß, Salzwasser ohne Ende, Muskelkater, blaue Flecke, Ehrgeiz und schließlich meine ersten „Rides" auf der Welle. „Yes, Frau Aussteiger, herzlichen Glückwunsch!" ruf ich mir selber zu. Nach Raglan fahren wir weiter nach Süden und ich besichtige riesige Höhlen mit tausenden von Glühwürmchen. Es ist unglaublich schön und zauberhaft. Man fährt mit einem Ruderboot über den unterirdischen See und über einem strahlen die kleinen Tierchen wie ein Sternenhimmel. Die Besucher werden aufgefordert zu schweigen, was leider nur einigermaßen funktioniert, die Stimmung ist trotzdem absolut traumhaft.

Ich habe mich drei Frauen aus unserem Bus angeschlossen, die sich alle unterwegs kennen gelernt haben. Eine Deutsche und eine Kanadierin, die Dritte lebt in London. Wir haben uns die letzten drei Nächte das Zimmer im Hostel geteilt, was vollkommen in Ordnung war. Die nächste Übernachtung wird ein gemischtes Massenlager werden. Wir werden in einem Marae schlafen, dem Versammlungshaus eines Maori-Stammes, der vielerlei wohltätige und kulturelle Projekte organisiert, um das alte Wissen und die Traditionen des Stammes an kommende Generationen weiter zu geben. Um das Ganze zu finanzieren, öffnen sie die Türen für Touristen. Es wird auf traditionelle Art in einem Hangi gekocht. Ein Loch in der Erde mit vielen heißen Steinen auf die Fleisch, Gemüse, Kartoffeln und Mais in unheimlichen Mengen geschichtet werden. Das ganze wird dann mit feuchten Tüchern abgedeckt und mit Sand abgedichtet. So garen die Speisen in einem riesigen Erdofen für ca. sechs Stunden und es schmeckt einfach nur köstlich. Alles was an Essen übrig bleibt, werden wir am nächsten Tag für den Mittagstisch in eine Schule bringen. So schlägt man zwei Fliegen mit einer Klappe. Die Kinder erhalten ein kostenloses Essen und die Touristen erfahren vieles über die Lebensweise der Maori. Die Frau, die das alles managt ist ein Energiebündel ohnegleichen und sie erzählt mit einer unvergleichlichen Euphorie über ihren Stamm und das Projekt, das sie ins Leben gerufen hat. Ich habe kein bisschen das Gefühl, dass es sich dabei um eine Touristenattraktion handelt, mit der man Geld verdienen möchte. Hier ist jemand mit ganzem Herzen bei der Sache und das spürt man einfach. Ich bin begeistert von allem, was ich hier höre und sehe. Später führen uns die Männer des Stammes ihren Haka vor. Eine Art Kriegstanz würde ich sagen. Hat aber nichts mit tanzen zu tun, sondern eher mit dem Präsentieren von männlicher Kraft. Mann macht ein böses

Gesicht, schlägt sich auf die Brust und stößt kehlige Laute aus. Sehr beeindruckend und man kann das Testosteron förmlich riechen! Die Jungs aus dem Bus sind hin und weg von dem Schauspiel und lassen sich nicht lange bitten, als man sie auffordert mitzumachen. Gab es nicht mal eine Werbung mit dem Slogan: „Wo ein Mann noch ein Mann sein darf." So oder zumindest so ähnlich. Daran muss ich denken, als ich das beobachte. Die darauf folgende Nacht finde ich dann leider nicht ganz so schön wie den Tag. Schnarcher, Grunzer, Rumwälzer und Geräuschemacher lassen mich die ganze Nacht nicht schlafen!

Das nächste Ziel auf der Busroute heißt Rotorua. Ein kleines Städtchen in einer Region mit einer dünnen Erdkruste, an manchen Stellen nur 7500 m. Das ist der Grund, warum hier viele kleine schlammige Quellen aus der Erde zischen und brodeln. Es riecht nach Schwefel oder etwas direkter ausgedrückt, es stinkt nach verfaulten Eiern. Aber das macht mir nichts. Ich brauche dringend wieder einmal ein Zimmer für mich alleine und deshalb werde ich ein paar Tage hier bleiben. Es gibt gleich mehrere Besucherparks, in denen man über hübsch angelegte Wege von einem Naturschauspiel zum nächsten gelangt. Es ist absolut kurios! Es ploppt und poppt Schlamm aus der Erde, teilweise bis zu 90° heiß. Darüber steigen kleine und große Dampfwolken auf. Seen in so unnatürlich giftig grüner Farbe, dass man meinen könnte, man ist in einer riesigen Hexenküche gelandet. „Wo Mutter Erde ihr Süpplein kocht", heißt die Überschrift, unter der ich meine schönsten Bilder auf der Frau Aussteiger Seite veröffentliche. Ich kann gar nicht genug bekommen von den Stinkegruben und fahre mit einem Shuttlebus vom Hotel zu einem der etwas außerhalb der Stadt liegenden Parks. „Sind sie alleine unterwegs?“ möchte die freundliche Fahrkartenverkäuferin im Bus wissen. Ich bejahe und wir unterhalten uns über die Vor- und Nachteile des Allein-Reisens. Eine gute Gelegenheit um zu erfragen, ob es auch einen Wanderweg zurück in die Stadt gebe. Sie meint, der Weg wäre nicht besonders schön, aber sie könnte mich auf der Rückfahrt auf halber Strecke aussteigen lassen, dann könne ich den Weg über einen kleinen Berg nehmen und auf der anderen Seite runter zum Redwood-Forrest gehen. Da gebe es viele ausgeschilderte Wanderungen und auch eine öffentliche Busverbindung, mit der ich zurück in die Stadt käme. Das hört sich doch gut an! Finden auch die zwei Frauen, die hinter mir sitzen und mich prompt fragen, ob es in Ordnung wäre, wenn sie mich begleiten würden. Sie schauen nett aus, stellen sich mit Vanessa aus Brasilien und Joanne aus Großbritannien vor. So schnell geht das mit den Reisebekanntschaften. Ich musste mich nicht mal großartig dafür anstrengen. Der Bus hält an und wir bekommen noch eine letzte Richtungsangabe mit auf den Weg. Wir finden ihn ohne Schwierigkeiten und setzen während des Gehens unsere Vorstellungsrunde fort. Joanne hat gerade ihr Medizin-Studium abgeschlossen und ist für drei Monate in Neuseeland für ein Austauschprogramm. An ihren freien Tagen schaut sie sich die Gegend an. Vanessa ist eine spannende Frau. Sie ist von zu Hause weg, weil sie unglücklich war. Kaputte Beziehung, keine Arbeit, die sie erfüllt und überhaupt keine Orientierung, wie es weiter gehen soll. Klar, dass wir uns viel zu erzählen haben. Sie nimmt immer wieder Gelegenheitsjobs an, um sich ihren Aufenthalt finanzieren zu können und wenn sie weiterziehen will, trampt sie. Wir sind so vertieft in unsere Unterhaltung, dass wir Zeit und Ort völlig vergessen haben. Der Wald hat sich gelichtet und wir finden uns auf einem Plateau wieder, das uns eine wunderbare Aussicht auf die Umgebung bietet. Wir suchen uns einen Platz zum Verweilen, jede packt aus, was sie an Essen dabei hat und wir genießen ein leckeres Picknick. Beim Abstieg gehen wir, wie geheißen, dem Schild in Richtung „Redwood Trees" nach. Es sind traumhaft schöne, riesengroße Bäume, die laut Beschreibung vor etwa hundert Jahren aus Kalifornien importiert worden waren. Wir sind uns einig, dass es ein ganz besonderer Wald ist. Die majestätischen Baumriesen strahlen eine unglaubliche Ruhe aus und wir können gar nicht anders, als uns staunend unter einen von ihnen zu setzen. Es ist schön, dass die beiden anderen Frauen das gleiche Bedürfnis haben wie ich. Einfach schweigend da zu sitzen und mit geschlossenen Augen eine Weile die Stimmung aufzunehmen. Das ist etwas, das ich sonst sehr gut und gerne alleine mache, doch jetzt freue ich mich sehr, auf Gleichgesinnte gestoßen zu sein. Gemeinsam fahren wir mit dem Bus zurück in die Stadt, wo sich unsere Wege wieder trennen. Aber natürlich nicht ohne vorher unsere Kontaktdaten ausgetauscht zu haben.

Noch eine Nacht in einem Zimmer für mich, bevor ich mich wieder vier Tage auf Mehrbettzimmer in Hostels einlasse. Ich nehme morgen Nachmittag den Bus Richtung Ostküste. Die Beschreibung verspricht lange Sandstrände und wilde Küstenabschnitte. Erst wollte ich vormittags nochmal in diesen wunderschönen, ganz besonderen Wald, aber ich ändere kurzfristig meine Pläne und bin unterwegs zu einem Café, wo ich die nächsten Stunden einfach sitzen, lesen, schauen und es mir gut gehen lassen werde. Mein Weg führt mich an einem Haus vorbei mit großen Schaufenstern. Vielleicht eine Galerie? Das Licht spiegelt sich in den Scheiben, deshalb kann ich nicht erkennen, was sich dahinter verbirgt. Ich weiß nicht genau, warum ich das mache, aber irgendetwas erregt mein Interesse. Ich lege meine Hände seitlich an meine Augen, so dass ich besser sehen kann und drücke meine Nase an die Scheibe. Und schaue direkt in zwei fremde Augen. Jessas, das ist mir aber peinlich! Doch die Augen lachen und eine Hand winkt „Komm doch rein!". Soll ich wirklich? Für Ausbüxen ist es schon zu spät. Also den Stier an den Hörnern packen. Es bleibt mir Gott sei Dank keine Zeit darüber nachzudenken, was ich da gerade mache und ob ich verlegen sein sollte oder nicht. Die lachenden Augen gehören zu einer kleinen älteren Dame, sehr dünn, fast drahtig. Ich entschuldige mich für meine Neugier. Und sie sagt: „Das macht überhaupt nichts, wir freuen uns immer über neue Menschen, die ihren Weg zu uns finden." „Oh je, wo bin ich hingeraten? Die Zeugen Jehovas!" ist mein erster Gedanke. „Die meisten," fährt sie fort „die das erste Mal zu uns kommen, sind aufgeregt, weil sie nicht genau wissen, was sie erwartet. Du bleibst einfach hier, machst mit, so gut du kannst, und alles ergibt sich von ganz alleine." „Ja, wenn ich doch nur wüsste, wobei ich mitmachen soll", denke ich still für mich. Aus dem hinteren Raum kommen fünf weitere Frauen. Alle weit über sechzig. Haha, habe ich mir nicht immer gewünscht, Menschen kennen zu lernen, die etwas älter sind. „Ich bin Berta, magst du mir noch deinen Namen sagen?" Ich stelle mich vor und sage auch, dass ich aus Deutschland zu Besuch in Neuseeland bin. „Aah", sie schaut mich fragend an „hast du in Deutschland auch schon Thai Chi gemacht?" Ok, zumindest ist jetzt geklärt, dass ich nicht in einer Sekte gelandet bin. Ich antworte: „Nein, aber ich habe mich schon immer dafür interessiert." Ist nicht gelogen und in Teilen habe ich es sogar schon gemacht, aber das zu erklären, wäre mir jetzt zu viel. Alle Frauen stellen sich vor und heißen mich herzlich willkommen zu meiner Schnupperstunde. Keine einzige ist verwundert, dass ich weder bequeme Sportkleidung noch sonst irgendetwas dabei zu haben scheine. Schuhe aus und los geht's! Konzentration pur ist gefragt. Und wenn sie mich verlässt, dann muss ich das mit Kraft ausgleichen. Die langsamen, kontrollierten Bewegungen, die ich den anderen nachmachen soll, scheinen so einfach, sind aber wirklich schwierig auszuführen. Berta ist eine echte Meisterin. Jedes Detail sitzt, totale Körperspannung und gleichzeitig fließt sie schier mühelos und ohne jedes Geräusch durch ihre Übungen. Ich komme mir vor wie ein Elefant im Porzellanladen!

Solche kleinen Begegnungen, Erlebnisse, die mich so unverhofft treffen, liebe ich. Das ist es doch, was das Leben reich macht. Tausende von Möglichkeiten liegen auf dem Weg, man muss sie nur sehen. Und wenn man den gewohnten Weg verlässt, wird man viel aufmerksamer dafür. Klar mag es Menschen geben, die sich auf die Stirn tippen, wenn sie hören, was ich mir hier zusammen spinne. Aber ich, ich liebe „erste Male“ und den frischen Wind, den sie mitbringen. So mancher Sturm fängt mit einem kleinen lauen Lüftchen an und man weiß nie was sich daraus entwickeln kann. Das alles geht mir durch den Kopf während ich noch schnell einen Tee trinke und mir ein großes Stück Kuchen genehmige.

An der Busstation treffe ich drei meiner alten Bekannten aus dem Bus. Emma, die Engländerin und das Schweizer Pärchen. Die drei wissen, dass aus dem großen Bus, mit dem wir gekommen sind, sonst niemand mehr die Ostroute mitmacht und wir hegen die Hoffnung, nur zu viert weiter zu reisen. Es ist Herbst in Neuseeland und die richtig große Reisewelle ist eindeutig vorüber. Und tatsächlich ist der kleine Van, der uns abholen kommt, leer.

Die nächsten Tage sind herrlich entspannt. Lagerfeuer und Dosenbier am Strand mit unserem Busfahrer Jason. Er versorgt uns mit Gummistiefeln, Fischerhosen und einem großen Stab zum Abstützen, um so ausgestattet ins Meer zu waten und mit ihm Stachelrochen zu füttern

und jede Menge große und kleine Fische zu beobachten. Auf der Straße unterwegs treffen wir auf Kühe, Schafe, Pferde und dazwischen immer wieder auf ein paar Surfer und Fischer. Am Strand sammle ich die größten und schönsten Muscheln, die ich je gesehen habe, von denen ich gar geglaubt habe, dass sie in ihrer einzigartigen Schönheit nur auf Fotos existieren.
Und dann erlebe ich diese äußerst individuelle Stadtführung in Gisborne mit Linsey. Er ist ein Freund von Jason und erzählt uns über die Geschichte Neuseelands und die Landung von James Cook, die angeblich dort stattfand, wo heute die Stadt ist. Wir fahren zu verschiedenen Sehenswürdigkeiten und erfahren von blutigen Kämpfen mit den Maori und von den Krankheiten, die die Europäer nach Neuseeland gebracht haben und die ein Großteil der einheimischen Bevölkerung nicht überlebt hat. Und dann passiert etwas Lustiges. Linsey bringt uns zum lokalen Radiosender. Ehe ich weiß wie mir geschieht, sitze ich beim Live Interview im Sender, und beantworte Fragen zum Thema „Alleine als Frau durch Neuseeland reisen“. Wie sich später herausstellt, ist Linsey der Chef dort. Die Stadtführungen mit seinem Freund Jason macht er zum einen, weil es ihm Spaß macht, zum anderen, weil er immer auf der Suche nach neuen Themen für den Sender ist. Vielleicht ist das auch der Grund, dass er in dem Park mit dem Cook-Denkmal einfach mit dem Auto über die Grünflächen fuhr, dabei hängen geblieben ist und es dann tierisch lustig fand, dass wir ihn in seinem Auto sitzend schieben mussten.

Die letzte Nacht unseres Ausflugs Richtung Osten verbringen wir in einer Privatunterkunft direkt am Ozean. Die Leute in der Gegend sind mächtig stolz und behaupten ständig, dass bei ihnen als erstes in der Welt die Sonne aufgeht. Hier fängt praktisch alles an. Hat mit den Zeitzonen zu tun. Wenn man mit dem Finger auf der Landkarte weiter Richtung Osten wandert und wieder auf Land stößt, dann ist dort noch gestern, weil man über die Datumsgrenze geht. Daher diese Imagination, dass hier der erste Sonnenaufgang stattfindet. Na wenn sie meinen, dann lassen wir sie halt in dem Glauben. Fakt ist, dass beides, sowohl der Aufgang wie auch der Untergang traumhaft schön sind.

Es übernachten noch sechs Franzosen im Haus, die mit Kiwi-Pflücken ihre Urlaubskasse füllen. Sie jammern schwer über den Knochenjob. Und doch regen sie etwas in mir an. Ich hatte auch schon den Gedanken, irgendwo für Kost und Logis anzuheuern, damit ich diese Reise oder auch nur meine Tage mit etwas mehr Sinn fülle. Alles was ich hier erlebe und wie die Tage verlaufen ist ganz nett, aber richtig erfüllend ist es nicht. Dieses Gefühl hat mich schon durch Indien begleitet. Irgendetwas fehlt mir und ich weiß immer noch nicht was. Eine Aufgabe, eine Tagesstruktur, die Erlaubnis, dass ich meine Reise einfach genießen darf? Es fühlt sich an, als hätte ich ein großes Loch in mir, das gefüllt werden möchte. Doch keine der Aktivitäten hat das bisher geschafft und auch der viele leckere Kuchen, den ich hier vertilge, wandert nicht in diese Leere, sondern lediglich auf meine Hüften. Ich habe keinen Plan, was mir helfen könnte. Es bleibt mir momentan nichts anderes übrig, als so weiter zu machen wie bisher. Das macht es natürlich schwierig eine Geschichte zu erzählen, die spannend und aufregend zu lesen ist und ich entschuldige mich dafür. Alles braucht seine Zeit und mir fällt ein Gedicht von Rilke über die Geduld ein. Ich weiß es leider nicht auswendig, aber es handelt davon, dass man den Dingen seinen Lauf lassen muss und wenn man versucht, die Frage selbst zu lieben, der Sommer schon irgendwann kommt. In meinem Fall würde das bedeuten, ich muss die Leere akzeptieren und annehmen lernen, dann kommt die Antwort, womit ich sie füllen kann, von ganz alleine. So ein gescheiter Mann! Und so eine schwere Aufgabe! Es tut mir also leid, dass ich hier weiter kleine Reiseanekdoten aneinander reihe und wir uns gemeinsam in Geduld üben müssen. Ich habe keine Ahnung, wie lange das so weitergehen wird mit mir und mancher denkt vielleicht: „Die Kuh sitzt in Neuseeland und sollte gehörig geschüttelt werden, damit sie wieder weiß wie gut sie es hat!" Zumindest ist es das, was ich manchmal denke.

Zurück in Rotorua, mein Selbstmitleid zwar nicht ganz überwunden, aber doch wieder etwas in den Hintergrund verdrängt, geht es morgen weiter nach Süden. Dieses Mal ist es ein mittelgroßer Bus, der bis auf den letzten Sitzplatz voll besetzt ist. Ich habe einen Platz neben Jason aus Toronto gefunden. Schräg gegenüber stellt sich Josh aus Irland vor und hinter mir Ida und Marlon aus Oslo. Mehr Namen kann ich mir auf Anhieb gar nicht merken. Aber es scheint sich eine nette Truppe zusammen gefunden zu haben, die schon ein paar Tage gemeinsam unterwegs ist. Es wird viel gelacht und kleine Frotzeleien werden ausgetauscht. Jason neben mir will wissen, woher ich komme, wie lange ich unterwegs bin, die üblichen Fragen halt. Alles und alle wirklich nett. Wir halten an einem wilden Fluss an, der immer wieder über hohe Felsen in die Tiefe fällt. Das Besondere ist, dass er einerseits aus einer kalten Bergquelle entspringt, andererseits zusätzlich von heißen Quellen gespeist wird. Wenn man so wie unser Busfahrer weiß, wo eine solche warme Stelle ist, hat man einen natürlichen Jacuzzi-Pool. Das Wasserbecken ist nicht ganz einfach zu erreichen, weshalb sich etwa die Hälfte meiner Mitreisenden von einem Besuch abschrecken lässt. Wir anderen haben einen Heidenspaß. Das Wasser hat Badewannen-Temperatur und man kann sich unter einem kleinen, kalten Wasserfall erfrischende Kälteschauer abholen.

Neuseeland ist traumhaft schön. Wir sind schon ein paar Tage unterwegs, halten immer wieder an außergewöhnlichen Naturerscheinungen, besuchen „Herr der Ringe“ Schauplätze, wandern durch Nationalparks und sitzen dann wieder an wilden Stränden. Abends wird oft gemeinsam gekocht, gespielt oder es werden Geschichten erzählt, um dann zu viert, sechst oder gar acht in einem Zimmer zu übernachten. Mit Letzterem habe ich mich immer noch nicht angefreundet. Ich habe praktisch mein 5-Schlafzimmer-Haus gegen ein Mehrbettzimmer eingetauscht mit Dusche einmal über den Hof. Habe ich in Deutschland noch gesagt, dass ich nicht als Backpackerin reisen will, muss ich mir eingestehen, dass ich mich jetzt doch mitten unter ihnen befinde. Manchmal, wenn die Möglichkeit besteht, gehen die jungen Leute auch aus. Sie fragen mich, ob ich mitkommen möchte, aber irgendwie habe ich nicht so rechte Lust. Sie trinken immer jede Menge Alkohol und das ist nicht mehr meine Baustelle. Dann genieße ich die Stille im Zimmer, lese oder telefoniere per Internet mit meinen Kindern. Dienstag, meine Ukulele, ist leider bislang eine stumme Begleiterin geblieben. Ich habe versucht sie zu stimmen, aber das hat nicht funktioniert und ich kann nur krumme Töne spielen, weshalb dieses Projekt nicht so recht in Gang kommt.

Derzeit sind wir tatsächlich „in the middle of nowhere" angelangt. Rundum pure, wilde Natur und das Wetter hat sich dramatisch verschlechtert. Es regnet ohne Pause, so dass der geplante Ausritt mit den Pferden in die Berge ausfallen muss. Ich hatte mich dafür angemeldet und weiß gar nicht, ob ich traurig sein soll, dass es nicht stattfindet oder ob ich insgeheim ein wenig erleichtert bin. Ich habe einen Heidenrespekt vor den großen Tieren und es wäre bestimmt eine Herausforderung gewesen, den ganzen Tag bergauf und bergab auf dem Pferderücken zu verbringen. Trotz Regen habe ich Lust auf eine Wanderung und muss dabei erneut feststellen, dass Neuseeland das Nonplusultra ist, was Naturschauspiele angeht. Strände, Klippen, Wälder, Berge. Hier gibt es einfach alles im Superlativ. Und genauso schnell wie sich hier eben mal um die Ecke die Landschaft ändert, ändert sich auch das Wetter. Bei Sonnenschein ist es wunderschön, aber wenn die Wolken aufziehen und der Nebel aus allen Winkeln kriecht, der Wind jeden Gedanken vertreibt, dann fehlen mir die Worte, es ist unbeschreiblich. Die Farben sind dann sensationell, das dunkle Grau der Wolken bringt das Grün der Wiesen erst richtig zum Leuchten und die gelben Herbstblätter strahlen wie die Sonne selbst. In den schwarzen Seen spiegeln sich die Wolken und in den Flüssen und Bächen tanzen die grünblauen Wassergeister. Wilde Steinformationen erzählen von Trollen und Riesen, älter als das menschliche Gehirn zu denken vermag. Ich wäre gerne noch geschickter mit Worten, um tatsächlich mitteilen zu können, wie mein Herz lacht, wenn sich mir die Natur so zeigt und ich alles um mich herum vergesse.

Heute setzen wir über auf die Südinsel. Es ist für mich nicht erkennbar, aber laut Wettervorhersage soll es eine sehr stürmische Überfahrt werden. Und tatsächlich wird der Wind, sobald wir den Hafen verlassen haben, deutlich stärker. So sehr mich das Fliegen bei der kleinsten Vibration anstrengt, umso entspannter bin ich auf dem Wasser. Die Fähre schaukelt ganz schön und ich bleibe trotz der steifen Brise draußen auf dem Deck und genieße die Auf- und Abbewegung. Ich sitze hier auf einem Riesenpott mit hunderten von Autos und LKWs im Bauch, sogar eine Schafherde ist mit dabei. Da muss schon ganz schön was los sein im Wasser, um das alles in Bewegung zu bringen. Ich amüsiere mich über Passagiere, die sich an der Reling entlang hangeln und versuchen das Gleichgewicht zu halten. Aurelia, eine Französin, die auch mit uns im Bus unterwegs ist, setzt sich zu mir. Sie ist kreidebleich im Gesicht, doch ihrer Aussage nach nicht, weil sie selbst seekrank ist, sondern weil sie sich so ekelt vor all den seekranken Menschen, die in der Fähre überall vor ihren Tüten rumhängen. Ich freue mich, dass sie gekommen ist, weil ich sie gern mag. Zum einen höre ich sie gerne sprechen mit diesem wundervollen französischen Akzent, zum anderen gefällt es mir, dass sie keine Hemmungen hat. Ihr Englisch ist nicht besonders gut und sie fragt ungeniert ständig nach, was denn bitteschön gerade gesprochen wird, bis sie alles ganz genau versteht. Und dann sagt sie manchmal so lustige Sachen, wie zum Beispiel: „This is fucking my mouth!“ Damit meint sie, dass ihr das Essen sehr gut schmeckt und weil das F-Wort im Backpacker-Jargon nicht fehlen darf, hat sie es auf ihre Weise eingebaut. Sie erzählt mir über ihr Leben in Paris und dass für sie das Erstaunlichste an dieser Reise ist, dass sie sich am Morgen nicht zu recht machen muss. Sie würde zu Hause niemals ungeschminkt und mit Jogginghose das Haus verlassen und genießt diese Art der Freiheit total. Sie freut sich sehr, diese neue Seite an sich selbst kennen zu lernen.

Ich weiß nicht genau wie lange die Fahrt nach Wellington dauert. Aber die See wird ruhiger und das bedeutet, dass wir wieder in geschützteren Gewässern unterwegs sind und auch, dass wir uns der neuseeländischen

Hauptstadt nähern. Die Luft ist trotz Sonnenschein und nachlassendem Wind sehr kühl. Ich stehe ganz oben auf dem Deck und schaue der sich nähernden Stadt entgegen. Wie beschreibe ich das Gefühl, das ich dabei habe? Zu spüren, zu sehen, dass ich unterwegs bin, löst etwas Schönes in mir aus. Es ist nicht wichtig, wo ich herkomme. Wo ich hingehe ist einerseits festgelegt, andererseits noch völlig unbekannt. Alles ist möglich. Im Moment sind auch alle Entscheidungen getroffen. Ich darf mich zurücklehnen und schauen, was kommt. Kann ja gar nichts anderes tun. Das Bild aus der Titanic-Verfilmung taucht in mir auf. Leonardo di Caprio mit ausgebreiteten Armen am Bug des Schiffes. Die ganze Welt gehört ihm und gleichzeitig ist er ihr und seinem Schicksal ausgeliefert. Zurück zu meinem Gefühl: melancholisch und tollkühn zugleich!

Wir bleiben nur eine Nacht in Wellington und ich habe mich für ein Einzelzimmer entschieden. Meine Mitreisenden machen nach der vielen Natur der letzten Woche heute Abend Party. Ich entscheide mich für einen kleinen Spaziergang durch die Straßen und dann wieder einmal für das „Alleine-Sein“ auf meinem Zimmer. Inmitten der jungen Leute fühle ich mich definitiv als Außenseiterin. In der Gruppe wird mir meine Einsamkeit bewusst, die ich alleine in meinem Zimmer nicht spüren muss.

Neuseeland - Südinsel

Die Rundfahrt führt uns durch Nationalparks, an der Westküste entlang Richtung Süden und auch hier in diesem Teil Neuseelands von einem Highlight zum nächsten. Ich lerne, wie man mit einem Kajak auf dem Meer paddelt, treffe dabei auf meine ersten Seehunde in freier Natur, hole meinen Ausflug hoch zu Ross nach, mache lange Wanderungen, lerne meinen Mitreisenden den Kopfstand am Strand, koche in Outdoor Küchen, klettere in eine Gletscherspalte, fliege mit dem Helikopter und erwische mich inmitten dieser Freizeitaktivitäten, umgeben von traumhaften Landschaften, immer wieder dabei, dass ich traurig bin. Ich möchte so gerne frei und leicht sein und kann mich trotzdem der Schwere nicht erwehren.

Ich halte den Backpackern und Hostel-Unterkünften bis Queenstown die Treue. Gewöhne mich langsam an Gemeinschaftsduschen, Gemeinschaftsküchen, Gemeinschaftszimmer und daran, dass ich entweder in die Natur flüchten oder die Augen zumachen muss, um für mich zu sein. Und weit und breit noch immer niemand in meinem Alter zu sehen. Ich hätte nicht erwartet, dass mir Jungsein mal auf den Keks gehen könnte. Ist die ewige Jugend doch das allseits angestrebte Ziel. In Queenstown gönne ich mir eine Pause von alldem. Das Wetter soll richtig schlecht werden, bis hin zu Schneefällen. Darauf bin ich kleidungstechnisch nicht eingestellt, deshalb lasse ich ein paar sagenumwobene Naturschönheiten aus, suche mir ein Zimmer und beschließe, für ein paar Tage in der Stadt zu bleiben. Mein Vermieter ist ein Chilene, der als Skilehrer nach Neuseeland gekommen ist, hier seine Frau kennen gelernt hat und seitdem von der Heimat träumt. So hat er sich selbst beschrieben. Ich finde es schade, dass ich nicht erfahren werde, wie diese Geschichte weiter geht. Welche Liebe hier gewinnt, die zu Chile oder die zur neuseeländischen Frau oder ob er beides irgendwann unter einen Hut bringt. Wir unterhalten uns lange über den südamerikanischen Schamanismus und ich habe seit langem einmal wieder ein Gespräch, dessen Inhalt mich inspiriert und bewegt und bei dem ich mich von meinem Gegenüber wirklich verstanden fühle.

Am nächsten Tag meldet sich Vanessa (die Brasilianerin, die ich in Rotorua kennen gelernt habe) bei mir: „Johanna, wo bist du gerade? Ich muss so oft an dich denken, hättest du Lust mich zu treffen?" Zwei Tage später ruft mich Jason (der Kanadier aus dem Bus) an: „Johanna, möchtest du mit mir, Emma und Aurelia in den Südosten der Insel fahren? Dort soll das Wetter besser sein und wir können Pinguine und Albatrosse sehen." Ich bin so sehr mit mir und meiner Schwere beschäftigt gewesen, dass ich nicht bemerkt habe, dass ich nicht nur unter Murren Zimmer und Bäder geteilt habe, sondern dadurch auch Teil einer Gemeinschaft geworden bin. Ich gehöre dazu und man will mich dabei haben. Das sollte ich mir hinter die Ohren schreiben. Ich mache also einen Zwei-Tage-Ausflug nach Dunedin, besichtige dort ein Schloss und sehe sowohl die größten Vögel der Welt, wie auch die angekündigten Pinguine. Vanessa verfehle ich, weil erst sie keine Zeit hat und ich dann tags darauf für die nächste Busverbindung nach Norden eingebucht bin. Ich habe noch acht Tage in Neuseeland und in dieser Zeit gibt es etwas zu tun, das ich schon lange auf meiner Liste der Dinge stehen habe, die ich in meinem Leben zumindest einmal gemacht haben möchte: Schwimmen mit Delfinen. Der nächste Stopp ist Kaikoura und unser Busfahrer bietet an, alle Interessierten noch für den Nachmittag bei der Bootsfirma für diese Unternehmung anzumelden. Die Wetterbedingungen seien für heute hervorragend und man könne nie genau sagen, wie es am nächsten Tag sein würde. Wir sind zwei für das Delfinschwimmen und sechs, die mit auf das Boot für die Walbeobachtung wollen.

Susanna, eine Holländerin, ist genauso aufgeregt wie ich. Wir stehen mit vollen Händen in der Umkleide und müssen uns zurechtfinden mit Neoprenanzug, Kapuze, Füßlingen, Taucherbrille, Schnorchel und Flossen. Nix da mit einfach nur Badeanzug anziehen und ein bisschen mit den Delfinen plantschen. Wir werden mit dem Schnellboot weit raus fahren und dann mitten in der offenen See in den Delfinschwarm hinein schwimmen. So lautet zumindest die Anweisung. Ich genieße die schnelle Bootsfahrt in vollen Zügen, wohingegen andere Teilnehmer wieder grün werden im Gesicht. Jetzt! Große Aufregung, die ersten Delfine wurden gesichtet und die ersten Vier - ich natürlich mit dabei - steigen über die Reling und setzen sich auf den äußeren Rand. Ich sehe sie! Ich weiß nicht wie weit weg, in vielleicht 100

Metern Entfernung tauchen sie immer wieder aus dem Wasser auf. Mein Gott, das sind nicht etwa fünf oder zehn oder zwanzig. Das sind Hunderte! Und da hör ich mein Zeichen für den Sprung ins Wasser. Denke nicht mehr lange nach und lasse mich einfach hinein fallen. „Kalt. Delfine. Wo bin ich? Kalt. Schwimm!" Ich denke nur noch in einzelnen Worten. Aber es funktioniert und ich schwimme auf sie zu, schwimme mitten unter ihnen! Heule, lache und denke „Geh jetzt bloß nicht unter!" Ich habe Wasser in der Brille, tauche auf und klappe die Brille hoch, da schraubt sich direkt vor meiner Nase ein Delfin in die Höhe, macht mir den schönsten Salto und taucht wieder ab. „Jetzt nur nicht ausflippen, Johanna, heb dir das für später auf!" Da kommt die Order „Zurück aufs Boot". Das Ganze wiederholt sich noch vier weitere Male und ich werde sicherer im Wasser. Kann meine Aktivitäten ein bisschen bewusster steuern und versuche durch Laute die Delfine auf mich aufmerksam zu machen. Die Frau auf dem Boot hatte gesagt: „Die Tiere wollen spielen. Wenn ein Delfin auf euch aufmerksam geworden ist, schwimmt im Kreis mit ihm, das gefällt ihnen". Genauso mache ich es und bin hin und weg. Adrenalin pur. Nur gezieltes Anfassen ist verboten. Es passiert trotzdem, weil mich einer voll von der Seite touchiert. So cool! Zu sagen, was hier passiert sei großartig, wäre die Untertreibung des Jahrhunderts. Es ist ganz unbeschreiblich und ich bin selig, spüre Glück in jeder einzelnen Zelle meines Körpers. Während der Rückfahrt stehe ich am hinteren Ende des Bootes und schwebe auf einer Wolke. Selig blicke ich aufs Wasser und die spritzende Gischt und versuche, jeden der gerade erlebten Augenblicke in meine Erinnerung einzuprägen. Was für ein Gefühl, tiefer als das Meer und weiter als jeder Horizont.

Nach Kaikoura löst sich unsere Reisegemeinschaft endgültig auf, es sind immer Leute dazu gekommen und andere unterwegs irgendwo hängen geblieben, aber jetzt wird sich auch der harte Kern auflösen. Manche fahren gleich weiter, zurück auf die Nordinsel, andere fliegen von hier aus heim, nach Australien, Tasmanien oder Bali. Ich werde noch ein paar Tage in Wellington bleiben und habe mir dafür ein Privatzimmer gebucht bei einem Pärchen, das begeistert Acro-Yoga macht. Was für eine Unterkunft! Im Hinterhof eines Wohnblocks scheint sie zunächst völlig unspektakulär. Meine Wahl fiel auf sie, weil die Lage sehr zentral ist und die zwei Vermieter sich sympathisch beschrieben hatten. Man betritt die Wohnung und steht direkt in der Küche. Das Ungewöhnliche daran ist, dass diese lediglich aus einer Arbeitsfläche mit den üblichen Geräten besteht und ansonsten ist der riesige Raum so gut wie leer. Da liegen Kissen am Boden und es gibt einen großen Reif, der wie in einer Zirkusmanege in dem nach oben hin offenen Teil des Raumes hängt. An der kurzen Seite geht die Treppe hoch zur Galerie, die über die komplette Längsseite verläuft und nach hinten führen zwei Zimmer weg. Das eine davon ist mein Schlafzimmer, das andere mein Bad. Es fasziniert mich, weil hier zwei vollkommen verschiedene Lebensstile aufeinander treffen: modernes Großstadt-Design und alternative Yoga-Esoterik-Öko-

Welt. Die zwei Bewohner, Annabelle und Peter, nutzen den großen Reifen in der Küche für Akrobatik. Sie ist Yogalehrerin und er jonglierender Lebenskünstler. Wie sie das alles finanzieren? Keine Ahnung. Die Einnahmen, die sie durch das Vermieten des einen Zimmers haben, decken die Kosten für die Wohnung bestimmt nicht. Sie laden mich zum Abendessen ein und so wie ich sie einschätze kommt nur Superfood - ihr wisst schon, alles was momentan als supergesund eingestuft wird und dafür auch einmal um die ganze Welt geflogen werden darf - und Öko auf den (nicht vorhandenen) Tisch. Wir sitzen dabei am Boden und ich schwelge in Erinnerungen an meinen Ashram-Aufenthalt. Annabelle muss lachen und erzählt, dass sie die Esskultur ebenfalls aus Indien mitgebracht hat, weil sie ihr so gut gefallen hat. Sie zwinkert: „Heute ist aber sprechen ausnahmsweise erlaubt.“ Etwas später kommen noch Freunde zu Besuch. Ein paar Australier, Engländer und ein Mexikaner. Pablo wird kaum älter sein als dreißig und er hat tolle Augen. Er schaut mich an und es liegt Erkennen in seinem Blick. Bitte nicht schon wieder. Gut aussehend, sympathisch, anziehend und ausziehend zugleich. Aber einfach zwanzig Jahre zu jung! Einen Moment lang versuche ich mir noch einzureden, dass ich mir das einbilde. Aber nichts da. Er setzt sich zu mir auf den Boden. Und zwar so nah, dass sich unsere Oberarme und Knie berühren. Seine Nähe und vor allem die freche Art, gleich auf Tuchfühlung zu gehen, machen mich nahezu stumm. Die Gäste haben Bier mitgebracht, doch ich lehne ab. In meinem Kopf dreht sich sowieso schon alles, da braucht es keinen Alkohol mehr. Andererseits würde es mir wahrscheinlich gut tun, etwas lockerer zu werden. Was wäre gegen einen kleinen Urlaubsflirt einzuwenden? In drei Tagen bin ich wieder weg und hätte eine romantische Geschichte zu erzählen. Eine süße Erinnerung an Wellington. Ich kann ganz einfach nicht. Weil ich es eben nicht so locker sehen kann. Das wäre nur wieder etwas oder jemand, der meine Leere füllen soll und dem meine Gedanken dann hinterher hängen können. Unter Protest verabschiede ich mich und gehe ins Bett. Natürlich nicht ohne zu träumen, was hätte sein können.

Wellington ist eine tolle Stadt. Viel Atmosphäre, freundliche Menschen, kleine Läden, Cafés und Restaurants. Ein sehr informatives Museum über die Entwicklung Neuseelands und ein großer Park mit vielen außergewöhnlichen Kunstwerken. Peter und Annabelle laden mich ein, mit zur Jonglier-Stunde zu kommen. Peter veranstaltet alle zwei Wochen einen offenen Abend, um Menschen das Jonglieren beizubringen. Er zählt mir all die Vorteile dieser Kunst auf. Ich stelle mich an wie der erste Mensch. Bin sogar mit der Anfänger-Übung total überfordert. Ich bekomme in jede Hand einen Ball und soll sie gleichzeitig nur ein kleines Stück hochwerfen und wieder auffangen. Das ist mehr eine Bück-Übung als alles andere. Auf dem Nachhauseweg erzählt Annabelle, dass Pablo sich für morgen Abend eingeladen hat, damit wir uns nochmal sehen können und es kommt ihr seltsam vor, weil ich gar nichts gesagt hätte. „Kunststück“ antworte ich, „weil ich auch nichts davon

weiß.“ „Das dachte ich mir schon fast. Ich weiß ja nicht, was dahinter steckt, aber ist es dir denn recht?“ „Ich weiß nicht, ich bin gerade überfordert, dir eine Antwort darauf zu geben.“ „Hilft es dir, wenn ich sage, dass Pablo kein Womanizer ist, der jede Woche eine andere Frau mit heim nimmt?“ „Das freut mich natürlich und schmeichelt mir, aber ich kann mich trotzdem gerade nicht auf einen kurzen Urlaubsflirt einlassen. Dafür ist meine Gemütslage nicht stabil genug.“ Sie grinst und meint: „Schade eigentlich!“ Ja, in der Tat! Annabelle hat auch schon gleich die Lösung parat, wie sie den Abend für alle Beteiligten etwas zwangloser gestalten wird. Sie lädt noch mehr Freunde ein und es wird einen Spiele-Abend geben. „Pablo bekommt die Chance dich zu sehen und du bekommst durch die Anwesenheit der anderen mehr Sicherheit. Gute Idee?“ „Vielen Dank, Annabelle. Du bist echt super.“
Es wird ein netter Abend. Ich gehe Pablo aus dem Weg und lasse mich auf keinen Blickkontakt ein. Unter den Gästen ist ein witziger Inder, der mich mehr oder weniger durch den Abend begleitet, mir die Spielregeln erklärt und mit dem ich bei den Partnerspielen ein Team bilde. Es ist weit nach Mitternacht als Annabelle und Peter ihre Gäste verabschieden. Pablo und ich schauen uns für einen langen Augenblick in die Augen und geben uns nur kurz die Hand. Er ist weg und mir fällt dieses Sprichwort ein: „Leidenschaft ist eine Eigenschaft die Leiden schafft.“ Ich bin ihr aus dem Weg gegangen. Besser geht es mir deshalb nicht! Höre ich da leises Bedauern? Auf alle Fälle!

Am nächsten Morgen nehme ich die Fähre zurück auf die Nordinsel und von da den Bus nach Auckland. Wie ich es mir in Indien vorgenommen habe, teste ich auch hier zum Abschied die Qualität eines Friseurs. Ich vergebe von zehn Sternen vier bis fünf, also nicht der Rede wert. Und dann heißt es „Lebe wohl, Neuseeland." Wunderschön bist du, aber dass wir uns in diesem Leben nochmal wiedersehen, ist eher unwahrscheinlich. Du bist einfach zu weit weg von allem, woran mein Herz hängt. Von meinen Kindern, meinen Freunden und auch von meiner Muttersprache, merke ich.

Neuseeland - Neun bleibende Erinnerungen

1.) An allen Ecken und Enden Postkartenmotive von sagenhafter Naturschönheit und der Himmel scheint hier einfach etwas weiter zu sein.

2.) Es ist gewiss: Mittelerde lebt!
Ich war im Auenland, in Lothlorien, in den Höhlen der Zwerge und habe ehrfürchtig auf den Schicksalsberg geschaut. (Für alle Unwissenden: Ich spreche von den Schauplätzen aus „Herr der Ringe")

3.) Es ist tatsächlich möglich, öffentliche Toiletten sauber zu halten. Danke an alle dafür verantwortlichen Reisenden und Neuseeländer. Ich habe in den ganzen sechs Wochen - und in diesem Zeitraum sucht Frau einige auf - meist vorbildliche Toiletten vorgefunden.

4.) Gewässer - Flüsse, Seen, der Ozean, Wasserfälle, heiße Quellen und auch der Regen, da fühle ich mich zu Hause. So klar war mir das bisher nicht. Ich dachte immer der Berg sei meine Liebe. Der Berg ist mein Frieden, doch das Wasser ist meine Freude.

5.) Wunderbar freundliche Menschen mit einer unendlichen Gelassenheit - ob es daran liegt, dass sich die Menschen hier so viel in der Natur bewegen?

6.) Neuseeland ist ein Treffpunkt für Langzeitreisende aus aller Welt, wobei die meisten zwischen 20 und 30 Jahre alt sind. Im Hostel war meinesgleichen also nicht anzutreffen, wo verstecken sich denn nur meine Altersgenossen?

7.) Jede Menge Getier in freier Natur, allen voran meine herzallerliebsten Delfine, Seehunde, Pinguine, Albatrosse

8.) Tolle Kunstmuseen, die in der Regel kostenlos sind, wunderbare Schnitzereien und Skulpturenwege, Inspiration an allen Ecken und Enden

9.) Kategorie „mein erstes Mal“: Surfen, ein Radiointerview!, Schwimmen mit Delfinen, Horse-Trekking Tour, Fliegen mit dem Hubschrauber, Seakajaking, Thai Chi, Wäsche waschen im Waschsalon und dabei nette Bekanntschaften machen, Feijoa-Früchte essen

Hawaii - Waikiki

Ein „amerikanisches Klischee mit Südseeverpackung" schreibt Frau Aussteiger über Waikiki in ihrem Blog. Manchmal könnte man auch meinen, man befinde sich in Japan, weil es hier nur so wimmelt von Sushi-Läden, japanischen Restaurants und Touristen. Die meisten Wegweiser und Hinweisschilder wurden auch speziell für die vielen Asiaten übersetzt und wo man geht und steht zieren Kanji-Zeichen die Wege. In erster Reihe findet man farbenfrohe Postkartenidylle. Die Sonne scheint und zwischen den Palmen sind die bunten Boards der Surfschulen in den weißen Sand gesteckt, dahinter blitzt das türkisblaue Wasser. Weg vom Strand der krasse Gegensatz: es reiht sich eine Konsummeile an die nächste. Man könnte meinen, tagsüber wäre dort tote Hose, weil die Menschen am Strand sind, aber weit gefehlt. Da ist richtig was los. Nichtsdestotrotz finde ich es für zwei Tage herrlich! Ich hab mir vom Strand aus ein richtig cooles Hotel ausgeschaut, tue so, als ob ich hier wohnen würde, marschiere geradewegs durch die Lobby in den Palmengarten, suche mir einen Liegestuhl und mache es mir mit meinem Buch bequem. Am späten Nachmittag wandere ich durch die Geschäfte - Gott sei Dank ist der Koffer zu voll für ausschweifende Shoppinganfälle - und trinke Kaffee, genieße herrlichen American Cheesecake und tropische Früchte, bei denen einem der Saft aus den Mundwinkeln tropft, probiere einen gefrorenen Yoghurt, mexikanischen Mangosalat und, und, und ... ich lasse mich treiben, beobachte die Menschen und muss nicht über mich nachdenken!

Zu allem Überfluss wohne ich bei Derek, der so herrlich "süß" ist. Derek ist einfach ein Goldstück, aber leider nicht für mich, weil er Männer liebt. Ein wunderschöner, dunkelhäutiger Mann, der alles, was er sagt, mit viel Gestik unterstreicht und ein Herz aus Gold zu haben scheint. Er ist Choreograph für die Shows, die hier am Abend in den großen Hotels für die Touristen aufgeführt werden, und lädt mich ein, ihn ins "Cabarae" zu begleiten. Ich fühle mich ganz besonders, ob jetzt besonders toll oder besonders doof sei mal dahingestellt. Entscheidet doch einfach selbst, was ihr glaubt, wie man sich in der folgenden Situation fühlt: Da ist Derek, gestylt von oben bis unten mit knallenger Lederhose, oben einem Hauch von nix und auf dem Kopf Federschmuck. Daneben ich, rausgeputzt mit einfachem Kofferkleid und Flipflops. Wir laufen durch die Eingangshalle des Hotels und er stellt mich allen Leuten vor, die uns über den Weg laufen. Einfach so! Wäre ich nicht Teil dieses ungewöhnlichen Duos, ich würde sagen: „ein Bild für Götter“. Und dann beginnt die Show und jetzt kommt der Oberhammer, der Moderator begrüßt mich als „special guest“ mit „Johanna from Germany“, dabei ruht der Scheinwerfer auf mir, als wäre ich ein berühmter Gast, den jeder hier kennen sollte. Die Leute klatschen mir zu, einfach nur deshalb, weil ich mehr oder weniger durch Zufall ins Rampenlicht gerückt wurde. Ich grinse blöd und komme mir vor wie eine Hochstaplerin. Der Moment ist so schnell vorüber wie er gekommen ist. Ich fühle mich trotzdem anders, wie gesagt besonders mit unbestimmtem Adjektiv! Die Stars und Akrobaten der Show aber, sind die, die tatsächlich besonders sind. Großartige Artisten zeigen ihr Können auf der Bühne. Und weil ich mit Derek hier bin, bekomme ich nach der Aufführung die Gelegenheit, mit einigen von ihnen zu sprechen. Die meisten haben schon in Deutschland gearbeitet oder waren dort mit großen Zirkussen auf Tournee. Ich bin natürlich tief beeindruckt als Namen wie „Roncalli" und „Cirque du Soleil" fallen.

Hawaii - Kaua'i

Das war mein kleiner Ausflug in die für mich total unwirkliche Welt des „Waikiki-Beach". Doch wer bin ich, zu beurteilen, was echt, bzw. real ist und was künstlich. Ich kann nur festlegen, wo ich mich und das, was mir wichtig ist, wiederfinden kann und da bin ich in Waikiki absolut fehl am Platz. Es hat trotzdem Spaß gemacht, ein paar Tage auszuruhen in dieser für mich so oberflächlichen Scheinwelt. Vor allem auch, weil ich ab morgen das volle Kontrastprogramm fahren werde. Ich mache mich auf den Weg nach Kaua'i, wo ich mich für zwei Wochen bei einem Ausbildungsseminar bei einem Kahuna angemeldet habe. Kahuna ist die hawaianische Bezeichnung für einen traditionellen Heiler und Bewahrer der polynesischen Kultur. Fragt mich nicht, was ich dort lernen möchte oder werde. Das steht auch für mich vollkommen in den Sternen. Die Ausschreibung verspricht: „Erkenne wer du bist.“ Ein Abenteuer wird das allemal. Ich fliege mit einer kleinen Propellermaschine auf die Nachbarinsel, wo ich in einem Hotel meine Mitstreiterin für die nächsten zwei Wochen treffen werde. Nach der Sonnenschein-Idylle von Honolulu und Waikiki treffe ich hier auf einen wolkigen Himmel und die Umgebung rund um den Flughafen ist nicht besonders schön. Mein erster Eindruck von Kaua'i ist also eher grau. Das gebuchte Hotel, in dem die Übernachtung übrigens ein kleines Vermögen kostet, erweist sich auch nicht unbedingt als exotische Schönheit. Bella dagegen, die andere Seminarteilnehmerin, erweist sich als Glücksgriff. Sie ist einfach wunderbar. Sie lacht aus vollem Herzen, hat einen wunderbar trockenen Humor und wir verstehen uns auf Anhieb. Das ist doch schon mal was. Und auch wenn Bella zehn Jahre jünger ist als ich, so habe ich hier endlich wieder eine richtige Freundin, die zuhört und versteht, was mich bewegt. Sie kommt aus Italien und doch sprechen wir definitiv die gleiche Sprache. Wir reden und reden. Erzählen uns Abschnitte aus unserem Leben und fragen uns zwischendurch immer wieder, was uns in den nächsten Wochen erwarten wird. Sind uns dabei einig, dass wir beide keine greifbare Vorstellung dazu haben und es deshalb auch keine fest gelegte Erwartung gibt. Außer natürlich, dass es ganz toll werden wird. Ganz egal was kommt, wir sind jetzt immerhin zu zweit.

Der Ort, an dem der Kahuna lebt, ist zwei Autostunden entfernt. Wir wurden angewiesen ein großes Auto anzumieten, weil wir die Lebensmittel für die nächsten zwei Wochen mitnehmen müssen. Mir schien es ein bisschen übertrieben, dass wir deshalb gleich einen richtig großen Jeep benötigen. Aber so lautete die Ansage und daran habe ich mich gehalten. Bella und ich sind heute ganz früh am Morgen die fünf Kilometer zur Abholstation für den Mietwagen gelaufen und haben unseren Monstertruck in Empfang genommen. Dabei mussten wir nochmals den Kopf schütteln über die Größe des Autos, was jedoch keinen Einfluss hatte auf den Spaß, den uns die erste Fahrt mit dem Teil bescherte. Anschließend wurde gefrühstückt und jetzt sitzen wir in unserem Zimmer, wo wir auf Andrea warten. Sie ist für die Organisation des Seminars verantwortlich und wollte kommen und uns über alles aufklären, was wir heute noch zu erledigen hätten, bevor wir dann morgen früh gemeinsam aufbrechen. Es ist schon 15 Minuten später als vereinbart, weshalb ich in die Lobby laufe, um zu schauen, ob sie vielleicht dort auf uns wartet. Und tatsächlich, da sitzt eine Frau mit ziemlich sauertöpfischem Gesichtsausdruck. „Hallo," sage ich „du musst Andrea sein. Ich bin Johanna." und strecke ihr meine Hand entgegen. „Ja, die bin ich", antwortet sie und nimmt gerade mal die Fingerspitzen meiner Hand, als wäre ich giftig. „Ich warte schon seit fünfzehn Minuten auf euch. Wo ist Bella." „Wir haben auch auf dich gewartet und dachten du kommst auf unser Zimmer. Warum hast du dich denn nicht gemeldet?" Das geht ja gut los. „Ich laufe schnell und hole Bella." „Ja, mach das, aber bitte beeilt euch. Wir haben noch viel zu erledigen." „Ist ja gut, Zimtzicke", denke ich mir und verdrehe beim Weggehen die Augen. Im Laufschritt berichte ich Bella von der ersten Begegnung und sie schaut mich nur an und verzieht das Gesicht dabei zu einer komischen Grimasse. Ich muss lachen. Mit Bella werde ich noch meinen Spaß haben.

Als wir wiederkommen lenkt Andrea etwas ein. Sie hat wohl bemerkt, dass ihre Reaktion vollkommen überzogen und unangebracht war. Wir setzen uns in die Lobby und sie schildert uns den grundsätzlichen Ablauf des Seminars und erklärt dabei auch ihre Rolle. Um den Kahuna gibt es eine strenge Hierarchie, die wir unter allen Umständen einzuhalten hätten. Wir Studentinnen dürfen ihm nie den Rücken zukehren und wenn wir etwas wollen oder brauchen, richten wir uns niemals direkt an ihn, sondern immer an sie, Andrea, oder eine der anderen, älteren Studentinnen, die wir später noch kennen lernen würden. Der Kahuna steht an der Spitze der Rangordnung, dann kommt seine Frau Kanani, dann sie, Andrea. Sie erzählt, sie sei Amerikanerin und dass noch zwei weitere Frauen dabei sein werden, die schon das dritte und vierte Jahr hierher kommen. Trudie aus Großbritannien und Sylvie aus den Niederlanden. Bella und ich sind als Neuzugänge die letzten Glieder in der „Rangfolge“. Fühlt sich ein bisschen an wie bei der Bundeswehr, auf alle Fälle nach etwas, bei dem Befehl und Gehorsam regieren. Worauf haben wir uns hier nur eingelassen? Und es wird immer wunderlicher. Andrea lässt uns wissen, dass es noch mehr Bewerbungen gegeben hätte als die von Bella und mir, dass aber alle anderen abgelehnt wurden. Na, wer's glaubt wird selig, oder?

Der Kahuna würde sich auch vorbehalten, Studentinnen, die nicht wirklich lernen wollten, vorzeitig zu entlassen. „Aber habt keine Angst, der Kahuna ist die Güte in Person. Ich habe bei ihm das erste Mal erfahren, wirklich angenommen zu werden.“ Und dann erzählt sie uns ihre eigene Geschichte, die uns zu Tränen rührt. Und doch gibt es etwas an ihr, dem ich misstraue. Eine Distanz, vielleicht sogar Kälte, umgibt sie, die nichts mit Freundlichkeit oder gar Menschenliebe zu tun hat. Ich würde mal sagen, die geht zum Lachen in den Keller.

Wir müssen zum Supermarkt fahren, um für die komplette Mannschaft Essensvorräte zu kaufen und in unserem Auto zu verstauen. Jetzt ist auch klar, warum es so groß sein musste. Bella lässt es sich nicht nehmen, darüber zu meckern, dass wir ein Heidengeld für den Mietwagen bezahlen, um für andere das Essen zu transportieren. Ich sage nichts dazu und registriere aber durchaus, dass die Gute von der Oberaufsicht eindeutig ein Minus eingetragen bekommen hat.

Wir starten am nächsten Tag pünktlich sechs Uhr früh mit zwei Autos. Im anderen Fahrzeug sitzen Andrea, Trudie und Sylvie. Trudie ist vollkommen fixiert auf Andrea, scheint diese auch in jeder Hinsicht imitieren zu wollen. Sylvie wahrt einen gewissen Abstand mit einem Funken von Wärme in den Augen. Ihr könnt euch vorstellen, über was Bella und ich im Auto sprechen. Was zum Teufel ist mit diesen Frauen los? Wir fragen uns langsam nicht mehr, was uns hier erwarten wird, sondern eher, ob wir eigentlich total doof sind? Aber zum Umkehren ist es uns beiden noch zu früh. Die Neugier und wahrscheinlich auch eine gewisse Abenteuerlust lässt uns weiterfahren. Bellas Galgenhumor bricht durch und wir lästern tüchtig ab. Meine Aufmerksamkeit ist so sehr in Anspruch genommen von den Frauen und der ganzen Aktion hier, dass ich euch fast vorenthalten hätte in welch traumhafter Landschaft wir unterwegs sind. Tropische Regenwälder, spektakuläre Felsformationen und Wasserfälle säumen unseren Weg. Wir müssten ungefähr die halbe Strecke hinter uns haben, als Andrea vor uns auf den Parkplatz eines kleinen Strandcafés einbiegt. „Holt euch an der Strandbar etwas zur Stärkung und nutzt dann die Zeit, um noch etwas in euch zu gehen!" lautet die Ansage. Ich laufe über den Strand hinunter zum Wasser und setze mich dort auf einen großen Stein, schaue übers Meer zum Horizont und genieße den Augenblick für mich alleine. Weil ich aber nicht weiß, wie lange wir hier genau Halt machen und ich noch etwas trinken und essen möchte, bleibe ich nicht zu lange sitzen. Ich möchte schließlich nicht unangenehm auffallen oder gar etwas falsch machen. Hole mir einen Muffin und einen Becher Kaffee und sehe meine drei „Vorgesetzten" an einem der Tische sitzen, gehe zu ihnen und bemerke eine seltsame Stimmung. Aber das ist ja nichts Neues, sie sind die ganze Zeit schon komisch. Frage also mehr der Höflichkeit halber: „Darf ich mich zu euch setzen?" Keine Reaktion, sie schauen mich nicht mal an. Nach fünf Sekunden Zeitverzögerung würgt Andrea ein kurzes „Ja, ist in Ordnung" raus. Ich setze mich, doch da fliegt mir eine solche Eiseskälte entgegen, dass mir schier die Luft weg bleibt. Ich scheitere an dem Versuch einen Happen meines Muffins abzubeißen. „Was ist los? Hab ich etwas verkehrt gemacht?“. Ich würge die Worte gerade noch heraus und weiß, dass meine Stimme gleich versagt. Was passiert da gerade mit mir? Wenn ich noch einen Ton sagen muss, breche ich in Tränen aus. „Du solltest die Zeit für dich nutzen und nicht hier bei uns rumsitzen!“, herrscht mich Andrea an. Ich stehe auf, nehme meine Tasche und mein Essen und kann auf ihr „Jetzt ist es auch schon egal, bleib halt sitzen.“ nur noch „Nein, Danke“ murmeln und mich umdrehen. Meine Tränen gehen die dumme Kuh gar nichts an. Egal ob ich ihre Anweisung nicht richtig verstanden habe oder sie es falsch ausgedrückt hat, ich muss mich erst wieder in den Griff bekommen, mich sortieren und rausfinden, was um Himmels Willen mit mir los ist. Aber ich habe keine Chance. Als Bella zurückkommt, weil Andrea zum Abmarsch winkt, und sie mich fragend anschaut, kann ich nur den Kopf schütteln. Andrea weist Trudie an, mit uns zu fahren. Angeblich, damit jemand den Weg kennt, wenn wir uns auf der Straße verlieren sollten. Das war die ganze bisherige Strecke kein Problem! Ich setze mich auf die Rückbank und heule den ganzen Weg mit kleinen Aussetzern und Schluchzern vor mich hin. Dieser kleine Vorfall hat mich, aus welchem Grund auch immer, total aus der Fassung gebracht. Entschuldigung, aber so eine Scheiße, oder?

Ich komme mit rot verquollenen Augen am Seminarort an und bin einfach nur froh, dass niemand danach fragt, ja, sich scheinbar auch niemand dafür interessiert. Andrea hat einen Anruf bekommen und wird jetzt richtig gehend hektisch: „Schnell, schnell. Wir haben es eilig! Trudie! Sylvie! Zieht euch um! Habt ihr eure Schalen? In zehn Minuten beginnt die Einlasszeremonie“. Die drei laufen wie wild gewordene Hummeln hin und her und Bella und ich werden angewiesen, alles im Auto zu lassen. Sollten wir noch zur Toilette müssen, dann jetzt ganz schnell, ansonsten nicht von der Stelle bewegen!
Die letzten Kilometer der Anfahrt führten uns bergauf durch einen tropischen Wald und wir befinden uns auf einer riesigen Lichtung mit traumhaftem Blick auf den Ozean. Das Geräusch der Brandung begleitet das exotische Vogelgezwitscher aus den Bäumen. Neben den geparkten Autos ist eine Überdachung, unter der ich die Küche mit einem großen Holztisch ausmache. Dahinter geht es den Hang runter und man sieht teilweise die Jurten, in denen wir schlafen werden. Der Weg aber, den wir jetzt einschlagen, geht weiter bergauf entlang einer Weide mit Kühen und Ziegen. Andrea geht an der Spitze voran, dahinter Trudie und Sylvie und zum Schluss Bella und ich. Auf etwa halber Höhe des Weges zweigt rechts ein Pfad ab, der zu drei weiteren Jurten führt. Hier an der Abzweigung bleiben wir stehen und warten. „Wir müssen hier um Einlass bitten,“ erklärt Andrea kurz. Die drei älteren Studentinnen jede einzeln, für uns Frischlinge wird sie das erledigen.

Nachdem ich wegen meiner Weinattacke sowieso schon im Weichspülgang unterwegs bin, berührt es mich doppelt, was sich vor meinen Augen abspielt. Der Kahuna und seine Frau kommen aus einer der Jurten den Weg herunter. Er lediglich ein Tuch um die Hüften gewickelt, sie den Sarong vor der Brust verschlungen und im Nacken gebunden. Nun könnte man meinen, dass es nach Strandkleidung aussieht oder sehr leger. Aber weit gefehlt. Die beiden strahlen eine unglaubliche Würde und sehr viel Stolz aus. Sie bleiben ungefähr zwanzig Meter von uns entfernt stehen. Erstmal wird nur geschaut. In aller Ruhe und Ausführlichkeit. Einfach nur geschaut. Die Stille tut gut und gibt Zeit anzukommen. Sich einzuschwingen auf den Ort, die Menschen und alles was gerade ist. Man kann jedes noch so kleine Geräusch hören und mein eigenes Atmen erscheint mir laut wie ein Sturm. Kahu erhebt die Stimme und spricht in Hawaianisch zu uns. Andrea antwortet. Ich sehe sie nur von hinten, aber ihre Stimme hat sich völlig verändert und ich kann das leise Zittern nicht nur hören, sondern auch an ihrem ganzen Körper sehen. Nach einem kleinen Hin und Her zwischen den beiden, fängt sie an, einen etwas längeren Text zu rezitieren. In der Art wie die Mantras in Indien gesungen werden, so trägt sie den „Chant" in einer Mischung aus singen und sprechen vor. Der Kahuna fragt sie etwas, wahrscheinlich nach ihrem Namen, weil sie mit Andrea antwortet. Dann winkt er sie zu sich heran. Sie darf also quasi eintreten und wird mit Umarmung und einer Berührung der Nasen begrüßt. Trudie und Sylvie gehen durch eine ähnliche, aber etwas kürzere Zeremonie. Mir wird ganz mulmig bei dem Gedanken, dass wir jetzt an der Reihe sind. Andrea kommt zurück, stellt sich vor uns hin und trägt nochmals den längeren Sprechgesang vor. Der Kahuna fragt Bella und mich auf Englisch wer wir sind und woher wir kommen. Wir nennen unseren Namen und hängen „from Germany" dran. Er heißt uns willkommen auf seinem Land und bittet uns, zu ihm zu kommen. Was für ein Mann. Er schaut mir tief in die Augen, legt erst seine Stirn auf die meine und dann die Nasenspitze. Die gleiche Begrüßung erfolgt mit seiner Frau Kanani. Dann bitten sie uns alle, ihnen zu folgen. Ich fühle mich eingeschüchtert und entsprechend Andreas Anweisung trotte ich zusammen mit Bella wieder als letzte hinterher. Wir stehen vor einer der Jurten und wie alle anderen ziehe ich die Schuhe aus. Kanani hat derweil begonnen ihren Mann mit Wasser zu bespritzen. Dazu verwendet sie ein langes, großes Blatt, das sie immer wieder in eine Schüssel taucht. Andrea übernimmt und setzt die Prozedur bei allen anderen fort. Ich vermute eine Art Reinigung oder Segnung, eine Mischung aus katholischem Weihwasser und schamanischem Räucherwerk. Ich kann es nicht lassen, die Glaubensrituale zu vergleichen und finde es immer wieder interessant, dass sie sich alle irgendwie ähneln.

Auch in der Jurte übernimmt Andrea das Kommando, stellt uns an den uns zugedachten Platz und flüstert: „Stehen bleiben und einfach alles mir nachmachen. Und nur sprechen, wenn ihr dazu aufgefordert werdet." Das Innere der Jurte ist mit Strohmatten ausgelegt und an den Wänden hängen verschiedene Holzmasken, Stäbe und Bilder. Kein Tageslicht, nur der schwache Schein einer Laterne. Der Kahuna und Kanani haben sich auf einer Seite der Jurte auf Kissen gesetzt, was das Zeichen war, dass auch wir Studentinnen uns ihnen gegenüber auf dem Boden niederlassen. Wieder herrscht kurz diese wohltuende Stille bevor der Kahuna das Wort ergreift. Er hat eine angenehme warme Stimme und ein freundliches Glitzern in den Augen. Eine natürliche Autorität umgibt ihn, die nichts mit der Distanz und der Überheblichkeit zu tun hat, mit der Andrea meint, sich Respekt verschaffen zu müssen. Der Kahuna begrüßt uns nochmals alle zusammen auf seinem Land und lacht aus voller Kehle über etwas, das ich nicht richtig verstanden habe. Dann zeigt er auf zwei große Behältnisse vor ihm, die mit einem Tuch abgedeckt sind und erklärt uns Neulingen den Hintergrund und Ablauf der Awa-Zeremonie, die wir jetzt gleich durchführen werden.

„Eine heilige Zeremonie, bei der man das Leben selbst und die Ahnen ehrt. Das Awa selbst ist ein Getränk, das aus einer Pflanze hergestellt wird. Es gibt dem Geist Klarheit, hat aber nichts mit einer Droge oder einem Halluzinogen zu tun. Wir werden entsprechend des vorgeschriebenen Protokolls nacheinander davon trinken und jeder wird dabei seine Gedanken mit der Gruppe teilen, um etwas bitten oder auch danken.“ Er schaut Bella und mich an. „Beobachtet, was die Frauen vor euch machen und lernt. Wenn es in eurem Kopf jetzt anfängt zu arbeiten und ihr euch überlegt, was ihr sagen werdet, ist das absolut natürlich. Aber seid gewiss, ihr werdet nichts davon aussprechen. Das Awa wird euch die Wahrheit sprechen lassen.“ Hoffentlich sage ich nicht, dass Andrea eine blöde, arrogante Ziege ist. Aber wenn es die Wahrheit wäre, könnte mir keiner einen Vorwurf machen. Ein bisschen fühle ich mich an das Ayahuasca-Ritual erinnert. Der Kahuna macht den Anfang und dann geht es entsprechend der „Rangfolge“ reihum. Der Ablauf ist immer der gleiche: Er segnet die große Schüssel mit Awa, schöpft etwas davon in eine kleine Kokosschale, Andrea verbeugt sich, nimmt die Schale entgegen, wendet sich damit demjenigen zu, der an der Reihe ist, verbeugt sich, fragt, ob man bereit ist, man sagt laut „ja“, nimmt das Awa in Empfang und bedankt sich. Dann tippt man leicht mit den Fingern hinein und spritzt zur Ehrung und Anerkennung ein paar Tropfen auf alle Anwesenden, auf die Erde, die Luft und hinter sich für die Ahnen. Wenn das in aller Achtsamkeit und Demut vollzogen ist, trinkt man die Flüssigkeit. Sie schmeckt leicht bitter, aber nicht schlimm oder gar ekelig. Dann spricht man aus, was immer einem in den Sinn kommt. Meine Vorgänger sprechen viel von der Dankbarkeit, dass sie hier sein dürfen. Andrea bleibt sogar die Stimme weg und weint. Die Frau muss echt verzweifelt sein, dass sie im normalen Leben so eine harte Nuss spielen muss. Meine Awa-Weisheit lautet: „Was ist denn Wahrheit? Man muss seine eigene finden und nach ihr leben.“ Ich bin überrascht über das, was ich sage. Nicht so sehr über den Inhalt als vielmehr, dass ich tatsächlich vorhatte, etwas anderes zu sagen. Ansonsten steckt keine große Botschaft oder Neuigkeit für mich in den Worten. Nach der Zeremonie wird wieder jeder mit dem großen Blatt einer Lehua-Pflanze abgewedelt. Der Kahuna möchte mit Andrea noch etwas besprechen und deshalb verlassen nur Trudie, Sylvie, Bella und ich rückwärts die Jurte.

Trudie übernimmt das Kommando und versucht auch den Ton von Andrea und deren strengen unnahbaren Blick zu imitieren. Sie erscheint mir dabei eher erschrocken vor sich selber zu sein als glaubhaft autoritär. Wir müssen die Lebensmittel verstauen, unser Gepäck in die Jurten bringen und das Mittagessen vorbereiten. Während der ganzen Zeit, die wir hier verbringen, werden wir für die Zubereitung des Essens verantwortlich sein. Die Studentinnen werden gemeinsam in der offenen Küche essen. Für den Kahuna und Kanani wird streng nach Anweisung ein Tablett mit Essen und allerlei zusätzlichen Extras vorbereitet, das Andrea ihnen in ihre privaten Räumen bringt. Das Motto zum Essen lautet: „Wir sind hier auf Hawaii und leben die Fülle!“ Die Übersetzung dafür ist, wir kochen immer mehr als benötigt und nie nur ein Gericht. Doch irgendwie ahne ich, dass sich mir die Art der Fülle nicht ganz erschließen wird.

Am Nachmittag ist Vorlesung. Heißt, wir versammeln uns unter dem Vordach einer der Jurten, die auf der Küchenseite des Grundstücks liegen. Stille ist das Thema. Endlich still werden in unseren Köpfen. Ständig sind wir am Denken, Sorgen machen, analysieren und bewerten. Das kommt mir durchaus bekannt vor. Und genau das ist es, warum man sich in der Gegenwart des Kahunas so gut fühlt. Ich habe es ja schon zweimal erwähnt, aber ich habe den direkten Zusammenhang noch nicht gesehen. Er strahlt diese absolute Ruhe aus, lässt einen irgendwie still werden und den überflüssigen Schnickschnack vergessen. Wir werden auf alle Fälle einen hawaiianischen Chant dazu lernen. Die polynesischen Laute hören sich ziemlich exotisch an, aber auch sehr melodiös.

So geht es die nächsten Tage weiter. Im Wechsel zwischen Küche, Vorlesung, Lernen und wieder kochen. Und das Irre ist, dass die einzelne Rolle, die jede von uns fünf Schülerinnen hier einnimmt, sich innerhalb kürzester Zeit klar abgezeichnet hat. Das Grundsystem ist Zuckerbrot und Peitsche. Der Kahuna ist das Zuckerbrot. Ruhig, freundlich, fast liebevoll und oft auch lustig. Andrea dagegen verkörpert die Peitsche. Sie bereitet mir Unwohlsein, wann immer sie auftaucht. Beim Lernen, beim Kochen, bei der Kontrolle, ob wir unsere Aufgaben richtig erledigt haben, sogar am Tisch beim Essen. Ich kann gar nicht beschreiben, welch großen Druck sie auf mich ausübt. In den Vorlesungen lernen wir Atem- und Energieübungen, ohne die ich wahrscheinlich nicht überleben würde, weil ich in Gegenwart des Feldwebels das Atmen schier einstelle. Es hätte zu laut, zu leise oder sonst irgendwie nicht richtig sein können. Im Ernst, es dauert eine gewisse Zeit, bis ich es durchschaue. Aber ich fühle mich, als wäre ich wieder ein kleines Kind, das unter allen Umständen alles richtig machen muss, damit es gemocht wird, damit es dabei sein darf. Ich bin unterwürfig. Die Erkenntnis entsetzt mich, aber die Widerworte bleiben mir trotzdem im Hals stecken. Bella ist mein Gegenstück. Sie kommt zu spät zu den Übungen, lässt es an Respekt fehlen und rebelliert offensichtlich. Nicht allzu laut, doch auch nicht vollkommen unbemerkt. Ich reagiere darauf mit Unverständnis und unterstreiche damit noch meine Hörigkeit. Antworte auf ihre Frage, ob ich es richtig finde, wie das hier abläuft, dass sie sich doch einfach mal darauf einlassen soll, und finde ihre Verspätungen respektlos. Fühle mich von ihr verraten. Deshalb ziehe ich mich auch von Bella zurück und verkrieche mich in mein Schneckenhaus. Bin wieder einmal alleine und einsam inmitten von Menschen!

Die Vorlesungen und Übungen mit dem Kahuna dagegen sind immer toll. Wir lernen viel über Energieströme und wie wichtig es ist, sie am Fließen zu halten. Zwei der Sprechgesänge kann ich inzwischen schon ganz gut. Den einen benutzt man, um Stille in sich zu erzeugen, mit dem anderen bittet man um inneres Wissen, damit Erlerntes nicht nur theoretisch erfasst, sondern mit dem Herzen verstanden wird. Ich übe praktisch in jeder freien Minute, damit Andrea mich nicht kritisieren kann. Es ist überflüssig zu sagen, dass es trotzdem passiert. Sie findet immer etwas! Die Übungen werden auch mal an den Strand verlegt und Kanani erzählt dann alte Geschichten aus der Mythologie und über die Historie

Hawaiis. Das sind die Highlights, die mich den Rest überstehen lassen.

Nichtsdestotrotz steigt der Pegel an unangenehmen Gefühlen in meinem inneren Fass an. Was ich damit meine? Ein Behälter, in den alles kommt, was mir widerstrebt, weh tut, das ich als ungerecht empfinde, mir stinkt, mich verletzt und ich nicht ausspreche. Der Pegel steigt und das Fass dehnt sich schon nach allen Seiten, weil ich schlucke und schlucke. In der Küche ist die Stimmung dermaßen drückend, dass es kaum mehr auszuhalten ist. Vom Gelingen des Kochens hängt scheinbar Leben und Tod ab, das richtige Timing noch gar nicht berücksichtigt. Dabei wird immer sichtbarer, dass nicht nur ich unter Druck stehe, sondern Andrea ihrerseits den gleichen Druck empfindet und ihn lediglich weitergibt. Dieser ständig giftige Ton verunsichert mich so sehr, dass die kleinsten Aufgaben zur Tortur werden. Dabei sollte ich über die Kritik und Kommentare einfach lachen, weil sie so unsinnig sind. Mal sind die Tomaten zu groß geschnitten, die Früchte in der falschen Form arrangiert, der Käse zu viel oder zu wenig, die Soße zu fett und die Kartoffeln brauchen zu lange zum Kochen. Wir könnten voller Freude kochen, dabei singen, lachen und tanzen. Doch alleine bei dem Gedanken spüre ich den Dolch im Rücken. Auf was zielt das alles ab? War das Teil einer größeren Übung, die Teilnehmer so an ihre eigenen Grenzen heranzuführen, um sie ihnen ins Bewusstsein zu rufen? Werden wir durch den Druck mit unseren eigenen Themen konfrontiert, um sie durch das Erkennen heilen zu können?

Oder hat der Kahuna schlicht und ergreifend keine Ahnung, was außerhalb seiner Unterrichtsstunden abläuft? Das würde nicht für ihn sprechen, aber ehrlich gesagt, weiß ich im Moment einfach gar nichts mehr. Und auch das könnte der Plan gewesen sein: Hatte er nicht in einer Unterrichtsstunde davon gesprochen, dass man sein Gefäß erst leer machen muss, damit man es neu füllen kann?

Der Kahuna möchte uns übermorgen sein „Heiliges Land" zeigen. Es liegt ein Stück entfernt vom Wohnort und dort werden Bella und ich für uns selbst um Einlass bitten müssen. Das heißt, wir müssen einen weiteren „Chant" dafür lernen. Das erste, an das ich nach dem Aufwachen denke (und das letzte vor dem Einschlafen), sind hawaiianische Wortfolgen. Ich kämpfe mit dem Text. Von der Betonung und Melodie ganz zu schweigen. Ein neuer, zusätzlicher Stresspunkt. Ich will es wirklich gut machen und mich vor dem Kahuna von der besten Seite zeigen. Wobei er diese längst kennen sollte, wenn er wirklich die Fähigkeiten hat, die man ihm zuschreibt. Zu meinem eigenen Schutz und damit ich immer wieder etwas entspannen kann, spreche ich mir selbst Mut zu: „Was kann schon passieren? Dann darf ich halt nicht auf sein blödes Land." Hört sich zugegebenermaßen ein bisschen trotzig an, aber es hilft etwas Druck rauszunehmen. Ein paar Tage habe ich ja noch. In der Zwischenzeit findet nochmals eine Awa-Zeremonie statt. Dieses Mal zusammen mit den Familien mehrerer Männer, denen der Kahuna die Traditionen und Werte der indigenen Krieger lehrt. Entsprechend eindrucksvoll ist das Einlassprotokoll. Wie in Neuseeland beim Haka, positionieren sich die Männer mit sehr grimmigen Gesichtern, Gesten und Lauten in einiger Entfernung vom Eingang. Es gibt immer wieder kleine Dialoge zwischen den Männern und dem Hausherrn, die sie mit wilden Gebärden untermalen. Auf diese Weise nähern sie sich Stück für Stück ihrem Lehrer. Sie machen das gut und es wirkt in der Tat sehr männlich und kraftvoll. Nach dieser Prozedur wird jeder Gast einzeln begrüßt und wir setzen uns alle in einem großen Kreis auf die Erde. Von außen betrachtet könnte man meinen wir spielen Pocahontas, aber so mitten drin, hat es weder etwas Lächerliches noch Aufgesetztes. Der Kahuna spricht ein paar einleitende Worte und eröffnet die Awa-Zeremonie. Erst trinken er selbst und Kanani, dann alle Krieger und deren Frauen, ganz zum Schluss wir Studentinnen. Das dauert ewig, weil bei jedem die gleiche Abfolge mit Bitten, Danken und Verbeugen eingehalten wird. Hat man dann das Schälchen in Händen, ehrt man mit dem Ava die Natur und den Ort und segnet sowohl seine Ahnen wie auch die anwesenden Menschen. Danach trinkt man seine Ration und spricht ein paar Worte in die Runde. In der Regel sind es Dankesworte. Andrea sagt etwas, von dem ich mir nicht sicher bin, ob es mir gefällt. Sie bedankt sich, dass sie als „Weiße", deren Vorfahren so viel Leid nach Hawaii gebracht haben, hier mit dabei sein darf. Dieses ewige Übernehmen von Schuld hängt mir zum Hals raus. Natürlich muss Geschichte weitergetragen werden, damit sie sich nicht wiederholt. Doch gerade bei Andrea wirkt es nicht ehrlich, eher eine Mischung aus devot und schleimig. Die Männer hatten gerade so viel Kraft und Stärke gezeigt, darauf zu antworten mit „Danke, dass ich hier sitzen darf", widerstrebt mir einfach. Es kann natürlich auch sein, dass es mir unter anderem deshalb aufstößt, weil es zum einen von Andrea kommt und zum anderen, weil ich die ganzen Tage, die ich schon hier war, nichts anderes mache, als mich zu ducken. Als ich an der Reihe bin, klopft mir das Herz ganz schön und ich höre mich selbst wie von weit weg die Worte sprechen: „Danke, für alles, was ich sehen, hören und lernen darf und durch mich erfahren werden will." Im Nachhinein denke ich: „Was das wohl ist, was ich hier tatsächlich alles zu sehen, zu hören und zu lernen habe?" Nach der Zeremonie gibt es für die Gäste Essen und wir Studentinnen fahren an den Strand. Jede hat etwas anderes zu üben und deshalb suchen wir uns getrennt voneinander ein schönes Plätzchen, an dem wir laut zu uns selbst, dem Ozean und der Brandung sprechen können, ohne jemanden zu stören.

Der große Tag ist gekommen. Wir Schülerinnen sitzen hinten auf der offenen Ladefläche des Pickups und unser Gastgeber bringt uns zu seinem „Heiligen Land". Es ist ein Vermächtnis seiner Großmutter und der Platz, an dem sie ihn als Kind in die Welt der Kahunas eingeweiht hatte. Alleine die Anfahrt ist genial. Wir fahren erst einige Kilometer an der Küste entlang, bevor es serpentinenartig durch einen Regenwald steil bergauf geht. Oben angelangt, verlassen wir den Wald und stoppen auf einer Anhöhe mit einem sensationellen Weitblick über den Ozean. Ich meine, am Horizont sogar zwei weitere Inseln ausmachen zu können.

Das Tagesprogramm lautet: Arbeiten auf dem Land, Bitte um Einlass, Begrüßung, Awa-Zeremonie, Picknick. So können wir also erst mal ganz entspannt sein und uns beim Unkraut jäten mit der Umgebung vertraut machen. Hört sich lustig an, aber ich meine es ganz ernst: was für eine schöne Art anzukommen. Zu erfühlen, wo ich bin, und eine Verbindung zu dem Ort herstellen, das gefällt mir sehr. Das hilft mir, bei mir zu sein und mit meinen Gedanken nicht zu irgendwelchen Vorstellungen zu wandern, was jetzt von mir erwartet wird, wie ich zu sein habe oder mich hier präsentieren soll oder muss. Es hat auch etwas mit Langsamkeit zu tun. Den Dingen ihre Zeit geben und sie wirklich erleben. Nicht nur durchrauschen und schon wieder beim nächsten Ereignis sein. Ich habe in der Vergangenheit schon so vieles einfach konsumiert und dabei vergessen, dass es doch ums Leben selbst geht. In diesem Fall um mein Leben. Das sind die Gedanken, die kommen und gehen, während ich am Boden knie und wuchernde Ranken und Disteln ausreiße. Ich bin fast traurig, als ich Trudi winken sehe, dass wir aufhören und kommen sollen.

Wie vorher instruiert, haben wir Kleidung zum Wechseln dabei, machen uns mit etwas Wasser aus einem Kanister frisch und stellen uns dann in der gewohnten Reihenfolge auf: Andrea, Trudi, Sylvie, Bella und ich. Der Kahuna steht ungefähr 50 Meter weit entfernt mit dem Rücken zu uns am Rand der Klippe. Auf halber Strecke zwischen dem Kahuna und uns hat Kanani ihren Platz eingenommen, den Blick ihrem Mann zugewandt. Wieder stellt sich diese absolute Stille ein. Ich möchte Bella später fragen, ob sie das auch so empfunden hat, weil es ja nicht tatsächlich ruhig und leise um uns herum ist. Da sind Geräusche von Tieren, Vögeln, dem Wind und der Brandung und trotzdem fühle ich absolute Stille.

Bella und ich dürfen unseren Chant gemeinsam singen und kommen gut durch. Ich höre sie gar nicht mehr neben mir. Nichts um mich herum ist mehr von Bedeutung und ich lege alles, was ich habe an Gefühl und Aufmerksamkeit, in die mir fremden und zwischenzeitlich doch so vertrauten Laute. Mein ganzes Herz, meine Sehnsucht, mein Leben. Einfach alles, was ich bin. Inbrunst ist, glaube ich, das richtige Wort. Es sind mir unbekannte Silben, von denen ich nur eine allgemeine, sinngemäße Übersetzung kenne. Doch während ich sie ausspreche, bekommen sie durch mich eine ganz eigene, individuelle Bedeutung, die nur ich ihnen geben kann. Der Kahuna wendet sich erst Bella zu, fragt sie: „Wer bist du?“ und „Woher kommst du?“. Sie beantwortet die Fragen mit „Bella“ und „Deutschland“, woraufhin er sie zu sich bittet. Da stehe ich nun als letzte, ganz alleine für mich. Habe ich mich die letzten Tage oft sehr klein gefühlt, so spüre ich mich in diesem Augenblick in meiner ganzen Größe. Ein mir relativ unbekanntes Gefühl stellt sich ein, das am ehesten mit Stolz und auch Stärke zu beschreiben ist. Vielleicht auch eine kleine Spur von Trotz, aber wirklich nur ein kleiner Hauch. Und auch ich werde gefragt: „Wer bist du?". „Ich bin eine Frau und mein Name ist Johanna." Über die Distanz von ungefähr fünfzehn Metern schauen wir uns in die Augen und während er anfängt zu sprechen, breitet sich ein Lächeln in seinem Gesicht aus: „Frau, die auf den Namen Johanna hört, ich begrüße dich auf meinem Land." Warum ich das mit der Frau gesagt habe, weiß ich nicht. Aber es war wichtig. Vielleicht hat es etwas mit dieser Stille von vorher zu tun, in der ich mich schier aufgelöst zu haben schien. Ein völlig anderer Bewusstseinszustand. Bei der Awa-Runde überrasche ich mich selbst gleich nochmal mit den folgenden Worten: „Ich schaue auf dieses Land hier, auf das Wasser, die Klippen und in den Himmel. Auf was immer ich den Blick richte – ich höre eine Stimme, die sagt, du bist ein Teil von mir. Ich bin in jedem Stein, in der Erde und auch im Wasser." Ich habe keines dieser Worte auch nur annähernd vorher gedacht. Aber nachdem sie ausgesprochen waren, wusste ich ganz genau, dass sie wahr waren, ich sie tatsächlich fühlte. Mich im Stein, in der Erde und jedem Element spürte.

Essenszeit! Was bin ich froh wieder etwas Greifbares tun und fühlen zu können. Ich möchte oder kann nicht darüber nachdenken, was das eben Erlebte zu bedeuten hat. Es überfordert mein Gehirn. Es ist zu weit außerhalb dessen, was ich mit meinem Verstand erfassen kann. Deshalb sitze ich nun schweigend auf meiner Matte und genieße die Köstlichkeiten unseres Picknicks.

Ich bin voll und ganz mit Essen beschäftigt und folge den Gesprächen der anderen nicht. Der indische Ashram hat mich wunderbar darauf vorbereitet. Ein Beispiel dafür, dass nichts im Leben umsonst ist. Man muss nur Geduld haben, dann ergibt irgendwann alles einen Sinn.

Der Abend ist zur freien Verfügung. Nach den vollen, durchgeplanten Tagen ist das ungewohnt. Ich beschließe, eine lange Dusche zu nehmen und hoffe, dass niemand die gleiche Idee hat, weil das Wasser über Sonnenkollektoren erhitzt wird und wenn es abends verbraucht ist, gibt es erst am nächsten Tag wieder warmes Wasser. Ich habe Glück und genieße es in vollen Zügen. Heiß duschen lässt den Körper angeblich Serotonin ausstoßen, ein Hormon, das dafür sorgt, dass wir uns gut fühlen. Danach setze ich mich mit Zeichenblock und Stiften vor meine Jurte und versuche, im Schein meiner Stirnlampe ein bisschen zu malen. Ich will nicht nachdenken und habe keine Lust zu lesen. Da ist Malen das perfekte Hilfsmittel. Sich einfach treiben lassen und ohne Absicht Muster, Farben, Worte, was auch immer aufs Papier zu bringen.

Noch zwei Tage. Einen davon machen wir einen Ausflug mit der ganzen Gruppe. Der Kahuna und seine Frau zeigen uns noch ein paar wunderschöne Plätze auf der Insel und untermalen das Ganze mit Mythen um deren Entstehungsgeschichte. Bei dieser Gelegenheit zeigt Andrea eine vollkommen andere Seite von sich. Sie ist fast ausgelassen albern und ich muss zugeben, das verwirrt mich! Wie soll ich sagen? Mein System hat ein anderes Bild abgespeichert und es ist durchaus gewöhnungsbedürftig die neue Andrea mit der alten in Einklang zu bringen. Dabei sehe ich mich selbst als sehr flexiblen Menschen, der durchaus in der Lage ist, veränderte Umstände anzunehmen. Diese Beobachtung wirft für mich wieder die Frage auf, was sie hier für eine Rolle spielt. Am letzten Tag vor der Abreise haben Bella und ich jeweils ein Abschlussgespräch mit dem Kahuna und danach werden wir noch ein letztes Mal gemeinsam Awa trinken.

Der Kahuna und Kanani sitzen mir in der Jurte gegenüber. Sie möchten gerne von mir hören, wie es mir bei ihnen gefallen hat. Natürlich erzähle ich vom Druck und meiner Ohnmacht, aufzubegehren gegen die Unfreundlichkeit und ja, Herzlosigkeit, die mir in der Küche begegnet ist. Dass in ihrer, des Kahunas und Kananis, Abwesenheit genau das Gegenteil von dem stattfindet, was ich unter liebevollem und freundlichem Umgang unter Menschen verstehe. Auf meine Frage, ob das Teil des Unterrichts ist, damit man ein Übungsfeld hat, um bei sich zu bleiben und lernt, dass der eigene Seins-Zustand nicht von den äußeren Umständen abhängig sein soll, erhalte ich keine wirkliche Antwort. Im Grunde ist eine solche auch nicht nötig, denn sie ist bei genauerer Betrachtung schon in meiner Fragestellung enthalten. In der Abschlusszeremonie bedanken sich alle für die gemeinsame Zeit. Es fließen ein paar Tränen und dann wird ganz unspektakulär das Tor hinter Bella und mir geschlossen. Wir fahren zu zweit zurück zum

Flughafen. Bella fliegt nach Hause und ich zurück nach Oahu.

Hawaii - Oahu/North Shore

Zurück am Flughafen in Honolulu kümmere ich mich um einen Leihwagen und miete am Schalter einen umweltfreundlichen Kleinwagen. Ich betone das, weil nicht ich explizit darauf geachtet hätte, sondern es angeboten und die gebuchte Kategorie genau so bezeichnet wurde. Was ich dann in Anbetracht dessen tatsächlich bekommen habe, ist ein Ford Mustang Cabriolet! Herzlich willkommen zurück in Honolulu! So düse ich jetzt also mit meinem „Schlitten" Richtung Norden und fühle mich nach den vergangenen Wochen unglaublich frei. Mit im Fahrtwind wehenden Haaren und lauter Musik ist Kaua'i, der Kahuna und alles, was ich erlebt habe, Lichtjahre entfernt. Von einem Leben in ein anderes gebeamt. Wie schon bei meinem ersten Aufenthalt auf Oahu habe ich mir ein Privatzimmer übers Internet gesucht. Es ist ein Holzhaus mit einem kleinen Garten direkt an einem herrlichen Strand. Bilderbuchmäßig würde ich sagen! Ich kaufe mir eine Schnorchelausrüstung und schwimme mit riesigen Schildkröten um die Wette. Sitze stundenlang am Wasser und tue nichts, als aufs Meer zu schauen. Ab und an werde ich unterbrochen, weil freundliche Menschen mich ansprechen. Sie wollen wissen, ob es mir gut geht und erwarten auch tatsächlich eine Antwort. Nach drei Tagen grüßen mich mindestens zehn Leute mit Namen, als würde ich hier wohnen. Am vierten Tag geht es los, dass ich mich ein wenig langweile, mir Gedanken darüber mache, was ich machen soll. Vor allem habe ich das Gefühl, dass ich etwas tun sollte! Etwas unternehmen, die Insel erkunden, wandern, surfen, irgendwas halt. Ich fahre an einen anderen herrlichen Strand, lerne noch mehr Schildkröten kennen und grüße noch mehr freundliche Menschen. Um für etwas Abwechslung zu sorgen, mache ich Spaziergänge durch das exotische Hinterland. Doch irgendetwas in mir ist unzufrieden. Etwas arbeitet in mir. Eine Unruhe, die sich nicht sehr gut anfühlt, breitet sich mehr und mehr in mir aus. Und je öfter ich für mich denke: „Du solltest jetzt gefälligst glücklich sein!" umso deutlicher kann ich sie spüren. Abends, nachdem mir die Superlativen für die Sonnenuntergänge ausgegangen sind, sitze ich auf der Terrasse und surfe im Internet. Lese Reiseberichte von Weltreisenden und Kalendersprüche wie „Live your life to the fullest". Ich versuche es ja, aber ehrlich gesagt, hatte ich zuhause bei der Gartenarbeit schon glücklichere Momente als hier beim Faulenzen im Paradies. Was fehlt mir denn zum Glück? Ich bin alleine und auch einsam. Aber die Frage, ob es mir besser ginge, wenn ich jemanden bei mir hätte, beantworte ich mit einem ganz klaren Nein. Instinktiv weiß ich, dass ich mich dann lediglich besser ablenken könnte vom eigentlichen Problem. Was also dann? Eine Aufgabe? Mir fehlt etwas zu tun! Es hört sich lächerlich an, aber es ist wirklich nicht so einfach, die Tage ohne Arbeit so zu füllen, dass man abends zufrieden ins Bett geht.

Ich habe noch neun Tage Aufenthalt, zwei davon werde ich in der jetzigen Unterkunft bleiben und dann fahre ich für die letzte Woche ein Stück weiter Richtung Osten. Ich werde dort bei einer kleinen Familie wohnen. Die Frau bietet Yoga auf dem StandUpPaddling-Board an und der Mann führt auf Anfrage alle möglichen Touren und Ausflüge zu Fuß oder auf dem Wasser durch. Sie vermieten zu einem erschwinglichen Preis ein türkisblaues Zimmer mit Veranda und Bad im Freien. Sowohl die Menschen als auch die Unterkunft sind in Natura genauso entzückend wie auf den Bildern. Ich lerne stehend auf einem Board übers Meer zu paddeln und versuche mich mit Yogaübungen darauf, was sich aber als wackelige Angelegenheit herausstellt und von so manchem erfrischenden Bad beendet wird. Am Sonntag nehmen sie mich mit auf ein Yoga-Festival, das auf einem ökologisch nachhaltig geführten Hof stattfindet und ich erhalte Tipps für die schönsten Wanderungen im Umland. Es gäbe also keinen Grund zum Trübsal blasen und doch merke ich, dass ich nicht in Ordnung bin. Die Phasen, in denen ich mich nicht mehr ablenken kann, werden immer länger. In den Zeiten, in denen ich letzte Woche noch auf das Meer geblickt und das Kommen und Gehen der Wellen beobachtet habe, starre ich jetzt auf die türkisblauen Wände meines Zimmers. Draußen scheint die Sonne, doch ich kann mich nicht aufraffen hinaus zu gehen. Ich versuche, mich auf ein Kartenspiel am Computer zu konzentrieren, doch das Bild verschwimmt vor meinen Augen. Ich kann die

Tränen nicht mehr aufhalten und fange an hemmungslos zu schluchzen. Was mache ich hier? Ich falle und falle und spüre keinen Boden mehr unter den Füßen. Verlasse ich das Haus, dann nur, um mich im Supermarkt mit noch mehr Junkfood zu versorgen. Heulkrämpfe wechseln sich ab mit Fressanfällen und stupiden Computerspielen. Nachts wälze ich mich im Bett hin und her, um dann vollkommen verschwitzt das Licht anzumachen und mit meiner selbst zerstörerischen Routine fortzufahren. Drei Tage geht das so, dann zwinge ich mich dazu, unter die Dusche zu gehen und mich anzuziehen. Morgen werde ich Hawaii verlassen und deshalb muss ich doch zumindest heute noch etwas unternehmen. Ich bin unentschlossen, ob an den Strand oder auf den Berg oder beides und wenn beides, was dann zuerst. Ich könnte auch zu dem schönen Burger-Laden fahren und mir etwas Leckeres zu essen kaufen. Ich schnappe mir meine Autoschlüssel und fahre einfach los, biege rechts in die Hauptstraße ein und fahre ein Stück. Drehe an einem Parkplatz um und fahre wieder zurück, weil ich doch lieber in die andere Richtung fahren will. Dorthin, wo ich den Einstieg in den Wanderweg gesehen habe. Mir fällt ein, dass ich tanken wollte, damit ich am nächsten Tag bis Honolulu komme. Vielleicht sollte ich das als erstes machen. Das ist gut. Die Tankstelle ist etwa zehn Meilen entfernt. Ganz kurz blitzt der Gedanke auf, dass es blödsinnig ist, wegen ein paar Litern Sprit so weit zu fahren. Aber ich fühle mich so sinn- und nutzlos, dass es gut tut, etwas zu erledigen zu haben. Ich tanke für fünfzehn Dollar und kaufe mir bei der Gelegenheit auch noch richtig fiese Schokolade mit Erdnussbutter und gesalzene Mandeln. Dabei stelle ich mir vor, dass ich gleich auf den Berg wandere, mir oben ein schönes Plätzchen suche und dann meine Köstlichkeiten genieße. So versuche ich mir die Wanderung schön zu reden, weil ich, wenn ich ehrlich bin, am liebsten wieder zurück in mein Zimmer möchte, um ungestört in Trübsal baden zu können.

In meinem Kopf schießen die Gedanken nur so hin und her, dann für den Bruchteil einer Sekunde absolute Stille und ich sehe, oder vielmehr ich weiß, was auf mich zukommt. Ich spüre das Krachen des Bleches mehr als dass ich es höre. Finde mich eingeklemmt zwischen Airbags wieder, vor mir steigt Rauch auf und ich schaue direkt auf den Rumpf eines Lieferwagens. „Du musst hier raus." „Geht die Tür auf?" Mein Gott, ist jemand verletzt? Habe ich jemanden verletzt? Ich muss ein paarmal versuchen den Sicherheitsgurt zu öffnen, bevor es mir gelingt. Die Türe meines Wagens leistet zwar Widerstand, aber ich kann sie mit etwas Druck aufmachen. Leute kommen und fragen, ob mit mir alles in Ordnung ist. Jaja, alles gut. Ich beachte sie kaum, weil ich erst wissen muss, ob jemand anderes verletzt ist. Der Mann, der den Lieferwagen gefahren hat, scheint ok zu sein. Als ich ihn zum ungefähr zehnten Mal danach frage, kehrt er mir den Rücken und geht auf die andere Straßenseite. Ich bin beim Linksabbiegen in die Hauptstraße dem entgegenkommenden Fahrzeug fast frontal reingefahren. Es dauert eine Weile bis ich mich wieder einigermaßen beruhige, doch so allmählich ordnen sich meine Zellen wieder. Es scheint wirklich niemand verletzt worden zu sein. Und nachdem bei mir selbst nur Arme und Hände vom Airbag geprellt, aber ansonsten soweit funktionstüchtig sind, meldet sich mein Gehirn wieder zu Wort: „Du bist in den USA. Die Gesetze sind megastreng hier und du wirst jetzt bestimmt erst mal verhaftet. Und Ausreisen lassen sie dich morgen bestimmt auch nicht.“ „Du musst versuchen die Mietwagenfirma zu erreichen und fragen, was zu tun ist.“ Gut, die Papiere dafür habe ich dabei. Das Auto ist total Schrott. Hilft jetzt nichts, darum kann ich mir später Sorgen machen. Ich deute dem LKW-Fahrer an, dass ich zum Laden der Tankstelle gehe. Vielleicht gibt es dort ein Telefon. Ein Münzsprecher mit einer derart schlechten Verbindung, dass ich, als ich endlich jemanden in der Leitung habe, alles dreimal wiederholen muss. Die Frau am anderen Ende scheint noch weniger Englisch zu sprechen als ich. Währenddessen sehe ich aus dem Augenwinkel das Blaulicht des Streifenwagens. Ich mühe mich ab, der Telefonstimme begreiflich zu machen, dass ich gleich nochmal anrufen werde, ich aber jetzt erst mit der Polizei sprechen muss. Die Frau kapiert null Komma null und deshalb lege ich total entnervt auf. Mein Auto wurde zwischenzeitlich zur Seite geschoben. Warum kommt jetzt doch ein Krankenwagen? Ich spreche die Polizistin an, die hier das Kommando zu haben scheint und stelle ihr zehn Fragen auf einmal. Sie versichert mir, dass alles in Ordnung sei, der Krankenwagen sei reine Vorsichtsmaßnahme. Ich solle mich beruhigen und mich an der Tankstelle auf die Bank setzen. So bald sie fertig ist, wird sie zu mir rüber kommen und dann werden wir alles gemeinsam regeln. Puh, einmal tief durchatmen. Die Finger meiner linken Hand schmerzen etwas und auch der linke Oberarm scheint geprellt zu sein. Was für eine Scheiße! So eine verdammte Kacke! Echt, musste das jetzt sein?

In all meinem Unglück habe ich auch etwas Glück. Die Polizistin ist ein Goldstück. Sie nimmt meine Personalien auf, fragt nach dem Unfallhergang und spricht nochmal mit der Mietwagenfirma. Dabei fragt sie auch nach, ob ich einen Ersatzwagen bekommen kann. Sie beruhigt mich hinsichtlich des angerichteten Schadens, weil ich nicht an der Versicherung gespart habe und wirklich alles abgedeckt ist. Einen neuen Leihwagen könnte ich aber leider erst morgen in Honolulu bekommen. Ich erkläre ihr, dass ich morgen schon weiter nach Vancouver fliegen möchte und deshalb kein Auto mehr brauche. Aber dass ich mir jetzt überlegen muss, wie ich zum Flughafen komme. Ob es einen öffentlichen Bus gibt, weiß sie leider auch nicht so genau. Aber sie ruft in der Polizeizentrale an, um nachzufragen, ob sie mich im Streifenwagen mitnehmen und mich zumindest bis zu meiner Unterkunft bringen darf. Unterwegs will sie dann wissen, was ich in Hawaii mache und als ich ihr in Kurzform meine Geschichte erzähle und sage, dass ich auf Weltreise bin, ruft sie: „Du lebst meinen Traum! Wage es ja nicht, wegen des kleinen Unfalls aufzugeben! Dann bekommst du es mit mir zu tun!“

Meine Vermieterin hat mich aus dem Polizeiwagen vor ihrer Einfahrt steigen sehen und kommt mir schon am Gartentor entgegen. Sie schaut mich an und ich muss gar nichts mehr sagen. Sie nimmt mich wortlos in den Arm und bei mir laufen und laufen die Tränen. Ich dachte, ich hätte die letzten Tage schon alle verbraucht, aber der Nachschub scheint unendlich zu sein. Irgendwann kommt ihr Mann dazu und nachdem ich erzählt habe, was passiert ist, bietet er mir sofort an, mich am nächsten Tag zum Flughafen zu bringen.

So endet meine Zeit im Paradies mit einem großen Crash. Nicht nur, dass dabei zwei Autos zusammen gekracht sind. Ich empfinde es vielmehr als ein Sinnbild, was mit meinem Leben passiert ist. Bei der Ausreise hab ich tatsächlich nochmal Angst, dass ein Beamter mich zurückhält und mir erklärt, dass ich das Land nicht verlassen darf. Doch nichts passiert und meine Reise geht weiter.

Hawaii - Was man im Paradies lernen kann

1.) Auf alle Fälle, dass dort ein ganz spezieller Spirit herrscht, dem sich keiner entziehen kann. Die Einheimischen sagen "the healing spirit of Hawaii" - „der heilende Geist Hawaiis"

2.) Dass man im Paradies sein kann und trotzdem Tage auf dem Zimmer hockt und sich nicht mehr bewegen mag, weil einen der Blues überkommt. Hawaii hat mich sozusagen ausgeknockt.

3.) Stand-up-Paddling im Meer und auf dem Fluss, Regenmeditation inklusive

4.) Man kann tatsächlich auf einem Surfboard Yoga machen.

5.) ... dass es in Ordnung ist, wenn man manchmal Heimweh hat, sich verloren fühlt, einsam ist und Angst hat, niemals mehr irgendwo anzukommen.

6.) Die Tai Chi Übung "Honu", die Schildkröte, und dass man zu oft seine Energie verschwendet, weil man gegen Ströme anschwimmt, anstatt die Kraft des Flusses zu nutzen.

7.) Hawaiianische Chants, Mythen und Legenden von Pele, der Feuergöttin und dem Streit mit ihren Schwestern und über Maui, dem ersten Menschen.

8.) ... dass dort sogar die Police Officer „Aloha" leben und nichts so schlimm ist wie befürchtet. Vielen Dank für die Hilfe nach meinem Unfall.

9.) ... dass die Wellen kommen und gehen, vollkommen unbeeindruckt, ob ich jetzt grad lache, singe, tanze oder weine.

10.) ALOHA = der Atem der Liebe, der Atem des Lebens - und das H in der Mitte wird gesprochen!

Vancouver

Es ist das Reiseziel auf meiner Route, das tatsächlich schon lange, lange auf meiner Wunschliste steht. Und ich werde fast vier Monate hier sein. Das fühlt sich sehr gut an. Nach diesem vielen Weinen der letzten Wochen, dem Gefühl der Verloren- und Verlassenheit, fühlt sich Vancouver an wie ein Neustart. Ich sehne mich danach, an einem Ort zu bleiben, wieder zu wohnen, meinen Koffer auszupacken und ihn für eine Weile in die Ecke stellen zu können. Ich bin ein Gefühlsmensch. Bei den schnellen Ortswechseln kommt mein Fühlen nicht mehr hinterher. Ständig fremden Energien ausgesetzt zu sein, stresst mich. Und es ist wirklich Zeit, Pause zu machen. Eine Erkenntnis, die ich nur durch das Erleben selbst gewinnen konnte. Und so freue ich mich sehr auf das kleine Loft, das ich mir gemietet habe. Es ist in einem der denkmalgeschützten Holzhäuser in einer tollen, zentralen Lage. Ich muss nur fünf Straßenblöcke den Berg runter, dann bin ich am Wasser. Mein Appartement ist unterm Dach, sehr hell und gemütlich und mit dem kleinen Balkon mit Blick auf die nahegelegenen Berge perfekt für mich. Dave, mein Vermieter, ist ein witziger Typ in meinem Alter. Er scheint ein Jäger und Sammler zu sein, weil im Garten und im unteren Teil des Hauses ziemlich viel Zeug herumsteht. Damit meine ich vom Kanu über Fahrräder, Tische, Stühle bis hin zu unendlichen Bücherstapeln einfach alles. Ich fühle mich von Anfang an wohl in diesem Haus. Ich passe dazu! Das ist doch eine gute Grundvoraussetzung für eine tolle Zeit hier. Dave entschuldigt sich bei mir, dass er die nächsten zwei Wochen sehr viel zu tun hat und nicht viel Zeit für mich haben wird. „Aber,“ sagt er mit einem Augenzwinkern, „wir haben ja noch Zeit genug, um uns kennen zu lernen und vielleicht auch einmal etwas gemeinsam zu unternehmen. Im Übrigen will ich alles über deine Reise hören und schon mal vorneweg: ich beneide dich um das, was du da gerade machst!“ Ich lache und antworte: „ Es liegt nur an dir, das gleiche zu machen.“ Es schadet ja nicht für ganz toll gehalten zu werden und denke gleichzeitig: „Na, wenn du wüsstest, was ich die letzten vier Wochen tatsächlich gemacht habe, wäre es mit der Bewunderung gleich vorbei!“

Etwas Gutes hat das Hawaii-Fiasko auf alle Fälle: Ich habe das Gefühl, nichts mehr zu müssen. Kein Sightseeing, keine Abenteuer, keine Highlights! Ich darf jetzt hier sein und kann tun und lassen, was ich möchte. Das ist interessant. Was immer ich für Erwartungen an mich und meine Reise hatte, sie sind im Moment gleich Null. Ich wurde die letzten Monate sehr mit mir selbst konfrontiert, meinem Selbstbild, meinen Ängsten und meiner Einsamkeit, habe zudem körperlich unbeschadet den Unfall überstanden und dadurch einen krassen Schuss vor den Bug bekommen. Ich erinnere mich an die Worte des Kahunas: „Du musst dein Gefäß leeren, um es neu füllen zu können.“ War der ganze lange Weg, der angefangen hat als meine Mutter gestorben ist, die Trennung von Mann, Job und Haus notwendig, um mich genau an diesen Punkt zu bringen? Als wäre ich nichts ahnend in einen Aufzug gestiegen, der nicht nach oben fährt, sondern immer weiter in die Tiefe. Auf jedem Stockwerk muss ich etwas von mir loslassen, damit er weiter fährt. Bin ich nun endlich ganz unten angelangt und so leer, dass mein Aufzug die Richtung wechseln kann? Wenn ich jetzt nicht die Gelegenheit nutze und aufstehe, mich selbst in Ordnung bringe und mein Leben lebe, dann weiß ich nicht, was noch passieren muss.

Als Erstes erkunde ich die direkte Nachbarschaft meines neuen Zuhauses und mir gefällt sehr, was ich entdecke. Schräg gegenüber ein altmodisches Café, das die fettesten Frühstücksvarianten serviert, die ich je gesehen habe. Gleich daneben gibt es eine Tanzschule, eine Straße weiter ein Yoga-Studio, einmal um die Ecke eine relativ moderne Kneipe. Ich beobachte, wie Menschen sie mit großen leeren Krügen betreten und dann fünf Minuten später ungefähr ein bis fünf Liter Bier heim tragen. Auf Nachfrage erfahre ich, dass zur Kneipe eine kleine Brauerei gehört, die sich keine Abfüllanlage leisten kann. Der Laden brummt und das Vertriebssystem ist viel einfacher so. Zwischen kleinen Geschäften sind immer wieder Holzhäuser, manche toll renoviert, andere haben ihre besten Tage schon hinter sich und müssten dringend renoviert werden. Mein Wohnviertel zieht sich einen Hügel hinauf bis zu einem großen Park. Die südliche und nördliche Grenze ist jeweils eine große Einkaufs- und Hauptverkehrsstraße und zum Wasser hinunter gibt es viele alte Industriegebäude, die auf unterschiedlichste Weise genutzt werden. Es ist also klar strukturiert und das macht für mich die Orientierung auch ohne Karte superleicht. Ich laufe nach Lust und Laune einfach drauf los. Die erste Woche bin ich nur zu Fuß auf Erkundungstour, probiere aus, welches Café mir am besten gefällt, und wo ich am liebsten meine Lebensmittel einkaufe. Zwischendrin gehe ich immer wieder zurück in meine Wohnung, um auf dem Balkon zu sitzen, zu lesen, zu träumen und um einfach zu genießen, dass ich an einen Ort zurückkehren kann, der mir vertraut ist. Der schon ein wenig zu meinem wurde, weil dort meine Sachen rumliegen und das Bett nach mir riecht. Zudem kommt es mir wie Luxus vor, nicht mehr mein Zimmer verlassen zu müssen, um mir in irgendeiner Gemeinschaftsküche etwas kochen zu können. Auch, mir keine Gedanken mehr machen zu müssen, ob der Zeitpunkt für eine Dusche strategisch günstig ist, um ein sauberes Bad vorzufinden oder heißes Wasser zu haben.

Anfang der zweiten Woche ist Dave kurz da. Er hat vergessen, mir den Code für das Garagenschloss zu geben. Ich schaue etwas verdutzt, weil ich nicht wüsste, was ich in der Garage zu suchen hätte. „Ja du brauchst doch das Fahrrad. Es gibt keine bessere Art, die Stadt kennen zu lernen, als mit dem Rad!“ Ich bin begeistert. Er versorgt mich auch mit einem Fahrradschloss, einem Helm und drückt mir Werkzeug in die Hand. Als ich es ihm kopfschüttelnd zurückgeben will, weil ich meine, dass ich trotz Werkzeug das Rad nicht reparieren werden könne, schaut er mich verdutzt an. Wie ein Vater, der mit einem störrischen Kind spricht, sagt er: „Du sollst es ja nicht selber reparieren, aber du brauchst das Werkzeug, um jemanden um Hilfe bitten zu können. Jeder, den du fragst, wird dir helfen, aber dass er die nötigen Dinge dabei hat, ist eher unwahrscheinlich. Also stell dich nicht an und nimm es mit!"

Ich dehne also meine Ausflüge in die weitere Umgebung aus. Fahre mit meinem Rad die „Seawall" entlang, ein fast 30 km langer Radweg am Wasser, der mich in die eine Richtung nach Downtown und zum weltberühmten Stanley Park bringt. Fahre ich die andere Seite entlang, komme ich nach Granville Island. Es ist eine kleine Halbinsel innerhalb der Bucht, an der ein Teil von Vancouver gelegen ist. Man erreicht sie entweder über eine Brücke oder mit einem der zahlreichen Fährbooten. Dort steht alles unter dem Zeichen von Kunst und Kultur. Es ist ein bunter Mischmasch von Galerien, Theatern, Marktständen und Geschäften, in denen Künstler und Handwerker ihre Produkte anbieten. Und dann gibt es noch die vielen Straßenmusikanten. Ich liebe die Atmosphäre und es stört mich kein bisschen, dass hier viel los ist. Natürlich kommen viele Touristen her, aber ich meine, dass auch die Einheimischen Granville Island gerne und oft besuchen. Auf einem meiner zahlreichen Besuche hier, entdecke ich ein Geschäft für Künstlerbedarf. Kurzerhand entschließe ich mich, mir einen Malblock und Farben zu kaufen. An der Kasse springt mir ein Informationsblatt ins Auge, auf dem Malkurse angeboten werden. Darauf hätte ich wirklich alleine kommen können! Ich werde mir einen Kurs aussuchen und malen! Meine Entscheidung fällt auf ein Wochenprogramm im August, bei dem man jeden Tag in einer anderen Ecke von Vancouver draußen malt und zeichnet. Es ist noch eine Weile hin, aber das macht nichts, weil ich jetzt sofort schon mit dem Üben anfangen kann. Es macht großen Spaß, sich irgendwo hinzusetzen und zu zeichnen. Und was man dabei plötzlich alles entdeckt. Es heißt nicht umsonst, Zeichnen lernen heißt Sehen lernen!

Zum anderen suche ich mir ein Yoga-Studio, das Kundalini-Yoga anbietet. Das Angebot und die Vielfalt an Möglichkeiten sind einfach sensationell. Da kann Indien einpacken. Ich erkläre hiermit Vancouver als die Yoga-Hauptstadt der Welt. In jeder Straße gibt es mindestens ein Studio und ich habe die Qual der Wahl. Die zweite Ertüchtigung, die ich regelmäßig betreibe, ist Tanzen. Auch dafür habe ich im Internet unzählige Veranstaltungen gefunden. Ich entscheide mich für „Fünf Rhythmen", das regelmäßig einmal die Woche gar nicht so weit weg von meiner Wohnung stattfindet und zudem auch noch für ein anderes Programm - das sich „Creative Dance" nennt - weil die Lehrerin so nett ausschaut.

Ich bin wieder unter Menschen. Das alles tut mir gut und hebt meine Stimmung enorm. Doch ich habe meine

Zweifel, dass das alleine ausreichen wird, um meine innere Leere, dieses große Loch, das mich in Hawaii angestarrt hat, zu füllen. Da stoße ich im Internet auf einen Artikel über die zunehmende Anzahl von Coachs, also eine Art Lebensberater. Jemand, der nicht wie ein Therapeut in der Aufarbeitung der Vergangenheit nach der Lösung sucht, sondern der einem hilft, die Weichen für die Zukunft neu zu stellen. Ich muss nicht zu Ende lesen, um zu wissen, dass ich genau so jemanden finden möchte. Finden muss! Unter dem Artikel sind ein paar Empfehlungen aufgeführt. Da ich ansonsten nicht wüsste, wie und wo ich anfangen sollte einen passenden Coach für mich zu finden, schaue ich mir die angegebenen Internetseiten an und entscheide mich für eine Frau aus Seattle. Man kann sich für eine Probesitzung anmelden, die 45 Minuten dauert und via Skype stattfindet. Was soll ich noch lange hin und her überlegen. Ich fülle das Kontaktformular aus und klicke auf senden. Zwei Tage später bin ich pünktlich 11:00 Uhr vormittags online und treffe mich virtuell mit Kim. Zehn Minuten später fang ich an zu heulen - ja, schon wieder - weil mir bei dem Versuch, ihr mein Problem zu schildern, das ganze Ausmaß meiner Misere bewusst wird. Die Art, wie und welche Fragen sie mir stellt und mich dabei selbst meine Antworten finden lässt, zeigt mir, dass ich bei ihr richtig bin. Voller Erstaunen höre mich selbst sagen: „Ich bin total enttäuscht von mir. Davon, dass ich es nicht auf die Reihe kriege, unbeschwert zu sein und auch davon, mein schönes Leben nicht genießen zu können. Ich habe keine Ahnung, was genau ich arbeiten möchte und tolle Männer gibt es nur für andere

Frauen." „Du hast das Vertrauen in dich selbst verloren, meine Liebe. Vielleicht auch nie gehabt. Kein Wunder, dass du ohne äußere Struktur auseinander bröselst wie ein trockener Kuchen. Das wäre der erste Schritt, an dem wir arbeiten müssen." Wie sollte ich nach dieser Aussage noch nein sagen. Wir vereinbaren sechs Sitzungen, verteilt auf die nächsten drei Monate. Die erste davon gleich in der nächsten Woche. Es ist ein schönes und vor allem ein sehr hilfreiches Gespräch. Am Ende bekomme ich eine ganze Liste mit Hausaufgaben diktiert, die ich täglich bis zu unserem Gespräch nächste Woche erledigen darf.

Morgenritual:

- heißes Wasser trinken
- Atemmeditation
- einen Text über Vertrauen und Intuition, den sie mir per Email schicken wird, mir selbst laut vorlesen, so dass ich ihn auch wirklich höre
- drei Seiten schreiben, was auch immer mir gerade in den Kopf kommt und wenn ich nicht weiß, was ich schreiben soll, dann soll ich genau das hinschreiben
- einen Plan für den Tag machen

Abendritual:

- Aufschreiben und Abhaken von allem was ich tagsüber geschafft habe
- drei Dinge aufschreiben, für die ich mir und der Welt dankbar bin

Nachdem ich ein sehr pflichtbewusster Mensch bin, erledige ich alles sehr gewissenhaft und es macht tatsächlich Spaß, die Listen zu schreiben. Schwarz auf Weiß zu sehen, was ich alles den lieben langen Tag lang gemacht habe. Das Erstaunlichste sind meine Gedanken, die ich festhalte. Das gibt es doch nicht, dass ich manchmal so einen Käse im Kopf habe und gleichzeitig dann wieder geniale Gedanken aufschreibe. Probiert das mal aus und seid genauso perplex darüber wie ich! Es ist mir sehr wichtig, ehrlich zu sein und deshalb schreibe ich auch auf, wenn es mal nicht so gut läuft und ich wieder auf meinem Balkon sitzen bleibe, weil es mir zu anstrengend ist, etwas zu unternehmen. Dabei komme ich mir sehr schnell auf die Schliche, dass ich zwar sage, dass es ok ist, mal nichts zu tun, aber ich es insgeheim dann doch nicht so toll finde, wenn ich abends aufschreibe, dass ich wieder am Computer Karten gespielt habe oder im Bett gelegen bin und in die Luft geschaut habe. Vor ein paar Tagen war ich wieder beim Stand-up-Paddling und es hat mir noch genauso viel Spaß gemacht wie in Hawaii. Es könnte sein, dass ich mich wiederhole, doch die Fragen tauchen einfach immer wieder auf: Warum, um alles in der Welt, mache ich es dann nicht öfter? Was hält mich davon ab, die schönen Dinge des Lebens einfach zu machen?

Auf einer Anschlagtafel im Supermarkt entdecke ich den Aushang eines Mannes, dem Namen nach ein Asiate, der einmal die Woche wandern geht und nach Menschen sucht, die ihn dabei begleiten. Ich melde mich bei der angegebenen Email-Adresse für den nächsten Freitag an und bin schon gespannt, mit wem ich da unterwegs sein werde und auch wohin wir gehen. Der Treffpunkt ist in einer Gegend, die mir noch völlig fremd ist. Eine gute Gelegenheit nicht nur andere Menschen kennen zu lernen, sondern auch Wege, die ich alleine nicht gefunden hätte. Yun erzählt mir, dass, als er vor 20 Jahren in Ruhestand gegangen ist, Wandern zu seinem Hobby wurde. Ich muss wohl ziemlich verdutzt geschaut haben, denn er fängt an zu lachen und sagt: „Ja, ich bin schon 86 Jahre alt!“ Ganz ehrlich, ich hätte ihn auf höchstens 65 geschätzt. Anfangs hat seine Frau ihn begleitet. Doch nach deren Tod ist er auf die Idee gekommen, immer wieder einmal fremden Menschen anzubieten, ihn zu begleiten. Er kennt die Gegend und viele tolle Wanderwege. Zudem stellt er sich als wirklich interessanter Gesprächspartner über fernöstliche Lebensphilosophie und Glaubensrichtungen heraus. Wir freuen uns beide über die Gesellschaft des jeweils anderen und auf viele gemeinsame Touren während meiner Zeit in Vancouver.

Neben meinem neuen Wanderfreund Yun hat sich auch ein netter Kontakt zu zwei Frauen entwickelt, die ich beim Tanzen kennen gelernt habe. Von den beiden bekomme ich allerlei Tipps für Veranstaltungen, Cafés und besondere Geschäfte und bin erstaunt, dass auch ich ihnen von schönen Plätzen erzählen kann, die sie in ihrer Stadt noch nicht kennen. Die beiden waren beispielsweise noch nie an dem Strandabschnitt unterhalb des Museums nahe der Uni. Man muss etwas klettern um dahin zu kommen, aber es rentiert sich, weil es wunderschön ist. Und man dort sogar nackt baden kann! Auch den Wochenmarkt der native people kennen sie nicht oder mein Lieblingscafé in der Union Street. An guten Tagen schmiede ich Zukunftspläne und stelle mir vor, dass ich Führungen anbiete um Einheimischen ihre Stadt zu zeigen. Doch leider ist meine Begeisterung noch nicht sehr ausdauernd. Dann bin ich wieder streng mit mir und unzufrieden, weil ich Trübsal blase und mein Zimmer nicht verlasse.

Bei einem meiner Ausflüge mit dem Rad, halte ich zwischendrin an, um eine wirklich tolle Aussicht aufs Wasser zu fotografieren. Ich will gerade wieder zusammenpacken, da spricht mich ein Mann an, der wohl gerade das gleiche Bild wie ich mit seiner Kamera festgehalten hat. Er spricht davon, wie schön die Landschaft ist und ich kann das nur bestätigen. Dann will er wissen, ob ich von hier bin. Ich verneine und dann will er weiter wissen, woher ich denn komme und was ich in Vancouver machen und so weiter und so weiter. Er ist gerade aus dem französisch-sprechenden Teil von Kanada nach Vancouver gezogen. Ach ja, deshalb auch der Akzent, den ich nicht gleich zuordnen konnte. „Hast du noch etwas Zeit? Ich würde mich gerne noch weiter mit dir unterhalten. Wir könnten uns unten an den Strand setzen. Hast du Lust?“ fragt er mich. Warum eigentlich nicht? Ich habe schon lange keinen Mann mehr kennen gelernt und es ist schön, sich wieder mit einem zu unterhalten. Doch als er anfängt mir Komplimente zu machen und mich zu einem Kajak-Trip einladen möchte, mache ich einen Rückzieher. Wie eine Mimose, die im Englischen sinnigerweise „Rühr-mich-nicht-an" heißt, mache ich die Schotten dicht. Sage, dass ich jetzt los muss, weil ich noch eine Verabredung habe. Und weg bin ich. Kein wirklich cooler Abgang, aber das war mir doch zu viel des Guten. Ich muss erst lernen, mit mir selbst klar zu kommen, bevor ich wieder einen Mann an mich heranlasse.

In der nächsten Sitzung mit Kim berichte ich ihr von all dem. Meinen Aktivitäten und Bemühungen, meinen Fortschritten mit den Aufgaben, die sie mir gestellt hat, aber auch von etwas ganz anderem. Etwas von dem ich bis zu diesem Zeitpunkt gar nicht gewusst habe, wie sehr es mich beschäftigt - mein Bedürfnis nach Sicherheit und als Gegenpol meine Angst und mein Ekel vor Armut. Das Stadtleben hat diese Seite in mir zum Vorschein gebracht. Vielleicht sind sie nicht das ursprünglich auslösende Moment dazu, aber sie stehen doch als Symbol dafür: die vielen obdachlosen Menschen, die mir hier auf der Straße begegnen. Ich sehe sie überall. Sie machen mir Angst, ohne dass sie mir in irgendeiner Form zu nahe treten. Alleine durch ihr Dasein, lösen sie etwas in mir aus. Ich empfinde Abscheu und traue mich kaum mehr richtig einzuatmen, wenn ich an ihnen vorbei muss. Habe ich Angst, dass ich auch so enden könnte? Das hört sich ziemlich skurril und sehr weit hergeholt an, aber was ist, wenn ich keine Arbeit mehr finde, mich in der Arbeitswelt nicht mehr eingliedern kann, das restliche Geld aus dem Hausverkauf nichts mehr wert ist, weil die Finanzmärkte zusammenbrechen, oder ich das Geld verlebe, bis nichts mehr da ist? Kim hört sich das alles an, nickt dazu und sagt: „Ja das alles sind Möglichkeiten, die eintreten können, wenn du deine Energie darauf richtest. Der erste Schritt ist, dass du dir selbst vertraust. Lerne, dir selbst die nötige Sicherheit zu geben und in dir Heimat zu finden." Meine Übung dazu ist ein Mantra. „I am safe, I am trust, I am home". Ich bin meine Sicherheit, mein Vertrauen und mein Zuhause! Jeden Tag muss ich es mir so oft wie möglich, und am besten laut, vorsagen. Ich soll es schreiben und es denken bevor ich einschlafe und gleich nachdem ich aufwache. Es muss vordringen bis in den letzten Winkel meiner Windungen, vom Hirn bis zum Darm! Im Grunde sind das alles einfache Werkzeuge, die Kim mir an die Hand gibt, aber zugleich auch höchst wirkungsvolle. Und mir ihre Hilfe zu holen, war definitiv eine meiner besten Ideen seit langem.

Es wird Zeit, meinen Ausflugsradius noch ein Stück auszudehnen, meine Welt wieder ein Stück größer zu machen. Ich beschließe, für vier Tage nach Vancouver Island zu fahren. Das heißt mit Zug und Bus bis zur Fähre, übersetzen und vor Ort einen kleinen Camper Van mieten. Mein Ziel ist der Wild Pacific Trail an der Südwestküste der Insel. Ich verbringe vier wunderschöne Tage in atemberaubender Natur. Der Trail besteht aus vielen verschiedenen Wanderwegen, mal entlang an schier endlosen Sandstränden, dann wieder durch sagenhafte Regenwälder. Dabei begegne ich Baumriesen und für die, die mir Glauben schenken, auch tausenden von Naturwesen. Ich singe ihnen meine hawaiianischen Lieder vor und hoffe, sie freuen sich. Im Hafen von Ukluelet beobachte ich Seeotter im Wasser und Weißkopfadler, die am Morgen über dem Campingplatz kreisen. Es überrascht mich, wie tief und fest ich im Auto schlafen kann. Vielleicht liegt es auch an der guten Luft und der vielen Natur um mich herum. Tatsache ist, ich wache so erholt und ausgeruht auf wie lange nicht. Als ich „heim" komme, begrüßt mich Dave mit einer herzlichen Umarmung und will hören, was ich alles erlebt habe. Er war bei meiner Abreise nicht da und ich hatte ihm eine Nachricht hinterlassen, dass ich vier Tage weg sein werde und er sich keine Sorgen machen müsse, sollte er bemerken, dass ich über Nacht nicht nach Hause komme.

Auch meine Freitags-Wander-Ausflüge mit Yun, dem Koreaner, stellen sich als absoluter Glücksgriff heraus. Er wählt immer tolle Routen aus, die gut an einem Tag machbar sind. Wir waren auf zwei der kleinen Inseln, die vor Vancouver liegen, einmal in einem Canyon und ein anderes Mal sind wir auf einen Berggipfel gestiegen. Wir waren zu zweit unterwegs, aber auch schon mit drei bis fünf Leuten. Letzteres war auch in Ordnung, weil es mir Gelegenheit gab, noch mehr Leute kennen zu lernen. Interessiert es mich nicht, was die Leute erzählen, hat Yun Verständnis, wenn ich etwas voraus oder hinten nachgehe, um ein bisschen für mich zu sein. Die Regel lautet, sobald eine Abzweigung kommt, wird gewartet und das funktioniert einwandfrei. Leider sind wir bisher noch keinem Bären begegnet. Ich würde gerne einen in freier Wildbahn sehen, aber natürlich nicht unbedingt, wenn ich alleine bin!

So gehen die Tage dahin. Dave ist jetzt öfter zu Hause und kocht manchmal für mich. Manchmal lädt er noch Freunde dazu ein und es wird viel gelacht und auch viel Alkohol getrunken. An anderen Abenden gehe ich tanzen oder auch mal auf eines der vielen Konzerte oder Straßenfeste, die in Vancouver stattfinden. Nach wie vor bin ich viel alleine. Aber es macht mir nichts mehr aus, zumindest den größten Teil der Zeit. Ab und zu male ich mir auch aus, wie es wäre, wenn ich tatsächlich einen Mann kennenlernen und mich hier verlieben würde. Stelle mir vor, wie er mich später in Deutschland besuchen kommen und mir ewige Liebe schwören würde. Eine Fantasie oder Sehnsucht, die wohl noch eine Weile bestehen bleiben wird, weil dahingehend weit und breit rein gar nichts in Sicht ist.

Die Arbeit mit Kim tut mir offensichtlich gut und ich bemerke die Veränderungen deutlich. Zumal die Gedanken, die ich morgens immer noch schriftlich festhalte, viel klarer und strukturierter sind. Bei unserem letzten Gespräch war das Hauptthema „Lebenszweck". Kim überlegt sich das nicht vorher, sondern die Überschrift der Sitzung kristallisiert sich während des Gesprächs von selbst heraus. In diesem Fall hatte es einen wirklich spannenden Verlauf genommen. Ich hatte einleitend gesagt, dass ich eventuell meine Reisepläne ändern möchte. Die gebuchte Flugroute wäre Chile und

Argentinien. Mit meinem Sohn hatte ich vor meinem Abflug besprochen, dass wir uns im September in Südamerika treffen würden und das möchte ich auch einhalten. Ansonsten aber fühlt sich der Plan, eine längere Zeit in Buenos Aires zu bleiben, nicht mehr stimmig an. Das heißt nicht, dass ich es nicht mehr toll fände, dorthin zu fahren. Die Sache ist nur, dass ich den Verdacht habe, dass es zwar cool wäre, aber dass das, was ich brauche, etwas ganz anderes ist. Ich glaube, dass es mich nicht erfüllen würde, die nächste Stadt zu erkunden. Ich würde dort nichts anderes machen, als hier in Vancouver. Mir eine Wohnung suchen und auf die ein oder andere Art versuchen, mir ein Leben einzurichten. Doch was kommt danach? „Ich will doch herausfinden, was ich wirklich will in meinem Leben. Wozu bin ich denn da? Was ist denn meine Aufgabe hier auf der Welt?" Und dann sagt Kim etwas für mich Wegweisendes: „Du, Johanna, du selbst bist dein einziger Lebenszweck! Das, wonach du dich sehnst, bist du selbst! Jede Arbeit, jede Beziehung, alles was du tust ist lediglich ein Ausdruck von dir. Nicht mehr und nicht weniger. Der Zweck, warum du hier bist, ist, die Erfahrung des Lebens zu machen. Verstehst du, was ich sagen möchte?" Ich merke selber, wie ich große Augen mache! All das Gesuche nach der passenden Aufgabe, die Sorgen und das Kopfzerbrechen darüber, das zu finden, weswegen ich auf der Welt bin - vollkommen überflüssig! Ich selbst bin meine Lebensaufgabe! Das wirkt auf mich wie ein Guerilla-Trupp, der mich von einer großen Last befreit. Ihr könnt mich jetzt für total bescheuert halten, aber ich dachte bislang wirklich, dass ich etwas Besonderes tun und auch sein muss, um eine Lebensberechtigung zu haben. Das muss ich sacken lassen! Mein Coach sieht das auch so und wir beschließen, eine dreiwöchige Pause einzulegen. Ich habe die nächste Zeit viel vor, deshalb passt mir das in jeder Hinsicht gut.

Ich werde in der kommenden Woche auf eine kleine Insel im Norden von Vancouver Island fliegen, um dort an einem Trommel-Workshop teilzunehmen. Den Tipp mit der Insel habe ich bei einer Tanzveranstaltung bekommen. Leute haben sich darüber unterhalten, dass sie dort auf einem Seminar waren und wie gut es ihnen gefallen hat. Ich habe den Ort gegoogelt und als ich dann gelesen habe, dass ein afrikanischer Trommel- und Tanz-Workshop angeboten wird, habe ich mich kurzentschlossen angemeldet. Das Zweite, was ich machen werde, ist ein 3-Tages-Kurs mit der „5 Rhythmen"-Gruppe, die ich wöchentlich besuche. Auch der wird auf einer Insel stattfinden, aber etwas südlich von Vancouver gelegen. Im Grunde hatte ich mich schon entschlossen gehabt, nicht daran teilzunehmen. Aber an dem letzten Tanzabend sagte die Trainerin in die Runde, dass für den ausgebuchten Kurs wieder ein Platz frei geworden sei, sogar mit Einzelzimmer, weil jemand stornieren musste. Da hab ich einfach ganz laut „hier" gerufen und gesagt, dass das wohl mein Platz sei. So habe ich mich irgendwie selbst überlistet. Das Thema, das getanzt wird, heißt „threshold". Erst als ich die Bedeutung des Wortes nachgeschlagen hatte, wurde mir bewusst, warum ich teilnehmen soll und auch, warum ich mich ein bisschen dagegen gewehrt habe. Wie sagt meine Lehrerin Kim so schön in Sachen Entscheidungen und Intuition: „Wenn es ein Ja ist, wird dich nichts aufhalten, aber wenn du den kleinsten Zweifel hast, dann bedeutet das ein Nein." Zurück zu „threshold". Die Übersetzung lautet: die Schwelle. Das, was dich zurückhält und gleichzeitig das, was du überwinden musst. Der Tanz über die Schwelle, das Alte loslassen und das Neue wagen. Passender könnte es nicht sein.

Ich verbringe also eine sehr bewegte Zeit in Vancouver. Habe, glaube ich, zwischenzeitlich ein ausgewogenes Verhältnis gefunden zwischen Aktivität und Faulenzen. Natürlich gibt es nach wie vor die richtig guten und manchmal ein paar schlechte Momente. Doch im Großen und Ganzen bin ich zufrieden mit mir und dem, was ich tue und lasse. Ich schreibe viele meiner Gedanken auf, nicht mehr nur morgens, sondern wann immer ich Lust dazu verspüre. Darüber hinaus versuche ich heraus zu finden, wie ich meine weitere Reise gestalten werde. Ich möchte auf eine andere Art und Weise reisen als bisher. Würde so gerne ausprobieren, wie es ist, nur zu Fuß unterwegs zu sein. Das entspräche viel mehr meinem eigenen Rhythmus. Ich stelle immer wieder fest, dass ich ein gemäßigtes Tempo bevorzuge. Was nicht heißt, dass ich nicht auch schnell kann oder oft auch in Sekundenschnelle Entscheidungen treffe. Aber das Leben selbst, das Erleben, das mag ich gerne langsam, sonst entgehen mir die Kleinigkeiten, in denen für mich die wahre Schönheit der Dinge zu finden ist. Vor kurzem habe ich einem Freund von Dave über die Kanalinsel Jersey vorgeschwärmt und während des Gespräches gesagt, wie gerne ich dort bin und wie gerne ich bald wieder dorthin fahren würde. Gebe ich mir damit nicht die Antwort selbst? Ich habe es doch ganz deutlich ausgesprochen. Ich möchte zu Fuß unterwegs sein und ich möchte nach Jersey. Was ist bekannt dafür, dass man hunderte von Kilometern laufen kann und worüber habe ich schon oft mit Luca gesprochen? Über den Jakobsweg! Das fühlt sich richtig an und bei dem Gedanken kann ich deutlich spüren, wie sich eine gewisse Aufgeregtheit in mir breit macht. Ich werde mich mit Paul in Chile oder Peru treffen und danach mit ihm zurück nach Europa fliegen. Eventuell kann ich ihm sogar mein Gepäck mitgeben, weil ich auf dem Langwanderweg in meinem Rucksack nur das Allernötigste tragen möchte. Und die letzten Wochen meiner Reise werde ich auf Jersey verbringen. Buenos Aires wäre schick, aber es bringt nicht mein Herz zum Hüpfen. Der neue Plan erfüllt mich mit viel mehr Vorfreude und lässt meine Augen leuchten!

Der Trommel-Workshop und alles, was damit zusammen hängt, ist ein voller Erfolg. Die Anreise mit dem Wasserflugzeug ist genial, die Inselwelt unbeschreiblich, die Leute interessant, das Essen super lecker, die Gespräche voller Tiefgang! Ein Ort, an dem ich schlichtweg bleiben möchte. Wären da nicht die vielen „Aber“ in meinem Kopf. Das Trommeln und die afrikanischen Tänze, weswegen ich ja gekommen bin, sind eine einzige Quelle großer Freude. Wir treffen uns dreimal täglich für mindestens zwei Stunden. Wir, das sind ungefähr fünfundzwanzig Leute, sechs davon Profis und nur ich und Peggy blutige Anfänger. Geile Sache, Leute! Und ich bin mittendrin.

Die Tanzaktion ist nicht minder großartig, aber von völlig anderer Qualität. Hatte ich beim Trommeln einfach nur Spaß an der Sache, muss ich mich hierbei wieder mit mir beschäftigen. Alle Übungen und Tanzeinheiten der ersten eineinhalb Tage zielen darauf ab, dass wir am Ende des Seminars über die Schwelle gehen. Jeder muss natürlich für sich selbst herausfinden, wo und was denn überhaupt seine ureigene Schwelle ist und was ihn davon abhält, darüber zu treten. Jeder von uns hat am ersten Tag einen „Buddy" gewählt, jemanden, der einem zur Seite steht, wenn Not am Mann oder an der Frau ist. Ich habe also eine Art Busenfreundin an der Seite. Sie heißt Brigid und kommt aus Victoria, der Hauptstadt von Vancouver Island. Sie ist seit einem Jahr mit einem Witwer aus Vancouver zusammen. Er hat sie vor kurzem gebeten, zu ihnen zu ziehen. Sie liebt ihn und seine Tochter sehr und steht jetzt vor der Entscheidung, ob sie wirklich ihr ganzes Leben auf den Kopf stellen soll. Brigid ist selbstständige Physiotherapeutin und hat sich eine gut gehende Praxis aufgebaut. Sie müsste bei einem Umzug alles aufgeben und in Vancouver von vorne anfangen. Das ist ihre Schwelle. Und meine? Meine ist nicht so klar zu benennen, aber letztendlich geht es darum, das bekannte, alte Leben los zu lassen, mit allen einengenden Konditionierungen, damit wirklich Neues entstehen kann. Der Abschlusstanz findet draußen im Freien statt. Es gibt die perfekte Stelle dafür: ein Tor in einer Steinwand. Die Aufgabe ist, sich auf der einen Seite zu verabschieden und dann durch das Tor zu tanzen. Alle die durch sind, nehmen die Neuankömmlinge auf der anderen Seite in Empfang. Im Grunde ist es nur ein Bild und doch durchlebe ich alle Trennungen der vergangenen Jahre nochmal. Der Schmerz ist körperlich fühlbar und ich bin mir nicht sicher, ob ich gegangen wäre, hätte ich nicht gewusst, dass man mich hinter dem Tor erwartet. Ich sehe mein Haus, Luca, meine Freunde und Familie und weiß, dass ich loslassen und alleine weitergehen muss. So schaut es aus! Bevor ich diesen Schritt nicht mache, wird es mit mir auch nicht vorwärts gehen. Ich schließe kurz die Augen und als ich sie wieder öffne, sehe ich viele ausgestreckte Arme vor mir, die mich herzlich willkommen heißen im neuen Leben. Vielen Dank ihr fremden Menschen, dass ihr mir zeigt, dass, wenn man jemanden braucht, auch immer jemand da ist, man muss es nur zulassen.

Es steht wieder eine Sitzung mit Kim an und ich freue mich schon darauf, ihr von meinen geänderten Reiseplänen zu erzählen. In der Zwischenzeit haben sie sich nochmals konkretisiert. Mein Sohn hat sich für Peru entschieden. Wir werden uns in Lima treffen und gemeinsam etwas mehr als drei Wochen unterwegs sein. Dann fliege ich mit ihm nach München, lasse mein Gepäck bei ihm und reise am nächsten Tag nur mit meinem Wanderrucksack weiter nach Spanien. Ich habe den Jakobsweg entlang der Küste für mich ausgewählt, den Camino del Norte. Vier Wochen habe ich eingeplant. Wie weit ich in dieser Zeit marschiere ist mir völlig egal. Es geht mir nur um die Art des Reisens. Danach habe ich mir für 6 Wochen eine Ferienwohnung auf Jersey gemietet. Wie vermutet teilt Kim meine Begeisterung, weil sie sogar über den Bildschirm das Strahlen in meinen Augen erkennen kann. Sie lobt mich und weist mich auf meine Fortschritte hin: „Du lernst, deine Stimme zu hören, ihr zu vertrauen und auch entsprechend zu handeln! Das ist wundervoll und ich gratuliere dir von ganzem Herzen!" Ich hatte mir vorher überlegt, sie um einen zeitlichen Aufschub für die noch offenen zwei Gesprächstermine zu bitten. In der nächsten Woche habe ich meine Malwoche und dann bin ich nur noch eine Woche in Vancouver, die ich bereits ziemlich verplant habe. Für die Zeit danach kann ich nicht abschätzen, wo ich eine Internet-Verbindung haben werde. Hinzu kommt, dass ich glaube, dass es mir gut tun wird, am Ende der Reise nochmals ihre Unterstützung in Anspruch zu nehmen, weil es dann darum gehen wird, wie ich weiter mache, wenn ich wieder in Deutschland bin. Ich denke immer öfter darüber nach, was denn mein Traumjob wäre. Immer noch die Café-Pläne, die Kunst, ein Verbindung daraus? Kim versteht das organisatorische Problem und ist zudem der Meinung, dass all das, was ich neu gelernt und über mich erfahren habe, Zeit braucht, sich zu verfestigen. Ich soll ihr schreiben, sobald ich wieder Termine fest planen kann und dann werden wir schon sehen, welches Thema ansteht und wobei sie mich unterstützen darf.

Der erste Treffpunkt meiner Malwoche ist, wie könnte es anders sein, der Künstlertreffpunkt Granville Island. Veronica, so heißt meine Lehrerin, ist eine junge Frau aus Russland, die in Kanada Kunst studiert und sich mit den Malkursen ein Zubrot verdient. Wir sind eine total lustige, bunt gemischte Truppe: ein 10-jähriger Junge mit asiatischen Wurzeln, zwei kichernde Teenager, in etwa 14 oder 15 Jahre alt, ein eher verschlossenes, sehr blasses Mädchen, das vielleicht ein bisschen jünger ist als die anderen zwei, aber ich könnte mich täuschen, weil die zwei „Gackermäuse" dick geschminkte Augen haben und durch die knackigen kurzen Jeans bestimmt älter wirken. Dann gibt es noch Tazmin, eine afrikanische Einwanderin, die etwas jünger ist als ich. Sechs Menschen also, die von Herkunft, Alter und Lebenssituation nicht unterschiedlicher sein könnten und doch haben wir uns zusammen gefunden und werden jetzt eine Woche gemeinsam malen und zeichnen. Sehr viel tiefgreifender noch, wir werden uns vergleichen. Werden insgeheim bewerten, was die anderen machen und können, und aushalten müssen, wenn die anderen besser sind als wir selbst. Im umgekehrten Fall werden wir versuchen unsere Freude nicht zu sehr zu zeigen, wenn wir feststellen, dass unser eigenes Bild den Vergleich gewinnt. Menschliche Regungen! Die große Kunst des Lebens besteht unter anderem darin, Gefühle wahr zu nehmen und ihnen einen Platz zu geben. Emotionen kommen und gehen lassen, gute wie schlechte, nichts verdrängen und nichts festhalten wollen, das macht wirklich Frieden in einem. Man muss den Mut haben, sich zu zeigen. In einem Malkurs lernt man also im besten Fall neue Techniken, etwas zu Papier zu bringen und gleichzeitig auch Gelassenheit und Güte anderen und vor allem sich selbst gegenüber. Wir haben eine schöne Woche, die mit einer kleinen Ausstellung in Veronikas Atelier endet. Sie hat ein kleines Buffet organisiert und ein paar ihrer Künstlerfreunde eingeladen. Außerdem kommen die Eltern der vier Minderjährigen, die nicht aufhören, die Werke ihrer Sprösslinge zu bewundern. Aber auch für mich fallen Komplimente ab. Drei meiner Bilder ziehen die Blicke auf sich. Eine Bleistiftzeichnung von überdimensionierten Blättern und ein Aquarell eines Bachlaufes, beide entstanden in dem Park, der ganz in der Nähe meiner Wohnung ist. Das dritte ist auch ein Aquarell, das eine orthodoxe Kirche zeigt. Ich habe außergewöhnliche Farben kombiniert und es hat viel Kraft durch die Kontraste. Ich unterhalte mich mit der Mutter des blassen Mädchens, das übrigens Caroline heißt, und höre mit einem Ohr, dass Veronika gerade eine Geschichte über mich erzählt. Wir waren an einem Tag an einem kleinen Teich entlang der Seawall und sollten mit schwarzer und weißer Kreide die Reflexionen der Steine auf dem Wasser auf braunes Papier bringen. Ich war nicht gerade glücklich über meine Ergebnisse und deshalb wahrscheinlich doppelt konzentriert bei der Arbeit. Ich hatte nicht bemerkt, dass ein Mann schon eine ganze Weile hinter mir stand und mich bei der Arbeit beobachtete. Das hat mir Veronica erst später erzählt. Ich habe ja schon erwähnt, dass es immer wieder vorkommt, dass Leute einem neugierig über die Schulter schauen. Der hier ging aber noch einen Schritt weiter. Er hat irgendwann angefangen seine Begeisterung zu äußern und sich nicht mehr eingekriegt, wie toll meine Zeichnung sei. Ich habe nicht so recht darauf reagiert, bis er mich fragte, ob er sie mir abkaufen dürfe. „Klar", sagte ich, „kostet 20 Dollar, mit Signatur 50!" Meine Lehrerin grinst breit, als sie jetzt erzählt, was für ein Gesicht der Mann gemacht hat, als er den 20 Dollar Schein aus der Tasche holte. War sie sich doch sicher, dass das Interesse mehr der Künstlerin galt, als dem etwas fragwürdigen Ergebnis ihrer Bemühungen. „Der Arme sah keinen anderen Weg, wieder aus der Nummer raus zu kommen", schließt sie lachend ihre Erzählung ab. Ich bezeichne das jetzt stolz als den Anfang meiner internationalen Karriere. Werden doch allerhand seltsame Bilder für noch viel mehr Geld als große Kunst verkauft! Warum also nicht auch meine.

Die letzte Woche in Vancouver ist eine Verabschiedungswoche. Ich hatte eine ganz wundervolle Zeit hier und bin sehr dankbar dafür. Dave und ich machen einen letzten Ausflug mit dem Kajak, mit meinen Tanzfrauen gehe ich auf ein Abschiedsessen und ich fahre ein letztes Mal mit dem Rad meine Lieblingsstrecke ab. Gehe ins Café ums Eck, in dem ich bestimmt fünfmal die Woche gesessen habe, höre in Granville Island nochmal den Straßenmusikern zu, gehe ein letztes Mal in den großartigen Buchladen und esse danach in einem meiner Lieblingsrestaurants, das ungelogen 24 Stunden am Tag geöffnet hat. Merke, dass ich so viel Schönes hier erlebt habe, dass ich mich nicht, so wie ich es vorhatte, von allem verabschieden kann. Ich lasse meine Ukulele und meine Yogamatte in der Wohnung zurück. Irgendwie habe ich beide vernachlässigt und vielleicht kann sie der nächste Bewohner besser gebrauchen. Auf Wiedersehen Vancouver, ich hatte eine sehr gute, heilsame Zeit hier!

Vancouver - Danksagung einer Reisenden

für die Seawall. Eine Promenade, die ihresgleichen sucht! Mal befestigt, mal Schotter, entlang an Grünflächen, Wald und Wiesen, führt sie immer am Wasser entlang nach Downtown, zu Museen, Stränden und zum Hafen. Sie umrundet den Stanleypark und Kunstwerke, Skulpturen und sogar ein Outdoor-Klavier säumen den Weg fast bis zur University of BC.

für all die wunderbaren Wanderwege durch Regenwälder, auf die Berge und durch Canyons.

für die wundervollen Tanzveranstaltungen! 5 Rhythm, Dance Devine, Creative Dance und Healing Movement. Ich bin dankbar für die freundliche Aufnahme, all die Begegnungen und tiefgreifenden Gespräche, die sich dabei ergeben haben und nicht zuletzt für die hervorragende Musik.

für das Loft, das so gemütlich war und mir Heimat wurde.

für endlose Yogastudios, Farmer's Markets und Organic Restaurants, die zu erkunden mir viel Freude bereitet hat.

an meine Zeichenfreunde, groß und klein, für den Erfahrungsaustausch und den Mann, der mir ein Bild abgekauft hat und mich zur internationalen Künstlerin hat werden lassen :)

für die wunderschönen, vielen kleinen Inseln und die herrlichen Ausflüge.

für die Wasserflugzeuge. Die wahrlich beste Art zu reisen!

für eine großartige Stadterfahrung, die mir trotz all der schönen Seiten gezeigt hat, dass ich nicht dauerhaft in einer Stadt leben möchte, auch nicht, wenn sie so schön ist wie Vancouver.

Peru

Peru - Lima

Nach mehr als drei Monaten in Vancouver waren mir die Stadt, die Menschen und die Umgebung sehr vertraut. Jetzt bin ich in Lima angekommen und wieder ist alles neu und fremd. Den ersten Tag habe ich mich in meinem Zimmer versteckt und finde, dass ich sehr gut darin geworden bin, die Dinge auf meine Art zu regeln. Ich glaube, ich hatte gar nicht erzählt, dass ich in Vancouver noch einen Abendkurs in Spanisch belegt hatte, um meine Kenntnisse aufzufrischen. Doch so wirklich gut klappt das nicht. Sprechen geht, da plappere ich ohne Hemmungen einfach drauf los, aber verstehen ist noch sehr schwierig. Heute Nachmittag bin ich losgezogen, um mich mit der fremden Stadt vertraut zu machen. Auf den ersten Blick ist sie nicht besonders schön. Dabei wohne ich in einem relativ reichen Stadtteil, den ich ausgewählt habe, weil ich gelesen habe, dass man sich hier relativ sicher alleine bewegen kann. Ich laufe durch Häuserschluchten bis ich am Ozean ankomme. Keine schöne Promenade wie in Vancouver lädt hier zum Schlendern ein, sondern die laute Stadtautobahn ermuntert mich zum Umkehren. Auf dem Rückweg finde ich aber doch noch einen ganz entzückenden „Salon de Thé“, der mich zum Verweilen einlädt. Morgen muss ich noch den Tag für mich alleine gestalten und dann kommt Paul! Ich freue mich schon ganz arg auf ihn und habe keine Bedenken, dass wir nicht miteinander auskommen werden. Ich glaube, wir sind uns sehr ähnlich. Nicht, dass uns immer die gleichen Dinge interessieren, nein, eigentlich gar nicht. Aber wir mögen den gleichen Lebensstil. Nicht zu hektisch und vor allem keinen Stress! Und noch ein Punkt, warum er so ein angenehmer Mensch ist: Paul stellt keine Forderungen. Klar hat er Wünsche und freut sich über Anerkennung,

Lob, Zuwendung, Geschenke, aber er fordert es nicht ein. Ob das für ihn immer so gut ist, steht auf einem anderen Blatt.

Nach so vielen Monaten mein Kind wieder im Arm zu halten! Ich bin selig und für einen Moment ist der erwachsene Mann vor mir wieder ein Junge und ich seine Mama. Es gibt Dinge, die wohl nie vergehen. Es gibt nicht viel Neues zu berichten, weil wir über Skype in Verbindung waren. Zudem haben wir drei gemeinsame Wochen vor uns, da muss man sich nicht auf Teufel komm raus alles an einem Abend erzählen. Und genau das meinte ich mit „wir sind uns ziemlich ähnlich". Nach einer herzlichen Begrüßung und ein bisschen organisatorischer Absprache in Bezug auf die Reiseplanung, schnappen wir uns jeder ein Buch, lesen noch ein paar Seiten und gehen dann schlafen.

Peru - Küste, Arequipa, Colca Canyon

Paul und ich wollen beide Lima so schnell wie möglich wieder verlassen. Damit wir aber zumindest ein bisschen was von der Stadt sehen, machen wir am Vormittag eine ganz klassische Stadtrundfahrt in einem offenen Doppeldecker-Bus mit. Lassen uns an touristischen Attraktionen, Regierungs- und Gerichtsgebäuden und den schönsten Plätzen vorbei fahren, die Lima laut Reiseführer zu bieten hat. Nachmittags steigen wir in einen Überlandbus, der uns in Etappen immer weiter nach Süden bringt. Das Endziel ist dabei Arequipa, die drittgrößte Stadt Perus. Wir übernachten einmal in einer

Oase mitten in der Sandwüste, besuchen ein Naturschutzgebiet mit allerlei Getier und nehmen uns einen Tag Zeit für die Nazca-Linien. Ein Netz aus hunderten von Metern langen Linien und Symbolen im Boden der Wüste. Sie sind nur aus der Luft richtig zu sehen und ich mache ein Riesentheater wegen der Berichte, die man in Bezug auf die Unsicherheit der kleinen Flugzeuge lesen kann, die über die Linien fliegen. Ich glaube mein Sohn lächelt insgeheim etwas über mich, aber er lässt es mich nicht spüren. Und natürlich müssen wir uns die weltberühmten Linien anschauen! Es gibt unzählige Spekulationen über die Entstehungsgeschichte und sowohl der Flug selbst als auch das, was wir zu sehen bekommen, ist sensationell. Der Pilot des kleinen Viersitzers fliegt Steilkurven, so dass wir praktisch im 90 Grad Winkel nach unten schauen. Mein Magen macht Luftsprünge. Ich habe keine Zeit um mir zu überlegen, ob vor Freude oder Grauen, denn wenn ich schon mal hier oben bin, möchte ich nicht den kleinsten Augenblick verpassen. Es zeigt sich uns eine atemberaubende Wüstenlandschaft und wir staunen über die gut sichtbaren Symbole und die kurzen Erklärung und Mutmaßungen, was sie bedeuten könnten, bevor das Flugzeug von links nach rechts wechselt. Mein Herz setzt für ein paar Schläge aus und mein Kopf fährt Karussell. Doch es ist so herrlich aufregend und spannend, dass ich vor Freude laut lachen muss. Glückshormone vom feinsten.

Arequipa ist eine schöne Stadt. Wir besichtigen den großen zentralen Marktplatz, die Kathedrale und die darin enthaltene Bibliothek und das wunderschöne

Frauenkloster Santa Catalina. Von Arequipa aus starten wir mit einer kleinen Reisegruppe in den Colca-Canyon. Unterwegs sehen wir unsere ersten Alpacas, erkennen in der Ferne rauchende Vulkane und erleben auf 5.000 m Höhe unseren ersten Höhenkoller aufgrund der dünnen Luft. Da helfen auch die vielen Coca-Blätter nicht, die wir auf Anraten der Reiseleiterin kauen. Trotz der leichten Kopfschmerzen finden wir die Fahrt über die Pässe absolut lohnenswert, weil die Landschaft, die Ausblicke und die Stimmung in den Anden spektakulär sind. Der Colca-Canyon selber steht dem in nichts nach und dass der Vormittag, an dem wir den Flug der Kondore beobachten, einzigartig ist, erklärt sich von selbst.

Peru - Titicacasee

Das nächste Ziel ist der Titicacasee. Als wir in Puno ankommen schneit es und wir kaufen uns schöne bunte Peru-Mützen. Am nächsten Tag starten wir mit einem kleinen Boot zu den schwimmenden Inseln und Paul ist entsetzt über die touristische Darbietung und Vermarktung, die da betrieben wird. Er findet es abstoßend und ist froh, als wir zu einer der größeren Inseln weiter fahren, wo wir auch übernachten werden. Ein abendlicher Spaziergang auf die höchste Stelle der Insel mit farbenprächtigem Sonnenuntergang versöhnt meinen Sohn wieder mit dem Titicacasee. Wir sitzen einfach nur schweigend nebeneinander und genießen das Naturschauspiel und die besondere Stimmung. Tags darauf wollen wir noch eine weitere Insel besuchen. Ich gehe alleine, weil Paul sich den Magen verdorben hat und deshalb auf dem Boot bleibt, das uns später zurück nach Puno bringen wird.

Obwohl ich in Peru wieder zur Touristin geworden bin, versuche ich trotzdem nicht nur Sehenswürdigkeiten abzuklappern, sondern vor allem die Stimmung eines Ortes wahrzunehmen. Und wie immer stelle ich fest, dass das Große doch im Kleinen liegt, die kleine Dorfkirche mir mehr gibt als die Kathedrale mit hunderten von Touristen, der Hinterhof mir so viel schöner erscheint als der prächtige Stadtplatz, und das zahnlose Lächeln eines Kindes mich stundenlang begleitet, weil es mitten in meinem Herzen ankommt.

Peru - Cuzco, Lares Trail, Machu Picchu

Wir sind nach einer langen Fahrt gut in Cuzco angekommen. Die Stadt liegt im Hochland der Anden und ist auch bekannt als die Hauptstadt der Inkas. Es ist schön hier, aber Paul und ich sind uns einig, wir wollen nichts besichtigen. Durch die Gassen schlendern und die Atmosphäre aufnehmen reicht uns völlig. Wir möchten uns auch noch einen Tag ausruhen, bevor wir auf unsere Wandertour starten. Nachdem überall zu lesen ist, wie überlaufen der Inka Trail ist, also der Weg, auf dem man zu Fuß nach Machu Picchu gelangt, haben wir uns für eine andere Tour, den Lares Trail, entschieden. Wir werden drei Tage unterwegs sein. Machen eine Trecking Tour mit allem was dazu gehört! Wir sind zu fünft: Guide Flor, Koch Leo, der Pferdeführer Santos,

Paul und ich. Sorry für die Wortwahl, aber das ist ein geiler Luxus. Die Pferde tragen das Hauptgepäck, der Koch läuft mit Santos vor, damit das Zelt aufgebaut und das Essen fertig ist, wenn wir, also Paul, ich und unsere Bergführerin ankommen. Wie genial ist das denn! Es ist aufgrund der Höhe trotzdem anstrengend genug. Wir starten auf einer Meereshöhe von 3200 m steigen bis 4500 m auf und kommen auf 3300 m wieder an.

Unterwegs treffen wir immer wieder auf Frauen, die Handarbeiten verkaufen. Wir gehen um einen Felsen und plötzlich sitzen sie da, als würden sie nur auf uns warten, weil ja sonst weit und breit keiner ist. Kinder kommen und freuen sich über ein paar Kekse, die ich extra für diesen Zweck gekauft habe. Paul äußert jedes Mal seine Bedenken, ob das richtig ist, den Kindern Kekse zu geben. Wiederholt geraten wir darüber in ein kontroverses Gespräch, das zur generellen Diskussion über Tourismus ausartet. Wenn wir den Schlusspunkt nicht finden, schweift das ganze ab zu den Nachteilen überflüssigen Konsumverhaltens und den Krankheiten einer westlichen Zivilisation ganz im Allgemeinen. Es kommt mir ein bisschen vor, als wäre ich in einer Zeitschleife hängen geblieben. Hatte ich die Diskussionen, die ich hier auf 4000 m Höhe inmitten der Anden führe, nicht auch schon mit Lilly im Dschungel Indiens? So ist das, wenn Kinder mit ihren Eltern auf Reisen gehen. Ich bin überzeugt, wir stehen auf der gleichen Seite, aber es macht meinen Kindern einfach Spaß, für die Gegenseite zu argumentieren und ihre Mutter damit zu provozieren. Und ja, ich falle oft genug darauf herein. Meistens bekommen wir aber vor einem wirklichen Streit die Kurve und lassen uns wie hier zum Beispiel von den Alpakas ablenken. Wir müssen darüber lachen, dass wir am Anfang unserer Reise jedes Mal „Alpakas“ gerufen haben, wenn wir welche gesichtet hatten, und am liebsten jedes einzelne von ihnen ungefähr fünfmal fotografiert hätten. Wir trösten uns: den Leuten hier würde es mit den Kühen auf den bayerischen Almweiden wahrscheinlich ähnlich ergehen.

Machu Picchu, die Stadt in den Wolken. Wir sind da und es ist einzigartig. Mehr möchte ich dazu gar nicht erzählen. Man kann alle Fakten und Spekulationen dazu nachlesen, aber um wirklich zu erfahren, wie besonders es hier ist, muss man selber her kommen. Da führt kein Weg daran vorbei. Ich kann euch nur einen Tipp geben: Wenn ihr, wie wir, am Tag vorher anreist, damit ihr den Sonnenaufgang dort erleben könnt, informiert euch vorher, ob in der Nacht ein Musikfestival in der Nähe eures Hotels stattfindet! Ich habe die ganze Nacht nicht geschlafen, weil mein Bett jeden Beat und jeden Bass in gefühlt zehnfacher Stärke übertragen hat. Jedes Mal, wenn ich auf die Uhr geschaut habe, hatte ich die Hoffnung, dass zur nächsten vollen Stunde Ruhe sein würde. Aber weit gefehlt, als wir um fünf Uhr aufgestanden sind, war die Party noch voll im Gange.

Zum Abschluss unserer gemeinsamen Reise verbringen Paul und ich noch zwei Tage in einem schönen Hotel, liegen faul herum und essen gut und reichlich. Es geht sogar so weit, dass wir uns das Essen aufs Zimmer bringen lassen. Also echt, faules dekadentes Pack!

Ich habe meine Flugroute so umgelegt, dass ich jetzt mit meinem Sohn im gleichen Flieger nach München sitze. Am Flughafen in Lima, wo wir umsteigen mussten, gab es noch eine kleine Aufregung, so dass ich mir bis vor einer halben Stunde nicht sicher sein konnte, ob ich wirklich mit dabei sein werde. Kurz vor Abflug, wir sitzen schon seit geschlagenen vier Stunde da und warten auf den Anschlussflug, werde ich aufgerufen, mich am Abflugschalter zu melden. Etwas stimmt mit meinem Gepäck nicht. Ein Mann klärt mich auf, dass beim Scannen meiner Reisetasche gefährliche Artikel gesichtet wurden und ich mitkommen muss, um das zu beheben. Vollkommen gleichgültig fügt er noch hinzu, dass, sollte das nicht bis zum Check-In geklärt sein, ich nicht mitfliegen könne. Ich weiß beim besten Willen nicht, was das sein könnte. In meiner Reisetasche ist seit über acht Monaten immer das gleiche, ein paar T-Shirts habe ich unterwegs aussortiert und dafür ist ein warmer Pullover dazu gekommen, aber das war es schon. Ansonsten habe ich mit der Tasche ja wirklich schon einige Flughäfen ohne Probleme passiert. Man führt mich den ganzen Weg zurück durch die Sicherheitsabsperrungen, Treppen hinunter und über lange Gänge, bis wir endlich in einem kleinen Kabuff ankommen. Man weist mich an, hier zu warten bis man mir das fragliche Gepäckstück bringt. Und jetzt wird es wirklich aberwitzig. Ein Mann kommt mit meiner Tasche in den Raum und draußen vor der Tür bleiben zwei bewaffnete Sicherheitsbeamte stehen. Mir ist sowieso mulmig zumute, da brauche ich keine zusätzliche Einschüchterung mehr. Was ist, wenn mir jemand etwas in die Tasche geschmuggelt hat? Aber nein, der Mann sagt mir jetzt, dass sie angeblich vier Feuerzeuge gesehen hätten. Ach du dickes Ei. Ich weiß, dass ich vor meiner Abreise in Deutschland noch welche in die Tasche geworfen habe. Aber vier Stück ganz bestimmt nicht! Und die können sich überall verteilt haben. Gut, „Ganz ruhig, Johanna!" Kleidung raus, Schuhe raus und erst mal auf dem Boden suchen, eines habe ich schon, ein zweites entdecke ich in der Seitentasche. In der zweiten Seitentasche finde ich zwei USB-Sticks mit einer Abdeck-Klammer aus Metall. Die könnte man gut mit einem Feuerzeug verwechseln. Ich erkläre dem Beamten meine Vermutung und er sagt: „Es ist in Ihrer Verantwortung, Signora, die Koffer werden erneut gescannt und wenn wieder etwas gefunden wird, dann fliegt das Flugzeug ohne Sie." Spitze! Ich gebe ihm die zwei Feuerzeuge und nehme die Sticks in meine Handtasche. Dann wieder den ganzen Weg zurück und nochmal die ganze Prozedur der Sicherheitskontrolle. Das Boarding ist voll im Gange und Paul wartet schon auf mich. Und jetzt? Kann ich einfach einsteigen oder muss ich auf grünes Licht warten? Das Personal am Schalter weiß nicht Bescheid und winkt mich durch. Mein Puls ist leicht erhöht bis sich endlich die Türen schließen und die Motoren starten.

Peru - Die kleinen Freuden einer Reisenden

Schweinebratensemmel in Lima! Saftig und kross mit Süßkartoffelscheiben und roten Zwiebeln, gegessen in einem kleinen Straßenlokal in Miraflores

Ein sensationelles Flugerlebnis in einem Viersitzer und dabei vor lauter Aufregung vergessen, Angst zu haben

nach drei Tagen Trecking einfach nur hinlegen und schlafen
zu spät am Flughafen von Cuzco sein und Flieger wegen Verspätung doch noch kriegen

in Lima verlaufen und dabei einen wunderschönen „Salon de Thé" finden

eine politische Diskussion führen, obwohl man meint, die Sprachkenntnisse würden nur für die Essensbestellung reichen

im Kloster von Arequipa auf dem Dachgarten die Aussicht genießen

die Frage, ob mein Mann und ich auch ein Foto haben möchten und dabei ist mein Mann mein Sohn

unbeschadet wieder aus dem Taxi steigen, obwohl man sicher war, gleich ausgeraubt zu werden in der Wüste über glühend heißen Sand laufen und den Schatten einer Palme erreichen

Spanien Jakobsweg

In München Zwischenstation zu machen, fühlt sich falsch an. Ich will hier gar nicht sein und doch macht es Sinn, nachdem die Peruaner mein Gepäck nicht behalten wollten. Im Ernst, es ist nur für eine Nacht und das komische Gefühl hat nur etwas mit meiner Vorstellung zu tun, wie etwas zu sein hat! Trotz Zwischenstation in der alten Heimat bin ich auf Reisen, weil es eben nicht um fremde Länder, sondern um mich geht. Mein Pilgerausweis, den man für die Herbergen benötigt und den ich mir an Pauls Adresse habe schicken lassen, wartet schon auf mich. Es sind auch ein paar allgemeine Informationsblätter zum Pilgern dabei und ein Herbergsverzeichnis. Wollte ich bei meinem ursprünglichen Start keinesfalls als Backpackerin mit einem Rucksack losziehen, trage ich ihn jetzt voller Stolz. Vom Flughafen in Bilbao nehme ich den Bus nach San Sebastian und von dort den Zug nach Irun. Für die erste Nacht gönne ich mir den Luxus eines Hotels. Ich habe mir ein Zimmer reserviert und nicht bemerkt, dass es etwas außerhalb liegt. Ich frage einen Paketfahrer nach dem Weg. Nach dem Aufenthalt in Peru klappt das mit dem Spanisch inzwischen ganz gut. Er erklärt mir, wie ich gehen muss und meint es dauere ungefähr 20 Minuten. Das macht mir nichts, ich werde die nächsten Wochen nur zu Fuß unterwegs sein. Er fährt später noch einmal auf der Straße in der entgegen gesetzten Richtung an mir vorbei, hupt, winkt und deutet mir an, dass ich weiter geradeaus muss und der Daumen nach oben bedeutet wohl, dass ich richtig bin. Das ist doch echt nett und ich freue mich über den guten Anfang, den meine neue Art zu reisen nimmt. Am späten Nachmittag laufe ich zurück in die Stadt, um mir in der Tourist-Information eventuell noch eine Wanderkarte zu besorgen und vielleicht auch schon herauszufinden, wo ich den Einstieg in den Jakobsweg, der hier von allen nur „il camino“ (der Weg) genannt wird, finde.

Irun - Passaia

Der Wettergott ist mir wohl gesonnen und so marschiere ich nach ausgiebigem Frühstück, mit gut eingecremten Füßen und aufgefüllten Wasserflaschen bei blauem Himmel los. Ich bin guter Dinge und lasse mir die Laune nicht von einer viel befahrenen Landstraße verderben. Irgendwo hier muss eine Kapelle kommen, von der aus der Weg von der Straße weg führt. Ich laufe zweimal die gleiche Straße rauf und runter, ob ich nicht irgendwo eine Pilgermuschel finde, die den Weg kennzeichnen soll. Nehme die nächste Abzweigung, wieder zurück und noch ein Stück weiter. „Lass dich nicht verunsichern, alles ist gut und du wirst schon richtig sein!“ sage ich mir zum zwanzigsten Mal und schaue dabei wieder und wieder auf meine Karte. Also einfach weiter. Zur Not kann ich auch auf der Teerstraße bis nach Hondarribia laufen. Die Richtung stimmt auf alle

Fälle. Was so ein bisschen Gelassenheit alles bewirkt: Fünf Minuten später stehe ich genau an der Kapelle, die ich gesucht habe und steige wie beschrieben die Treppe hoch und weiter geht es auf einer herrlichen Kastanienallee. Es geht mir gut. Der Weg ist toll und bald habe ich Ausblick aufs Wasser. Die von mir gewählte Route heißt nicht umsonst Küstenweg. In Hondarribia laufe ich einmal durch die historische Altstadt, werfe von der Festung einen Blick hinüber nach Frankreich und trinke noch einen Kaffee in einem sagenhaften Hotel, das in dem alten Festungsgemäuer untergebracht ist. Gegen vier Uhr nachmittags erreiche ich Passaia. Die Pilgerherberge ist sehr originell in einer umgebauten Kirche untergebracht und der Mann, der mich empfängt sehr freundlich. Er weist mir ein Stockbett zu und meint, dass es gut sein könnte, dass ich die Herberge für mich alleine habe. Es ist nicht mehr viel los um diese Jahreszeit, aber das hätte ich bestimmt schon selbst bemerkt. Ja, das habe ich. Mir sind einige Hundebesitzer und ein paar Jogger oder Bergläufer, je nachdem wie man das sehen will, begegnet, aber kein einziger anderer Pilger. Ich steige trotz schwerer Beine die Treppen hinab in den Ort und setze mich auf eine Bank am Wasser. Das Gesicht in der Abendsonne freue ich mich über mich und den Entschluss, der mich hierher gebracht hat. Ich esse eine Kleinigkeit und als ich zurück in die Herberge komme, sind tatsächlich noch zwei weitere Gäste angekommen. Ein spanisches Paar, das erzählt, dass es kurzfristig losgezogen ist und das lange Wochenende auf dem Camino del Norte wandern will.

Welches lange Wochenende? Sie schauen mich verdutzt an und fragen, ob ich nicht wüsste, dass übermorgen Feiertag ist und ganz Spanien auf Achse? Die Frau macht mich auch noch gleich darauf aufmerksam, dass für das Wochenende alle Unterkünfte ausgebucht sind und ich hätte doch bestimmt etwas reserviert? Nein, ich weiß weder vom Feiertag noch habe ich mich um ein Zimmer gekümmert! Ihr Mann sorgt dann mit seinem Geschnarche dafür, dass ich die ganze Nacht Zeit habe, mir den Kopf zu zerbrechen, wo ich ein Bett für die nächsten Tage herbekomme.

Passaia - San Sebastian

Ich bleibe bei meinem Plan, heute bis San Sebastian zu gehen und dort zweimal zu übernachten, weil ich gelesen habe, was für eine schöne Stadt es ist. Es wird schon irgendwo ein Zimmer für mich geben. Dafür muss ich zunächst in Passaia mit der Fähre auf die andere Seite der Bucht übersetzen und dann geht es steil den Berg hinauf. Wieder führt der Weg hoch oben über den Klippen an der Küste entlang. Es ist nicht weit und ich komme am frühen Nachmittag in der Stadt an. Die Reiseberichte versprechen nicht zu viel. Breite Sandstrände, schöne alte Gebäude und viel Leben machen San Sebastian zu einer interessanten Stadt. Ich werde mein Glück bei der Zimmervermittlung des Tourismusbüros versuchen. Auf dem Weg dorthin spricht mich eine zwielichtige Gestalt an, ob ich eine Unterkunft suche. Ich zögere kurz, schüttle den Kopf und gehe einfach weiter. Da schlafe ich wahrscheinlich sicherer am Strand, als mit dem mitzugehen. Die Frau von der Tourist-Info hat genau noch eine Adresse mit einem Zimmer für zwei Nächte. Kosten: 180 Euro pro Nacht. Autsch, das tut weh. Aber habe ich eine Wahl? Ich kann mich jetzt ärgern, grübeln, einen Kopfstand machen oder einfach sagen „Ja, das nehme ich“, und dann nicht mehr darüber nachdenken, sondern den Tag genießen und den Luxus, dass ich mir das leisten kann. Gibt es halt nur ein Stück Pizza zu essen und die nächsten Tage werde ich dann wieder für 10 Euro in Pilgerherbergen schlafen. Außerdem, wäre ich in Buenos Aires, würde ich wesentlich mehr Geld ausgeben als hier auf meiner Wanderschaft.

San Sebastian - Orio

Ich will jetzt nicht wieder von der Landschaft erzählen. Es geht bergauf, bergab, manchmal tut mir der Rücken weh, dann setze ich mich für eine Weile irgendwo hin bis es wieder weiter geht. Nicht besonders spannend. Ich hänge meinen Gedanken nach und zwischendrin erfreue ich mich ehrlich und aufrichtig immer wieder des Weges. Nicht nur an dem physischen, sondern auch an meinem eigenen inneren Weg. Ich mag mich dafür, dass ich ihn gehe. In Orio ist die Herberge etwas voller. Keine Ahnung, wo plötzlich die Menschen herkommen. Eine lustige Beobachtung ist, dass Männer zu zweit unterwegs sind, die Frauen alleine. Ich hätte vermutet, es wäre genau andersherum. Für fünf Euro wird ein Abendessen angeboten und ich sitze mit zwei Schweizern, zwei Spaniern und einer Deutschen, Ruth, zusammen am Tisch. Es ist spannend, andere Pilger kennen zu lernen. Was sind das für Menschen? Was hat sie hierher gebracht und was erhoffen sie sich davon? Einer der Schweizer erzählt von seinem Sohn und seinen Schwierigkeiten mit ihm. Die Spanier sind wegen der sportlichen Herausforderung unterwegs und sammeln Kilometer auf den unterschiedlichsten Etappen verschiedener Jakobswege. Ruth spricht über das „Durchhalten". Sie hat das Gefühl, immer etwas überstehen zu müssen. Und ich? Ich erzähle von einer Leere, die es zu füllen gilt.

Orio - Askizu

Ruth und ich haben beschlossen, ein Stück gemeinsam zu gehen. Wir erzählen uns Geschichten aus unserem Leben und dann gehen wir genauso lange schweigend neben einander her. Ich hänge unserem Gespräch von gestern nach. Besser gesagt, hat das, was ich über die Leere gesagt habe, mich zurück gebracht an den Punkt, an dem ich darüber nachdenken muss, was ich vom Leben will. Was für ein Leben ich führen möchte, damit es mir gut geht. Und dann passiert etwas völlig abgefahrenes. Etwas vollkommen unerwartet Verrücktes: Jemand spricht zu mir. Oder soll ich sagen „etwas" spricht zu mir? Ruth ist es nicht und weit und breit ist sonst niemand. Auch meine eigene Stimme ist es nicht, die da sagt: „Johanna, du musst dein Leben selber leben, es wird nicht vom Himmel fallen und niemand wird es dir auf dem Silbertablett servieren. Es liegt in deiner und nur in deiner Verantwortung! Hör auf zu warten. Was immer du willst, du musst es selber tun und vor allem selber sein.“ Deutliche Worte, die im Grunde keine herausragende neue Erkenntnis enthalten. Ich möchte euch so gerne begreiflich machen, was ich fühle. Wie wichtig das für mich ist. Als hätte tatsächlich meine Seele, mein Leben selbst, zu mir gesprochen. Wie oft habe ich darüber nachgedacht oder mit anderen Menschen darüber gesprochen, wie man leben sollte. Doch das, was ich gerade gehört, nein vielmehr gespürt habe, ist die Aufforderung aufzuhören mit Denken, Wollen und Träumen, und anzufangen mit Sein und Tun. Ich muss das so anschaulich darstellen, um für mich selbst klar zu machen, dass ich nicht träume und auch nicht spinne. Ich habe die Stimme ganz klar gehört und ich sollte die Worte ernst nehmen: ein gutes Leben, einen erfüllenden Job und einen tollen Mann zu wollen oder davon träumen ist gut und schön, aber „leben“ ist ein Tunwort! Ist die Lösung so einfach? Denken und Wollen ersetzen mit Sein und Tun?

Askizu - Deba

Der erste Regentag steht an. Noch ist es trocken, aber die schweren grauen Wolken verheißen nichts Gutes. Im Grunde mag ich ihn, den Regen. Ich habe auch nichts gegen Nasswerden. Aber meine Vermutung, dass es in der Pilgerherberge am Abend keine Möglichkeit geben wird, die nassen Sachen zu trocknen und mich selbst wieder aufzuwärmen, lässt mich missmutig in den

Himmel schauen. Bis Mittag geht es noch, lediglich ein paar kleine Nieselschauer. Aber am Nachmittag kommt es richtig dick. Wir laufen über eine Kuhweide und ich sehe kaum mehr etwas, weil mir das Wasser von der Kapuze über die Brille läuft. Alles ist nur noch grau und der Weg nicht mehr klar zu erkennen. Karte rausholen ist nicht, weil diese innerhalb kürzester Zeit pitschnass wäre. Wir müssen irgendwie den Berg runter und können die Richtung nur erahnen. Zwischendrin stellen wir uns in einer Scheune unter, aber es sieht nicht so aus, als ob der Regen nachlassen würde. Und beim Herumstehen oder -sitzen wird uns kalt. Also weiter. An der nächsten Gabelung entscheiden wir uns rechts zu gehen. Irgendwann kommen wir auf eine große Straße und sehen keine andere Möglichkeit, als dieser zu folgen. Ruth wird immer langsamer und ich vermute, dass sie am Ende ihrer Kräfte ist. Außerdem schwant mir, dass wir in die falsche Richtung laufen. Ansonsten müssten wir längst da sein. Ein Stück weiter kommt eine Tankstelle, die Gott sei Dank geöffnet hat. Auf Nachfrage wird meine Vermutung bestätigt. Was tun? Ich schaue Ruth an und frage kurzerhand: „Gibt es ein Taxi-Unternehmen in der Nähe, das uns hier abholen und nach Deba bringen könnte?“ Die freundliche Dame holt ein Telefonbuch und ruft bei dem Fahrdienst in der Stadt an. Es wird ungefähr 25 Euro kosten. Während der Wartezeit lassen wir uns eine Pension empfehlen und reservieren gleich ein Zimmer. Die Rettung naht und damit eine heiße Dusche und ein warmes gemütliches Bett.

Deba - Markina Xemein

Heute führt der Weg ins Landesinnere, weg von der Küste. Das Wetter ist wieder besser und wir sind immer noch zu zweit unterwegs. Allerdings ist Ruth unleidig, weil wir jetzt nicht mehr am Wasser entlang gehen. Sie nörgelt ein bisschen herum, warum der Weg Küstenweg heißt, wenn das gar nicht durchgängig so ist. Ich muss darüber lachen, weil es mir so absurd vorkommt. Als hätte sie einen „All-Inklusive-Urlaub" gebucht und jetzt fehlt etwas am Buffet. Wenn sie nicht aufhört, bin ich bestimmt bald genervt. Ob das oder unsere unterschiedliche Kondition der Grund dafür ist, dass ich bald ein Stück weiter voraus gehe, sei dahin gestellt. Die Stimmung zwischen uns ist auf alle Fälle nicht mehr so ungetrübt wie am Anfang. Am Nachmittag treffen wir uns an der Herberge wieder. Die Pause voneinander hat gut getan und das gemeinsame Abendessen verläuft friedlich. Nichtsdestotrotz bleibt in mir hängen, dass ich bald wieder alleine weiterziehen möchte. Keine Rücksicht nehmen will auf die schmerzenden Füße und die müden Glieder anderer Menschen.

Markina Xemein - Gernika

Die baskische Stadt Gernika heißt in kastilischer Sprache auch Guernica und ich habe schon von ihr gehört wegen des berühmten, gleichnamigen Gemäldes von Picasso, das vom Sterben und dem unendlichen Schmerz des Krieges erzählt. Ein Schauplatz, den ich also mit grausigen Dingen verbinde und deshalb schon gespannt bin, wie mir die Stadt gefallen wird. Es ist eine extrem lange Etappe zu gehen, die umso anstrengender ist, weil sie über lange Strecken bergauf führt. Ich gehe meist voraus und warte dann auf Ruth. Aber es ist klar, dass sich unsere Wege ab morgen trennen werden. Ruth will mit dem Bus wieder ans Meer fahren und ich werde dem Jakobsweg alleine weiter folgen. Es hat mich ein bisschen geärgert, dass sie mir gekündigt hat. Ein kindisches Gefühl des Verrats und der Undankbarkeit, wo ich doch ständig auf sie Rücksicht genommen habe. Ich hatte den Wunsch alleine weiterzugehen, wusste aber nicht, wie ich es ihr sagen sollte und jetzt bin ich beleidigt, weil sie mir sagt, dass sie andere Pläne hat. Halleluja, manchmal ist mir wirklich nicht zu helfen! Aber ich erkenne zumindest, dass eine Instanz in mir zu Gange ist, die das Muster „man will mich nicht" abruft, obwohl mir klar ist, dass es vollkommener Blödsinn ist. Wir haben noch einen netten Abend in Guernica. Ein nettes Städtchen mit vielen kleinen Bodegas unter den Arkaden der Altstadt. Und natürlich einem Museum zu den Gräueltaten des zweiten Weltkriegs.

Gernika - Bilbao

In aller Frühe habe ich mich von der noch halb schlafenden Ruth verabschiedet und bin schon den steilen Waldweg hochgestiegen. Jetzt schaue ich auf die Stadt hinab und freue mich, dass ich erlebe, wie dieser neue Tag erwacht. Aus den Tälern steigt der Nebel auf und die Sonnenstrahlen tauchen ihn in sanftes Licht. Der feuchte Tau hängt in den Bäumen und den Wiesen unter mir. Ich rieche den Waldboden und atme ganz bewusst die frische Luft ein. Ich bin der frühe Vogel, der heute den Wurm der Schönheit gefangen hat. Etwas, das ich in meine Liste der ersten Male aufnehmen kann? Ich bin mir nicht ganz sicher, aber oft kann ich das noch nicht gemacht haben, sonst könnte ich mich erinnern. Früh morgens alleine im Wald stehen und den Tag begrüßen ist auf alle Fälle wunderschön. Später am Tag werden mir gleich zwei Mutproben gestellt und ich wünsche mir, dass Ruth bei mir wäre. Ich muss an zwei Bauernhöfen vorbei, weit und breit niemand zu sehen, aber jedes Mal ein wild kläffender Hund, der sich mir in den Weg stellt. Mein Herz klopft wie wild und ich befürchte schon, dass, sollten die Köter mich tatsächlich unbeschadet vorbei lassen, ich dennoch an einem Kreislaufkollaps sterben werde. Mittags sitze ich gemütlich vor einem Dorfgasthof in der Sonne als die zwei Spanier, die ich schon in Orio getroffen habe, des Weges kommen. Sie setzen sich kurz zu mir, trinken ein Glas Rotwein und wollen wissen, was aus Ruth geworden ist. Am späten Nachmittag erreiche ich Bilbao, wo ich mir eine Pension in der Nähe des Guggenheim-Museums suche. Ich möchte es unbedingt besichtigen und werde zwei Nächte hier bleiben. So gut ich mich am Morgen gefühlt habe, so schlapp bin ich am Abend. Mir tun das erste Mal so richtig die Füße weh, weil ich morgens in Gernika lange auf Teer laufen musste und es sich in Bilbao ewig hingezogen hatte, bis ich endlich dort war, wo ich hinwollte.

Spanien - Johannas Weg

Ich wache schweißgebadet auf und habe einen Kopf, schwer wie Blei. Mein Hals kratzt und fühlt sich steif und doppelt so dick an als sonst. Ich bin total erschlagen und eine fette Erkältung hat sich ohne Vorankündigung über Nacht breit gemacht. Zwangspause! Oder habe ich sie eventuell eingeladen? Wie auch immer, ich fühle mich hundeelend. Meine Wirtin ist so freundlich und bringt mir einen Wasserkocher aufs Zimmer, damit ich mir Tee kochen kann. Das ist meine Rettung und ich bin froh, dass ich meinen Aufenthalt für unbestimmte Zeit verlängern kann. Nach drei Tagen, die ich mehr oder weniger schniefend und hustend im Bett verbracht habe, wird es besser. Mit nachlassender Erschöpfung wird mein Kopf wieder klarer, was bedeutet, dass ich mir wieder Gedanken machen kann. Ich wäre nicht ich, wenn ich mich nicht fragen würde, was hinter dieser Erkältung steckt. Dabei lande ich unweigerlich bei dem Gedanken, ob ich mir ein Alibi schaffen musste, um nicht mehr weitergehen zu müssen. Im Laufe meiner Reise und durch Kims Tipps bin ich recht gut darin geworden, in mich hinein zu horchen und herauszufinden, was wahr ist und wann ich mir etwas vormache. In diesem Fall muss ich sagen, dass mir das Gehen selbst sehr gut gefällt und ich weiterlaufen möchte. Was mich unheimlich müde macht, ist die tägliche Quartiersuche. Finde ich eine Pension, geht das noch. Doch die Pilgerherbergen, die sich oft als kalte, ungemütliche Hallen mit so vielen Stockbetten wie möglich herausstellen, habe ich satt bis oben hin. Was also ist in diesem Fall die Lösung für mich? Ich will mir nicht vorwerfen, dass ich nach zehn Tagen Jakobsweg aufgebe. Da fällt mir Ruth ein, die am ersten Abend davon gesprochen hat, dass sie nicht mehr durchhalten müssen will, nichts mehr überstehen. Aber sind nicht manche Dinge es wert, sich anzustrengen? Durchzuhalten, auch wenn es mal weh tut? Mir schwant, dass es auch hier, wie meist im Leben, keine allgemein gültige Lösung gibt. Dieses Mal höre ich keine Stimme und muss mir selber Mut zusprechen. Oder flüstert mir vielleicht doch der heilige Jakob ins Ohr: „Johanna, geh deinen eigenen Weg. Nur der wird dich glücklich machen." Ok, so weit so gut. Keine Zweifel und kein Wenn und Aber mehr! Den Fokus nur daran ausrichten, was ich gerne möchte: tagsüber zu Fuß unterwegs sein und abends eine ordentliche Unterkunft mit eigenem Bad. Das sollte doch irgendwie zu verbinden sein.

Meine Recherche im Internet ergibt, dass ich nicht den nächsten, aber den übernächsten Ort auf meiner ursprünglichen Wanderroute per Bus erreichen kann. Eine kleine Pension habe ich auch ausfindig gemacht und für drei Tage reserviert. Der offizielle Jakobsweg würde mich erst wieder stundenlang durch die Straßen der Vororte von Bilbao führen, was nicht so prickelnd ist und auch den Füßen bestimmt nicht gut tut. „Das ist kein guter Gedanke, Johanna!" Denn er ruft sofort den inneren Verurteiler auf den Plan, der sagt: „Man muss auch die nicht so schönen Abschnitte durchstehen!" In diesem Fall nicht, mein Lieber, weil das Ziel jetzt nicht mehr Santiago de Compostela heißt, sondern „meinen eigenen Weg finden"! Ein bisschen Rechtfertigung habe ich nach wie vor nötig, doch im Großen und Ganzen bin ich sehr zufrieden mit meiner Entscheidung. Ganz darüber hinweg werde ich aber erst sein, wenn ich mich von den Bildern in meinem Kopf verabschiedet habe, in denen ich stolz erzähle, wie viele hundert Kilometer ich auf dem Jakobsweg gelaufen bin. Im Grunde eine großartige Gelegenheit mir selbst zu zeigen, dass ich nichts mehr mache, weil ich vor anderen glänzen will. Nur ich selbst soll die Messlatte sein, niemand mehr sonst!

Ich fahre also mit dem Bus von Bilbao nach Castro-Urdiales. Das kleine Städtchen am Meer hat einen ganz besonderen Charme. Im Sommer ist es bestimmt überfüllt mit Touristen. Doch jetzt, Mitte Oktober, gehört es wieder ganz den Menschen, die hier leben. Frauen, die sich mit Freundinnen im Café treffen. Männer, die laut debattierend ein Glas Wein trinken. Ein paar einzelne Spaziergänger und Hundebesitzer, die mit ihren Tieren am Strand toben. Beschaulich würde ich sagen. Ich brauche mir nichts vorzumachen. Auch wenn ich täglich viele Stunden auf dem ausgeschilderten Jakobsweg unterwegs bin und ihn in jede Richtung sogar doppelt laufe, weil ich ja immer wieder zurück gehen muss, mit Pilgern hat das Ganze nichts mehr zu tun. Aber ich genieße diese Art des Reisens trotzdem oder vielleicht gerade deshalb noch viel mehr. Es gibt keine festgelegte Route mehr, deren Endpunkt ich am Abend erreicht haben muss und auch nicht mehr die Sorge, wo ich abends übernachten werde. Das macht meine Tagesausflüge frei und unbeschwert. So lerne ich Spanien, beziehungsweise einen kleinen Teil des Baskenlands, kennen.

Die nächste größere Stadt heißt Laredo und ist ein Badeort an der Küste. Wie schon in Castor Urdiales folge ich von dort dem Camino del Norte einen Tag lang in die eine und am nächsten in die andere Richtung. Zwischendurch mache ich Pause. Sitze am Wasser und beobachte die Wolken am Himmel oder schlendere durch die Geschäfte in der Stadt. Und ich habe wieder Zeit einer meiner Lieblingsbeschäftigungen nachzugehen: Herauszufinden in welchem Café der Stadt es den besten Kuchen gibt und wo die besten Tapas. Nichts mehr hält mich, wie zum Beispiel in Hawaii, auf meinem Zimmer. Es hört sich im wahrsten Sinne des Wortes verrückt an, aber mit der vielen Bewegung komme ich mehr und mehr zur Ruhe. Erinnere mich an meine Morgenrituale aus Vancouver und beginne die Tage wieder mit Meditation und Schreiben. Höre mich selbst atmen und höre mir beim Denken zu. Lasse die Gedanken kommen und gehen und bin mir bewusst, welchen Luxus ich hier genießen darf. Die Zeit zu haben, nichts zu müssen. Ich weiß nicht, wann es passiert ist, aber plötzlich ist es da, das Gefühl, dass ich mir selbst genug bin. Das Ziehen in meinem Herzen ist verschwunden. Zumindest habe ich für den Augenblick aufgehört zu suchen. Ich gehe neugierig in den Tag und alles, was mir begegnet, ist ein Finden, bedeutet eine Zugabe für mein sowieso schon reiches Leben.

In diesen Tagen des Wohlfühlens gibt es einen immer wiederkehrenden Gedanken, den ich schon mehrmals schriftlich festgehalten habe. Einen, der sich langsam aber sicher zur fixen Idee entwickelt. Ich möchte das, was ich da alles ungeordnet und vollkommen wirr niederschreibe, gerne ordnen. Eine Geschichte daraus machen, mir meine eigene Geschichte erzählen und nochmals reflektieren, welch weiten Weg ich schon gegangen bin. Ist es vermessen den Wunsch zu verspüren, ein Buch zu schreiben? Ich muss es ja keinem erzählen, kann das nur für mich machen und es vielleicht irgendwann meinen Kindern und Freunden zeigen, sollten sie Interesse daran haben.

In Santander lasse ich es nochmal richtig „krachen". Hotelmäßig, meine ich. Ich buche mich in einem schicken Schuppen ein. Mein Zimmer hat einen Balkon mit Blick auf den Strand. Jeden Morgen laufe ich zusammen mit anderen Joggern barfuß durch den kalten Sand und genieße danach die heiße Dusche in meinem luxuriösen Badezimmer. Für meine Stadtbesichtigungen ersetze ich die Wanderklamotten durch ein Kleid und meine schweren Schuhe durch ein etwas schickeres Modell. Ich weiß gar nicht mehr, wann ich etwas anderes als Turnschuhe, Wanderstiefel oder Flipflops angehabt habe. Aber die modischen Frauen in der Stadt haben mich daran erinnert, dass es außer Bequem noch etwas anderes gibt. Etwas, das auch zu meinem Leben gehört und sich nicht in Luft aufgelöst hat, nur weil ich es eine Zeit lang nicht gelebt habe. Ich mag es immer noch, schöne Klamotten zu haben und mich damit zu schmücken. Nicht mehr als Neutrum unterwegs zu sein, sondern die Frau, die ich bin, zu fühlen und zu zeigen. Natürlich kann man das auch in einem Kartoffelsack, aber es macht mir auch mal wieder Spaß mit anderen Attributen. Außerdem kaufe ich mir ein paar Schreibhefte, um zu beginnen, was ich mir die letzten Tage ausgedacht habe: nämlich meine Erlebnisse in Form einer Geschichte nieder zu schreiben.

Mein Rückflug von Spanien nach München geht ab Madrid. Ich habe das schon in Vancouver so festgelegt, weil ich nicht genau wusste, wie und was und überhaupt. Nochmal zurück nach München muss ich deshalb, weil ich zum einen mein Gepäck wieder austauschen muss und zum anderen war das mit den Flugbuchungen etwas kompliziert. Mein Around-the-world-ticket muss da enden, wo ich angefangen habe und ich kann auch nur in eine Himmelsrichtung fliegen. In meinem Fall immer nach Osten. Lange Rede, kurzer Sinn. Tatsache ist, dass ich in fünf Tagen am Flughafen in Madrid sein muss. Ich war vor Jahren mal dort und nichts zieht mich in diese Stadt. Wo also könnte ich die letzten paar Tage vor meinem Rückflug verbringen? Mein Freund und Helfer, das Internet, steht wie immer mit Tipps und Infos zur Verfügung. Salamanca verspricht einiges und ich finde auch das passende Schnäppchen für drei Hotelübernachtungen. Ich stelle fest, dass ich gerade einen Faible für Luxushotels entwickle. Vielleicht ist es auch lediglich die krasse Gegenreaktion auf die Übernachtungen in den grausigen Herbergen. Wie auch immer, zu dieser Jahreszeit kostet die Übernachtung im komfortablen Kuschelbett in zentraler Lage unwesentlich mehr als die nicht ganz so wirtliche Unterkunft etwas außerhalb. Das Ganze geht zu Lasten von netten, persönlichen Kontakten, die man in kleinen Pensionen findet, aber darauf bin ich im Moment nicht aus. Salamanca ist eine ehrwürdige Stadt mit viel altem Gemäuer. Ich schließe mich einer Stadtführung an und höre die geschichtlichen Hintergründe der Universitätsstadt sowie noch allerhand interessante Ereignisse und Vorfälle dazu. Was habe ich für wundervolle Tage hier: Zum Frühstück gibt es bei einem freundlichen Spanier getoastetes dunkles Brot mit Olivenöl und Tomaten, tagsüber mal ein Stück Kuchen und für den Abend suche ich mir tolle Lokale mit feinem Essen aus. Ich besuche eine Bibliothek, höre den Straßenmusikern zu, gehe ins Museum und bestaune die Schätze einer Kunstsammlung. Dazwischen kehre ich immer wieder zurück in mein schönes Hotel, um zu schreiben. Ich habe verschiedene Anläufe genommen, um eine Art Konzept oder Struktur für mein Projekt zu erarbeiten, bin aber immer noch nicht zufrieden mit meinen bisherigen Ansätzen, was mir nicht das Geringste ausmacht. Ich bin nach wie vor guter Dinge und male mir aus, wie toll es sein wird, wenn ich auf Jersey bin, mir mein Laptop wieder zur Verfügung steht und ich mich so richtig dem Schreiben widmen kann.

Jersey

Ich bin zurückgekehrt zu einer alten Liebe. Die Insel Jersey ist eine langjährige Freundin von mir und sie hat in Vancouver so laut nach mir gerufen, dass ich einfach kommen musste. Gott sei Dank ist mir wieder eingefallen, wie wohl ich mich hier immer gefühlt habe. Es gibt unzählige wunderschöne Orte, Plätze und Ecken auf dieser Insel. Steilküsten, lange breite Sandstrände, Dünen und auch Wald und Wiesen. Eine Insel, die groß genug ist, um vielfältige Landschaften aufzuweisen, aber auch klein genug, um die Naturschönheiten mit etwas Ausdauer fußläufig zu erreichen. Ich war schon ein paarmal zu den offiziellen Wanderwochen hier und einmal habe ich in diesem Rahmen auch an einer Insel-Umrundung teilgenommen. Aufgeteilt auf fünf Tagesetappen sind wir rund um Jersey gelaufen.
Dieses Mal reise ich mit Zug und Fähre an und empfinde es wesentlich angenehmer als die Fliegerei über London. In dem kleinen Ort St. Aubin habe ich eine kleine Ferienwohnung direkt am Hafen angemietet und bin total aufgekratzt, wieder hierher zu kommen. Es gibt tatsächlich keinen passenderen Vergleich als den der alten Liebe. Und schätzungsweise ist sie nicht nur sehr alt, sondern auch sehr groß. Liebe halt. Die vergeht nicht, die ist nach Jahren der Trennung unvermindert. Dass wir uns beide verändert haben, tut dabei nichts zur Sache!

Weil ich mich so gut auskenne, spare ich mir das Taxi. Von der Fähre zum Busbahnhof kann es nicht so weit sein. Leider nehme ich die falsche Straße und bemerke es in der Dunkelheit erst, als ich am Ende der Kaimauer stehe und es nicht mehr weitergeht. Es ist weit und breit niemand zu sehen, den ich fragen könnte. Und die Taxis an der Fähre sind jetzt auch weg, weil hier heute Abend keine Schiffe mehr anlegen. Lasse ich mir davon jetzt die Laune verderben? Auf gar keinen Fall! Es dauert jetzt einfach etwas länger, bis ich bei meiner Wohnung ankomme. Der Vermieter ist schon in Sorge, wo ich abgeblieben bin. Schon bei meinen letzten Aufenthalten auf der Insel ist mir aufgefallen, dass die Leute verwundert darauf reagieren, dass ich öffentliche Verkehrsmittel einem Taxi vorziehe. Es passt nicht in ihr Lebensbild, dass jemand, der es sich leisten kann hier Urlaub zu machen, dann beim Taxi spart. Ich finde es selber interessant, dass ich, ohne mit der Wimper zu zucken, viel Geld für manchen Luxus ausgebe, und er mir an anderer Stelle überhaupt nichts bedeutet. Vielleicht hat es damit zu tun, dass es mir gefällt, den Weg selber zu finden. Vorausgesetzt natürlich, dass ich mich dabei sicher fühle. Wenn ich mich verlaufe oder es manchmal nicht so einfach ist, den richtigen Bus ausfindig zu machen, ergeben sich daraus viele Gelegenheiten für individuelle Entdeckungen. Lerne Orte kennen, zu denen „falschen“ Busse fahren und von denen ich sonst nie gehört hätte. Finde dabei schon mal ein Café oder ein kleines Geschäft, das interessant ausschaut und ganz nebenbei komme ich darüber mit anderen Menschen ins Gespräch. Nehme ich ein Taxi, bringt es mich direkt ans Ziel. So gesehen echt langweilig, oder? Mir ist durchaus bewusst, dass ich eine ganz schöne Spinnerin sein kann.

Aber ist nicht auch das eine Art von Luxus, den ich mir leiste? Wie immer eine Frage der Perspektive.
Steven, meine Vermieter, zeigt mir die Wohnung, die für die nächsten sechs Wochen mein Zuhause sein wird. Ein großer, heller Wohnraum mit Küchenzeile, ein Schlafzimmer und ein Bad, das sogar eine Waschmaschine und einen Wäschetrockner hat. Das Haus wurde erst vor zwei Jahren renoviert und alles mit viel Liebe hergerichtet. Dicke alte Balken ziehen sich durch die Wohnräume und die Fenster gehen bis zum Boden. Das Beste aber ist, ich gehe einmal um die Ecke und stehe am Hafen. Hier werde ich mich bestimmt wohl fühlen.

Ich schlafe traumhaft und werde am Morgen vom Möwengeschrei geweckt. Das ist mein Paradies. Wie sehr fühle ich mich hier Zuhause, angekommen an einem Ort, an den ich gehöre! Es ist ein seltsames Gefühl, aber hier kann ich mir vorstellen zu leben. „Na, jetzt nicht wieder anfangen zu träumen, sondern genieße was du hast!“ Raus aus den Federn und runter zum Strand!

Die Tage gehen nur so dahin. Ich bin so beschäftigt, dass ich nicht einmal Zeit gefunden habe, einen längeren Ausflug zu machen. Ich bewege mich lediglich in einem Radius von acht bis zehn Kilometern ums Haus. Was ich den ganzen Tag mache? Zum einen habe ich begonnen, meine Geschichte aufzuschreiben. Habe alles, was an Konzepten in meinem Kopf war, über Bord geworfen und einfach angefangen zu schreiben. Ich stelle mir dabei vor, dass eine Freundin bei mir sitzt und mir erzählt, was sie bewegt, was sie erlebt hat und welche Gefühle sie dabei hat. Wenn sie mich langweilt, weil sie ellenlange Monologe hält oder mir zu viel jammert, dann weiß ich, dass es Zeit ist, Pause zu machen. Außerdem habe ich mit einem Onlineprogramm begonnen, bei dem es darum geht heraus zu finden, zu was man im Leben berufen ist. Man bekommt täglich eine neue Aufgabe gestellt, die man meist schriftlich erledigen muss. Was macht dir Freude? Was bringt deine Augen zum Leuchten? Welche Fähigkeiten hast du? Welche Werte sind dir wichtig? Was interessiert dich? Was würdest du tun, wenn äußere Umstände keine Rolle spielen würden? Eine absolut Zeit füllende Aufgabe! Alle Antworten hält man auf einem großen Bogen Papier fest und am Ende soll sich dann eine große Überschrift heraus kristallisieren. Die Werte, die ich für mich festgelegt habe, heißen Mut, Aufrichtigkeit, Liebe und kindliche Freude. Irgendwie bedingen sie sich gegenseitig: Bin ich mutig, so lässt die Freude über mich selbst nicht lange auf sich warten. Aufrichtig sein, vor allem mir selbst gegenüber, bedeutet gleichzeitig bedingungslose Liebe, weil ich es dann nicht mehr nötig habe, mir selbst etwas vorzumachen. Nur dann bin ich aufrecht und in meiner vollen Größe zu sehen. Diese Werte sollen die Richtschnur für all mein Denken und Handeln sein. So steht es zumindest in meiner Anleitung. In wie weit sich das tatsächlich umsetzen lässt, muss ich erst ausprobieren. Aber die Idee, die dahinter steckt, gefällt mir. Es unterstützt auch das, was Kim mir gesagt hat. Wenn du dir schwer tust eine Entscheidung zu treffen, dann überprüfe, ob es dich deinen Zielen ein Stück näher bringt. Wenn ja, Bingo, wenn nein, dann ist es nur eine Ablenkung. Wenn man nun so wie ich, nicht wirklich weiß, wo man hin will, dann können die Werte super das konkrete Ziel ersetzen. Vielleicht ist das sogar noch besser, weil es Raum für wesentlich mehr Möglichkeiten lässt.

Ich habe also gut zu tun und betrachte die mir selbst auferlegten Aufgaben als meine Arbeit. Mit Home Office und freier Zeiteinteilung versteht sich! In meiner Freizeit könnt ihr mich meist irgendwo am Wasser finden. Oder auf dem hiesigen Bauernmarkt oder im Galerie Café. Ein Lokal mit einem tollen Konzept. Im Erdgeschoss gibt es Ausstellungsflächen für die unterschiedlichsten Künstler. Im ersten Stock sind in zwei Nebenzimmern ein Wollladen, in dem ich mir übrigens Wolle gekauft habe, um eine Jacke zu stricken, und ein Bastelgeschäft untergebracht. Im großen Raum ist das Café selbst. Ich esse dort manchmal zu Mittag oder gönne mir ein großes Stück Kuchen und habe schon allerhand nette Leute kennen gelernt. Freitags kann man gegen einen kleinen Betrag an Vorträgen oder Workshops teilnehmen, die allesamt etwas mit Kreativität zu tun haben. Ich war schon beim Adventskranz binden und habe mich für den Filzkurs in zwei Wochen angemeldet. So ein Café könnte mir für mich auch gefallen. Die Idee dafür spukt immer noch in meinem Kopf herum und ist jetzt mit der Suche nach meiner Berufung wieder aufgeflammt. Ich würde den Schwerpunkt allerdings mehr auf die Veranstaltungen legen. Dass es etwas

Gutes zu essen und trinken gibt wäre mehr Beiwerk. Es müsste alle Dinge vereinen, die mich interessieren und die ich gerne mache. Ich würde auf alle Fälle einen Kommunikationstisch haben. Wer sich dort hinsetzt signalisiert, dass er gesprächsbereit ist. Dann gäbe es Vorträge zu aktuellen Themen. Aber dabei sollten keine sogenannten Experten sprechen, sondern mehr die Betroffenen selbst. Ich denke da zum Beispiel an Eltern und Kinder, die eine Scheidung überstanden haben und anderen erzählen, was gut und was schlecht gelaufen ist. Menschen könnten sich dabei inspirieren lassen, Dinge aus einem anderen Blickwinkel zu betrachten und etwas anders als gewohnt zu machen. Dann sollte es wie hier im Galerie Café Kurse geben, die die Kreativität fördern. Malkurse beispielsweise, die nicht die Technik lehren, sondern den Mut zu Form und Farbe. Ich hätte tausend Einfälle dazu und stelle mir einen Ort vor, der die Welt verändert. Es heißt doch immer, man müsse groß denken. Also bitte an dieser Stelle keine Verurteilung wegen Größenwahn!

Sitzung Nummer 5 mit Kim steht an. Sie will hören, wie es mir auf meiner Pilgerreise ergangen ist. Und wie immer braucht es nicht viele Worte, um ihr zu erklären, welche Wendung das Ganze genommen hat. Sie hat die unglaubliche Gabe, sehr schnell zu erkennen, wo ich gerade stehe. Stimme ich wirklich überein mit dem, was ich sage oder sind es nur wieder Bilder, die ich erfüllen möchte. Sie erkennt sofort, wenn ich nicht authentisch bin. Und was mich noch mehr fasziniert, ist der Umstand, dass ich mir in ihrer Gegenwart auch selbst nichts vormachen kann. Kim ist weise genug und hat es nicht nötig, mir etwas vorzugeben oder einen fertigen Weg anzubieten. Sie lässt mich alles selbst entdecken und weiß, dass man nur auf diese Art einen Schritt vorwärts machen kann. „Wie kann ich dir heute helfen?“ fragt sie mich. Ich erzähle ihr davon, dass ich die Idee mit dem Café wieder aufgenommen habe. Es gefällt ihr, was ich vorhabe und sie möchte von mir wissen, warum ich das mache. Was genau ist deine Motivation? Genau das ist es, was ich so sehr an ihr mag. Sie schaut hinter die Dinge und lässt mich nicht vom Haken bis ich zum Kern einer Sache vordringe. „Ich möchte wichtig sein, eine Stimme haben.“ Mit dem Café eine Plattform schaffen, über die ich mich ausdrücken kann? Dabei stimmt etwas noch nicht. Und dann fange ich plötzlich an zu lachen: „Kim, ich rede die ganze Zeit vom Café. Aber das ist es nicht. Meine Stimme finde ich über das Buch! Ich habe angefangen, meine Geschichte aufzuschreiben. Das ist der Weg, über den ich all meine nicht gesagten Worte aussprechen werde.“ „Johanna, ja, genau das ist es! Ich bin so stolz auf dich. Das fühlt sich absolut richtig an!“

Wegen meiner Schreibarbeit sehe ich nicht so viel von Jersey, wie ich mir das anfangs vorgestellt habe. Aber es gibt einen Küstenabschnitt, der mich magisch anzieht und den ich mindestens einmal am Tag besuche. Er liegt gleich hinter dem Hafen von St. Aubin und ist nicht weiter als fünf Minuten von meiner Wohnung. Wenn mich die Sehnsucht packt, muss ich nur einmal um die

Ecke gehen, schon bin ich da. Dann lasse ich mich davon überraschen, was ich vorfinde. Manchmal ist an der Treppe vom Yachthafen Schluss, weil Flut ist und das Meer seinen Raum beansprucht. Dann setze ich mich auf die Mauer, lausche auf den Atem des Meeres und lasse meine Gedanken in der Weite des Horizonts zur Ruhe kommen. An anderen Tagen komme ich her, und der Strand öffnet seine Schatzkiste für mich. Ich laufe ein Stück über den Sand, der meine Schritte sanft abfedert und trotzdem fest genug ist, um mein Gewicht zu tragen. Wasser sammelt sich in den Spuren, die die Wellen hinterlassen haben. Der Himmel spiegelt sich in Pfützen und Rinnsalen. Es gibt Muscheln und Steine mit unterschiedlichsten Formen und Mustern. Krebse laufen um die Wette und über mir kämpfen die Möwen voller Lust mit dem Wind. Sie singen kein liebliches Lied, sondern Kreischen so laut, dass es das Rauschen der Wellen übertönt. Das Ziel meines Weges ist eine Felsformation. Haushoch und ausgehöhlt vom steten Kommen und Gehen des Wassers, gezeichnet vom Lauf der Welt. In diesen Steinen liegt Magie. Wenn ich leise näher komme, höre ich ihr Zischen und Blasen. Sie sind bewohnt von tausenden von kleinen Muscheln und Schnecken und leben die Hälfte ihrer Zeit im Dunkel des Meeres. Bei dieser Vorstellung muss ich unwillkürlich an Licht und Schatten denken, und an all das Unsichtbare, das doch lebt und erkannt werden will. Ich erzähle davon, wie gut es mir inzwischen geht. Und das ist wahr. Nichtsdestotrotz will ich nicht verschweigen, dass es nach wie vor seltsame Momente in meinem Leben gibt. Mag sein, dass ich zu viel alleine bin.

2. Advent, Nikolaustag. Im Nachbarort, der ungefähr eine Stunde zu Fuß oder 15 Minuten mit dem Bus entfernt ist, gibt es eine besondere Kirche. Schon ganz zu Anfang, als ich in Jersey ankam, habe ich mir vorgenommen am Sonntag einmal zur Messe hin zu gehen. Doch irgendwie habe ich es noch nicht geschafft. Letztes Wochenende habe ich sie wieder verpasst, weil ich morgens immer so beschäftigt bin. Ich liebe meine Morgenrituale, meditiere, hänge meinen Gedanken nach, schreibe und lese und komme selten vor Mittag aus dem Haus. Seit ich auf Reisen bin, habe ich mehr und mehr meinen eigenen Rhythmus kultiviert und frage mich, wie es gehen soll, wenn ich wieder im „normalen" Leben zurück bin. Heute bin ich aber auf alle Fälle fest entschlossen meinen Alltag zu durchbrechen und rechtzeitig zu fahren. Es ist allein schon ein besonderes Erlebnis, in St. Brelade's Bay aus dem Bus zu steigen und über den breiten Sandstrand zum alten Friedhof mit den keltischen Kreuzen und der Steinkirche zu gehen. Wurde ich beim letzten Mal, als ich hier war, über den Lautsprecher von Mumford & Sons mit „I will wait for you" begrüßt, so steht heute ein Mann der Kirchengemeinde bereit, um mich mit Handschlag zu begrüßen, mich nach meinem Namen und meinem Wohlergehen zu fragen. Ich setze mich in eine der vorderen Reihen und wie schon die letzten Tage bin ich rührselig. Es ist eine Mischung aus Dankbarkeit für alles, was ich die letzten Monate erlebt habe und eine Vorfreude auf alles, was jetzt nachkommt. Ich bin be-

flügelt von all meinen Ideen und Plänen, die ich mit nach Hause bringe. Ich weiß noch nicht, wie ich sie alle umsetzen kann, aber ich bin wild entschlossen mein Kreativcafé mit „Herzwerkstatt" zu eröffnen. Ein Frauenchor singt sich für die Messe ein, was meine Melancholie noch verstärkt und mir die Tränen in die Augen drückt. Kennt ihr diese Stimmung, in der ein kleines Nichts euch vollkommen zusammenhanglos zum Weinen bringt? Der Pfarrer begrüßt seine Gemeinde mit einem Guten Morgen und entgegen einem katholischen Gottesdienst, habe ich das Gefühl, dass er wirklich zu den Menschen in der Kirche spricht. Ein gemeinsames Beten und nicht das Vortragen einer bestimmten Liturgie. In seiner Predigt geht es darum, dass man die Stimme des Herrn nur in der Wildnis wirklich zu hören vermag. Alle Propheten hätten ihre Eingebungen oder Erscheinungen irgendwo in der Einsamkeit erhalten. Ich verstehe nicht jedes der englischen Wörter, doch ich bin sehr inspiriert vom Inhalt seiner Rede. Meine Interpretation lautet, ich darf die Wildnis nicht außerhalb suchen. Ich trage sie in mir. Und es gilt, diese verschüttete Wildheit wieder zu entdecken, weil sie meine ganz ureigene Wahrheit ist. Manchmal kommt sie ganz sanft daher, dann wieder ist sie voller Verzweiflung und ein anderes Mal getrieben von wilder Leidenschaft. Wildheit und Wahrheit haben immer mit der Freiheit zu tun, die zu sein, die ich bin. Das macht mich echt. Der Ausdruck dieser Wildheit ist für mich die Definition von wahrer Schönheit. Und dafür hat mir der liebe Gott die Kreativität geschenkt, um mit Farbe, Wörtern oder im Tanz auszudrücken, was in mir wohnt. Ein Weg, mich selbst und damit meine eigene Schönheit zu erkennen. Hört sich an wie das Wort zum Sonntag. Doch es ist mir ernst. Das ist meine Vision von einem Ort, den ich erschaffen möchte. Ein Ort, an dem Menschen sich eingeladen fühlen, ihren wilden Ursprung zu erkennen um darüber zu erfahren, wer sie selbst sind.

Neben mir sitzt eine Frau, die mich im Anschluss an den Gottesdienst zum Tee in das Gemeindehaus einlädt. Ich nehme dankend an und komme dort mit einer reizenden älteren Dame ins Gespräch. Wir loben beide die wunderbare Predigt des Pastors. Sie möchte wissen, woher ich komme und was mich nach Jersey bringt. Als ich ihr sage, wie zu Hause ich mich auf der Insel fühle, unterbricht sie mich: „Meine Liebe, sie müssen nicht weiter sprechen. Ich habe vor 30 Jahren auf Jersey Urlaub mit meinem Mann gemacht und wusste sofort, dass ich hier leben möchte. Nach unseren Ferien sind wir erstmal wieder heim nach London geflogen und ein Jahr später aus beruflichen Gründen nach Boston gezogen. Ich dachte damals, mein Traum sei verloren und habe ihn schließlich vergessen. Als mein Mann dann vor zehn Jahren verstarb, erhielt ich viele Beileidskarten. Unter anderem von einem seiner früheren Geschäftspartner. Er hat so freundliche Worte gefunden, dass ich mich persönlich bedanken wollte, seine Telefonnummer ausfindig gemacht und ihn angerufen habe. Sie werden es schon erraten, wo der Mann zwischenzeitlich lebte. Hier auf der Insel. Als ich davon hörte, wusste ich, jetzt ist meine Zeit gekommen. Ich habe auf meine alten Tage noch einmal alles zurück gelassen und hier bin ich. Sie sehen, ich weiß nicht nur, wie es ihnen ergeht, sondern ich möchte ihnen zudem sagen, dass es nie zu spät ist und wenn es sein soll, dann werden auch sie hierher zurückkommen.“ Was für eine Geschichte und was bin ich froh, meiner Intuition gefolgt und heute in die Kirche gegangen zu sein.

Mein letzter Abend. Morgen fliege ich zurück nach München und mein Reisejahr ist damit offiziell beendet. Das versetzt mich in eine sehr seltsame Stimmung. Bin aufgewühlt wie das Meer, von dem ich gerade Abschied genommen habe. Die letzten Tage hatte ich immer wieder Momente, die erfüllt waren von Dankbarkeit für meine Reise. Und auch die Vorfreude, viele liebe Menschen wieder zu treffen, hat sich eingestellt. Und doch ist heute Abend alles anders. Ich fliege heim und dabei gibt es Zuhause nicht mehr. Es fällt mir wieder ein und steht plötzlich wie eine Wand vor mir, ich bin ausgestiegen aus dem sicheren und gemütlichen Leben, das ich hatte. Mein Reisejahr war wie ein Schwebezustand, aufregend, spannend, mal wunderschön und oftmals ganz schön hart. Aber immer hatte ich im Hinterkopf, dass ich ja weiterziehen kann, wenn es mir nicht mehr gefällt. Ich habe viel gesehen, nicht nur im Außen, sondern vor allem in mir. Ich bin in viele Fallen getappt und oft an mir selbst gescheitert. Trotzdem waren die vielen Tränen, die ich geweint habe, nicht umsonst. Es fühlt sich an, als wäre mein Reisejahr auch ein Trauerjahr gewesen.

Meine Geschichte fing mit dem Tod meiner Mutter an. Sie ist gestorben und mit ihr auch etwas von mir, nämlich der Anteil in mir, der immer den Weg der guten Tochter eingeschlagen hat. Dieser Weg war für mich sehr bequem, weil er in gewisser Weise vorgegeben wurde. Erst von den Eltern und älteren Geschwistern, dann von Männern und vorgegebenen Gesellschaftsbildern. Ein Verhaltensmuster wohnt in jeder Zelle des Körpers und es loszulassen macht unter Anderem große Angst. Mein altes Leben mit all seiner Vertrautheit und Sicherheit aufzugeben, hatte etwas von Sterben. Jetzt meinem eigenen Weg zu folgen, ist eine schwierige Wiedergeburt. Ja, ich werde noch viel üben müssen. Doch was habe ich schon alles geschafft. Ich muss mich nur umsehen, wo ich gerade jetzt in diesem Augenblick sitze. Gut, meine Wohnung könnte direkt am Strand liegen und nicht ein Straße entfernt davon, mein Buch könnte schon fertig sein und als Bestseller im Schaufenster liegen, ich könnte einen Mann kennen lernen, der mir Glück und Freude, Partner und Geliebter in einem ist. Es wird immer etwas geben, das noch besser, noch aufregender ist. Doch das Wichtigste ist, ich bin in meinem Leben angekommen. Ich wollte ans Meer, ich bin am Meer! Ich wollte als Künstlerin leben, ich male und schreibe! Ich suchte in der Welt nach der großen Erfüllung und habe dabei am Ende mich selbst gefunden.

Danke

Meinen Kindern, Marie-Theres und Maximilian, für ihr Sein, ihre Unterstützung, ihr Verständnis und ihre Geduld mit mir. Und dafür, dass ich durch sie erleben darf, was Liebe tatsächlich ist: bedingungslos und bindend.

Meiner Familie, dafür, dass sie zu mir gehört, wie die Sonne zum Regen und der Schatten zum Licht.

Meinen Freunden, für ihr Begleiten, ihre Fragen und Zweifel, ihre Sorge und Zusprache, ihren Trost und ihre Liebe.

Melanie Willmes, Christine Reiter und Sabine Hiller fürs Lesen, Korrigieren und nochmal Lesen, fürs Anregen und Unterstützen und allem voran fürs an mich Glauben.

Mir selbst, dafür, dass ich meinen Weg gehen, zu mir stehe und mir immer wieder Halt schenke.

ISBN 978-3-7450-3935-1
9 783745 039351 00001
www.epubli.de